Der Autor über sein Buch:

Seit Frege und dem frühen Wittgenstein wird das Wahrheitsproblem nicht mehr primär erkenntnistheoretisch, sondern vorwiegend sprachphilosophisch behandelt. Die dabei entwickelten Ansätze der Redundanztheorie der Wahrheit, der semantischen Wahrheitstheorie und der sprachpragmatischen Wahrheitstheorie sind jeweils mit charakteristischen Sprach- und Bedeutungskonzeptionen verknüpft. Der Nachweis, daß der Sprachbegriff der Redundanztheorie und der Wahrheitssemantik auch in ihren neueren Versionen unzureichend ist, führt zur Verknüpfung des Wahrheitsproblems mit einer pragmatischen Bedeutungstheorie. Für die Aufgabe einer reflexiven Explikation der Bedeutung von ‚Wahrheit' ergibt sich dabei, daß die Dichotomie von Definition der Wahrheit und Angabe eines Wahrheitskriteriums unangemessen ist. Als Gegenstände, denen das Wahrheitsprädikat zugesprochen werden kann, lassen sich Propositionen bedeutungstheoretisch dadurch erfassen, daß für sie Identitätsbedingungen angegeben werden. Allgemeine handlungstheoretische Überlegungen sind erforderlich, um zu klären, was es heißt, in Behauptungshandlungen einen Wahrheitsanspruch intersubjektiv nachvollziehbar zu erheben. Wie ein Wahrheitsanspruch argumentativ eingelöst werden kann, soll durch ein integratives Wahrheitskriterium geklärt werden.

Dr. phil. Wolfgang Becker, geb. 1951, ist Privatdozent für Philosophie an der Universität Paderborn. Veröffentlichungen: Selbstbewußtsein und Erfahrung. Zu Kants transzendentaler Deduktion und ihrer argumentativen Rekonstruktion (Alber 1984), Aufsätze zu Kant, Fichte und Frege, zur Transzendentalphilosophie und Sprachphilosophie.

Wolfgang Becker

Wahrheit und sprachliche Handlung

Alber *Reihe* Philosophie

Wolfgang Becker

Wahrheit und sprachliche Handlung

Untersuchungen zur sprachphilosophischen Wahrheitstheorie

Hans-Ulrich [illegible]
Mai 1998

Verlag Karl Alber Freiburg/München

Als Habilitationsschrift auf Empfehlung des Fachbereichs 1 der Universität-Gesamthochschule Paderborn gedruckt mit Unterstützung der Deutschen Forschungsgemeinschaft

CIP-Titelaufnahme der Deutschen Bibliothek

Becker, Wolfgang:
Wahrheit und sprachliche Handlung: Unters. zur sprachphilos. Wahrheitstheorie / Wolfgang Becker. – Freiburg (Breisgau); München: Alber, 1988
(Alber-Reihe Philosophie)
Zugl.: Paderborn, Univ., Habil.-Schr., 1987
ISBN 3-495-47651-2

Satz und Druck: Presse-Druck Augsburg
ISBN 3-495-47651-2

Inhalt

I. Einleitung: Das Wahrheitsproblem aus sprachphilosophischer Sicht

1. Fragestellungen und Ansätze sprachanalytischer Wahrheitstheorien

In der neueren Diskussion über den Wahrheitsbegriff wird vielfach ein anderer Zugang zum Wahrheitsproblem gesucht als der traditionelle. Wurde Wahrheit traditionell unter erkenntnistheoretischen und ontologischen Fragestellungen thematisiert, so bilden nach der Hinwendung zur Sprachphilosophie vorwiegend Probleme der philosophischen Sprachtheorie und der Logik sowie entsprechende Methoden den Hintergrund für wahrheitstheoretische Erörterungen. Demgemäß soll die Thematisierung von Wahrheit nicht mehr dazu dienen, den durch Vorstellungen vermittelten angemessenen Bezug des Wissens eines erkennenden Subjekts auf reale Objekte erkenntnis- und bewußtseinstheoretisch zu erklären;[1] eine Wahrheitstheorie hat vielmehr die allgemeine Aufgabe, den sprachlichen Ausdruck ‚wahr' hinsichtlich seiner Bedeutung oder seiner Verwendung zu erklären und verständlich zu machen.

Gegenüber den mannigfaltigen Gebrauchsweisen von ‚wahr' und ‚Wahrheit' in der Umgangssprache wird bei dieser Orientierung am sprachlichen Ausdruck die Untersuchung im allgemeinen auf den prädikativen Gebrauch von ‚wahr' eingeschränkt.[2]

---

[1] In dieser Weise behandelt nicht nur Kant in der transzendentalen Logik das Wahrheitsproblem, sondern auch noch Husserl in seinen „Logischen Untersuchungen".

[2] Vgl. zur prädikativen Verwendung von ‚wahr' White 1970, 3 ff. – Von der Feststellung, daß ‚wahr' als Prädikat im grammatischen Sinn fungieren kann, ist die kontroverse und noch zu diskutierende Auffassung zu unterscheiden, ‚wahr' sei auch ein Prädikat im semantischen Sinn. – Im folgenden werden einfache Anführungszeichen neben ihrer Verwendung in Zitaten dazu gebraucht, um auf einen einfachen oder komplexen sprachlichen Ausdruck im Sinn eines Zeichentyps zu referieren und um

Kann ‚wahr' etwa auch mit Bezug auf Dinge und Personen (z. B. in der Rede vom wahren Gold oder einem wahren Freund) attributiv verwendet werden oder in emphatischen Äußerungen vorkommen, so wird es im prädikativen Gebrauch dem Gesagten, Geäußerten oder Behaupteten zugesprochen. Dem Verstehen nach abgeleitet von diesem primären Gebrauch kann dann sekundär auch von einem wahren Satz, einem wahren Bericht, einer wahren Erzählung etc. gesprochen werden. Bei der – auch im folgenden vorgenommenen – thematischen Beschränkung auf die Aussagenwahrheit bleiben zugleich andere philosophisch relevante Begriffe von Wahrheit (z. B. ein existentialphilosophischer, ein hermeneutischer, ein ästhetischer Begriff von Wahrheit) unberücksichtigt.

Aus der vorwiegend sprachanalytisch ausgerichteten Sichtweise ergibt sich eine Vielfalt von Problemen; deshalb sollen zunächst einige der Kristallisationspunkte für das Wahrheitsproblem bezeichnet werden, und zwar solche, die Ausgangspunkte für die wichtigsten und im folgenden zu erörternden sprachphilosophischen bzw. -analytischen Wahrheitstheorien bilden, nämlich die Redundanztheorie der Wahrheit, die semantische und die sprachpragmatische Wahrheitstheorie.[3]

Bereits die Frage, worin die Aufgabe einer Wahrheitstheorie besteht und wie das Wahrheitsproblem genauer aufzufassen ist, ist in der sprachanalytischen Diskussion des Wahrheitsbegriffs unterschiedlich beantwortet worden. Soll die Aufgabe einer Wahrheitstheorie darin gesehen werden, die Bedeutung des Begriffs der Wahrheit anzugeben, oder darin, ein Kriterium der Wahrheit zu bestimmen? Im letzteren Fall kann ein Wahrheitskriterium so aufgefaßt werden, daß es dazu dient, Wahrheit methodisch festzustellen und in einer Prozedur der Wahrheitsfindung eine Entscheidung darüber herbeizuführen, ob eine Aussage oder ein

---

terminologisch festgelegte Begriffe anzuführen. Doppelte Anführungszeichen werden für Zitate, beim Auftreten mehrfacher Anführungszeichen und für die Anführung von sprachlichen Inhalten bzw. von Propositionen verwendet. (Zu Ausdruck und Proposition vgl. unten S. 115 ff., zur Anführung vgl. S. 119 ff.)

[3] Vgl. zur Übersicht über die neuere Diskussion über Wahrheit: Skirbekk 1977; Puntel 1978; Heckmann 1981.

Satz als wahr oder als falsch charakterisiert werden kann; die korrekte Anwendung des Ausdrucks ‚wahr' wird durch ein Kriterium überprüfbar gemacht. Die Bedeutungsangabe andererseits kann als Begriffsexplikation vermittels einer Definition verstanden werden, bei der ein vager alltäglicher oder theoretischer Begriff als Explikandum durch einen Ausdruck mit präziser Bedeutung als Explikat ersetzt wird. Mit der Angabe der Bedeutung des Wahrheitsbegriffs kann aber auch beabsichtigt sein, den Gebrauch oder die Funktion des Wortes ‚wahr' zu charakterisieren oder seine Verwendungsweise zu bestimmen. Die Frage nach der Anwendung von ‚wahr' muß allerdings nicht mit der Frage nach der Bedeutung dieses Ausdrucks koinzidieren, sondern kann auch als eine davon zu unterscheidende Fragestellung aufgefaßt werden. Die Entscheidung zwischen diesen Alternativen ist offensichtlich in hohem Maß von allgemeineren sprach- und bedeutungstheoretischen Fragen sowie von Fragen der sprachanalytischen Methode abhängig.
Für die Problemstellung einer Wahrheitstheorie spielte seit Beginn der sprachanalytischen Betrachtungsweise bei Frege die Frage, wie das Wort ‚wahr' semantisch zu charakterisieren ist und welche sprachtheoretische Stellung ihm zukommt, eine zentrale Rolle. Welcher Art von Ausdrücken ist das Wort ‚wahr' zuzuordnen? Worin besteht seine semantische Rolle oder Funktion? Ist ‚wahr' seiner semantischen Form nach überhaupt ein Prädikat? Wenn ‚wahr' ein Prädikat ist, steht es dann für eine Eigenschaft oder für eine Relation? Trotz seiner Bedenken hält Frege in seiner Untersuchung „Der Gedanke" vorläufig und in heuristischer Absicht an der Auffassung von Wahrheit als einer Eigenschaft fest. Andere Äußerungen Freges legen jedoch eine redundanztheoretische Auffassung nahe, nach der ‚wahr' gerade kein Prädikat ist, weil mit seiner Verwendung nichts Neues und Zusätzliches gegenüber einem behaupteten Satz gesagt wird: „Im Grunde besagt ... der Satz ‚Es ist wahr, daß 2 eine Primzahl ist' nicht mehr als der Satz ‚2 ist eine Primzahl'."[4] Das Wort ‚wahr' ist demnach in gewissem Sinne überflüssig; es ist ohne Informationsverlust eliminierbar, denn was jemand mit dem ersten Satz

[4] Frege 1983, 211.

sagen will, kann er auch, und sogar einfacher, mit dem zweiten Satz sagen. In beiden Fällen wird der Satz ‚p' als wahr hingestellt. Allgemein formuliert gilt somit die Äquivalenz: es ist wahr, daß p ≡ p. In der Redundanztheorie wird nicht nur die Korrektheit dieser Äquivalenzformel unmittelbar verteidigt; nach der ursprünglichen, von F. P. Ramsey und A. J. Ayer vertretenen Form dieser Theorie erschöpft sich die Bedeutung von ‚wahr' auch in dieser Äquivalenz.[5]

Gegenüber der Redundanztheorie wird nun in anderen Wahrheitstheorien zumeist nicht primär die Richtigkeit der Äquivalenzformel geleugnet; was strittig ist, sind aber die Interpretation der Formel und die Rolle, die diese Formel in einer Wahrheitstheorie spielen soll, sowie die sich aus ihr ergebenden Konsequenzen. Muß nicht der Wahrheitsbegriff eng mit dem Begriff der Bedeutung eines Satzes verknüpft und im Sinn einer semantischen Wahrheitstheorie erläutert werden, wie sie von Frege und dem frühen Wittgenstein vorbereitet und von Tarski, Carnap und Davidson ausgearbeitet wurde? Setzt man in der Formel „‚p' ist wahr ≡ p" für ‚p' den Namen eines Satzes der Objektsprache und für p die Übersetzung des objektsprachlichen in einen metasprachlichen Satz ein, so ist ‚wahr' ein metasprachliches Prädikat, mit dessen Hilfe die Wahrheitsbedingungen des objektsprachlichen Satzes angegeben werden können. In dem ganzen metasprachlichen Satz wird von dem objektsprachlichen Satz gesagt, unter welchen Bedingungen er wahr ist; ‚wahr' bezeichnet eine Eigenschaft sprachlicher Ausdrücke. Unter der Annahme, daß man einen Aussagesatz versteht, mithin seine Bedeutung erfaßt, wenn man weiß, was der Fall ist, wenn er wahr ist, wird mit den Wahrheitsbedingungen zugleich die Bedeutung des objektsprachlichen Satzes angegeben. Der Begriff der Wahrheit kann somit eine zentrale Stellung in einer Bedeutungstheorie einnehmen, die als Wahrheitssemantik konzipiert ist. Mit dem dabei zugrundegelegten Wahrheitsbegriff ist zugleich eine Präzisierung der traditionellen Auffassung von Wahrheit als Übereinstimmung zwischen einem Satz und der Wirklichkeit intendiert, da

[5] Vgl. Ramsey 1977, 224 f.; Ayer 1970, 114 ff.; Ayer 1977.

durch die Eigenschaft der Wahrheit Sätzen ein Bezug zu bestehenden Sachverhalten zugeordnet werden soll.
Die Interpretation der Äquivalenzformel kann aber auch in eine andere Richtung führen. Verweist nämlich das Verständnis von ‚es ist wahr, daß p' auf den behaupteten Satz ‚p', so ist für das Ausdrücken von Wahrheit „eigentlich die Form des Behauptungssatzes das Wesentliche".[6] Ist mit dem behaupteten Satz ‚p' die assertorische Kraft oder der illokutive Modus der Behauptung – sei es als implizit mitverstandener oder explizit zum Ausdruck gebrachter Teil der vollständigen Satzbedeutung – verbunden, so fehlt dem Teilsatz ‚daß p' gerade dieses Behauptungsmoment. Wenn nun der Teilsatz ‚daß p' durch den Ausdruck ‚es ist wahr ...' so ergänzt werden kann, daß der dadurch entstandene ganze Satz der einfachen Behauptung des Satzes ‚p' äquivalent ist, so muß in dem Ausdruck ‚es ist wahr ...' das Behauptungsmoment enthalten sein, und dieses muß als Wahrheitsanspruch verstanden werden. Aus der Äquivalenzformel ergibt sich somit, daß die Klärung der Bedeutung von ‚wahr' auf die Explikation der Handlung des Behauptens verweist: zu klären ist, was es heißt, eine Behauptung zu vollziehen und einen Wahrheitsanspruch zu erheben.
Da die Behauptung eines Sprechers, wenn sie sinnvoll ist, auch von einem Hörer verstanden werden kann, muß dabei zugleich das intersubjektive Verhältnis zwischen Sprecher und Hörer berücksichtigt werden. Um nicht nur die Behauptung gemeinsam zu verstehen, sondern auch zu wissen, daß sie wahr ist, müssen Sprecher und Hörer gemeinsam prüfen können, ob die Wahrheitsbedingungen des Satzes erfüllt sind und der Wahrheitsanspruch eingelöst werden kann. Der Ansatz bei der Sprechhandlung der Behauptung, der zu Fragen führt, die den für Sprecher und Hörer wechselseitig mitvollziehbaren Nachweis der Wahrheit betreffen, ist für eine intersubjektivitätstheoretische und sprachpragmatische Grundposition in der Wahrheitstheorie kennzeichnend.
Jede Wahrheitstheorie, die ‚wahr' als Prädikat auffaßt, muß des weiteren klären, was dasjenige ist, das wahr sein kann, dem also

[6] Frege 1983, 140.

das Prädikat ‚wahr' zugesprochen werden kann. Ist das Gesagte, dem Wahrheit zukommen soll, genauer als Satz, als Aussage bzw. Proposition, als Äußerung oder als Behauptung zu verstehen? Dabei ist zunächst ungeklärt, in welchem Sinn das Gesagte überhaupt ein Gegenstand ist; nicht nur konkrete Gegenstände wie raumzeitlich bestimmbare Äußerungen kommen in Frage, sondern auch abstrakte Gegenstände. In diesem Sinn könnte dasjenige, was Frege Gedanke nennt oder was durch die Termini ‚Sachverhalt' und ‚Proposition' zu fassen versucht wurde, die Rolle des sogenannten Trägers der Wahrheit übernehmen. An den Begriff von abstrakten Gegenständen schließt sich die Frage an, welche Kriterien der Identität es für diese Art von Gegenständen gibt und wie uns diese Gegenstände zugänglich sind.
Das Problem der Identität des Gesagten stellt sich auch insofern, als das Verhältnis zwischen den Gliedern der Äquivalenzrelation auch intersubjektivitätstheoretisch zu klären ist. Wenn jemand behauptet: „Dieser Schnee hier ist weiß" und ein anderer angesichts des frisch gefallenen Schnees dazu erklärt: „Das ist wahr", so muß es ein und derselbe Sachverhalt sein, von dem beide reden. Wie ist es sprachtheoretisch zu verstehen, daß sich beide auf denselben Sachverhalt beziehen können, und zwar insbesondere auch dann, wenn sie deiktische Ausdrücke und Sätze von verschiedener Bedeutung verwenden? Daß sich Sprecher und Hörer auf einen identischen Sachverhalt gemeinsam beziehen, muß auch dann unterstellt werden, wenn der Hörer die Wahrheit des Gesagten verneint: was verneint werden soll, ist genau dasjenige, was vom Sprecher behauptet wurde. Worauf die Identität des Gesagten und die wechselseitige Bezugnahme der Sprechhandlungen von Sprecher und Hörer aufeinander beruhen, muß in bedeutungs- und handlungstheoretischen Überlegungen geklärt werden.

2. *Die Methode der Sprachanalyse*

Angesichts der angedeuteten divergierenden Ansätze zu einer Wahrheitstheorie, in denen unterschiedliche Konzeptionen von Sprache und unterschiedliche Methoden der Bedeutungsangabe für ‚wahr' benutzt werden, ist eine vorläufige Verständigung über die angemessene Zugangsweise und Methode erforderlich. Dabei wird davon ausgegangen, daß es eine vorrangige und zentrale Aufgabe einer sprachphilosophischen Wahrheitstheorie ist, die Bedeutung von ‚wahr' anzugeben (wobei freilich das Verhältnis von Bedeutung und Kriterium noch zu klären sein wird). Als Methodenkonzepte hierfür bieten sich die differierenden, aber sich überschneidenden Begriffe ‚Definition', ‚Analyse' oder ‚Explikation' an.

Worin die Klärung der Bedeutung sprachlicher Ausdrücke bestehen soll, wurde in der Geschichte der sprachanalytischen Philosophie unterschiedlich bestimmt, wobei das Wahrheitsproblem selbst eine wichtige Rolle spielte; der gewählte Zugang zum Wahrheitsproblem und die Auffassung von Sprache und sprachanalytischer Methode hängen insbesondere in der Wahrheitssemantik der Sache nach eng voneinander ab. Ob ein Methodenkonzept für das Wahrheitsproblem adäquat oder defizitär ist, richtet sich unter anderem wesentlich danach, ob ein unverkürzter Sprachbegriff zugrunde gelegt wird. Da, wie die Entwicklung der Sprachphilosophie gezeigt hat, die pragmatische Dimension für das Verständnis von Sprache grundlegend ist, muß eine adäquate Methode der Bedeutungsangabe insbesondere dazu geeignet sein, pragmatische Sachverhalte zu erfassen. Dementsprechend soll anhand der Entwicklung des Analysebegriffs in der analytischen Philosophie gezeigt werden, daß nicht die Begriffe einer Analyse oder Definition, insofern diese auf logisch-semantische Beziehungen beschränkt sind, dem Problem der Bedeutung von ‚Wahrheit' angemessen sind, sondern dieses eine Explikation der Sinnbedingungen von Sprechhandlungen erforderlich macht.

Für die Klärung der Bedeutung sprachlicher Ausdrücke war seit Russell die Methode der Analyse zentral.[7] Russell geht von dem erstaunlichen Phänomen aus, daß wir in Verlegenheit geraten, wenn wir ein vorgegebenes, für uns selbstverständliches und

[7] Vgl. zum Analysebegriff Strawson 1957; Strawson 1970; Lorenz 1970, 29 ff., 37 ff.; Schnädelbach 1977, 283 ff.; vgl. zur Analyse bei Russell Urmson 1958, 22 f.

scheinbar offen vorliegendes Wissen explizit formulieren und eigens erläutern sollen. Was selbstverständlich schien, wird bei näherer Betrachtung unverständlich und irritierend. Das vorgegebene Wissen stellt sich als unklar und unpräzis heraus und bedarf einer Analyse. Philosophie besteht demnach in einem „Übergang von diesen offenkundigen, unklaren und unbestimmten Dingen, die wir nicht bezweifeln, zu präzisen, klaren und bestimmten Dingen, die wir durch Reflexion und Analyse in den unklaren Dingen finden".[8]

Logisch ist diese Analyse nach Russell, weil sie die logische Form des vorgegebenen Wissens thematisiert und dieses mit Hilfe einer idealen Sprache, in der alle zugelassenen Ausdrücke einen genau bestimmten Sinn haben, präzisiert. Eine zugleich philosophische Methode ist diese Analyse, weil Russell sie mit der Metaphysik des logischen Atomismus verbindet. Atomare Aussagen enthalten einfache Bestandteile, die durch die Namenstheorie der Bedeutung so semantisch interpretiert werden, daß sie sich auf individuelle Gegenstände bzw. letztlich auf Sinnesdaten beziehen und eine Beschreibung der Welt durch empirische Aussagen möglich machen. Da Ausdrücke der Umgangssprache und insbesondere Kennzeichnungen ihre logische Form nicht immer eindeutig und irrtumsfrei anzeigen und damit zu Irrtümern darüber verleiten, was mit ihnen bezeichnet ist, bedürfen sie einer Analyse; in dieser wird gezeigt, wie ein Ausdruck in einem Satz sinnvoll gebraucht wird und zu verstehen ist, indem die Implikationen, die dieser Satz hat, aufgezeigt werden. Komplexe Ausdrücke wie Kennzeichnungen, die nur scheinbar einfach einen bestimmten Gegenstand bezeichnen und in ihm ihre Bedeutung haben, werden dadurch aufgelöst und verschwinden. In der Theorie der definitiven Beschreibung hat Russell eine logische Analyse paradigmatisch durchgeführt.[9]

---

[8] Russell 1976, 180. Auch der Begriff der Wahrheit erfordert eine Analyse in diesem Sinn (vgl. Russell 1971 b, 100). – Strawson beschreibt diese allgemeine Konzeption von Analyse als eine Art Übersetzung oder Paraphrase, als „a translation from a less explicit to a more explicit form, or from a misleading to an unmisleading form" (Strawson 1957, 99).

[9] Vgl. Russell 1971 a. In differenzierter Weise auf die Wahrheitstheorie

An Russells Analysebegriff knüpft Wittgenstein im Traktat an, dem eindeutig eine Schlüsselstellung für das Konzept der analytischen Methode – wie auch für die ältere analytische Wahrheitstheorie – zukommt. Nach Wittgenstein ist „alle Philosophie ... ‚Sprachkritik'".[10] Zwar sind die Sätze der Umgangssprache „so, wie sie sind, logisch vollkommen geordnet",[11] und wir können gar nicht unlogisch denken, weil die Logik die Möglichkeit von Gedanken und sinnvollen Sätzen a priori umgrenzt. Da aber die Sprachlogik nicht unmittelbar der Umgangssprache zu entnehmen ist, können Fragen und Sätze dadurch unsinnig werden, „daß wir unsere Sprachlogik nicht verstehen".[12] Wir verstehen dann etwas nicht mehr, von dem wir als Benutzer der Umgangssprache implizit immer schon ein Wissen haben. Dieses Mißverstehen kann deshalb zustande kommen, weil „die scheinbare logische Form des Satzes nicht seine wirkliche sein muß".[13] Unter sinnkritischer Perspektive „wäre" deshalb die richtige Methode der Philosophie, sich auf das sinnvoll Sagbare – die Sätze der Naturwissenschaft – zu beschränken und jedem anderen, der „etwas Metaphysisches sagen wollte, ... nachzuweisen, daß er gewissen Zeichen in seinen Sätzen keine Bedeutung gegeben hat".[14] Metaphysikkritik ist damit als Sprachkritik und genauer als Sinnkritik, nämlich als Nachweis der Sinnlosigkeit von Sätzen, konzipiert.[15]

Dies „wäre" die richtige philosophische Methode, wenn sie nicht selbst erfordern würde, etwas Metaphysisches zu sagen. Die Möglichkeit des Mißverständnisses unserer Sprachlogik erfordert deren Explikation. Im Traktat kommt nun die metaphysikkritische Komponente mit der sprachkritischen Komponente philosophischer Aussagen in Konflikt, weil letztere auf eine notwendige ontologische Komponente solcher Aussagen verweist.

---

angewandt wird Russells Konzept der logischen Analyse von C. J. F. Williams (vgl. Williams 1976).

[10] Wittgenstein 1960 a, 4.0031.

[11] Ebd. 5.5563.

[12] Ebd. 4.003.

[13] Ebd. 4.0031.

[14] Ebd. 6.53.

[15] Vgl. Stenius 1969, 284 ff.; Hacker 1978, 46 ff.

Soll ein Satz einen Sinn haben, so muß er sich auf die Welt beziehen und etwas Neues über sie mitteilen; die Zeichen der Sprache müssen bis zur Wirklichkeit reichen. Wie diese sinnkonstitutive Beziehung zwischen Sprache und Welt zustande kommen kann, soll durch die Sätze des Traktats, die die Sprachlogik erläutern, verständlich gemacht werden. Der Sinn eines Satzes ist der Sachverhalt, den er darstellt; wer den Sinn erfaßt, kennt die Wahrheitsbedingungen des Satzes, und durch Vergleich des Satzsinns mit der Wirklichkeit kann festgestellt werden, ob der Sachverhalt besteht oder nicht, d.h. ob die Wahrheitsbedingungen erfüllt sind oder nicht, mithin ob der Satz wahr oder falsch ist. Eine Beziehung zwischen Satz und Wirklichkeit wird dadurch ermöglicht, daß der Satz ein logisches Bild einer Tatsache als eines Bestandteils der Welt ist und als solches die logische Form mit dem Abgebildeten gemeinsam hat.

Sätze der Logik drücken nun zwar keinen neuen Sinn aus und sagen daher nichts, sind aber deshalb nicht unsinnig; denn sie *zeigen* die gemeinsame logische Struktur von Sprache und Welt oder weisen sie auf: *daß* Sätze in bestimmter Weise verbunden Tautologien ergeben, beruht auf bestimmten Eigenschaften der Struktur dieser Sätze.[16] Daß die Sätze der Logik Tautologien sind, zeigt somit auch etwas über die Welt an. Die philosophischen Aussagen des Traktats selbst hingegen beziehen sich aber weder in der Weise des Sagens noch in der des Zeigens auf die Welt und sind dementsprechend unsinnig. Sie verletzen die logische Struktur des sinnvollen Sprechens. Wenn diese Sätze dennoch im Sinne ihrer Erläuterungsfunktion zu einem solchen Standpunkt führen und ihn gleichsam „zeigen", von dem aus man die Welt richtig sehen kann, so kann diese Funktion selbst nicht mehr mit Hilfe des Sinnbegriffs des Traktats erfaßt werden. Gerade die Tätigkeit des sinnkritischen Gebrauchs von Sätzen entzieht sich diesem Sinnbegriff, und dies hat paradoxe Folgen für den Charakter philosophischer Aussagen. Denn Metaphysikkritik soll als Nachweis der Unsinnigkeit von Sätzen bzw. der Bedeutungslosigkeit ihrer Bestandteile verstanden werden. Dieser Nachweis kann aber einzig insofern geführt werden, als allgemein erläutert wird, worin die

[16] Vgl. Wittgenstein 1960 a, 6.12, 6.121 und 6.124.

Sinnhaftigkeit von Sätzen besteht, was sich also sagen, d. i. sinnvoll ausdrücken läßt und was nicht – darin hat der Traktat seine Kardinalfrage.[17] Ein Satz sagt aber nach der Sprachtheorie des Traktats nur etwas, wenn er ein abbildendes Verhältnis zur Wirklichkeit hat und damit in einer Weise strukturiert ist, wie es philosophische Aussagen nicht sind. Die metaphysikkritische Funktion philosophischer Aussagen soll sich aus deren sinnkritischer Komponente ergeben; diese verweist auf die ontologische, die Beziehung zwischen Sprache und Welt sprachlich bestimmende Komponente dieser Aussagen, während diese wiederum gerade die Sinnhaftigkeit philosophischer Aussagen dementiert, da ihnen keine Abbildbeziehung zur Wirklichkeit zukommt.

Freilich liegt hier nicht einfach eine folgenlose Selbstaufhebung philosophischer Aussagen vor. Dies macht die Metapher von der Leiterfunktion dieser Aussagen deutlich. Setzt man die Richtigkeit der Sprachtheorie des Traktats, die freilich mit guten Gründen bezweifelt werden kann, einmal voraus, so wird das Ziel der erläuternden Tätigkeit, nämlich die Klarheit des Sinns empirischer Sätze, durchaus erreicht. Philosophische Sätze befinden sich ebensowenig mit naturwissenschaftlichen Sätzen auf derselben Ebene wie die Leiter mit dem, wohin sie führt. Im Gegensatz zur folgenlosen Selbstaufhebung führt das Verständnis der Sätze des Traktats und die Einsicht in ihre Sinnlosigkeit zur richtigen Weltsicht. Diese Sätze sind – ebenso wie eine Leiter zur Überwindung einer bestimmten Ebenendifferenz – erforderlich, weil dieses Ziel nur *aufgrund des Verständnisses der erläuternden Sätze* erreicht werden kann: man muß sie verstanden haben, um sinnvolle von unsinnigen Sätzen unterscheiden und um Mißverständnisse unserer Sprachlogik vermeiden zu können. In dieser Verknüpfung von Sinnkritik und Erläuterung liegt die interne Logik, aber auch die Paradoxie der philosophischen Sätze des Traktats.[18]

Der Traktat kann aber sein Ziel nur durch die unausgesprochene

---

[17] Vgl. Wittgenstein 1960 b, 274.

[18] Vgl. Wittgenstein 1960 a, 6.54: „Meine Sätze erläutern dadurch, daß sie der, welcher mich versteht, am Ende als unsinnig erkennt, wenn er durch sie – auf ihnen – über sie hinausgestiegen ist."

Benutzung eines zusätzlichen, von ihm theoretisch nicht erfaßten Sinnbegriffs erreichen. Die Lage am Ende des Traktats läßt sich durch die Unterscheidung des engen, abbildtheoretischen Sinnbegriffs, der im Traktat sprachtheoretisch geklärt wird, von einem weiter gefaßten Sinnbegriff verdeutlichen, der für die Verständlichkeit auch noch der Sätze des Traktats selbst und der Tätigkeit der Sinnkritik maßgebend ist und der für diese Sätze insofern unterstellt werden muß, als ihnen Explikationsfunktion zugesprochen wird. Wenn der Sinn eines Satzes zunächst das ist, was wir bei der Äußerung des Satzes verstehen, dann muß auch den Sätzen des Traktats nach diesem weiten Sinnbegriff Sinn zukommen, und zwar genau insofern, als sie eine Erläuterung unserer Sprachlogik geben können; denn sie können nur erläutern, insofern sie verstanden werden können. Nach dem Sinnbegriff des Traktats muß den erläuternden Sätzen zwar ihre Sinnhaftigkeit abgesprochen werden; gerade dies gehört aber zum Resultat ihres Verständnisses und damit auch ihres – gemäß dem weiten Sinnbegriff – sinnvollen Gebrauchs. Die *Tätigkeit* der erläuternden Klärung ist eine sinnvolle Sprachverwendung und beseitigt Mißverständnisse eines Sprachbenutzers über den eigenen, im Grunde logisch geordneten Sprachgebrauch. Die erläuternden Aussagen des Traktats haben somit in ihrer sinnkritischen Verwendung einen zugleich sprachpragmatischen und selbstreflexiven Überschuß, dem sie ihrem sprachtheoretischen Inhalt nach nicht gerecht werden können.

Die paradoxe Problemsituation des Traktats liegt am Ausgangspunkt von zwei ganz verschiedenen Auffassungen des Charakters philosophischer Aussagen und der sprachanalytischen Methode: einerseits derjenigen des logischen Positivismus und andererseits der des späten Wittgenstein. Während der späte Wittgenstein eine pragmatische Erweiterung des Sinnbegriffs vornimmt und Philosophie nun die Verwendung sprachlicher Ausdrücke klären soll, wird im logischen Positivismus der Sinnbegriff zunächst auf die syntaktische Komponente verkürzt. Der Sinn eines Satzes besteht bei R. Carnap zunächst in der Klasse der Sätze, die aus ihm folgen. Philosophische Aussagen betreffen nur noch die Syntax der Wissenschaftssprache; sie geben die Beziehungen von Zeichen zu anderen Zeichen als Form- und

Umformungsregeln eines formalen Kalküls an.[19] Durch Carnaps Reduktion der inhaltlichen Redeweise Wittgensteins auf eine formale Redeweise werden philosophische Aussagen von Metaphysik und jeglichen Ansprüchen auf gegenstandsbezogene Erkenntnis abgetrennt. Dadurch werden zwar die paradoxen Konsequenzen des Traktats vermieden, zugleich gerät aber durch einen reinen Syntaktizismus Carnaps empiristische Position in Gefahr. So entsteht für den Positivismus eine aussichtslose Lage:

> „Die beiden Alternativen ‚Rückfall in Metaphysik' und ‚Reduktion der Philosophie auf Syntax', in die sich die ursprüngliche Paradoxie von Wittgensteins Position konsequent entfaltet hatte, waren für den logischen Empiristen beide gleich unannehmbar."[20]

Diese Situation führt Carnap dazu, das syntaktische Sprachkonzept mit Hilfe von A. Tarskis Wahrheitsdefinition durch eine logische Semantik zu erweitern und im Anschluß an C. W. Morris eine pragmatische Dimension zu berücksichtigen.[21] In der reinen Semantik erhalten die Sätze eines formalen Sprachsystems Bedeutung, indem ihre Wahrheitsbedingungen in einer Metasprache angegeben werden. Die Unterscheidung von Objekt- und Metasprache erlaubt es, die in der Umgangssprache entstehenden Antinomien zu vermeiden und die Selbstrückbezüglichkeit einer Sprache auszuschließen. In einer Pragmatik hingegen, die Carnap nicht als reine, sondern als empirische Wissenschaft versteht, wird die tatsächliche Verwendung von Ausdrücken natürlicher Sprachen behavioristisch untersucht. Zwar bildet die Pragmatik bei der Erforschung natürlicher Sprachen die Grundlage für Syn-

---

[19] Vgl. zum Begriff des Satzsinns Carnap 1931, 221 f., und Carnap 1968 a, 37 ff.; zum Charakter philosophischer Aussagen vgl. ebd. 7 f. und 203 ff. Zur Problemgeschichte und zu ihrem Zusammenhang mit der sprachanalytischen Wahrheitstheorie vgl. Apel 1973, Bd. I, 141 ff., und Tugendhat 1977, 201 ff.
[20] Tugendhat 1977, 211.
[21] Vgl. Carnap 1968 b, 8 ff., 245 f., und Morris 1979; vgl. auch schon die Konzeption einer behavioristischen Sprachtheorie in: Carnap 1936/1937, 454.

tax und Semantik; als reine Wissenschaften sind Syntax und Semantik aber gerade unabhängig von Pragmatik, da hier Definitionen für Begriffe durch freie Wahl festgelegt und ihre analytischen Konsequenzen untersucht werden.[22] Dieser Einteilung entsprechend unterscheidet Carnap scharf zwischen Wahrheit als einem Begriff der reinen Semantik und Verifikation oder genauer, da er eine vollständige Verifizierung ausschließt, gradueller Bewährung wissenschaftlicher Sätze als Begriffe, die zur empirischen Disziplin der Pragmatik gehören. Dementsprechend „muß deutlich unterschieden werden zwischen der Frage nach einer Definition der *Wahrheit* und der Frage nach einem Kriterium der *Bewährung*".[23] Diese Aufteilung des Wahrheitsproblems in eine semantische Definition des Wahrheitsbegriffs und eine empirisch-pragmatische Bewährungsproblematik ist grundlegend für Carnaps Verknüpfung von Wahrheits- und Sprachtheorie.

Auf die Defizite auch des erweiterten Sprachbegriffs Carnaps, die nicht nur das Wahrheitsproblem, sondern auch die Methode der logischen Analyse unmittelbar betreffen, ist des öfteren hingewiesen worden.[24] Philosophische Analyse besteht nach der Auflösung der bei Russell und Wittgenstein bestehenden Verbindung zur Metaphysik bzw. Ontologie nur mehr in der analytischen Umformung sprachlicher Ausdrücke; logische Analyse beschränkt sich auf die Untersuchung konventionell festgelegter Sprachsysteme.[25] Sind philosophische Aussagen analytisch im Sinn von tautologisch, so wird das als „Paradox der Analyse" diskutierte Problem sowohl unausweichlich als auch unlösbar. Dieses Problem besteht in der Verbindung der Korrektheit philosophischer Analysen mit ihrer Trivialität:

---

[22] Vgl. Carnap 1968 b, 12 f.

[23] Carnap 1977, 94. Vgl. Carnap 1968 b, 244.

[24] Vgl. vor allem die Arbeiten von K.-O. Apel: Apel 1973, Bd. I, 138 ff.; Apel 1974 a, und Apel 1980; vgl. auch Tugendhat 1977; Schnädelbach 1977, 294 ff.; ferner Schneider 1975.

[25] Obwohl Carnap darauf hinweist, daß „viele jetzt in der Semantik definierte Begriffe ... als Explikata für früher in der Alltagssprache oder in der Logik gebrauchte Begriffe gedacht [sind]" (Carnap 1972, 10, vgl. ebd. 293), kommt einer Anknüpfung an die natürliche Sprache im methodischen Konzept der logischen Analyse keine tragende Funktion zu.

„Da *empirische* Korrektheitsbedingungen als Beurteilungsmaßstäbe ausscheiden, kann eine philosophische Analyse nur dann korrekt sein, wenn sie *logisch-wahr* ist, und das heißt: wenn sie sich *in eine Tautologie transformieren* läßt; läßt sie aber diese Transformation zu, dann ist sie *trivial*."[26]

Philosophische Analysen können nur entweder falsch oder, im Fall ihrer Korrektheit, trivial sein. Damit verlieren philosophische Aussagen aber gerade diejenige Funktion, die ihnen bei Russell und Wittgenstein vornehmlich zukommen soll: sie besitzen keinen Erläuterungswert mehr und können nicht etwas Unverständliches oder Nicht-mehr-Verstandenes verständlich machen. Damit entfällt zugleich ihre Tauglichkeit zu einer Kritik der Metaphysik und zur Beurteilung der Sinnhaftigkeit von Sätzen. Eine Reduktion von Analyse auf logisch-semantische Verhältnisse zwischen sprachlichen Ausdrücken führt dazu, daß diese Methode als philosophische unbrauchbar wird.[27]
Auch das Verhältnis des Sprachbegriffs Carnaps zur Umgangssprache zeigt, daß dieser Sprachbegriff defizitär ist. Antinomien treten danach in der Umgangssprache aufgrund ihrer semantischen Geschlossenheit auf, die darin besteht, daß dieselbe Sprache neben den gegenstandsbezogenen Ausdrücken auch Namen für diese Ausdrücke und semantische Prädikate wie ‚wahr', ‚bezeichnet' u. a. enthält, die die Beziehung zwischen Zeichen und bezeichneten Gegenständen betreffen. Wird nun zwischen Objekt- und Metasprache unterschieden, so wird diese Selbstrückbezüglichkeit der Sprache eliminiert, zugleich wird aber das Verständnis objektsprachlicher Sätze vom Verständnis der Metasprache und damit der Umgangssprache als oberster oder letzter

---

[26] Schnädelbach 1977, 298. Vgl. zum Paradox der Analyse: Moore 1968, 660 ff.; Carnap 1972, 79 f.; Pap 1955, 229 ff.; v. Kutschera 1975, 61 ff.
[27] Vgl. Schnädelbach 1977, 299 f. Nach P. F. Strawson versagt das ursprüngliche Analysekonzept, weil es die Existenz von exakten quasidefinitorischen Relationen zwischen Begriffen unterstellt, die nicht bestehen, und pragmatische Aspekte vernachlässigt (vgl. Strawson 1957, 103 f.).

Metasprache[28] abhängig gemacht, die in der logischen Semantik als bereits verstanden vorausgesetzt wird und selbst ungeklärt bleibt. Daraus ergibt sich eine Verkürzung der Semantik um gerade dasjenige, was im Traktat geklärt werden sollte: das Verhältnis von Sprache und Welt und die Fähigkeit der Sprache, sich aufgrund der logischen Struktur ihrer Sätze auf die Welt zu beziehen. Denn Semantik ist nunmehr nur eine Übersetzung leistende, *interpretative* Semantik: semantische Regeln sind „Übersetzungsregeln aus der Objekt- in die Metasprache".[29] Wird das Verständnis der Umgangssprache ungeklärt vorausgesetzt, so können zwar metaphysische Aussagen eliminiert werden, es wird dann aber gerade nicht im Sinn einer *grundlagentheoretischen oder philosophischen* Semantik[30] geklärt, wie es überhaupt zu verstehen ist, daß sprachliche Ausdrücke Bedeutung haben. Aus einer semantischen Aussage kann ein Sprecher nicht entnehmen, wie er einen objektsprachlichen Satz auf die Welt beziehen soll oder was einen Satz bedeutungsvoll macht; er muß dies vielmehr seiner nicht weiter erläuterten Fähigkeit, die Umgangssprache zu verwenden, entnehmen. Von Sätzen, die durch eine logische Semantik interpretiert sind, ist gerade nicht einsichtig, wie sie „bis zur Welt reichen können". Die logische Semantik thematisiert nicht, was sowohl für den frühen als auch für den späten Wittgenstein, der doch nur seine Betrachtung um dasselbe Bedürfnis als festen Angelpunkt gedreht hat,[31] zentral war: die Darstellungsweise oder Darstellungsform der Sprache. Eine interpretative Semantik kann gerade aufgrund der Abstraktion von der pragmatischen Dimension der Sprache der Aufgabe einer philosophischen Sprachtheorie nicht gerecht werden. Denn das Verständnis der Metasprache, das letztlich nicht erläutert wird, verweist auf eine pragmatische Grundlage:

---

[28] Vgl. Stegmüller 1972, 71 f., 290 f.

[29] Ebd. 11.

[30] Zur Unterscheidung zwischen interpretativer und grundlagentheoretischer Semantik vgl. Schneider 1975, 27 ff.

[31] Vgl. Wittgenstein 1960 c, § 108 und dazu § 97 f., und Wittgenstein 1960 a, 5.5563.

> „Was wir da verstehen, der Sinn der metasprachlichen Zeichen, kann nicht wiederum durch eine ‚Übersetzung‘ angegeben werden, sonst bliebe man ad infinitum in der Syntax, sondern nur durch die Regeln ihres Gebrauchs, also ‚pragmatisch‘. Carnap versäumt in seinen Überlegungen zur Pragmatik die fundamentale Unterscheidung zwischen empirisch feststellbaren Regeln eines faktischen Sprachgebrauchs und (evtl. apriorischen) Regeln *für* den empirischen Sprachgebrauch wie es etwa das empiristische Sinnkriterium ist. So scheint die ursprüngliche Grundlagenproblematik des Wiener Kreises zwischen Semantik und Pragmatik hindurchzufallen und dem Blick vollends entschwunden zu sein.“[32]

Methodisch gesehen ergibt sich somit, daß eine Sprachanalyse gerade dann, wenn sie an ihren ursprünglichen Intentionen festhalten will, also eine Klärung der Sinnhaftigkeit von Sätzen und der Möglichkeit, sich in Aussagen auf die Wirklichkeit zu beziehen, sowie eine Beseitigung von Mißverständnissen unserer Sprachlogik anstrebt, wesentlich die pragmatischen Aspekte der Sprache klären muß. Dies entspricht der selbstkritischen Einsicht des späten Wittgenstein, daß ein syntaktisch-semantisch bestimmtes sprachliches Zeichen in ganz verschiedenen Weisen gebraucht, gedeutet und verstanden werden kann. Ist uns ein Bild gegeben, so soll das Problem sein: „ob die Wirklichkeit mit dem Bild übereinstimme, oder nicht. Und dies Bild *scheint* nun, was wir zu tun, wie und wonach wir zu suchen haben, zu bestimmen – tut es aber nicht, weil wir eben nicht wissen, wie es zu applizieren ist.“[33] Die Beziehung zwischen Sprache und Wirklichkeit wird erst durch eine *Handlungsweise* hergestellt. Dementsprechend muß eine Explikation der Darstellungsweise der Sprache klären, wie wir ein Zeichen – etwa einen assertorischen Satz – einer Regel gemäß und in einer bestimmten Weise verwenden.
Für das Wahrheitsproblem heißt dies, daß eine semantische Definition von ‚wahr‘ die Bedeutung dieses Wortes nicht adäquat er-

[32] Tugendhat 1977, 213 f.
[33] Wittgenstein 1960 c, § 352.

fassen kann. Eine Explikation der Bedeutung des Wahrheitsbegriffs muß vielmehr die Kriterien seiner Verwendung miterfassen. Eine Trennung von Definition des Wahrheitsbegriffs und Angabe eines Kriteriums der Wahrheit[34] ist kennzeichnend für den logisch-semantisch verkürzten Sprachbegriff des frühen Wittgenstein und der logischen Empiristen und läßt eine angemessene Berücksichtigung der pragmatischen Dimension der Sprache gerade nicht zu. Der Wahrheitsbegriff ist von dieser Trennung in zweifacher Weise betroffen: einmal insofern, als er das Explikandum einer sprachanalytischen Wahrheitstheorie bildet, zum anderen aber auch als grundlegender Begriff einer philosophischen Sprach- und Bedeutungstheorie, zu dem er durch die These, daß der Sinn eines Satzes in der Kenntnis seiner Wahrheitsbedingungen besteht, gemacht wird. Zeigen die Defizite des Sprachbegriffs des frühen Wittgenstein und der logischen Empiristen, daß das Verhältnis von Semantik und Pragmatik in anderer Weise zu bestimmen ist, so wird einerseits die Stellung des Wahrheitsbegriffs in der Bedeutungstheorie fraglich. Denn dadurch, daß der späte Wittgenstein seine sprachtheoretische Betrachtungsweise um das Bedürfnis einer Klärung des Sinns von Sätzen herumdreht, werden die Grundlagen der Wahrheitssemantik unmittelbar tangiert:

> „Wittgensteins spätere Auffassung der Bedeutung verlagert sich von einer Erklärung des Sinns von Sätzen in der Begrifflichkeit ihrer Wahrheitsbedingungen zur Erklärung ihres Sinns in der Begrifflichkeit ihrer Kriterien, d. h. der Gründe, die als Rechtfertigung für ihre wahre Behauptung festgesetzt oder konventionell bestimmt sind."[35]

[34] Vgl. zu Definition und Kriterium Puntel 1978, 3 ff. Auch noch N. Rescher rekurriert unmittelbar auf Carnaps Behandlung des Wahrheitsproblems, um die Erklärung der Bedeutung von ‚Wahrheit' durch eine Definition von der Angabe eines Wahrheitskriteriums, das die korrekte Verwendung des Wahrheitsbegriffs festlegt, zu unterscheiden. Vgl. Rescher 1973, 1 ff. (Vgl. nunmehr allerdings Reschers Revision der strikten Trennung von Definition und Kriterium in Rescher 1987.)

[35] Hacker 1978, 219. Vgl. ebenso Apel 1973, Bd. I, 151, 359 ff., und Schnädelbach 1977, 282.

Durch die methodische Orientierung der Erklärung der Bedeutung an der Verwendung sprachlicher Ausdrücke muß aber andererseits auch der Wahrheitsbegriff selbst im Sinn eines Sprachbegriffs expliziert werden, der gerade nicht die Abtrennung der Bedeutung des Begriffs von seiner Verwendung erlaubt.

3. Zum Ansatz der sprachpragmatischen Wahrheitstheorie

Ist der Bereich, in dem das Verständnis von Wahrheit überhaupt zu suchen ist, vereinfachend im Sinn des Alltagsverständnisses von ‚wahr' und vorläufig gesprochen, mit dem Verständnis des Verhältnisses von Sprache und Wirklichkeit bezeichnet, so bedarf die sprachphilosophische Zugangsweise zum Wahrheitsproblem einer Ergänzung durch die Untersuchung erkenntnistheoretischer Aspekte von Wahrheit, wenn dieses Verhältnis vollständig erfaßt werden soll. Der Bezug von Wissen auf reale Gegenstände läßt sich zumindest dann nicht durch eine von erkenntnistheoretischen Fragestellungen abgekoppelte Sprachphilosophie erfassen, wenn der Erfahrung eines erkennenden Subjekts, seinen Wahrnehmungen und subjektiven Bewußtseinszuständen eine konstitutive Funktion für Erkenntnis zugesprochen wird. Eine Klärung dieser Funktion muß verständlich machen, wie ein Bezug von objektiv gültigen Urteilen auf subjektunabhängige reale Objekte durch Vermittlung von subjektiven Bewußtseinszuständen möglich ist. Eine vollständige Erfassung des Wahrheitsproblems wäre nur durch Berücksichtigung von erkenntnistheoretischen Fragestellungen und durch deren Integration mit der sprachphilosophischen Zugangsweise möglich.[36] Eine sprachphilosophische Wahrheitstheorie muß durch eine epistemologische Wahrheitstheorie ergänzt werden.
Wird diese Ergänzungsbedürftigkeit nicht eliminiert, so können dennoch spezifisch sprachtheoretische Fragestellungen einer Wahrheitstheorie aus der umfassenderen Problemstellung herausgelöst werden; denn die Bedingungen dafür, daß sich Urteile

---

[36] Vgl. zum Wahrheitsproblem in der Erkenntnistheorie Prauss 1980; vgl. auch Becker 1984.

durch Vermittlung von Wahrnehmungen auf Gegenstände beziehen können und in diesem Sinn wahrheitsfähig sind, und die Bedingungen der sinnvollen und intersubjektiv gültigen Verwendung von assertorischen Sätzen als sprachlichen Zeichen sind nicht identisch miteinander, wenngleich auch nicht unabhängig voneinander. Für eine sprachpragmatische Zugangsweise zum Wahrheitsproblem ist die allgemeine Form von Sprechhandlungen, wie sie sich an explizit performativen Sätzen ablesen läßt, in grundlegender Weise orientierend.[37] Nach dieser Form besteht der sprachliche Ausdruck, mit dem eine Sprechhandlung vollzogen wird, aus einem illokutiv zu verstehenden performativen Teil, mit dem der illokutive Modus oder der Handlungstyp ausgedrückt wird, zu dem die mit der Verwendung des Satzes vollzogene Sprechhandlung gehören soll, und einem prädikativ zu verstehenden propositionalen Teil, der den im Satz ausgedrückten Sachverhalt, seinen propositionalen Gehalt, enthält. Illokutiver Modus und propositionaler Gehalt sind abstrakte, unselbständige Momente der Bedeutung des Satzes, der in der Sprechhandlung verwendet wird. Entsprechend ist im ersten Teil der Sprechhandlung ein Handlungswissen oder praktisches Wissen (knowing how) enthalten, das auf das intersubjektive Verhältnis zwischen Sprecher und Hörer und die für die Handlung konstitutiven Interaktionsbedingungen verweist. Der zweite Teil enthält dagegen ein thematisches oder gegenständliches Wissen, in dem – im elementaren Fall bzw., wenn der Modus nicht explizit angegeben ist, im Fall eines singulären prädikativen Satzes[38] – auf einen Gegenstand referiert und von ihm etwas prädiziert wird. Da zum Verständnis einer Sprechhandlung beide Teile erfaßt werden müssen, zerfällt die vollständige Bedeutung eines Satzes in einen pragmatischen Sinn und einen propositionalen Sinn.

---

[37] Vgl. zur Struktur von Sprechhandlungen und zur ihr entsprechenden Struktur der Bedeutung von Sätzen Austin 1972, 110 ff.; Alston 1964, 32 ff.; Searle 1971, 29 ff.; Habermas 1971 a, 101 ff.; Habermas 1976, 215 ff.; Tugendhat 1976, 72 ff.; Apel 1980, 31 ff.

[38] Diese Satzform steht im Zentrum einer philosophischen Wahrheitstheorie und soll auch im folgenden zugrunde gelegt werden; vgl. dazu unten Anm. 40.

Wie verhält sich nun das Prädikat ‚wahr' zu dieser Struktur von Sprechhandlungen? Da Wahrheit im Sinn von Aussagenwahrheit verstanden werden soll, sind nur Sprechhandlungen des Behauptens, die mit Hilfe assertorischer Sätze vollzogen werden, in Betracht zu ziehen. Untersucht man nun die Aussage, „daß p, ist wahr", so hat es zunächst den Anschein, als verhielten sich der nominalisierte Satz ‚daß p' und sein propositionaler Sinn zum Wahrheitsbegriff so, wie das Satzsubjekt sich semantisch zum Prädikat des Satzes verhält. Wie Frege bemerkt, täuscht uns aber hier die Sprache, weil – in Fregescher Terminologie – das Verhältnis von Gedanke und Wahrheit statt dessen als Verhältnis von Sinn und Bedeutung eines Satzes aufgefaßt werden muß. Wahrheit betrifft nämlich die Differenz zwischen der Kenntnis der Wahrheitsbedingungen des Satzes und der Kenntnis seines Wahrheitswertes, also dem Wissen, daß diese Bedingungen erfüllt bzw. nicht erfüllt sind. Unabhängig von Freges Begriffen von Wahrheit und Behauptung läßt sich das Verhältnis zwischen beiden so auffassen, daß gilt: Wer eine Behauptung versteht, der weiß zwar, daß der Sprecher das Behauptete als wahr hingestellt hat, er weiß aber noch nicht, ob es tatsächlich wahr oder nicht vielmehr falsch ist; d. h. er weiß noch nicht, ob die Wahrheitsbedingungen mit *intersubjektiver Berechtigung* durch Vollzug der Behauptung als erfüllt hingestellt wurden. Ob diese Berechtigung vorliegt, ergibt sich erst aus einer intersubjektiv nachvollziehbaren Beurteilung der Erfüllung. Es ist die zentrale These der hier im weiteren auszuweisenden sprachpragmatischen Auffassung von Wahrheit, daß die Verwendung des Prädikats ‚wahr' dazu dient, das Behauptete gemäß dieser Beurteilung in der Weise zu qualifizieren, daß das Bestehen jener Berechtigung explizit sprachlich formuliert wird. Während das Verständnis der Behauptung ein Wissen davon enthält, daß ein Wahrheitsanspruch für das Behauptete erhoben wurde, zeigt das Prädikat ‚wahr' explizit an, daß dieser Anspruch eingelöst, d. h. als intersubjektiv berechtigt erwiesen werden kann. Für die Bedeutung von ‚wahr' ist die Differenz zwischen dem für ein Behauptetes erhobenen Anspruch auf intersubjektive Berechtigung und der Einlösung dieses Anspruchs wesentlich. Eine sprachpragmatische Wahrheitstheorie hat vorrangig die Aufgabe, verständlich zu machen, was es heißt, einen Wahrheitsanspruch in einer Behauptung zu erheben und ihn einzulösen, und somit das Verhältnis zwischen Geltungsanspruch und seiner Einlösung bei Sprechhandlungen des Behauptens allgemein zu klären.

Zwar ist einerseits die Wirklichkeit erkennenden Subjekten nur vermittels von Erfahrung zugänglich und beziehen sich andererseits wahre Aussagen auf die so zugängliche Wirklichkeit; aber die Bedingungen der sinnvollen Erhebung eines Wahrheitsanspruchs und seiner prinzipiellen Einlösbarkeit liegen nicht auf der Ebene des Gehalts empirischer Aussagen. Denn sie sind allgemeine und formale Bedingungen, die jeder einzelnen Behauptung über einen Gegenstand der Erfahrung vorausliegen und insofern, als ein Anspruch auf Wahrheit sinnvoll erhoben sein soll, immer schon in ihrer Geltung unterstellt und implizit anerkannt sein müssen. Sie sind jeder einzelnen Behauptung vorgängige Voraussetzungen, die es erst ermöglichen, einen Anspruch auf Wahrheit zu erheben und einen erhobenen Anspruch zu verstehen. Sie sind daher auf der Ebene desjenigen formalen und vorgängigen Wissens anzusiedeln, das in allem Verstehen eines Wahrheitsanspruchs enthalten ist[39] und dieses erst möglich macht; sie gehören zu demjenigen, was wir immer schon verstanden haben, insofern wir einen Wahrheitsanspruch erhoben oder seine Erhebung verstanden haben. Ein solches Wissen ist zwar in einem Wissen von der faktischen Einlösung des Anspruchs einer einzelnen Behauptung über einen bestimmten Gegenstand enthalten, betrifft aber diese Einlösung nicht als faktische, mithin die Wahrheit des Behaupteten nicht qua *materiale* Wahrheit. In jenem Wissen sind vielmehr nur die *formalen Bedingungen der materialen Wahrheit* enthalten, die die Möglichkeit des Behaupteten, wahr oder falsch zu sein, konstituieren. In der Klärung dieser Wahrheitsmöglichkeit besteht das Problem der Wahrheit für eine philosophische Wahrheitstheorie. Eine sprachpragmatische Wahrheitstheorie expliziert und rekonstruiert die sprachtheoreti-

[39] Vgl. dazu den von E. Tugendhat charakterisierten Begriff der Sprachanalyse in Tugendhat 1976, 18 ff.

schen Bedingungen dieser Wahrheitsmöglichkeit, die die Möglichkeit zur Falschheit mit einschließt.[40]

Was diese Theorie thematisiert, ist somit die allgemeine und formale interne Struktur von Wahrheitsansprüchen und damit auch von Handlungen, in denen diese Ansprüche sinnvoll, d. i. als solche erhoben werden, die dieser internen formalpragmatischen Struktur nach prinzipiell einlösbar sind. Schließen die diese Struktur bestimmenden Bedingungen auch die Möglichkeit der Falschheit ein, so muß der Anspruch handlungstheoretisch gesehen so geartet sein, daß er sowohl eine Ja- als auch eine Nein-Stellungnahme zur Geltung des Behaupteten zuläßt. In einer kriteriell relevanten Bedeutungsexplikation des Wahrheitbegriffs soll die allgemeine rationale und intersubjektive Grundlage der möglichen Beurteilung eines Behaupteten nach Wahrheit oder Falschheit geklärt werden. Diese Grundlage ist dasjenige, worauf eine rationale Ja- oder Nein-Stellungnahme formal gesehen und ihrer Möglichkeit nach beruht. Eine solche Klärung verweist, wie gezeigt werden soll, auf die Möglichkeit, das Behauptete in einen formalen und intersubjektiven Kontext von Sprechhandlungen einem Handlungswissen gemäß einzufügen. Das diesen Handlungszusammenhang konstituierende Handlungswissen ist ein Wissen von Sinnbedingungen für Behauptungshandlungen.

Der theoretischen, auf das philosophische Wahrheitsproblem ausgerichteten Explikation von Sinnbedingungen für Behauptungen kommt dabei in *methodischer* Hinsicht einerseits eine sinnkritische Aufgabe zu, und sie ist andererseits rückgebunden

---

[40] Auf die Forderung an jede Wahrheitstheorie, auch die Falschheit zu berücksichtigen, hat Russell hingewiesen (vgl. Russell 1977, 64). – Der Begriff der logischen Wahrheit kann vom philosophischen Wahrheitsproblem, das den Gegenstandsbezug von Sätzen betrifft, abgetrennt werden und bleibt im folgenden unberücksichtigt. Denn da zusammengesetzte und generelle Sätze für die Logik wahrheitsfunktional von singulären prädikativen Sätzen abhängig sind und in ihrem Wirklichkeitsbezug auf diese zurückverweisen, stellt sich das philosophische Wahrheitsproblem unmittelbar nur für diese Sätze. Das Problem der Ableitbarkeit ist demgegenüber sekundär. Vgl. hierzu Seebohm 1984, 80 ff.; vgl. zum wahrheitsfunktionalen Rückverweis auf singuläre prädikative Sätze und zur rekursiven Wahrheitsdefinition Tugendhat 1976, 289 ff., insb. 316 ff., und Tugendhat u. Wolf 1983, 226 ff.

an die Reflexivität der natürlichen Sprache. Sinnkritisch ist diese Explikation, weil sie der expliziten Selbstverständigung von sprachlich Handelnden über ihre Handlungen und der argumentativen Klärung von Selbstmißverständnissen dient. Ein solches Selbstmißverständnis hinsichtlich des sprachlichen Handelns liegt vor, wenn der Handelnde Bedingungen, Regeln oder Situationsbestimmungen, auf denen sein Handeln seiner Möglichkeit nach beruht und die er als Handelnder implizit schon anerkannt und in seiner Handlung beansprucht oder unterstellt hat, explizit in ihrer Geltung ablehnt. Der Anspruch des Sprechers wird aus Gründen, die seine interne Struktur der Sinnhaftigkeit und intersubjektiven Verständlichkeit betreffen, zerstört, wenn der Sprecher zur Geltung notwendiger Sinnbedingungen, auf deren impliziten Anerkennung der Anspruch beruht, explizit mit „Nein" Stellung nimmt. Denn im Fall einer expliziten Nein-Stellungnahme zu einem implizit schon Anerkannten und Beanspruchten liegt eine pragmatische Inkonsistenz vor: indem der propositionale Gehalt der Behauptungshandlung und die mit Gebrauch des Handlungswissens implizit anerkannten und unterstellten Sinnbedingungen einander widersprechen, liegt ein Widerspruch innerhalb der Behauptungshandlung selbst vor, der deren Anspruch zerstört.[41] Sprecher und Hörer können dadurch, daß sie sich über das mit Gebrauch des Handlungswissens und seinem Verstehen gemeinsam als geltend Unterstellte explizit und mit Anführung von Gründen verständigen, das implizit Anerkannte und die explizite Stellungnahme dazu in eine intersubjektiv beurteilbare Übereinstimmung miteinander bringen. Damit kann zugleich eine argumentative Selbstverständigung erfolgen, weil das vom sprachlich Handelnden implizit schon Anerkannte *als Grund* für seine explizite Ja-Stellungnahme zu dessen Geltung angeführt werden kann. Weil ein Sprecher im Vollzug einer Behauptung ein Handlungswissen gebraucht und damit die dafür konstitutiven Sinnbedingungen immer schon als intersubjektiv geltend unterstellt hat, kann die Geltung dieser Sinnbedingungen

[41] Vgl. dazu Kuhlmann 1985, 85 ff.; Böhler 1985, 371 f. Vgl. ausführlicher hierzu und zum Folgenden unten Kap. V, 3.

für Behauptungshandlungen in einer Letztbegründung aufgezeigt werden, in der gerade auf das implizit schon Anerkannte als Grund für eine explizite Ja-Stellungnahme rekurriert wird. Eine explizite und argumentative Selbstverständigung des Behauptenden über seine Handlung kann sinnkritisch solche Stellungnahmen und expliziten Deutungen des eigenen Handelns aufzeigen, die auf einem Selbstmißverständnis des Handelnden beruhen.

Eine theoretische Erläuterung der Sinnbedingungen von Behauptungen knüpft sowohl inhaltlich als auch methodisch an das Handlungswissen an, das für den Gebrauch der natürlichen Sprache konstitutiv ist. Inhaltlich gesehen soll das praktische Wissen, wie assertorische Sätze zum Vollzug von Behauptungen gebraucht werden können, thematisch und zum Gegenstand eines theoretischen Wissens gemacht werden. Dadurch soll der Sinn von Sätzen, die auf empirische Objekte bezogen sind, sprachtheoretisch geklärt und verständlich gemacht werden. Methodisch gesehen liegt dieser Erläuterung die Reflexivität der natürlichen Sprache zugrunde. Denn die natürliche Sprache kann sich selbst schon erläuternd auf sich beziehen; sie schließt bis zu einem gewissen Grad die Möglichkeit der Selbstexplikation ein: wer sie gebrauchen und verstehen kann, kann diesen Gebrauch auch bis zu einem gewissen Grad erläutern und dadurch Mißverständnisse ausräumen. Wer sinnvoll die Sprache gebraucht, muß in einem gewissen Sinn wissen, was er tut, sonst gelten seine Äußerungen gar nicht als ein bestimmtes Handeln. Dieses Wissen vom eigenen Tun gehört wesentlich zum Vollzug einer Sprechhandlung hinzu. Im Handlungswissen selbst gibt es somit schon einen Teil, der sich auf dieses Handlungswissen bezieht und auf dem die Fähigkeit zur Beseitigung von Mißverständnissen und zur Selbstexplikation beruht; im Gebrauch der natürlichen Sprache ist schon eine implizite rudimentäre Sprachtheorie angelegt, die der Gebrauch bestimmter Wörter widerspiegelt:

> „The presence of the words ‚true‘ and ‚false‘ in our language, like that of other words such as ‚meaning‘, ‚statement‘, ‚definition‘, etc., witnesses to the fact that our actual linguistic practice is to a great extent self-reflective. That is to say, that practice incorporates a rudimentary

and only partly explicit theory of meaning for the language itself."[42]

Da diese Wörter schon in ihrem alltäglichen Gebrauch Grundzüge der Sprache betreffen, kann eine theoretische Erläuterung des Sprachgebrauchs an ihr bis zu einem gewissen Grad selbstexplikatives Verständnis anknüpfen. Diese Erläuterung ist dann selbst reflexiv: sie ergibt sich methodisch gesehen aus einer systematischen und methodischen Weiterbildung desjenigen Wissens und aus einer methodischen Stilisierung derjenigen Mittel, die schon im Gebrauch der natürlichen Sprache selbst sich explikativ auf diesen Sprachgebrauch beziehen bzw. zu seiner Explikation genutzt werden. Jene theoretische Explikation als Verständigung über die Bedingungen der Sinnhaftigkeit des Sprachgebrauchs im Medium eines gegenständlichen, theoretischen Wissens kann somit als Fortsetzung und Weiterbildung des reflexiven Gebrauchs der natürlichen Sprache aufgefaßt werden.[43]

Zu unterscheiden sind daher in bezug auf Behauptungshandlungen: ein implizites, beim Handlungsvollzug gebrauchtes Handlungswissen, ein reflexives, sich auf dieses implizite Wissen erläuternd beziehendes Wissen, das selbst noch zum Handlungswissen für den Gebrauch der natürlichen Sprache gehört, gleichwohl aber vortheoretisch das Knowing how artikuliert und in ein Knowing that überführt, und schließlich das methodisch durch philosophische Explikation gewonnene theoretische, gegenständliche Wissen, das durch strikte Reflexion und Letztbegründung an das Handlungswissen angebunden ist und es hinsichtlich seiner allgemeinen und grundlegenden formalen Struktur bzw. der in ihr enthaltenen sinnkonstitutiven formalen Bedingungen verständlich machen soll. Das Merkmal der Reflexivität zeigt, daß schon im Handlungswissen ein Übergang zur theoretischen, gegenständlichen Explikation angelegt ist. Dies gilt insbesondere für das Verständnis des Prädikats ‚wahr'. Denn das Verständnis dieses Prädikats im natürlichen Sprachgebrauch berührt die Grundstrukturen einer rationalen Praxis, die sowohl einen gro-

---

[42] Dummett 1981 a, 463.

[43] Vgl. hierzu Schnädelbach 1977, 172 ff., 313.

ßen Bereich des Gebrauchs der natürlichen Sprache, eben den des Behauptens, durchzieht und prägt und für andere Bereiche zumindest mittelbar relevant ist, als auch ein bestimmtes Grundverhältnis zur Wirklichkeit mitfestlegt, nämlich dasjenige des theoretischen und erkennenden Bezugs auf sie. Zugleich ist diese Praxis tief in dem verankert, worin intersubjektive Verständigung terminiert. Denn wenn wir die Behauptung eines anderen erfassen, dann ist Verständigung in einem emphatischen Sinn nicht schon dann erreicht, wenn wir sie lediglich als Bekundung einer fremden Meinung auffassen und sie als solche bloß hinnehmen. Verständigung ist vielmehr letztlich gebunden an Zustimmung oder Ablehnung. Wer letztlich verstehen will, muß sein eigenes Verhältnis zu der fremden Meinung klären und hat gerade noch nicht endgültig verstanden, wenn er noch nicht weiß, ob er zustimmen oder ablehnen soll. Die Intention des Verstehenwollens reicht bis zur Klärung der Zustimmungsfähigkeit, und diese Klärung ist das Ziel des Verstehenwollens. Besteht ein kommunikatives Verhältnis, so kann der andere etwas äußern, das ich prinzipiell als verbindlich anerkennen und in meine Handlungsorientierungen einbinden kann. Im Sinn einer solchen möglichen verbindlichen Übernahme ergeht ein An-spruch des anderen an mich. Dieser An-spruch ist gleichsam eine Aufforderung zur verbindlichen Stellungnahme zu dem Behaupteten.
Hat Verständigung im Bereich des Behauptens letztlich und idealiter ihr Ziel in der Klärung von Zustimmungsfähigkeit, so ist für sie die Kenntnis von formalen Bedingungen der Einlösbarkeit von Wahrheitsansprüchen zentral. Verwirrungen, Irritationen und Mißverständnisse können Anlässe zur partiellen Selbstexplikation jener Kenntnis in dem Gebrauch der natürlichen Sprache sein. Das einer expliziten Deutung der eigenen sprachlichen Handlung zugrundeliegende Selbstmißverständnis bzw. die Intention der expliziten Selbstverständigung über das eigene Handeln kennzeichnen auch die Ausgangssituation für eine reflexive Letztbegründung. Freilich wird diese Situation für das von K.-O. Apel entworfene Programm einer Transzendentalpragmatik zugleich zum Ausgangspunkt für die umfassende, systematisch orientierte Frage nach den allgemeinen, für sprachvermittelte Erkenntnis fundamentalen Bedingungen sinnvollen Behauptens

und Argumentierens. Wird dabei davon ausgegangen, daß Vernunft wesentlich sprachlich verfaßt ist und eine der grundlegenden Arten, die Vernunft zu gebrauchen, darin besteht, Wahrheitsansprüche zu erheben, so ist mit jenem Programm auch eine Selbstverständigung der sprachlich strukturierten Vernunft über ihre eigenen grundlegenden Strukturen intendiert.[44] Wie schon bei Kant derjenige, der die Vernunft so gebraucht, daß er geradehin Ansprüche auf Erkenntnis von Gegenständen erhebt, befindet sich der sprachlich Handelnde in einer Situation, in der er die Vernunft zwar gebrauchen – und nach Kant, sei es im dogmatischen oder skeptischen Gebrauch, „einsetzen" – kann, nicht zugleich aber schon über ein hinreichend explizites, differenziertes und propositional artikulierbares Wissen von den Bedingungen der Sinnhaftigkeit dieses Gebrauchs verfügt.

Das Bedürfnis der sinnkritischen Erläuterung dieses Gebrauchs liegt auch dem von Wittgenstein im Traktat verfolgten Programm einer Analyse der Sprache zugrunde. Unter dem Aspekt eines pragmatisch erweiterten Sprachbegriffs ist jedoch der Begriff ‚logische Analyse' nur sehr begrenzt und nur bei sehr weiter Interpretation zur Bezeichnung einer solchen Erläuterung tauglich. Denn der Begriff der Analyse muß selbst auf das pragmatische Konzept einer Erläuterung rückbezogen werden.[45] Da diese pragmatische Ausrichtung wesentlich an die Reflexivität des Sprachgebrauchs und an eine reflexive Einstellung gebunden ist, führt sie zur Konzeption der *reflexiven Explikation.* Wird an der Intention der Verständigung über die Sprache mit Mitteln der Sprache festgehalten und zugleich die pragmatische Dimension der Sprache als grundlegend aufgefaßt, so läßt sich eine solche Erläuterung so verstehen, daß mit ihr eine argumentativ kontrollierte Überführung eines Handlungswissens in ein propositionales Wissen erfolgt. In einer solchen Transformation wird für Behauptungen einerseits ein Wissen von etwas, das wir immer schon verstanden haben, wenn wir Behauptungen vollzogen oder verstanden haben, explizit artikuliert (und zugleich auch, insofern dieses Wissen unhintergehbar ist, gebraucht); anderer-

[44] Vgl. hierzu Apel 1984, 20 ff.
[45] Vgl. Schnädelbach 1977, 300 ff.; Habermas 1976, 183 ff.

seits soll zugleich mit dieser Transformation eine sinnkritische Bedeutungsexplikation und argumentative Selbstverständigung erfolgen, da jenes vorgängige Wissen mit begrifflichen und argumentativen Mitteln *expliziert* und *präzisiert* und gegenüber Selbstmißverständnissen als schon anerkannt argumentativ aufgezeigt, also auch in pragmatischer Hinsicht expliziert werden soll. Als solche begriffliche Explikation und Präzisierung eines schon vorliegenden Wissens läßt sich diese Erläuterung als rationale Rekonstruktion des Wissens des Handelnden von seiner Handlung verstehen. Freilich ist auch diese ursprünglich von Carnap konzipierte Methode der Rekonstruktion auf sprachpragmatische Sachverhalte zu beziehen[46] und vor dem Hintergrund einer strikt reflexiven Einstellung zu sehen, in der das thematische Wissen vom Handeln und das das Handeln begleitende und in ihm verwendete Wissen des Handelnden in einen einheitlichen Sinnzusammenhang gebracht werden sollen.

Daß die sprachtheoretisch orientierte Bedeutungsexplikation für das Prädikat ‚wahr' einen pragmatischen und Handlungszusammenhänge betreffenden Gehalt klären muß und daß sie in einer kriterienrelevanten Bedeutungsangabe bestehen muß, soll im folgenden zunächst anhand der Behandlung des Wahrheitsproblems in bestimmten Stadien der Geschichte der analytischen Philosophie gezeigt werden. Da sich der Begriff der Proposition als des Gesagten oder Behaupteten, das wahr oder falsch sein kann, als unverzichtbar herausstellen wird, sollen im III. Kapitel Propositionen als abstrakte Entitäten erörtert werden, um den propositionalen Sinn von Behauptungen zu klären. Im IV. Kapitel soll der Begriff des pragmatischen Sinns handlungs- und intersubjektivitätstheoretisch erläutert und dadurch die Struktur eines Anspruchs auf Geltung verdeutlicht werden. Im V. Kapitel schließlich wird die Behauptungshandlung näher untersucht und die Frage der argumentativen Einlösung von Wahrheitsansprüchen erörtert.

---

[46] Vgl. Habermas 1976, 183 ff.

II. Redundanztheorie der Wahrheit und Wahrheitssemantik

Nicht wenige der Überlegungen, die im Zentrum verschiedener sprachanalytischer Wahrheitstheorien stehen, klingen bereits in den Texten Freges an. Diese sind deshalb von besonderer Bedeutung für die Problematik einer sprachanalytischen Wahrheitstheorie. Freilich ist bei Frege nicht unmittelbar deutlich, in welchem Verhältnis diese Überlegungen zueinander stehen und wie sie zu gewichten sind. Neben offenkundig redundanztheoretischen Ausführungen zur Wahrheit finden sich bei Frege auch Gedanken, die sehr deutlich eine wahrheitssemantische Linie verfolgen. Darüber hinaus führen einige seiner Hauptthesen zur Wahrheit und insbesondere seine Deutung des Verhältnisses von Wahrheit und Gedanke in eine Problemlage, die eher eine intersubjektivitätstheoretische und sprachpragmatische Fortführung zu verlangen scheint.

Im folgenden sollen zunächst einige der Thesen Freges zur Wahrheit untersucht werden. Welchen Beitrag zur Klärung der Bedeutung des Wahrheitsbegriffs die bei Frege angezeigten Ansätze leisten können, zeigt sich erst nach Berücksichtigung der Weiterentwicklung, die diese Ansätze in der Sprachphilosophie erfahren haben. Eine Beurteilung der Redundanztheorie kann sich erst aus der Untersuchung neuerer Versionen dieser Theorie, insbesondere derjenigen von P. F. Strawson sowie der prosententialen Theorie von D. L. Grover, J. L. Camp und N. D. Belnap ergeben, in denen der Grundgedanke dieses Ansatzes sprachtheoretisch differenziert und detailliert ausgearbeitet wurde. Die historisch und systematisch sehr bedeutsame Wahrheitssemantik, deren Grundgedanken von D. Davidson in Anknüpfung an Tarskis Wahrheitsdefinition auf die Bedeutungstheorie für natürliche Sprachen angewendet wurden, ist inzwischen vor allem von M. Dummett sprachpragmatisch und zugunsten einer verifikationistischen Auffassung von Wahrheit erweitert und revidiert worden. Eine Auseinandersetzung mit der Wahrheitssemantik sowie ihrer verifikationistischen Weiterführung muß insbesondere Fragen der Bedeutungstheorie mit einbeziehen. Erst aus der Untersuchung dieser Ansätze läßt sich von seiten des Wahrheitsproblems selbst beurteilen, ob die Explikation der Bedeutung des Wahrheitsbegriffs mit der Angabe eines Wahrheitskriteriums verbunden werden muß und ob und gegebenenfalls inwiefern ein sprachpragmatischer Zugang diesen Ansätzen vorzuziehen ist.

1. Wahrsein und Fürwahrhalten bei Frege

Der Begriff der Wahrheit steht für Frege im Mittelpunkt dessen, was Thema der Logik ist. Die Aufgabe der Logik liegt geradezu darin, die Bedeutung des Wortes ‚wahr' zu entwickeln.[1] Das Verstehen des Wortes ‚wahr' gibt für die Logik in ähnlicher Weise den Zielpunkt an wie das Verstehen von ‚gut' für die Ethik und von ‚schön' für die Ästhetik. Unter diesem weiten Begriff von Logik ist nicht nur eine Theorie des Schließens im Sinn des deduktiven Transfers der Wahrheit von bestimmten Urteilen auf andere Urteile zu verstehen. Zwar sieht Frege die Aufgabe der Logik darin, Gesetze des richtigen Schließens, mithin der Anerkennung der Wahrheit von Urteilen aufgrund von anderen wahren Urteilen, aufzustellen.[2] Hierzu ist jedoch eine Klärung von Grundbegriffen erforderlich, die nicht nur die Logik, sondern auch die Erkenntnistheorie betreffen. Deshalb will Frege in seinen Entwürfen zur „Logik"[3] und seinen „Logischen Untersuchungen" auch den Begriff der wissenschaftlichen Erkenntnis klären, für die eine Orientierung an Wahrheit leitend ist, und die sprachphilosophischen Grundlagen für den Begriff einer Erkenntnis darlegen, die sprachlich dargestellt und artikuliert wer-

[1] Vgl. Frege 1983, 3; Frege 1976 a, 31. Nach Dummett kann Freges Logik deshalb auch als Theorie der Wahrheit bezeichnet werden; vgl. Dummett 1981 a, 669 f.
[2] Vgl. Frege 1983, 3, 190.
[3] Vgl. ebd. 1 ff., 137 ff., 189 ff., 201 ff., 213 ff.

den kann.[4] Zur Klärung eines sprachphilosophisch explizierbaren Begriffs von wissenschaftlicher Erkenntnis entwickelt Frege unter anderem folgende Thesen[5] zum Wahrheitsbegriff:

(1) Was wahr ist, ist unabhängig davon wahr, daß es von einem einzelnen Urteilenden für wahr gehalten oder als wahr anerkannt wird.
(2) Das Prädikat ‚wahr' fügt dem Sinn eines Satzes nichts hinzu. (Wahrheit ist kein Bestandteil des Gedankens.)
(3) Dasjenige, womit wir die Wahrheit aussagen, ist nicht das Wort ‚wahr', sondern die behauptende Kraft, die mit einem Behauptungssatz gewöhnlich verbunden ist.
(4) Das Verhältnis von Gedanke und Wahrheit ist das Verhältnis von Sinn und Bedeutung eines Satzes.
(5) Das Prädikat ‚wahr' ist primär auf Gedanken anwendbar.

Im Sinne der ersten These unterscheidet Frege strikt zwischen logischen Gesetzen als Gesetzen des Wahrseins und psychologischen Gesetzen, nach denen sich „im Durchschnitt das Fürwahrhalten der Menschen"[6] richtet. Eine Erkenntnis liegt dann vor, wenn ein Gedanke als wahr anerkannt ist, sei es, daß diese Anerkennung nur innerlich in einem Urteil erfolgt oder vermittels einer Behauptung sprachlich kundgegeben wird. Betrachtet man eine Erkenntnis danach, worauf die Anerkennung der Wahrheit beruht, so müssen *rechtfertigende Gründe*, die allein als Erkennt-

---

[4] Vgl. Carl 1982, 7 ff., insb. 18 ff. Carl weist darauf hin, daß Freges Logik sowohl von Dummetts sprachphilosophischer Interpretation als auch von Slugas erkenntnistheoretischer Deutung jeweils zu einseitig erfaßt wird (vgl. dazu Dummett 1981 a, insb. 669, und Sluga 1975; Sluga 1976).

[5] Die ersten vier Thesen werden in diesem Kapitel, die letzte dieser Thesen wird im III. Kapitel behandelt. Frege vertritt freilich noch andere Thesen zur Wahrheit, z. B. die, daß ‚wahr' nicht definierbar ist und daß Wahrheit keine Relation der Übereinstimmung ist; vgl. dazu Dummett 1981 a, 442 ff. Dummett argumentiert überzeugend gegen die erste dieser Thesen. – Mit ‚Sinn eines Satzes' ist in bezug auf Frege gemäß seiner Terminologie im folgenden der für die Wahrheit oder Falschheit des Satzes relevante Teil des Satzinhalts, also der propositionale Sinn eines Behauptungssatzes, gemeint. ‚Sinn' und ‚Bedeutung' werden im Kontext der Frege-Interpretation nach seiner Terminologie verwendet.

[6] Frege 1962, Bd. I, XV; vgl. dazu Sluga 1980, 112 ff.

nisquellen die Berechtigung zu dem Urteil bzw. der Behauptung aufweisen können, von *veranlassenden Ursachen* strikt unterschieden werden, die als historisch oder psychologisch relevante Umstände einen, mehrere oder alle Urteilenden faktisch dazu motivieren, einen Gedanken als wahr anzunehmen. Insofern wir uns wissenschaftlich verhalten, interessiert uns der Wahrheitswert einer Erkenntnis. Veranlassende Ursachen haben nun, bloß als faktische Umstände betrachtet, gar keine spezifische Ausrichtung auf Wahrheit und „können ebenso wohl zum Irrtum wie zur Wahrheit führen; sie haben überhaupt keine innere Beziehung zur Wahrheit; sie verhalten sich zum Gegensatze von wahr und falsch gleichgültig".[7] Ihre Anführung hat deshalb nur den Status einer Erzählung, wie eine subjektive Überzeugung gewonnen wurde, nicht aber den Status eines Beweises ihrer Wahrheit. Erst eine rechtfertigende Begründung enthält eine methodische Ausrichtung auf die Unterscheidung von Wahrheit und Falschheit. Erkenntnis kann nicht einzig psychologistisch oder historistisch in Analogie zu faktisch ablaufenden inneren oder äußeren Vorgängen oder deren Ergebnissen verstanden werden. Denn es ist unmöglich, für einen Vorgang als solchen „den Anspruch zu erheben, er gelte oder er sei wahr, oder auch, er sei falsch".[8] Im Gegensatz zu einem faktischen Vorgang beruht Erkenntnis als Gebilde, das einen Geltungsanspruch enthält,[9] auf Berechtigungsverhältnissen, die allein zu beurteilen erlauben, ob das Recht, einen Anspruch zu erheben, besteht oder nicht. Der Begriff von Ursachen, die einen Urteilenden empirisch zum Fürwahrhalten veranlassen, spezifiziert Urteile noch gar nicht als Erkenntnisse im eigentlichen Sinn.[10]

Logik und Erkenntnistheorie kommen darin überein und unterscheiden sich gemeinsam dadurch von einer psychologischen oder historischen Betrachtung von Urteilen, daß sie beide die Be-

---

[7] Frege 1983, 2, vgl. 3 ff., 159 f.; Frege 1977 a, IX f. Vgl. dazu auch Kants Unterscheidung zwischen *cognitio ex datis* und *cognitio ex principiis* (Kant 1956, B 863 ff.).

[8] Frege 1983, 156.

[9] Vgl. Prauss 1980, 1 ff., insb. 25 f.

[10] Das gilt auch für soziale Ursachen im Sinn eines erkenntnistheoretischen Behaviorismus, wie ihn R. Rorty skizziert; vgl. Rorty 1981, 194 ff.

rechtigung von Urteilen und ihre Rechtfertigung durch Gründe untersuchen. Insofern es in beiden um Rechtfertigung von Urteilen geht, haben sie gemeinsame sprachtheoretische und erkenntnistheoretische Grundlagen, die Frege unter dem Titel „Logik", im weiteren Sinn verstanden, entwickelt. Diese gemeinsamen Grundlagen vorausgesetzt, unterscheiden sich Logik und Erkenntnistheorie aber in der Art der in ihnen betrachteten Rechtfertigung. In der Logik in dem engeren Sinn einer Theorie des richtigen Schließens werden nur Gesetze aufgestellt, nach denen Urteile durch andere, schon als wahr anerkannte Urteile gerechtfertigt werden; die Erkenntnistheorie betrachtet dagegen Urteile, deren Rechtfertigung auf etwas anderem als schon vorausgesetzten Wahrheiten beruht.[11]

Seiner strikten Unterscheidung zwischen Gesetzen des Wahrseins und psychologischen Gesetzen entspricht Freges These, daß das Wahre unabhängig von unserer Anerkennung wahr ist. Diese These stützt Frege unter anderem durch den Nachweis, daß jemand, der dieser These widerspräche, „eben durch seine Behauptung dem, was er behauptete, widersprechen"[12] würde, seine Äußerung mit anderen Worten pragmatisch inkonsistent wäre. Dieser Nachweis ist eine Besinnung darauf, was wir tun, wenn wir behaupten. Wäre ein Urteil nur für den, der es für wahr hält, und nur durch seine Anerkennung wahr, so könnte es gar nicht im gewöhnlichen Sinn behauptet werden. Denn mit einer solchen Behauptung ist ihrem Verständnis nach der Anspruch verbunden, „daß die eigene Meinung auch bei anderen größeres Recht habe als die entgegengesetzte";[13] mit seiner Behauptung

---

[11] Vgl. Frege 1983, 3. Daß Freges Hauptinteresse den Problemen der Rechtfertigung von Urteilen und damit erkenntnistheoretischen Fragen im weiteren Sinn galt, hat Sluga überzeugend gegen Dummett gezeigt; vgl. Sluga 1976, insb. 33 ff., und Sluga 1980, insb. 58 ff. Freilich darf dabei die Hinwendung Freges zur sprachtheoretischen Komponente von Erkenntnis, durch die sich Frege deutlich von der Tradition der Erkenntnistheorie absetzt, nicht unterschätzt werden, wie dies bei Sluga geschieht, wenn er semantischen Betrachtungen nur eine Hilfsfunktion zuordnet (vgl. Sluga 1977, 241 Anm. 8, und Sluga 1980, 114).

[12] Frege 1983, 144, vgl. 138, und Frege 1976 b, 126 f.

[13] Frege 1983, 144.

fordert ein Sprecher einen Hörer auf, dem Behaupteten ein größeres Recht als seinem Gegenteil zuzubilligen und ihm zuzustimmen. Wenn Wahrsein auf subjektives Fürwahrhalten reduziert wäre, würde ein an andere gerichteter Anspruch auf intersubjektive Geltung gar nicht zustande kommen. Entsprechend wird zwar in der Behauptung, daß das Wahrsein vom subjektiven Fürwahrhalten abhängig ist, durch den Handlungsvollzug der Form nach ein Anspruch auf intersubjektive Geltung erhoben; in dem Inhalt der Behauptung wird eine mögliche Geltung aber gerade auf das subjektive Fürwahrhalten beschränkt. Der *an andere* gerichtete *Anspruch* dieser Behauptung, sie selbst sei wahr, die ihr entgegengesetzte These eines möglichen Opponenten hingegen falsch, ist unhaltbar, weil er der Form nach zwar erhoben wird, vom Inhalt der Behauptung aber gerade aufgehoben wird. Der Anspruch ist diesem Inhalt nach gerade kein Anspruch, der auch für andere gelten soll. Der als Widerspruch gegen eine entgegengesetzte Behauptung gemeinten Äußerung käme nur der Status der Expression eines inneren Zustandes des Sprechers zu. Über ihre innere Selbstwidersprüchlichkeit hinaus hätte die Behauptung zur Konsequenz, daß ein Widerspruch zwischen Behauptungen von verschiedenen Sprechern unmöglich wäre. Denn ein Widerspruch setzt voraus, daß zu demselben Gedanken in verschiedener Weise Stellung genommen werden kann, nämlich bejahend und verneinend, und daß dabei jeweils der Anspruch erhoben wird, daß die Behauptung berechtigt ist, die ihr gegenüberstehende Verneinung jedoch unberechtigt ist. Eine Reduktion der Wahrheit auf das subjektive Fürwahrhalten eines Urteilenden würde es unmöglich machen, einen Anspruch auf Berechtigung einer entgegengesetzten Behauptung gegenüber zu erheben. Ist Wahrsein nur subjektives Fürwahrhalten, so ist mit einem wahren Urteil gar kein für Sprecher und Hörer gemeinsam geltendes Recht für eine Behauptung verbunden.

Freges These (1) kann als Explikation des gewöhnlichen Sinns von ‚wahr' verstanden werden. Wer die Unabhängigkeit des Wahrseins vom Fürwahrhalten leugnete, könnte nicht nur Handlungen einer bestimmten Art, nämlich Behauptungen, nicht mehr vollziehen, sondern würde auch dem Wort ‚wahr' einen anderen Sinn verleihen. Wir verstehen das Wort ‚wahr' so, daß etwas nicht schon deshalb wahr ist, weil es von jemandem für wahr gehalten wird. Würde Wahrsein mit Fürwahrhalten koinzidieren und nicht über es hinausweisen, so wäre ein Irrtum nicht möglich. Denn unter dieser Voraussetzung wäre alles, was einem Urteilenden wahr zu sein scheint, auch wahr, und es gäbe keine Möglichkeit, etwas für wahr zu halten, das tatsächlich falsch ist:

> „Die Möglichkeit des Irrtums und der Anspruch des Urteils auf Wahrheit können nur erklärt werden, wenn man annimmt, daß ein Urteil nicht deswegen wahr ist, weil es gefällt wird, weil etwas als wahr angesehen wird. Die Berechtigung eines Urteils muß also von Bedingungen abhängen, die nicht schon dadurch erfüllt sind, daß wir etwas für wahr halten."[14]

Soll der Kontrast zwischen Wahrheit und Falschheit erhalten bleiben, so muß die Wahrheit eines Urteils auf etwas anderem beruhen als der bloßen Anerkennung durch einen einzelnen Urteilenden. Entsprechend kann das Faktum, daß ein Behauptetes von jemand für wahr gehalten wird, nicht schon eine Behauptung als berechtigt erweisen und das Recht zu einem Anspruch begründen. Was andererseits einen einzelnen Sprecher zu einer Behauptung tatsächlich berechtigt, das berechtigt nicht nur diesen, sondern jeden möglichen Sprecher zu dieser Behauptung. Die Anerkennung der Wahrheit muß eine intersubjektive Grundlage besitzen, die eine allgemeine, für alle möglichen Sprecher und Hörer bestehende Berechtigung begründet. Somit ist nicht das Wahrsein vom Fürwahrhalten abhängig; vielmehr ist umgekehrt das Bestehen oder Nichtbestehen dieser Berechtigung handlungsleitend für subjektive Stellungnahmen zu einem Gedanken, der auf Wahrheit oder Falschheit hin zu beurteilen ist. Freges These von der Unabhängigkeit der Wahrheit von einem

---

[14] Carl 1982, 58. Die Irrtumsmöglichkeit darf auch in einer Evidenztheorie der Wahrheit nicht eliminiert werden; vgl. Kulenkampff 1973. Weil Gewißheit nicht Wahrheit verbürgt, gehören für Wittgenstein ‚Wissen' und ‚Sicherheit' zu verschiedenen Kategorien; vgl. Wittgenstein 1970 d, 16 f. und 81.

subjektiven Fürwahrhalten und seine parallele Unterscheidung zwischen rechtfertigenden Gründen und veranlassenden Ursachen machen deutlich, daß die Bedeutung von ‚wahr' über das Faktum des Fürwahrhaltens hinausweist. Die Explikation dieser Bedeutung muß demnach den allgemeinen Anspruch auf Geltung eines Behaupteten und die intersubjektive Grundlage seiner Berechtigung verständlich machen. Die Rede von einem Anspruch auf Geltung kann dabei zunächst so verstanden werden, daß ein Sprecher mit der Erhebung eines Anspruchs einen Hörer auffordert, seiner Behauptung aufgrund der Einsicht, daß sie berechtigt ist, zuzustimmen. Daß diese Berechtigung besteht, muß dabei freilich durch das rationale Verfahren einer rechtfertigenden Begründung *von* jedem möglichen Sprecher und *für* jeden möglichen Hörer, insofern beide als Vernünftige interagieren, nachgewiesen werden können. Die Anerkennung der Wahrheit und damit die „Berechtigung zur Urteilsfällung"[15] im Sinne Freges hat eine rechtfertigende Begründung zu ihrer rationalen und intersubjektiven Grundlage. Eine sprachphilosophische Klärung des Erkenntnisbegriffs muß diese Grundlage des Urteilens verdeutlichen.

2. *Das Verhältnis von Wahrheit und Gedanke*

Die Betrachtung der internen semantischen Struktur von Aussagen der Form ‚daß p, ist wahr' scheint Frege allerdings nicht in eine intersubjektivitätstheoretische, sondern in eine redundanztheoretische Richtung in der Wahrheitstheorie zu führen. Der Satz ‚Der Gedanke, daß das Meerwasser salzig ist, ist wahr' besagt inhaltlich gesehen nicht mehr als der einfache Satz ‚Das Meerwasser ist salzig'. Mit beiden Sätzen wird dasselbe behauptet, mithin derselbe Sinn oder Gedanke ausgedrückt. Daraus kann man schließen, daß ‚wahr' kein reales Prädikat ist: „Das Wort ‚wahr' hat einen Sinn, der zum Sinne des ganzen Satzes, in

[15] Frege 1977 b, 3.

dem es als Prädikat vorkommt, nichts beiträgt."[16] Es hat keinen semantischen Gehalt und ist semantisch gesehen überflüssig. Frege folgert daraus, daß sich Gedanke und Wahrheit nicht zueinander verhalten wie das Subjekt eines Satzes, das einen Gegenstand benennt oder bezeichnet, und das Prädikat, vermittels dessen im Satzganzen dem bezeichneten Gegenstand eine Eigenschaft beigelegt wird. Wird von einem Gedanken Wahrheit prädiziert, so wird nicht in der Art, wie gewöhnlicherweise das Verhältnis zwischen Subjekt und Prädikat in einem prädikativen Satz semantisch zu verstehen ist, der Gedanke als Gegenstand dem Begriff der Wahrheit subsumiert. Das Verhältnis von Gedanke und Wahrheit ist also nicht prädikativ im semantischen Sinn zu deuten. Daraus ergibt sich weiter, daß Wahrheit kein Bestandteil des Gedankens ist, der in dem ganzen Satz ausgedrückt wird, in dem das Wort ‚wahr' vorkommt. Um den Sinn eines prädikativen Satzes zu verstehen, muß man nach Freges funktionaler Auffassung des Satzsinnes den Sinn seiner Bestandteile und die Art ihrer Zusammensetzung kennen. Das Verständnis von ‚... ist wahr' ist aber zum Verständnis des im ganzen Satz ausgedrückten Sinns, mithin zum Erfassen des Gedankens, gar nicht erforderlich; denn derselbe Gedanke kann in einem Satz ausgedrückt werden, in dem das Wort ‚wahr' nicht vorkommt. Dieses Wort liefert somit zum Sinn des Satzes keinen wesentlichen Beitrag. Darüber hinaus wird es auch zum Vollzug einer Behauptung nicht gebraucht. Denn um einen Gedanken als wahr hinzustellen, ist nur die behauptende Kraft erforderlich, die der Hörer der Form des Behauptungssatzes und den Umständen seiner Äußerung entnimmt. Selbst wenn das Wort ‚wahr' gebraucht wird, ist es eigentlich die behauptende Kraft, die die Anerkennung der Wahrheit anzeigt und aufgrund deren die Äußerung als Behauptung verstanden wird. Das Wort ‚wahr' kann die behauptende Kraft auch nicht ersetzen. Es scheint nicht nur zum Verständnis des Sinns, sondern auch zum Verständnis dessen, was wir mit dem Behaupten eines Satzes tun, keinen eigenständigen Beitrag zu liefern.

[16] Frege 1983, 272; vgl. hierzu und zum Folgenden ebd. 140, 211 f., 251 f., 271; Frege 1980, 49; Frege 1976 a, 34 ff.; Frege 1976 b, 245.

Wenn nun das Wort ,wahr' weder zum propositionalen noch zum pragmatischen Teil einer Sprechhandlung etwas Wesentliches beiträgt, stellt sich die Frage, wozu es dann überhaupt gebraucht wird. Frege deutet eine Antwort in seiner für seine Wahrheitsauffassung wichtigsten These (4) an,[17] ohne sie hinreichend zu entwickeln. Nach dieser These ist die Beziehung von Gedanke und Wahrheit nach dem Verhältnis von Sinn und Bedeutung eines Satzes zu verstehen. Um die Bedeutung von ,wahr' zu explizieren, muß man auf den Erkenntniswert achten, der mit einem Urteil oder einer Behauptung verbunden ist und der eine grundlegende Rolle für Freges Unterscheidung zwischen Sinn und Bedeutung von Sätzen und von anderen sprachlichen Ausdrücken spielt. Hat man einen Gedanken erfaßt, so weiß man noch nicht, ob er wahr oder falsch ist; entsprechend kann man einen Satz verstehen, ohne seinen Wahrheitswert zu kennen. Nur unter dieser Voraussetzung ist im Sinn und im Verständnis des Satzes die Möglichkeit vorgesehen, daß der Satz wahr *oder falsch* werden und zu seiner Behauptung bejahend oder verneinend Stellung genommen werden kann. Nur wenn Sinn und Wahrheit nicht zusammenfallen, ist die Möglichkeit der Falschheit gesichert.[18] Gedanke und Wahrheit müssen daher – im Gegensatz zu Subjekt und Prädikat als Gedankenteilen – *auf verschiedenen Stufen für das Erkennen* stehen. Da Frege unter der Bedeutung eines Satzes den Umstand versteht, daß er wahr oder daß er falsch ist, zu seinem Wahrheitswert also entweder das Wahre oder das Falsche hat, ist ein eigener Schritt vom Sinn des Satzes zu seiner Bedeutung erforderlich. Wer den Sinn eines sprachlichen Ausdrucks erfaßt, diesen Ausdruck also versteht, der muß zwar nicht schon seine Bedeutung kennen – der Ausdruck hat möglicherweise gar keine Bedeutung –, aber er muß wissen, in welcher Weise die Be-

[17] Vgl. zu dieser These insb. Frege 1980, 48 ff.; ferner Frege 1983, 211, 251 f.

[18] Dem entspricht Wittgensteins These von der Bipolarität des Satzsinns: „Der Sinn eines Satzes ist durch die beiden Pole *wahr* und *falsch* bestimmt." (Wittgenstein 1960 b, 196) „Der Satz muß die *Möglichkeit seiner Wahrheit enthalten* ... Aber nicht mehr als die *Möglichkeit*." (Ebd. 105) Vgl. ebd. 188 und 238. Vgl. dazu Kenny 1974, 78, und Carl 1982, 201 ff.

deutung bestimmt werden kann. Zwei Zeichen mit verschiedenem Sinn, aber derselben Bedeutung bestimmen denselben Gegenstand in verschiedener Weise; „sie führen von verschiedenen Seiten auf ihn hin".[19] Der Sinn eines sprachlichen Zeichens besteht somit in der Weise, wie seine Bedeutung gegeben ist und wie sie identifiziert werden kann; das Verständnis ist die Kenntnis dieser Bestimmungsweise. Die Kenntnis des Sinns ist die Kenntnis einer Regel und bei indexikalischen Ausdrücken zusätzlich die Kenntnis von Verwendungsumständen, die bis zur Bedeutung führen können.[20]

Wer nun den Sinn eines Behauptungssatzes erfaßt hat, der weiß, was es für diesen Satz heißt, daß er wahr oder daß er falsch ist; er kennt die Wahrheitsbedingungen des Satzes und weiß, wie man den Wahrheitswert bestimmen kann. Wird der Satz unter wissenschaftlichen und nicht etwa unter ästhetischen Gesichtspunkten betrachtet, so ist über den ausgedrückten Sinn hinaus seine Bedeutung von Interesse, und zwar „weil und soweit es uns auf seinen Wahrheitswert ankommt". Erst mit der Kenntnis des Wahrheitswertes gewinnt der Satz einen für das Erkennen relevanten Wert: „Das Streben nach Wahrheit also ist es, was uns überall vom Sinn zur Bedeutung vorzudringen treibt."[21] Der Wert eines

---

[19] Frege 1976 b, 234, vgl. 128, und Frege 1980, 41. Freges Beispiele „Abendstern" und „Morgenstern", „Schnittpunkt von *a* und *b*" und „Schnittpunkt von *b* und *c*" sowie „Afla" und „Ateb" weisen jeweils auf die unterschiedliche Identifikationssituation bzw. -methode hin, deren Relevanz allerdings nicht erkenntnis-, sondern sprachtheoretisch zu verstehen ist, weil sie die korrekte Zeichenverwendung betrifft.

[20] Vgl. zum Sinnbegriff Shwayder 1976, 91 ff.; Dummett 1981 a, 93, 227 f., und Dummett 1981 b, 74 ff. – Diesem Sinnbegriff widerspricht keineswegs Freges These, daß der Sinn eines sprachlichen Ausdrucks unabhängig von der Existenz des Gegenstands ist, auf den der Ausdruck referiert, die Bedeutung also fehlen kann. Denn eine Bestimmungsweise oder ein Weg zur Bedeutung ist auch dann sprachtheoretisch festgelegt und durch Verstehen erfaßbar, wenn das Bestimmen der Bedeutung nicht bis zum angegebenen Zielpunkt durchgeführt werden kann, wenn man dem Weg also nicht bis zu seinem Ende folgen kann. Wenn Frege den Sinn eines Zeichens als das auffaßt, „worin die Art des Gegebenseins [des Bezeichneten, W.B.] enthalten ist" (Frege 1980, 41), so ist diese Gegebenheitsweise als angezeigter Weg zum Referenten zu verstehen.

[21] Frege 1980, 48.

Satzes für die Erkenntnis ergibt sich aus dem „Fortschreiten von einem Gedanken zu seinem Wahrheitswerte".[22] Damit wird der Schritt vom Sinn zur Bedeutung, vom Verständnis des Satzes zur Kenntnis seiner Wahrheit oder Falschheit vollzogen.

Indem das Verhältnis von Gedanke und Wahrheit als Verhältnis von Sinn und Bedeutung aufgefaßt wird, wird der Begriff von Wahrheit, auf die hin Erkenntnis orientiert ist, sprachphilosophisch expliziert. Die semantischen Begriffe ‚Sinn' und ‚Bedeutung' eines Satzes sind aber nicht unabhängig von pragmatischen Sachverhalten zu verstehen.[23] Denn der Schritt vom Sinn zur Bedeutung eines Satzes erfolgt nach Frege im Urteilen oder Behaupten: „Urteilen kann als Fortschreiten von einem Gedanken zu seinem Wahrheitswerte gefaßt werden."[24] Das Anerkennen der Wahrheit im Urteilen ist als eine Handlung zu verstehen, bei der man von einer Stufe für das Erkennen zur nächsten schreitet. Die von Frege kritisierte prädikative Deutung des Verhältnisses von Gedanke und Wahrheit kann diese Stufendifferenz deshalb nicht erfassen, weil diese Differenz nicht die *semantische* Struktur des Satzes und seiner Bestandteile, sondern seine Verwendung zum Vollzug einer Handlung betrifft. Erst die Theorie von Sinn und Bedeutung erlaubt eine Deutung dieser Differenz in ihrer Beziehung zur Behauptungshandlung.[25]

---

[22] Ebd. 50. „Der bloße Gedanke gibt keine Erkenntnis, sondern erst der Gedanke zusammen mit seiner Bedeutung, d.h. seinem Wahrheitswerte." (Ebd.)

[23] Wie Carl zeigt, ist Freges Theorie von Sinn und Bedeutung von Sätzen einerseits von seiner Auffassung der Behauptung abhängig, andererseits zur Klärung der Beziehung, die beim Behaupten zwischen dem Gedanken und der Wahrheit vorliegt, eigens konzipiert; vgl. Carl 1982, 102 ff. Dies bedeutet, daß jene Theorie in ihrer Konzeption wesentlich auf pragmatische Sachverhalte ausgerichtet ist und die Unterscheidung von Sinn und Bedeutung nicht erst als rein semantische für Eigennamen als paradigmatische Anwendungsfälle entworfen und dann auf Sätze und ihre Verwendung angewandt wurde.

[24] Frege 1980, 50.

[25] Vgl. Carl 1982, 83 ff., 87 f.

3. *Der Schritt vom Gedanken zur Wahrheit*

Entscheidend für die Deutung des Verhältnisses von Gedanke und Wahrheit als Verhältnis von Sinn und Bedeutung und für Freges Auffassung von Wahrheit im ganzen ist das Verständnis dessen, worin der „Schritt vom Gedanken zum Wahrheitswert" besteht. In der Urteilsfällung und der Behauptungshandlung wird das Wahre als Wahrheitswert für das Beurteilte bzw. Gesagte intendiert, und die behauptende Kraft soll anzeigen, daß der ausgedrückte Gedanke als wahr hingestellt wird. Da jener Schritt schon in jedem Urteil und in jeder Behauptung erfolgt, liegt es nahe, ihn als ein Streben nach Wahrheit in dem Sinn zu verstehen, „daß es einem darum geht, etwas Wahres zu sagen, wenn man eine Behauptung macht"; das Urteilen wäre dann insofern als ein Fortschreiten von einem Gedanken zur Wahrheit zu verstehen, als es „den Anspruch erhebt, daß dieser Gedanke wahr ist".[26] Das Fortschreiten wäre damit als Orientierung an der Wahrheit und als Wahrheitsanspruch zu verstehen. Nun spricht Frege aber davon, daß die Bedeutung eines Behauptungssatzes entweder das Wahre oder das Falsche *ist* und der Satz einen entsprechenden Wahrheitswert *hat*, nicht bloß davon, daß nur ein bestimmter Wahrheitswert angestrebt, intendiert oder beansprucht wird.[27] Demnach wäre die Bedeutung nicht der beanspruchte, sondern der festgestellte Wahrheitswert oder die Wahrheit bzw. Falschheit als Ergebnis einer Verifikation. Das Urteilen würde mit dem Erkennen koinzidieren, und Urteilen und Behaupten wären von dieser Feststellung des Wahrheitswerts abhängig und müßten sich nach deren Ergebnis richten.

Frege hat zwar die Differenz zwischen Anspruch auf Wahrheit und seiner Einlösung nicht expliziert und auch nicht genügend berücksichtigt. Dennoch hat er die Bedeutung eines Satzes im Zusammenhang mit dem Urteilen eindeutig als den festgestellten Wahrheitswert verstanden. Ein Gedanke ist nicht wahr und ein Satz hat nicht das Wahre als Wahrheitswert allein aufgrund der Anspruchserhebung im Sinn der nicht weiter qualifizierten Ur-

[26] Ebd. 92. In diesem Sinn versteht Carl dieses Fortschreiten.
[27] Vgl. insb. Frege 1980, 48, 50, und Frege 1983, 211, 251.

teilsfällung, des einfachen Vollzugs der Behauptung oder der bloßen Anerkennung der Wahrheit. Deshalb muß der Urteilende oder Behauptende über eine Garantie verfügen, daß eine Verifikation zu dem von ihm angestrebten Wahrheitswert führt. Dafür kann er jedoch nur garantieren, insofern er über hinreichende Mittel zur Rechtfertigung seines Anspruchs verfügt. Deshalb kann die Anerkennung der Wahrheit erst *nach* dem Erkenntnisprozeß, in dem eine Rechtfertigungsbasis geschaffen wurde, erfolgen:

> „Ein Forscher, der eine wissenschaftliche Entdeckung macht, erfaßt meist zunächst nur den Gedanken und fragt sich nun, ob er als wahr anzuerkennen sei; und *erst, nachdem die Untersuchung zugunsten der Hypothese ausgefallen ist*, wagt er es, sie als wahr hinzustellen."
> „Jahre mühevoller Untersuchungen können zwischen dem Fassen des Gedankens und der Anerkennung seiner Wahrheit liegen."[28]

Mit der Erhebung eines Wahrheitsanspruchs ist noch kein Erkenntniswert verbunden, wenn noch fraglich ist, ob der Anspruch auch eingelöst werden kann und berechtigt ist. Ist unter wissenschaftlicher Betrachtung gerade der Wahrheitwert von Interesse und ist erst mit der Kenntnis des Wahrheitswerts ein Fortschritt von einer Stufe für das Erkennen zur nächsten verbunden, so kann diese Kenntnis erst durch eine fundierte Entscheidung zwischen den beiden beim Fassen des Gedankens noch offenen Möglichkeiten des Wahr- und Falschseins zustande kommen:

> „Ein Fortschritt in der Wissenschaft geschieht gewöhnlich so, daß zuerst ein Gedanke gefaßt wird, wie er etwa in einer Satzfrage ausgedrückt werden kann, worauf dann *nach angestellten Untersuchungen* dieser Gedanke *zuletzt* als wahr erkannt wird."[29]

---

[28] Frege 1983, 150 (Hervorhebung W.B.), und Frege 1976 a, 63.
[29] Frege 1976 a, 35 (Hervorhebungen W.B.).

Daß die Kenntnis des Wahrheitswerts einen Fortschritt für das Erkennen gegenüber der Kenntnis des Satzsinns oder dem bloß gefaßten Gedanken bringt, verdankt sich einzig dem Verifikationsprozeß als methodischer Gewinnung einer Rechtfertigungsbasis für die Anerkennung der Wahrheit. Erst diese Möglichkeit der Rechtfertigung berechtigt zum Urteilen als einem „Übergehen vom Gedanken zum Wahrheitswerte".[30] Entsprechend setzt Frege eine Erkenntnis mit der Anerkennung eines Gedankens als wahr gleich, wobei diese Anerkennung auf einer Erkenntnisquelle beruht, die die „Berechtigung zur Urteilsfällung" enthält, und umgekehrt wird auch die „eigentliche Urteilsfällung" als „Erkenntnis der Wahrheit" verstanden.[31]

Auch bei einem Irrtum oder einer Widerlegung kann die Bedeutung eines Satzes nur dann das Falsche sein, wenn mit ‚Bedeutung' nicht der bei einer Behauptung angestrebte Wahrheitswert gemeint ist. Es ist eine Bedingung für das Behaupten, daß der behauptete Satz das Wahre bedeutet, und dies gilt auch für die Verneinung. Die Behauptung eines verneinten Satzes ist nach Frege eine Behauptung, die einer anderen Behauptung gegenübersteht und in der derjenige Satz behauptet wird, der durch Negation aus dem Satz der gegenüberstehenden Behauptung gewonnen wurde. Ein Gedanke kann dadurch als falsch hingestellt werden, daß seine Negation behauptet wird. In einer Behauptung wird durch ein und dieselbe Tat ein Gedanke als wahr anerkannt und zugleich der diesem entgegengesetzte Gedanke als falsch verworfen.[32] Wäre nun die Bedeutung eines Satzes nur der bloß beanspruchte Wahrheitswert, so würde durch eine Behauptung auch nur der Anspruch auf die Falschheit des entgegengesetzten Gedankens erhoben. Bei einem erkannten Irrtum verhält es sich jedoch so, daß wir einem Satz das Falsche als Wahrheitswert zuordnen, weil es sich herausgestellt hat, daß die ursprüngliche Behauptung des Satzes zu Unrecht gemacht wurde. Das Falsche muß hier der festgestellte und kann nicht bloß der beanspruchte

---

[30] Frege 1976 b, 96.

[31] Vgl. Frege 1983, 286 und 201, sowie Frege 1977 b, 3.

[32] Vgl. Frege 1983, 161, 201, 214, und Frege 1976 a, 67. Vgl. zur Verneinung Tugendhat 1976, 66 ff., und Tugendhat u. Wolf 1983, 211 ff.

Wahrheitswert sein, weil nur dann ein Irrtum und entsprechend eine Korrektur vorliegen: wäre die Falschheit hier nur beansprucht, so würde sie dem ursprünglichen Wahrheitsanspruch als gleichwertig gegenüberstehen, und von einem Irrtum und einer Korrektur könnte nicht die Rede sein. Beide, Irrtum und Korrektur, verdanken sich der Differenz zwischen einem zunächst behaupteten und einem sodann festgestellten Wahrheitswert und können nur insofern vorliegen, als ein Verifikationsprozeß zu einem anderen als dem ursprünglich ermittelten Wahrheitswert geführt hat und dieser sich nun als zu Unrecht beansprucht herausstellt.

Wird die Bedeutung eines Behauptungssatzes als dessen festgestellter Wahrheitswert aufgefaßt, so wird auch deutlich, wo die Bedeutung von ‚wahr' zu suchen ist, und es zeigt sich, daß dieses Wort keineswegs überflüssig ist. Das Wort ‚wahr' wird, wie Frege selbst anzeigt, dazu gebraucht, den Gedanken hinsichtlich des Ergebnisses eines Prozesses zur Überprüfung seiner Wahrheit eigens zu qualifizieren; darin sieht Frege gerade die Einzigartigkeit der Bedeutung von ‚wahr'. Zunächst

> „scheint ... dem Gedanken dadurch nichts hinzugefügt zu werden, daß ich ihm die Eigenschaft der Wahrheit beilege. Und doch! ist es nicht ein großer Erfolg, wenn nach langem Schwanken und mühsamen Untersuchungen der Forscher schließlich sagen kann ‚was ich vermutet habe, ist wahr'? Die Bedeutung des Wortes ‚wahr' scheint ganz einzigartig zu sein."[33]

Zwar zögert Frege, seine redundanztheoretische Auffassung ausdrücklich aufzugeben; aber er spricht nun, wenn auch mit Vorbehalt, dieser Auffassung entgegen von Wahrheit als einer Eigenschaft von Gedanken, weil er sieht, daß in Sätzen der Form ‚es ist wahr, daß p' explizit das Verhältnis des Gedankens zum Ergebnis eines Verifikationsprozesses angezeigt wird. Der Gedanke hat deshalb hinsichtlich der Möglichkeit, ihn in einer Behauptung als wahr hinzustellen, einen anderen Stellenwert als der bloß gefaßte

[33] Frege 1976 a, 34.

Gedanke, und der entsprechende Satz hat einen Erkenntniswert: das Urteilen und das Behaupten sind für diesen Gedanken *als berechtigt ausgewiesen*. Dieser Stellenwert, der dem Gedanken in Hinsicht auf die Berechtigungs- und Anerkennungsverhältnisse zukommt, die für das Behaupten und Urteilen bestehen, wird durch Gebrauch von ,wahr' eigens und explizit verdeutlicht. Das Prädikat ,wahr' hat eine Bedeutung, die nur pragmatisch, nicht aber semantisch erfaßt werden kann. Gerade dieser Sachverhalt macht Freges Irritation erklärbar, in die ihn die Bedeutungsexplikation für dieses Prädikat führt, da es sich nicht wie gewöhnliche Prädikate nur mit semantischen Mitteln behandeln läßt und Frege ausreichende pragmatische Mittel nicht zur Verfügung standen.[34] Wenn dieses Prädikat das Ergebnis eines Verifikationsprozesses eigens artikulieren und den entsprechenden sprachpragmatischen und erkenntnistheoretischen Stellenwert des Gedankens eigens anzeigen soll, so muß es derselbe Gedanke sein, der als gefaßter am Anfang und als verifizierter oder falsifizierter am Ende des Überprüfungsvorgangs stehen muß. Daß der Gedanke oder der wahrheitswertrelevante Inhalt des Satzes semantisch gesehen gleichbleibt, ist Voraussetzung der Prüfung.[35] Dennoch ändert sich der für das Erkennen und damit die Berechtigung zum Urteilen und Behaupten relevante Stellenwert des Gedankens; durch das rechtfertigungsfähige Fortschreiten von der Kenntnis des Sinns zur Kenntnis des Wahrheitswerts des Satzes erhält der in dem Satz ausgedrückte Gedanke einen Erkenntniswert, der ihm gerade durch den Gebrauch von ,wahr' sprachlich eindeutig erkennbar zugesprochen wird. Ein Satz, in dem das Prädikat ,wahr' einem Gedanken zugesprochen wird, enthält damit gegenüber dem einfachen Satz und dem bloß gefaßten Gedanken *in sprachpragmatischer Hinsicht*, in Hinsicht auf die Möglichkeit, diesen einfachen Satz berechtigterweise zu behaupten, etwas Neues, das für denjenigen höchst bedeutsam ist, dem

[34] Daher ergibt sich für ihn hinsichtlich der Bedeutung von ,wahr' die Frage: „Sollten wir es hier mit etwas zu tun haben, was *in dem sonst üblichen Sinne* gar nicht Eigenschaft genannt werden kann?" (Ebd. Hervorhebung W.B.)

[35] Vgl. ebd. 59.

es auf die Wahrheit und den Erkenntniswert des einfachen Satzes ankommt.
Obwohl Frege diese Differenz hinsichtlich des Stellenwertes des Gedankens deutlich sieht und artikuliert, unterscheidet er hier nicht zwischen dem Anspruch auf Wahrheit und seiner Einlösung. Frege trifft aber diese Unterscheidung nur deshalb nicht, weil er unterstellt, daß nur dann der Anspruch auf Wahrheit erhoben werden darf, wenn die Berechtigung zur Anerkennung der Wahrheit durch den Sprecher schon feststeht. Wer einen Gedanken als wahr hinstellt, der muß, gerade weil er die Berechtigung hierzu beansprucht, die Ausweisung der Wahrheit sozusagen im Rücken haben: es darf nur geurteilt oder behauptet werden, wenn die Berechtigung hierzu auch vorliegt und erwiesen ist. Frege stellt damit eine unmittelbare Verbindung von Wahrheit und Handlung her: die Wahrheit eines Gedankens schlägt sich direkt in der Berechtigung zu einer Handlung nieder. Die Handlung der Anerkennung der Wahrheit ist bereits als Ergebnis und Endpunkt eines Verifikationsprozesses zu verstehen, in dem entschieden wurde, welcher von zwei entgegengesetzten Gedanken als wahr anerkannt werden kann.[36] Der Vollzug einer Behauptung zeigt dieses Resultat an und ist so zu verstehen, daß ein Rechtfertigungsprozeß vorauszusetzen ist, der zu diesem Resultat führte. Nur weil diese Rechtfertigung im Begriff einer Behauptung, mit dem dann eine als berechtigt erwiesene Anerkennung der Wahrheit gemeint ist, schon mitzuverstehen ist, kann Frege, obwohl er den eigenen pragmatischen Gehalt von ‚wahr' sieht, der behauptenden Kraft dieselbe Funktion wie dem Wort ‚wahr' zusprechen;[37] mit der behauptenden Kraft stellt

[36] Vgl. Freges Rede vom Urteilen als einer Wahl zwischen entgegengesetzten Gedanken: Frege 1983, 161, 201 und 214. Entsprechend wird das Urteil als Ergebnis dieser Wahl verstanden, da „in jedem Urteile ... schon der Schritt von der Stufe der Gedanken zur Stufe der Bedeutungen (des Objektiven) *geschehen* ist" (Frege 1980, 49, Hervorhebung W.B.).
[37] Vgl. Frege 1976 a, 35, wo einerseits ‚wahr' als Ausdruck für eine Erkenntnis und das Ergebnis von „angestellten Untersuchungen" aufgefaßt wird, andererseits aber sogleich ebendiese Funktion der behaupteten Kraft zugewiesen wird.

ein Sprecher nach einem Erkenntnisprozeß einen Gedanken als wahr hin.

Dieser Begriff einer Behauptung erweist sich aber als zu eng. Freilich muß das Erheben eines Anspruchs am Bestehen einer Berechtigung hierzu orientiert sein, aber es bringt dieses Bestehen nicht schon gleichsam mit: Die Rechtfertigung ist gegenüber der Behauptung als Anspruchserhebung ein eigenständiges, von ihr abtrennbares Element, das selbst in einer Reihe von Handlungen bestehen kann. Eine Behauptung verweist ihrem Anspruch auf Berechtigung nach auf eine Rechtfertigung und ist somit ergänzungsbedürftig, aber die Rechtfertigung kann fehlen, unvollständig oder unzureichend sein. Zwischen einer Behauptung und den sie rechtfertigenden Gründen muß eine methodisch gesicherte Beziehung bestehen, auf der die Berechtigung zur Anerkennung der Wahrheit beruht. Dieses Verhältnis zwischen Behauptung und Rechtfertigung verdeckt Frege, wenn er in seiner These (3) nicht in dem Wort ‚wahr', sondern in der behauptenden Kraft das eigentliche Mittel sieht, die Wahrheit auszusagen. Mit der behauptenden Kraft wird zwar etwas als wahr hingestellt, aber nicht die Berechtigung hierzu erwiesen. Um das Verhältnis zwischen Behauptung und Rechtfertigung angemessen berücksichtigen zu können, muß zwischen dem Erheben eines Anspruchs durch eine Behauptungshandlung und seiner Einlösung als Aufweis der Berechtigung zu diesem Anspruch systematisch unterschieden werden. Mit der behauptenden Kraft erfolgt nur die Erhebung eines Anspruchs; der Sprecher übernimmt die Garantie, daß die Wahrheitsbedingungen des behaupteten Satzes erfüllt sind. Demgegenüber dient das Wort ‚wahr', wenn es pragmatisch unverkürzt verstanden wird, dazu, das Bestehen der Berechtigung, einen Wahrheitsanspruch zu erheben, explizit auszudrükken. Die Bedeutung des Wortes ‚wahr' zu explizieren, heißt somit zu erklären, unter welchen formalen Bedingungen eine solche Berechtigung bestehen kann und wie der Übergang von der Erhebung eines Anspruchs zu seiner Einlösung formal gesehen möglich ist.

Freges Explikation des Wahrheitsbegriffs durch seine Theorie von Sinn und Bedeutung eines Satzes führt in eine Problemlage, die eine sprachpragmatische Weiterführung dieser Explikation erfordert. Das Verhältnis zwischen Bedeutungsexplikation und Verifikation läßt sich vorerst jedoch nur vorläufig und in ersten Umrissen charakterisieren. Erfolgt die Einlösung des Anspruchs einer bestimmten Behauptung in einer Verifikation, so werden in einer Explikation des Wahrheitsbegriffs Verifikationsprozesse nur in allgemeiner und formaler Hinsicht betrachtet. Alle Prozesse der Verifikation einzelner Aussagen müssen, insofern es in ihnen um Wahrheit als Zielpunkt geht, formal gesehen etwas gemeinsam haben, das gerade durch die Bedeutung des Wortes ‚wahr' erfaßt werden kann. Ein solcher Prozeß kann als eine methodisch kontrollierte Kette von Handlungen verstanden werden, die auf Wahrheit hin orientiert und durch die Kenntnis der Bedeutung von ‚wahr' geleitet sind. Nicht jedes beliebige Ergebnis irgendeines Prozesses kann im nachhinein für wahr gehalten und als wahr bezeichnet werden, was immer es sein mag. Ein Verifikationsprozeß ist als Prozeß der Prüfung nur sinnvoll, wenn man im Sinne formaler Bestimmungen bereits weiß, was und in welchem Sinn ein zu Prüfendes überhaupt als wahr qualifiziert werden könnte und was mit Wahrheit intendiert ist. Ein formaler Begriff von Wahrheit kann solchen Prozessen nicht etwa qua sozial akzeptierten Rechtfertigungspraktiken entnommen werden, sondern ist ihnen logisch vorgeordnet und muß in der Kenntnis des Sinns oder genauer, der Sinnhaftigkeit wahrheitsfähiger Sätze enthalten sein; er ist ebensowenig für eine Korrektur durch diesen Prozeß offen, wie ein Maß durch den Prozeß des Messens mit ihm korrigiert werden kann. Ein formaler Wahrheitsbegriff gehört zu den Bedingungen der Möglichkeit, Handlungen einer bestimmten Art zu vollziehen. Er ist in diesem Sinn grundlegend für das Verständnis der Verwendung von Sätzen und gehört in Wittgensteins Worten zur Grammatik der Sprache:

> „Zur Grammatik gehört nicht, daß dieser Erfahrungssatz wahr, jener falsch ist. Zu ihr gehören alle Bedingungen (die Methode) des Vergleichs des Satzes mit der Wirklichkeit. Das heißt alle Bedingungen des Verständnisses (des Sinnes)."[38]

---

[38] Wittgenstein 1969, 88. Das Verhältnis von Sinn und Wahrheit wird von

Eine Klärung des gewöhnlich nur intuitiv verfügbaren formalen Begriffs von Wahrheit ist Voraussetzung für die begriffliche Bestimmung eines einzelnen Prozesses, der zur Feststellung der Wahrheit führen kann.
In einer formalen Betrachtung des Verifikationsprozesses geht es nicht um die materiale Wahrheit einzelner Sätze und um entsprechende Kriterien, sondern um die Sinnhaftigkeit wahrheitsfähiger Sätze und um ein formales Kriterium, das verständlich macht, was es überhaupt heißt, Ergebnisse einer geeigneten Prozedur der Überprüfung als wahr oder als falsch zu qualifizieren. Dieses Kriterium ist ein Kriterium für die prädikative Verwendungsweise von ‚wahr'. Verifikation wird deshalb nur in Begriffen der allgemeinen formalen Struktur thematisiert, die sprachliche Gebilde wahrheitsfähig und als wahr oder falsch qualifizierbar macht. Mit der sprachpragmatischen Ausrichtung einer Wahrheitstheorie ist dabei die Intention verbunden, diese Struktur als formale Struktur eines Handlungsgefüges zu verstehen.

4. Strawsons Redundanztheorie der Wahrheit

Nach Frege führt eine primäre Orientierung an der satzinternen Beziehung zwischen Subjekt und Prädikat, wie sie bei Sätzen der Form ‚daß p, ist wahr' vorliegt, zu keiner zureichenden Bedeutungsexplikation für das Wort ‚wahr'. Statt dieser satzinternen Beziehung muß vielmehr das externe Verhältnis des Satzsinns zur Bedeutung des Satzes, die weder Bestandteil des Satzes noch seines Sinnes ist, expliziert werden; dabei hält Frege letztlich an der Auffassung von ‚wahr' als Prädikat für eine Eigenschaft fest. Gegenüber dieser Auffassung ist es eine der Hauptthesen der Redundanztheorie, daß ‚wahr' kein Prädikat ist. Die Vertreter der Redundanztheorie teilen mit Frege die Ablehnung einer prädikativen Deutung von Sätzen, die ‚wahr' enthalten, wenden sich in ihrer Analyse aber nicht dem Verhältnis von Sinn und Bedeutung

Wittgenstein zugleich im Rahmen des Verhältnisses von Erwartung und Erfüllung gesehen. Vgl. ebd. 140, 154, 161, und Wittgenstein 1970 a, 67, 70 f. und 78.

zu, sondern der Beziehung jener Sätze zu anderen, nämlich den entsprechenden einfachen Sätzen, Aussagen oder Äußerungen. Die Art dieser Beziehung, der sowohl eine semantische als auch eine pragmatische Komponente zugesprochen wird, wird als entscheidend dafür angesehen, wie die Bedeutung bzw. die Verwendung von ‚wahr' zu verstehen ist. Aus der Art dieser Beziehung soll nach neueren Fassungen der Redundanztheorie hervorgehen, daß eine Subjekt-Prädikat-Analyse für ‚wahr' überhaupt aufzugeben ist und damit die der Subjekt-Prädikat-Struktur entsprechenden Fragen gegenstandslos werden, auf welche durch Subjektausdrücke bezeichneten Entitäten ‚wahr' angewandt werden kann und welche Eigenschaft diesen Wahrheitsträgern im Prädikat zugesprochen wird.

Für F. P. Ramsey und A. J. Ayer, die Vertreter der Redundanztheorie in ihrer ersten Phase,[39] ist die Wendung ‚... ist wahr' in Sätzen, die explizit angeben, was in ihnen wahr genannt wird, logisch überflüssig und eliminierbar: Der Satz ‚Es ist wahr, daß Caesar ermordet wurde' kann ohne Informationsverlust durch ‚Caesar wurde ermordet' ersetzt werden. In der zweiten Phase der Redundanztheorie hat P. F. Strawson in Auseinandersetzung mit A. Tarski und J. L. Austin die redundanztheoretische Auffassung weiter ausgearbeitet, zugleich aber auch modifiziert und insbesondere durch eine pragmatische Komponente ergänzt.[40] Nach Strawson ist ‚wahr' weder im Sinne Tarskis ein metasprachliches Prädikat für objektsprachliche Sätze noch wird im Sinne Austins dadurch, daß eine Aussage wahr genannt wird, eine Aussage über eine Aussage als ein datierbares Sprechereignis gemacht und diesem Ereignis das Prädikat ‚wahr' in deskriptiver Verwen-

---

[39] Vgl. Ramsey 1977, und Ayer 1970, 114 ff. (Vgl. ferner Wittgenstein 1974, 117, wo die sicherlich kürzeste Formulierung der Redundanztheorie zu finden ist: „Was heißt denn, ein Satz *‚ist wahr'*? *‚p' ist wahr = p*. [Dies ist die Antwort.]") – Eine Übersicht über die Entwicklung der Redundanztheorie gibt W. Franzen in Franzen 1978/1979, sowie Franzen 1982 a, 84 ff. Ich folge hier seiner Aufteilung dieser Entwicklung in drei Phasen.

[40] Vgl. zu Strawsons Wahrheitstheorie: Strawson 1968; Strawson 1977; Strawson 1964, und Strawson 1971, 234 ff.

dung zugesprochen. Dennoch wird ,wahr' mit Bezug auf Äußerungen verwendet:

> „Es ist von größter Bedeutung, von der Tatsache, daß ,wahr' immer im Rückblick oder Hinblick auf tatsächliche oder vorgestellte Äußerungen von Aussagen verwendet wird, die Theorie zu unterscheiden, daß es verwendet wird, um solche (tatsächlichen oder möglichen) Ereignisse zu beschreiben."[41]

Die Bezugnahme in einer Verwendung von ,wahr' auf eine vollzogene Äußerung im Sinne eines Sprechereignisses versteht Strawson nicht als Beschreibung, sondern als pragmatischen Rückbezug. Aussagen mit ,wahr' werden nicht geradehin gemacht, sondern bedürfen eines vorliegenden sprachlichen Anlasses, auf den sie bezogen sind. Es muß zuvor eine andere Aussage gemacht oder vielleicht eine Vermutung oder ein Einwand geäußert worden sein, damit ein für den Gebrauch von ,wahr' spezifischer Verwendungskontext vorliegt. Diesem spezifischen Verwendungskontext entsprechend sind Aussagen mit ,wahr' nicht logisch überflüssig und können auch nicht, wie Ramsey nahelegt, direkt durch eine einfache Aussage ersetzt werden, sondern nur unter Berücksichtigung dieser pragmatischen Bedingung; ,ist wahr' kann erst durch ein Analysans wie etwa „wie A gesagt/behauptet hat, wurde Caesar ermordet" eliminiert werden. Nicht in jedem Fall muß eine Äußerung von A als Anlaß zum Gebrauch von ,wahr' tatsächlich vorliegen. Es genügt der Bezug auf die Möglichkeit, daß jemand eine entsprechende Äußerung machen und dadurch etwas behaupten, vermuten, einwenden etc. könnte. Mit dem zu einer solchen Äußerung reaktiven Gebrauch von ,wahr' kann der Sprecher etwas zugestehen, bestätigen, bestreiten etc.[42] Das Analysans für ,es ist wahr, daß p' hat dann die

---

[41] Strawson 1977, 248.

[42] Strawson hat seine in Strawson 1968 (erstmals erschienen: 1949) vertretene performative Theorie, wonach der Sprecher mit der Äußerung von ,wahr' nicht etwas gegenüber der einfachen Aussage Zusätzliches *aussagt* und keine Behauptung aufstellt, wohl aber etwas Zusätzliches *tut*, näm-

allgemeine Form: „‚As may be urged/objected/stated/thought/assumed/ ... etc. p.'“[43] Strawson versteht somit die Verwendung von ‚wahr' so, daß der Sprecher in seiner Äußerung einer Aussage in *reaktiver* Weise auf eine tatsächliche oder mögliche Äußerung eines anderen Sprechers Bezug nimmt, wobei in beiden Äußerungen *dieselbe* Aussage behauptet wird.

Mit dieser Analyse berücksichtigt Strawson zwar gegenüber der ursprünglich bloß semantisch orientierten Äquivalenzthese pragmatische Aspekte von ‚wahr', verkürzt diese aber auf den Bezug zu Äußerungen. Strawson unterscheidet selbst sehr deutlich zwischen der Äußerung eines Satzes, einer Aussage bzw. dem Gebrauch eines Satzes und dem Satz selbst.[44] Eine Äußerung ist als Äußerungsakt ein einzelnes, datierbares Sprechereignis. Merkmale des Sprechereignisses und der Produktion von bestimmten Zeichenvorkommnissen, also etwa, daß zu einem bestimmten Zeitpunkt von einer bestimmten Person etwas geschrieben oder gesprochen, geschrieen oder geflüstert wurde, sind nicht Merkmale einer Aussage. Mit verschiedenen Äußerungen kann dieselbe Aussage gemacht werden; dies ist etwa dann der Fall, wenn zwei Personen den Satz ‚der König von Frankreich

---

lich etwas bestätigt oder einräumt, in seinem Aufsatz von 1950 (Strawson 1977) stark abgeschwächt und später nicht mehr verteidigt (vgl. Strawson 1964, 68 f.). In Strawson 1977 wird Bestätigen nicht mehr dem Behaupten oder einem tatsachenfeststellenden Diskurs gegenübergestellt, sondern so aufgefaßt, daß es in diesen Diskurs eingegliedert werden kann.

[43] Strawson 1964, 81. Strawson konzediert zwar gegenüber Austin und Warnock in seiner „undisputed thesis“, daß mit der Verwendung von ‚wahr' eine Aussage über eine Aussage gemacht wird (vgl. Strawson 1964, 68 f.; vgl. dazu Austin 1977 a; Austin 1975 a, und Warnock 1964). Er gibt damit aber seine redundanztheoretische Auffassung nicht auf, weil er zugleich zu zeigen versucht, daß dieses ‚über' nicht so aufzufassen ist, daß eine Aussage Subjekt einer Prädikation ist, sondern im weiteren Sinn einer pragmatischen Bezugnahme zu verstehen ist. Zur Debatte zwischen Austin, Warnock und Strawson und zu Strawsons Theorie vgl. White 1970, 93 f., 99 ff.; Mackie 1970; Williams 1973; Warnock 1973; Mackie 1973, 44 ff.; O'Connor 1975, 112 ff.; Franzen 1978/1979, Bd. 13, 57 ff., und Franzen 1982 a, 97 ff.

[44] Vgl. zum Folgenden Strawson 1977, 246 ff.; Strawson 1952, 3 f., und Strawson 1974, 89 ff. Die Unterschiede zwischen Äußerung, Proposition und Satz werden unten Kap. III, 1 und 2, ausführlich erörtert.

ist weise‘ unter der Herrschaft Ludwigs XIV. gleichzeitig äußerten. Beide machten denselben Gebrauch von dem Satz und dieselbe Aussage, weil die Äußerungen beide entweder zugleich zu einer wahren oder zugleich zu einer falsche Aussage logisch führen müssen; im Sinn eines solchen Identitätskriteriums versteht Strawson den Begriff ‚Aussage‘. Eine Aussage ist kein Ereignis, läßt sich nicht datieren und ist nicht mit einem besonderen Sprechereignis verknüpft. Dieselbe Aussage kann beliebig oft und von beliebigen Sprechern gemacht werden. Auch mit einem Satz ist eine Aussage nicht fest verbunden. Mit verschiedenen Sätzen und sogar mit Sätzen von verschiedener Bedeutung kann dieselbe Aussage gemacht werden, etwa wenn „du von Jones sagst: ‚Er ist krank‘, ich *zu* Jones sage: ‚Du bist krank‘, und Jones sagt: ‚Ich bin krank‘ ... Jeder, der diese Beschreibung von dieser Person (usw.) gäbe, würde diese Aussage machen.“[45] Schließlich kann auch derselbe Satz verschieden gebraucht werden, so daß mit ihm verschiedene Aussagen gemacht werden. Wurde der Satz ‚der König von Frankreich ist weise‘ einmal unter der Herrschaft Ludwigs XIV., das andere Mal unter der Ludwigs XV. geäußert, so wurden mit demselben Satz verschiedene Aussagen gemacht. Nach Strawson steht eine Aussage der Form ‚es ist wahr, daß p‘ unter der *semantischen* Bedingung, daß mit ihrer Äußerung inhaltlich dieselbe Aussage wie die einfache Aussage p gemacht wird, und unter der *pragmatischen* Bedingung, daß eine Äußerung der einfachen Aussage vorliegt oder vorliegen könnte, auf die sie sich bezieht. Strawson nimmt weiter an, daß weder Äußerungen noch Sätze wahr oder falsch sein können; Wahrheit und Falschheit sind einzig Merkmale des Gebrauchs von Sätzen und können nur Aussagen zukommen.[46] Unter diesen Voraussetzungen ist es aber entgegen Strawsons pragmatisch erweiterter Redundanztheorie für die Wahrheit oder Falschheit einer Aussage nicht von Relevanz, ob eine Äußerung der Aussage vorliegt. Für denjenigen, der daran interessiert ist, ob die Aussage, daß Caesar ermordet wurde, wahr oder falsch ist, ist es irrelevant,

---

[45] Strawson 1977, 249.

[46] Vgl. Strawson 1977, 248 f.; Strawson 1952, 3 f., und Strawson 1974, 91 ff.

daß der Sprecher A diese Aussage zu einem bestimmten Zeitpunkt äußerte und er ein Wissen von diesem Sprechereignis hat. Das Vorliegen einer tatsächlichen Äußerung ist für ihn gerade insofern irrelevant, als er an der Wahrheit oder Falschheit der Aussage interessiert ist. Wenn eine Aussage wahr ist, dann muß sie unabhängig davon wahr sein, daß eine bestimmte Person sie zu einem bestimmten Zeitpunkt äußerte. Für die Anwendung von ‚wahr' auf eine Aussage ist es daher nicht konstitutiv, daß ein Sprechereignis als sprachlicher Anlaß vorliegt und die Aussage der Form ‚es ist wahr, daß p' eine derartige pragmatische Beziehung zu einer Äußerung von ‚p' besitzt.
Ist eine Aussage das, wovon man sagen kann, daß es wahr oder falsch ist, so legt sich eine andere Deutung der pragmatischen Beziehung zwischen ‚es ist wahr, daß p' und ‚p' nahe. Indem ein Satz im Vollzug einer Behauptung gebraucht wird, um eine Aussage zu machen, wird ein Wahrheitsanspruch erhoben, von dem in einer anderen Aussage explizit angegeben werden kann, ob er eingelöst werden kann oder nicht. Wird eine Aussage gemacht, so muß in dieser Handlung insofern, als die Aussage wahr oder falsch sein kann, die Möglichkeit vorgesehen sein, daß diese Aussage vermittels einer anderen Aussage als wahr oder falsch bezeichnet werden kann. Einer einfachen Aussage muß eine andere Aussage gegenüberstehen können, die zwar semantisch gesehen denselben Gehalt betrifft, aber zugleich explizit angibt, ob die einfache Aussage wahr oder falsch ist. Die Verwendung von ‚wahr' muß dann so verstanden werden, daß sie in einer Aussage erfolgt, deren Behauptung in reaktiver Weise auf die Behauptung der einfachen Aussage bezogen ist, und zwar insofern, als für diese ein Wahrheitsanspruch erhoben werden kann, jedoch nicht insofern, als diese Aussage in einem Sprechereignis geäußert wurde. Die Verwendung von ‚wahr' ist ebenso wie diejenige von ‚falsch' eine Stellungnahme zu einem erhobenen oder erhebbaren Wahrheitsanspruch. Während mit der Verwendung von ‚wahr' eine Bejahung des Gesagten explizit ausgedrückt wird, wird dieses mit ‚falsch' verneint, so daß die Verwendung von ‚wahr' und ‚falsch' als Ja- bzw. Nein-Stellungnahme zu dem Gesagten aufgefaßt werden kann.[47] Daß eine Aussage wahr oder falsch sein kann, impliziert, daß zu ihrer Behauptung mit „Ja" oder „Nein"

Stellung genommen werden kann. Die Behauptung der einfachen Aussage ist *projektiv* auf die Möglichkeit von Ja/Nein-Stellungnahmen gerichtet: in der Behauptung der Aussage ist die Möglichkeit der beiden Aussagen, daß diese Aussage wahr bzw. daß sie falsch ist, strukturell vorgesehen, und zwar insofern, als diese Aussage etwas Wahrheitsfähiges ist. Andererseits sind die Stellungnahmen *reaktiv* auf die mögliche Behauptung der einfachen Aussage gerichtet: sie unterstellen, daß ein Wahrheitsanspruch für sie erhoben werden kann, zu dem in einer Aussage explizit bejahend oder verneinend Stellung genommen werden kann. Daß die Verwendung von ‚wahr' in einer pragmatischen Beziehung zu einer einfachen Aussage steht, bedeutet somit nicht, daß eine Äußerung dieser Aussage als sprachlicher Anlaß vorliegt, sondern vielmehr, daß zu einem Wahrheitsanspruch Stellung genommen wird, der ebensowenig wie die Aussage, für die er erhoben werden kann, von einem einzelnen Sprechereignis abhängig ist. Die pragmatische Beziehung besteht zu einer Aussage, insofern sie das in einer Behauptung Gesagte sein kann.

Wird bei Strawson einerseits diese pragmatische Beziehung, die auf der Ebene formaler Merkmale von Sprechhandlungen anzusiedeln ist, auf die Ebene faktischer Sprechereignisse reduziert, so führt andererseits eine redundanztheoretische Interpretation der entsprechenden semantischen Beziehung zu Spannungen mit einer auch von Strawson vertretenen These zur Bedeutungstheorie. In bedeutungstheoretischer Hinsicht stellt sich die Frage, welcher Stellenwert der Äquivalenzthese in einer Wahrheitstheorie zuzumessen ist. Wird sie, wie in der Redundanztheorie, so verstanden, daß mit ihr eine in semantischer Hinsicht erschöpfende Angabe der Bedeutung von ‚wahr' erfolgt, so ist sie mit der Idee einer Wahrheitssemantik unverträglich.[48] Leitend für eine

[47] Vgl. zu Bejahung und Verneinung sowie zur Struktur der Ja/Nein-Stellungnahme Tugendhat 1976, 64 ff., 76 f., 242 ff., 515 f., 518 f. Die Struktur der Ja/Nein-Stellungnahme ist die handlungstheoretische Entsprechung für das, was Wittgenstein die Bipolarität des Satzes nennt (vgl. Wittgenstein 1960 a, 4.023, 4.031; Wittgenstein 1960 b, 188, 238 f.).

[48] Vgl. zum Folgenden Dummett 1982 a, 17; Dummett 1981 a, 359, 448 ff. Vgl. auch Tugendhat 1976, 266.

Wahrheitssemantik ist der Gedanke, daß die Kenntnis der Bedeutung eines Satzes in der Kenntnis der Bedingungen besteht, unter denen mit ihm etwas Wahres gesagt wird.[49] Wenn die Bedeutung von ‚wahr' sich in der Äquivalenz zwischen ‚es ist wahr, daß p' und ‚p' erschöpft, so kann die Angabe der Bedeutung des einfachen Satzes nicht in der Angabe seiner Wahrheitsbedingungen bestehen. Denn zu wissen, was es heißt zu sagen, daß ein Satz unter bestimmten Bedingungen wahr ist, setzt gemäß der Redundanztheorie schon voraus, daß man die Bedeutung des Satzes kennt und weiß, was es heißt, ihn zu behaupten. Die Kenntnis der Wahrheitsbedingungen eines Satzes wird in dieser Theorie gerade auf das Verständnis des Satzes zurückgeführt; daher kann dieses Verständnis nicht umgekehrt durch jene Kenntnis erläutert werden. Wenn das Wissen davon, daß die Aussage: „Schnee ist weiß" wahr ist, einzig in dem Wissen besteht, daß Schnee weiß ist, und auf dieses Wissen in einer Erläuterung reduzierbar ist, dann kann nicht das letztere Wissen durch das erstere erläutert werden. Vielmehr muß das Wissen von der Bedeutung des Satzes dann unabhängig von der Kenntnis seiner Wahrheitsbedingungen erklärt werden können. Unter semantischem Gesichtspunkt müssen Redundanztheorie und Wahrheitssemantik somit als sich wechselseitig ausschließende Auffassungen von der Rolle der Äquivalenzthese verstanden werden.

Unter formalpragmatischem Gesichtspunkt ergibt sich ein anderer Stellenwert der Äquivalenzthese. Wer einen Satz behaupten kann, weiß, wie der Satz verwendet wird, um eine wahre Aussage zu machen. Er verfügt über ein intuitives praktisches Wissen, das in der Fähigkeit zur Ausführung einer regelgeleiteten Tätigkeit und damit in einem *Kennen von Regeln in der Anwendung* besteht.[50] Dieses Wissen bleibt bei der Verwendung des einfachen Satzes ‚p' implizit; es zeigt sich nur in dem korrekten, d. h. unter den richtigen Umständen und gemäß der Regel erfolgten Handlungsvollzug. Wird dagegen von einer behaupteten Aussage gesagt, daß sie wahr ist, so wird in Form eines expliziten Wissens eigens angegeben, daß der Handlungsvollzug unter den beste-

[49] Vgl. zu dieser Auffassung bei Strawson: Strawson 1974, 53, 93.
[50] Vgl. Ryles Begriff des Knowing-how in Ryle 1969, 47 ff., 56, 66 f.

henden Umständen berechtigt ist; die Wahrheitsbedingungen werden als erfüllt und der Wahrheitsanspruch als eingelöst explizit gekennzeichnet. Für ein pragmatisches Verständnis der Bedeutung von Sätzen heißt dies, daß die Kenntnis von den Wahrheitsbedingungen eines Satzes als explizites Wissen ein implizites Wissen repräsentiert, das in der Fähigkeit besteht, den Satz unter den richtigen Umständen zu behaupten. Implizites und explizites Wissen gehören gemäß der Fähigkeit der natürlichen Sprache zur reflexiven Selbstexplikation zusammen: wer eine Behauptung korrekt vollzogen hat, kann – etwa wenn Mißverständnisse ausgeräumt werden sollen – auch angeben, daß seine Handlung so zu verstehen ist, daß damit unter den gegebenen Umständen eine bestimmte wahre Aussage gemacht wurde. Diese Verknüpfung von implizitem und explizitem Wissen zeigt an, daß der semantisch verstandenen Äquivalenz zwischen der einfachen Aussage und der Aussage mit ‚wahr' die pragmatische Beziehung zwischen dem Behaupten einer Aussage mit Hilfe eines Satzes und der Angabe und entsprechenden Beurteilung, daß die Wahrheitsbedingungen des Satzes erfüllt sind, unterliegt. Die Angabe der Bedeutung eines Satzes durch Angabe seiner Wahrheitsbedingungen ist pragmatisch gesehen so zu verstehen, daß angegeben wird, unter welchen Umständen die Wahrheitsbedingungen erfüllt sind. Das Wort ‚wahr' ist für die Beurteilung, ob der in einer einfachen Behauptung implizit erhobene Wahrheitsanspruch berechtigt ist und die Wahrheitsbedingungen erfüllt sind, keineswegs überflüssig. Der Begriff ‚Wahrheitsbedingung' ist dabei allerdings seinerseits pragmatisch zu verstehen und muß dementsprechend theoretisch erläutert werden können. Unterliegt jener Äquivalenz eine pragmatische Grundlage, so bringt dies auch für das noch zu betrachtende Programm einer Wahrheitssemantik Konsequenzen mit sich.

Wenn für diese Äquivalenz zwischen Aussagen die Beziehung zwischen Sprechhandlungen grundlegend ist, dann fordert die Klärung des Stellenwerts der Äquivalenzthese von der Wahrheitstheorie die Aufklärung der Handlung des Behauptens und entsprechender Berechtigungsverhältnisse. Wird der Begriff der Satzbedeutung pragmatisch erweitert, so sind die demgemäß verstandene Äquivalenzthese und die erweiterte und modifizierte

Wahrheitssemantik nicht unvereinbar. Eine Wahrheitstheorie liefert gleichsam, wie Dummett formuliert, ein theoretisches Modell für eine praktische Fähigkeit:

> „The truth-definition represents knowledge which must eventually be manifested in the capacity to use and respond, verbally and non-verbally, to sentences as knowledge that something is the case (knowledge-how in terms of knowledge-that)."[51]

Strawson hat zwar gegen Russell deutlich und richtungsweisend auf die enge Verknüpfung der Bedeutung eines Satzes mit seinem Gebrauch hingewiesen: „Die Bedeutung eines Satzes angeben heißt, *allgemeine Anweisungen* für seinen Gebrauch beim Aufstellen wahrer oder falscher Behauptungen anführen."[52] Seine Redundanztheorie der Wahrheit wird aber dieser Einsicht und damit der Rolle, die den Begriffen Wahrheit und Falschheit in einer Bedeutungstheorie für assertorische Sätze zukommt, nicht gerecht.

5. *Prosententiale und resententiale Theorie der Wahrheit*

Kann die Redundanztheorie in der Version Strawsons weder die pragmatische noch die semantische Komponente von ‚wahr' angemessen explizieren, so bleibt bislang dennoch offen, ob die Subjekt-Prädikat-Analyse zu verwerfen und die Frage nach den Wahrheitsträgern zurückzuweisen ist. Strawsons Thesen wurden in der dritten Phase der Redundanztheorie vor allem von D. L. Grover, J. L. Camp und N. D. Belnap in einer prosententialen Theorie sowie von W. Franzen in einer resententialen Theorie unter anderem mit dem Ziel weiterentwickelt, einige traditionelle Problem- und Fragestellungen in der Wahrheitstheorie als nicht sinnvoll zu erweisen und zu eliminieren.

---

[51] Dummett 1981 a, 462.
[52] Strawson 1974, 93.

Um die normale semantische Rolle des Wahrheitsprädikats zu charakterisieren, versuchen Grover, Camp und Belnap[53] zu zeigen, daß ‚... ist wahr' in allen seinen Verwendungskontexten als Teil einer der beiden Prosentenzen ‚es ist wahr' und ‚das ist wahr' verstanden bzw. in einen solchen prosententialen Gebrauch übersetzt werden kann. Charakteristisch für Prosentenzen ist es, daß sie ebenso wie bestimmte Pronomina anaphorisch fungieren:

> „Just as a pronoun is sometimes said to stand in for a proper noun, and a proverb (e. g. ‚do') for a verb, so prosentences stand in for sentences."[54]

Ein Pronomen kann anaphorisch aus Gründen der Bequemlichkeit oder zur Abkürzung verwendet werden: „Mary wanted to buy a car, but *she* could only afford a motorbike." Auf der Ebene der Sätze kann aus denselben Gründen eine Prosentenz benutzt werden, die im Gegensatz zu Pronomina immer die Position eines Satzes einnimmt und auch einzig Sätze als Antezedenten hat, auf die sie anaphorisch zurückgreift. Aufgrund der anaphorischen Verknüpfung erhält die Prosentenz ihren semantischen Gehalt von ihrem Antezedenten. Wenn A behauptet „Schnee ist weiß", so kann B die Prosentenz ‚das ist wahr' gebrauchen, um „mit anaphorischen Obertönen" dasjenige zu behaupten, was A behauptet hat. Prosentenzen sind ebenso wie anaphorische Pronomina generisch in dem Sinn, daß sie mit keinem bestimmten Antezedenten fest verbunden sind, sondern von Fall zu Fall in ihrem Gebrauch mit einem anderen Antezedenten verknüpft sein können.[55] In diesem anaphorischen Rückgriff auf einen Satz

---

[53] Vgl. Grover, Camp u. Belnap 1975.

[54] Ebd. 82. Zu dem im folgenden angedeuteten Gebrauch von „pronouns of laziness" vgl. Geach 1962, 124 f., und Geach 1972, 146 ff.

[55] Aufgrund dieser generischen Qualität kann eine Prosentenz auf Satzebene für Quantifikationsfälle wie Sätze des Typs ‚alles, was John sagte, ist wahr' so fungieren, wie durch einen Quantor gebundene Variablen für Individuen in der Quantorenlogik. Vgl. hierzu Grover, Camp u. Belnap 1975, 81 f., 111 f., und auch Williams 1973, 131, und v. a. Williams 1976, insb. 1 ff., 26 ff., 44 f. und 92 f. Während Grover, Camp u. Belnap mehrere Typen der Verwendung von ‚wahr' unterscheiden und analysieren,

wird allerdings nicht etwas Gesagtes einfach wiederholt. Daß das Gesagte nun vermittels einer Prosentenz ausgedrückt wird, verweist vielmehr auf eine zusätzliche Komponente der Äußerung: „the ... pragmatic property of *acknowledging* the presence of an antecedent“.[56] Mit der Verwendung einer Prosentenz wird anerkannt, daß eine andere Äußerung desselben Gehalts schon vorliegt, und zugleich explizit angezeigt, daß nichts Neues artikuliert wird. Prosentenzen sind sowohl in thematischer als auch in deskriptiver, nicht aber in pragmatischer Hinsicht redundant. Die anaphorische Struktur ermöglicht es somit auch, dem von Strawson betonten speziellen Verwendungskontext von ‚wahr‘ gerecht zu werden.

Grover, Camp und Belnap betonen, daß die anaphorische Bezie-

verfolgt Williams mit seinem ähnlichen Ansatz (vgl. Williams 1976) von vornherein eine quantifikatorische Deutung und vernachlässigt insbesondere Fälle der Form ‚es ist wahr, daß p‘. In seiner Orientierung an Sätzen des Typs ‚Was Percy sagt, ist wahr‘ faßt er ‚Was Percy sagt‘ als Kennzeichnung auf, deren logische Form vermittels einer logischen Analyse im Sinne Russells dargelegt werden kann. Danach hat ein Satz dieses Typs eine logische Form, die durch Quantifikation, Identität und Konjunktion bestimmt ist. ‚What Percy says is true‘ wird in der Analyse wiedergegeben als ‚For some p, both Percy says that p and p‘. Eine derartige, ausschließlich quantifikatorische Deutung ist aber nicht geeignet, die umgangssprachliche Verwendung von ‚wahr‘ zu erfassen. Insbesondere muß ein Hörer das, was Percy sagt, inhaltlich identifizieren können und schon identifiziert haben, bevor er es in der Umgangssprache wahr nennt; Verwendungen von ‚wahr‘, in denen keine inhaltliche Identifizierung des Gesagten erfolgt, sind ihrem Verständnis nach sekundär und logisch von diesen anderen Verwendungen abhängig (vgl. hierzu unten S. 163 ff.). Demgegenüber bezieht sich der Ausdruck ‚Was Percy sagt‘ in quantifikatorischer Deutung – ebenso wie der Ausdruck ‚etwas‘ – nicht auf einen bestimmten Referenzgegenstand; er muß vielmehr durch eine Quantifikation über Sätze vermittels einer Variablen analysiert werden, durch die das Gesagte gerade noch nicht inhaltlich bestimmt ist. Williams Analyse verfehlt damit schon im Ansatz und auch für die von ihm betrachteten Verwendungsfälle den umgangssprachlichen Gebrauch von ‚wahr‘ (wie auch Russells Theorie der Kennzeichnungen deren umgangssprachliche Verwendung verfehlt). – Vgl. zu Williams Ansatz Puntel 1978, 81 ff.; Heckmann 1981, 54 ff.; Franzen 1978/1979, 65 ff., und Franzen 1982 a, 138 ff.

[56] Grover, Camp u. Belnap 1975, 90.

hung zwischen der ganzen Prosentenz und ihrem Antezedenten besteht und die Prosentenz nicht in einen referierenden und einen beschreibenden Teil zerlegt werden darf.[57] Prosentenzen müssen wie atomare, intern unstrukturierte Einheiten behandelt werden; in ‚das ist wahr' ist weder ‚das' ein referierender Ausdruck, mit dem eine isolierbare Referenz auf eine Aussage oder Proposition hergestellt wird, noch wird mit ‚.. ist wahr' eine Eigenschaft zugeschrieben. Nur wenn die anaphorische Beziehung zwischen Prosentenz und Antezedent eine andere semantische Relation als die Referenz eines nominalen Ausdrucks auf eine Proposition als Referenzobjekt ist, bietet die prosententiale Theorie eine Alternative zur Subjekt-Prädikat-Analyse. Entsprechend betonen Grover, Camp und Belnap, daß die Prosentenz sich semantisch so verhält wie ihr Antezedent, für ihn semantisch einsteht und die Äußerung der Prosentenz ihren propositionalen Gehalt und ihre Bedeutung von ihrem Antezedenten erhält. Sie lassen es dabei offen, ob auch die illokutive Kraft von dem Antezedenten übernommen wird oder die Prosentenz ‚das ist wahr' immer assertorische Kraft hat. Entscheidend für die anaphorische Beziehung ist aber die Übertragung des semantischen Gehalts: greift die Prosentenz ‚das ist wahr' auf den Gehalt der Äußerung ‚Schnee ist weiß' anaphorisch zurück, so wird mit ihrer Verwendung ebenso wie im Antezedenten auf Schnee referiert und von ihm gesagt, daß er weiß ist. Es wird weder auf eine Aussage oder Proposition referiert noch etwas von ihr prädiziert.
Mit dem Begriff der Prosentenz scheint somit die semantische Rolle von ‚wahr' in einer zur Subjekt-Prädikat-Analyse alternativen Weise charakterisierbar zu sein. Die prosententiale Theorie ist jedoch, wie Franzen zeigt,[58] in mehrfacher Hinsicht nicht befriedigend. Nach Franzen wird in ihr die Idee des Anaphorischen schon auf der Ebene der Pronomina überstrapaziert. Grover, Camp und Belnap können auch nicht alle von ihnen unterschiedenen Typen der Verwendung von ‚wahr' befriedigend analysieren; ihre Analyse ist nach Franzen nur bei Fällen überzeugend, in denen schon eine Prosentenz vorkommt und nicht für eine ent-

[57] Vgl. ebd. 88 ff., 104 ff., 112 f.
[58] Vgl. Franzen 1982 a, 161 ff.

sprechende Übersetzung umgangssprachlicher Wendungen erst konstruiert werden muß. Grover, Camp und Belnap verfahren daher noch zu formalistisch.
Franzen versucht in seiner eigenen, resententialen Theorie, den Ansatz einer Redundanztheorie weiter fortzuführen. Danach läßt sich für die Verwendung von ‚wahr' ein Grundtyp angeben, der für alle von Grover, Camp und Belnap unterschiedenen Verwendungstypen gilt. Dieser Grundtyp besteht aus den beiden Komponenten der identifizierenden Bezugnahme auf Sachverhalte und der Resententialisierung. Die „Haupt- oder Grundfunktion" der Wendung ‚... ist wahr' bezeichnet Franzen als resentential:

> „Mit ‚ist wahr' wird so etwas wie eine *Resententialisierung* vorgenommen, indem aus der *Bezugnahme* auf einen Satz gewissermaßen *der Satz selbst wiederhergestellt wird*."[59]

Es kann nicht nur *unmittelbar* etwas über die Welt behauptet oder gesagt werden, sondern auch in der Weise, daß dabei auf etwas rekurriert wird, was bereits gesagt worden ist. Die Aufklärung der Verwendung von ‚ist wahr' fällt mit der Klärung desjenigen Sonderfalls des Behauptens zusammen, in dem der Sprecher auf bereits Behauptetes oder Ausgesagtes zurückgreift und dann nichts weiter tut, als es selbst zu behaupten oder auszusagen. Die identifizierende Bezugnahme auf Gesagtes oder auf Sachverhalte erfolgt nach Franzen mit prinzipiell denselben Mitteln wie die Bezugnahme auf Einzeldinge. Sachverhalte dürfen allerdings gerade nicht als Träger einer Eigenschaft aufgefaßt werden; die Frage nach Wahrheitsträgern ist vielmehr als unsinnig zurückzuweisen.[60] ‚Sachverhalt' ist nur ein allgemeiner Ausdruck für viele Einzelfälle, der es erlaubt in allgemeiner und abkürzender Weise zu sagen, worauf ‚wahr' angewendet wird; im Einzelfall läßt sich jeweils ohne Schwierigkeit angeben, was dasjenige ist, das wahr sein soll. Unter pragmatischem Gesichtspunkt gilt für eine Äuße-

[59] Ebd. 174 f.; vgl. Franzen 1981, 85.
[60] Vgl. Franzen 1982 a, 177 ff.

rung, die die Bezugnahme auf einen Sachverhalt und die Wendung ‚ist wahr' enthält, die Bedingung, daß diese Äußerung durch einen kontextuellen Bezug mit einer anderen vorliegenden Äußerung verknüpft ist, in der derselbe Sachverhalt vorkommt.[61] Wie ein sprachlicher Anlaß für Strawson, so ist für Franzen das Vorliegen eines zusätzlichen Kontextelements konstitutiv für die Verwendung von ‚wahr'.

Sowohl die resententiale als auch die prosententiale Theorie folgen somit weitgehend Strawsons Behandlung der pragmatischen Aspekte von ‚wahr' und übernehmen insofern auch die damit einhergehende Reduzierung. Hinsichtlich der semantischen Rolle von ‚wahr' ist zunächst nicht klar, worauf in der Verwendung von ‚wahr' zurückgegriffen wird. Grover, Camp und Belnap betonen zwar, daß der Antezedent einer Prosentenz immer die Position eines Satzes – wenn auch nicht immer die eines Deklarativsatzes – einnehmen muß. Der Rückgriff soll aber nicht auf den Satz als syntaktische Einheit erfolgen, sondern auf den Sinn des Satzes bzw. den mit seinem Gebrauch ausgedrückten Inhalt. Enthält ein Satz etwa den indexikalischen Ausdruck ‚ich' so kann das mit ihm Gesagte von einem anderen nur vermittels eines anderen Satzes wiedergegeben werden. In diesem Fall ist die anaphorische Struktur nur so zu verstehen, daß mit der Verwendung von ‚wahr' dieselbe Behauptung oder Aussage wie die gemacht wird, die mit der Verwendung des vorliegenden Satzes bei einer bestimmten Gelegenheit ausgedrückt wurde.[62] Wie dabei die Identität des Gesagten zu verstehen ist und worauf sie beruht, bleibt gerade unausgemacht, da zugleich der Begriff der Proposition oder der Aussage zurückgewiesen wird. Was es heißt, daß eine Prosentenz ihre Bedeutung von ihrem Antezedenten übernimmt oder für einen Satz semantisch gesehen einsteht, also wie die grundlegende Relation des Anaphorischen semantisch zu verstehen ist, bleibt damit ungeklärt.

Auch bei Franzen ist nicht klar, ob durch Verwendung von ‚wahr' Sätze oder Behauptungen bzw. Aussagen wiederhergestellt werden. Einerseits soll aus der Bezugnahme auf einen Sachverhalt die

[61] Vgl. ebd. 197.
[62] Vgl. Grover, Camp u. Belnap 1975, 100 f.

Behauptung dieses Sachverhalts wiederhergestellt werden und die Verwendung von ,wahr' ein Sonderfall des Behauptens sein. Andererseits wird Resententialisierung ausdrücklich als *Satz*wiederherstellung verstanden, wobei nicht unbedingt derselbe Satz oder überhaupt ein Behauptungssatz, sondern nur irgendein Satz wiederhergestellt wird.[63] Auch hier bleibt unklar, wie die Identität des Gesagten und die identifizierende Bezugnahme auf Sachverhalte zu verstehen sind. Die These, daß für diese Bezugnahme „dasselbe Instrumentarium" wie für die Bezugnahme auf Einzeldinge verwendet wird,[64] kann allenfalls im Sinn einer syntaktischen Analogie zwischen entsprechenden Sätzen zutreffen. Die semantischen (und natürlich auch die ontologischen) Grundlagen der Referenz auf Sachverhalte oder Propositionen bleiben dabei gänzlich unaufgeklärt.

Das Schwanken in den verwendeten Begriffen zeigt ein grundlegendes Dilemma beider Theorien an. Denn einerseits wird versucht, die Problematik der Identität des Gesagten, mit der die Frage nach Wahrheitsträgern verbunden ist, weitgehend syntaktisch zu behandeln und so von vornherein in ihrer vollen Tragweite gar nicht entstehen zu lassen. Andererseits muß gemäß der prosententialen und der resententialen Grundidee unterstellt

---

[63] Vgl. Franzen 1982 a, 174 ff., 178, 195. In der These, daß mit ,ist wahr' nur irgendein Satz wiederhergestellt wird, kommt die Tendenz, die Verwendung von ,wahr' auf eine syntaktische Funktion zu beschränken, besonders deutlich zum Vorschein. Denn damit wird nicht viel mehr gesagt, als daß ,wahr' grammatisch gesehen prädikative Funktion hat. Vgl. zu dieser Tendenz der Reduktion auf eine syntaktische Funktion auch Grover, Camp u. Belnap 1975, 99 f., und Williams 1976, 52. – Franzens Analyse führt auch hinsichtlich der Pragmatik von ,wahr' zu Minimalisierungen, durch die die Wahrheitsproblematik fast völlig verdeckt, keineswegs aber aufgelöst wird. So wird nach Franzen ,wahr' dann gebraucht, wenn der Sprecher sich der Behauptung eines anderen anschließen und diese übernehmen will. Um umständliche Formulierungen zu vermeiden, kann er ,wahr' als bequemes und ökonomisches Ausdrucksmittel benutzen, das es erlaubt, solche Anschlüsse und für sie vorteilhafte Abkürzungen und Verallgemeinerungen zu formulieren. Die Verwendung von ,wahr' und seine Bedeutung werden damit weitgehend darauf reduziert, daß diesem Wort eine Funktion für die Ökonomie im Sprachgebrauch und für die Syntax von Sätzen zukommt.

[64] Vgl. Franzen 1982 a, 172 ff., 201 ff.; Franzen 1981, 83 f.

werden, daß in verschiedenen Äußerungen und mit verschiedenen Sätzen dasselbe gesagt werden kann. Begriffe wie ‚semantischer' oder ‚propositionaler Gehalt' bzw. ‚Gesagtes' oder ‚Sachverhalt, insofern er behauptet wurde' sind daher unvermeidlich. Was unter dem Gesagten, für das in wahrheitstheoretischen Diskussionen in Abgrenzung zu einem Satz oder einer Äußerung vielfach die Begriffe ‚Aussage' oder ‚Proposition' verwendet werden, näher zu verstehen ist, bleibt ungeklärt.[65] Das Problem, wie der Subjektausdruck in Sätzen mit ‚wahr' und die Identität des Redegegenstandes zu verstehen sind, und mit ihm das Problem der Wahrheitsträger werden in beiden Theorien nur umgangen, nicht aber aufgelöst. Insofern diese Probleme bestehen bleiben, braucht auch eine Subjekt-Prädikat-Analyse nicht verworfen zu werden.[66]

6. *Wahrheitssemantik: Frege, Wittgenstein, Carnap*

Für eine sprachanalytische Wahrheitstheorie ist das Verhältnis zwischen Wahrheit und Bedeutung eines assertorischen Satzes von besonderem Interesse und wurde auch seit Frege immer wieder diskutiert.[67] Besteht die Kenntnis der Bedeutung eines Satzes – also dessen Verständnis – im Sinn einer Wahrheitssemantik ganz oder zu einem wesentlichen Teil aus der Kenntnis seiner Wahrheitsbedingungen, so bildet eine Wahrheitstheorie den Kern und die Grundlage einer Bedeutungstheorie – zumindest für assertorische Sätze, mit entsprechenden Erweiterungen möglicherweise aber auch für Sätze von anderer Form. Besteht ein solch enges Verhältnis zwischen Wahrheit und Bedeutung, so können die Be-

[65] Zur extremen Mehrdeutigkeit von ‚Sagen' und ‚Gesagtes' vgl. Cartwright 1962, 83 ff., und Ziff 1972. Vgl. zur vieldiskutierten Problematik der Propositionen unten Kap. III.

[66] Zur Kritik an der prosententialen und an der resententialen Theorie vgl. auch Puntel 1984.

[67] Die Linie einer Wahrheitssemantik einschließlich der in engerem oder weiterem Sinn an sie anknüpfenden Bedeutungskonzeptionen läßt sich von Frege über den frühen Wittgenstein, Tarski, Carnap, Davidson, Dummett bis hin zu Tugendhat und Habermas ziehen.

griffe ‚Wahrheit‘ und ‚Wahrheitsbedingung‘ zumindest partiell im Hinblick auf dieses Verhältnis und auf ihre Rolle in einer Bedeutungstheorie geklärt werden. Für eine solche Klärung ist die Frage, worin ein Wissen von Wahrheitsbedingungen besteht und was es heißt, über dieses Wissen zu verfügen, von entscheidender Relevanz. Von einer Antwort auf die Frage, von welcher Art dieses Wissen ist, hängt sowohl die Form der resultierenden Wahrheitstheorie als auch die der sich ergebenden Bedeutungstheorie ab.

Für Frege setzt sich das, was man im gewöhnlichen, nicht-Fregeschen Sinn die Bedeutung eines Aussagesatzes nennen kann und was erfaßt wird, wenn der Satz verstanden wird, aus drei Komponenten zusammen. Der Satz hat einen Sinn, der in dem wahrheitswertrelevanten Kern des Inhalts des Satzes oder dem Gedanken, den der Satz ausdrückt, besteht. Wird der Satz zu einer Behauptung verwendet, so kommt zum Sinn die assertorische Kraft hinzu, durch die der Gedanke als wahr hingestellt wird. Schließlich kann mit dem Satz auch eine besondere Stimmung, Beleuchtung oder Färbung verbunden sein, die den emotional, expressiv oder assoziativ relevanten Teil des Satzinhaltes ausmacht. Da nun nach Frege zum Gedanken alles gehört, was für die Wahrheit oder Falschheit des Satzes relevant ist, zugleich aber alles dafür Irrelevante, das ebenfalls im Inhalt des Satzes enthalten sein kann, nicht zum Gedanken gehört, ist der Gedanke als Inbegriff der Wahrheitsbedingungen des Satzes, der diesen Gedanken ausdrückt, aufzufassen.[68] Der Gedanke enthält alles, aber auch nur das am Satz, was wahr oder falsch sein kann. Die Kenntnis des Gedankens enthält alles, was, sprachtheoretisch und im Hinblick auf ein intersubjektives Wissen gesehen, notwendig und hinreichend ist, um über ein Wissen zu verfügen, das zur Bestimmung von Wahrheit und Falschheit erforderlich ist. Den Sinn eines Satzes hat erfaßt, wer den Gedanken gefaßt hat und die Wahrheitsbedingungen des Satzes kennt. Zwischen Satzsinn und Wahrheit besteht somit das für eine Wahrheitssemantik kennzeichnende Verhältnis.

---

[68] Vgl. Frege 1962, Bd. I, 50; Frege 1983, 150 ff.; Frege 1976 b, 105 f.

Freges wahrheitssemantische Auffassung beschränkt sich aber nicht auf den Sinn als lediglich eine Komponente der ganzen Bedeutung des Satzes, sondern verweist darüber hinaus auch auf die assertorische Kraft und damit implizit auf eine pragmatische Erweiterung. Ist das Verhältnis von Gedanke und Wahrheit als Verhältnis von Satzsinn und Bedeutung des Satzes (im Fregeschen Gebrauch des Wortes) aufzufassen, so weiß derjenige, der den Gedanken gefaßt hat, auch, unter welchen Umständen er mit dem Satz eine Behauptung machen und den Gedanken als wahr hinstellen kann. Er weiß, was der Fall sein muß, damit der Gedanke als wahr anerkannt und diese Anerkennung in einer Behauptung kundgegeben werden kann. Die Kenntnis der Wahrheitsbedingungen ist somit zugleich eine Kenntnis der Bedingungen, unter denen die Behauptung des entsprechenden Satzes berechtigterweise vollzogen werden kann. Freilich betrifft diese Kenntnis nur die *Möglichkeit* der Behauptung; wer die Wahrheitsbedingungen kennt, weiß nur, was der Fall sein müßte bzw. welche Umstände bestehen müßten, damit der Satz zum Vollzug einer Behauptung berechtigterweise gebraucht werden kann. Er kennt das *Berechtigungsverhältnis*, das zwischen diesen Umständen und dem Vollzug der Behauptung besteht und dessen Kenntnis für den Schritt vom Sinn zur Bedeutung vorauszusetzen ist. Die Wahrheitsbedingungen sind deshalb zugleich die Bedingungen der Verwendung des Satzes zu einer Behauptung.[69]
Auch Wittgenstein vertritt im Traktat eine wahrheitssemantische Auffassung des Sinns des Satzes. Nach dem Traktat besteht der Sinn eines Satzes in seinen Wahrheitsbedingungen:

> „Einen Satz verstehen, heißt, wissen was der Fall ist, wenn er wahr ist. (Man kann ihn also verstehen, ohne zu wissen, ob er wahr ist.)"[70]

Was wir verstehen, wenn wir einen Satz verstehen, ist der Sinn, den der Satz hat. Was wir meinen, wenn wir sagen, ein Satz habe Sinn, ist, daß er wahr oder falsch sein kann, und d.h. eine be-

---

[69] Vgl. Carl 1982, 70 ff.
[70] Wittgenstein 1960 a, 4.024.

stimmte Beziehung zur Wirklichkeit hat.[71] Im Traktat wird Sprache als ein Mittel untersucht, mit dem wir die Welt darstellen und uns auf die Wirklichkeit beziehen können. Wie diese weltdarstellende Leistung der Sprache möglich ist, ist dann geklärt, wenn die Wahrheitsbeziehung zwischen Satz und Wirklichkeit geklärt werden kann. In der Klärung der Wahrheitsbeziehung hat eine Theorie des Satzsinns ihr Ziel, sie kann dieses Ziel nach Wittgenstein aber nur dann erreichen, wenn sie als Theorie der logischen Abbildung durchgeführt wird:

> „Die Theorie der logischen Abbildung durch die Sprache gibt als erste einen Aufschluß über das Wesen der Wahrheits-Beziehung."[72]

Daß die Bildtheorie des Satzes verständlich machen will, worin der Sinn des Satzes besteht, heißt zugleich, daß sie die Wahrheitsbeziehung aufklären will.

Nach der Bildtheorie des Satzes beruht die Möglichkeit, daß der Satz sich auf die Wirklichkeit bezieht, wesentlich darauf, daß er mit dieser die logische Form der Abbildung gemeinsam hat. Aufgrund dieser Gemeinsamkeit können sich die Elemente des komplexen Satzzeichens im Satz so zueinander verhalten wie die Gegenstände in der Wirklichkeit, wobei die Teilausdrücke des Satzes, die Namen, die Gegenstände im Satz vertreten. Sätze sind sprachliche Tatsachen, die alle nicht-sprachlichen Tatsachen abbilden können. Ein Satz stellt einen möglichen Sachverhalt als eine mögliche Verbindung von Gegenständen dar. Der Satz hat seinen Sinn in diesem dargestellten Sachverhalt, und wer den Satz versteht, kennt diesen Sachverhalt. Das Verstehen des ganzen Satzes ist dabei funktional abhängig von dem Verstehen seiner Bestandteile, d.h. der Kenntnis der Beziehung zwischen den Na-

---

[71] Vgl. Wittgenstein 1960 a, 4.06, und Wittgenstein 1960 b, 188, 238. Zur Verknüpfung von Wahrheit und Falschheit vgl. Wittgenstein 1960 b, 146: „Damit ein Satz wahr sein kann, muß er auch falsch sein können."

[72] Ebd. 103, vgl. 108. Entsprechend terminiert die Bildtheorie im Traktat in den Begriffen von Wahrheit und Falschheit, vgl. Wittgenstein 1960 a, 2.21 bis 2.225.

men und den von ihnen bezeichneten Gegenständen. Besteht der dargestellte Sachverhalt, so ist der Satz wahr: es liegt eine Übereinstimmung des Sinns mit der Wirklichkeit vor, da der Satz eine Tatsache als Teil der Wirklichkeit vorstellt; die im Satz vorgestellte Verbindung ist gerade diejenige Verbindung, die zwischen den Gegenständen tatsächlich besteht. Besteht der Sachverhalt nicht, so differieren Sinn und Wirklichkeit, und der Satz ist falsch. Im Satz wird durch das Verhältnis der Bildelemente die Sachlage probeweise zusammengestellt und die Wirklichkeit damit auf Ja oder Nein fixiert. Als bipolares Gebilde hat der Satz einen Sinn, der unabhängig von dem Bestehen oder Nichtbestehen des dargestellten Sachverhaltes ist und auch unabhängig davon verstanden werden kann:

> „Der Sinn des Satzes ist seine Übereinstimmung, und Nichtübereinstimmung mit den Möglichkeiten des Bestehens und Nichtbestehens der Sachverhalte.“[73]

Er enthält die Möglichkeit von Wahrheit und Falschheit, und diese besteht in der Möglichkeit der Übereinstimmung und Nicht-Übereinstimmung des Sinns mit der Wirklichkeit. Der Satz kann wahr oder falsch sein, weil er ein logisches Bild der Wirklichkeit ist. Das Verstehen seines Sinns ist ein Wissen von einem Bedingungsverhältnis: man weiß, welche Verbindung zwischen den Gegenständen besteht, wenn er wahr ist, und welche nicht besteht, wenn er falsch ist.
Das Wissen dagegen, ob der dargestellte Sachverhalt tatsächlich besteht oder nicht, ist im Verstehen des Satzes nicht enthalten, sondern muß durch Vergleich des Satzes mit der Wirklichkeit gewonnen werden. Man kann aus dem Bild allein nicht schon erkennen, ob es wahr oder falsch ist. Ebenso muß man zur Verifikation des Satzes über seinen Sinn hinausgehen, da es „eine der wichtigsten Tatsachen“ ist, „daß sich die Wahrheit oder Falschheit der nichtlogischen Sätze *nicht* am Satz allein erkennen läßt“.[74] In der Verifikation wird über Wahrheit oder Falschheit

---

[73] Ebd. 4.2, vgl. 2.222.
[74] Ebd. 6.113.

des Satzes entschieden, nicht aber darüber, ob der Satz sinnvoll ist oder nicht; daß der Satz einen Sinn hat, ist vielmehr Voraussetzung von Wahrheit und Falschheit. Ist der Satz falsch, so sind die Gegenstände nicht so verbunden, wie es im Satz durch das Verhältnis der Zeichen vorgestellt wird. Dennoch stellt der Satz einen möglichen Sachverhalt dar, hat also einen Sinn und bezieht sich auf die Wirklichkeit – allerdings eben nicht im Modus der Übereinstimmung, sondern in dem der Nicht-Übereinstimmung. Ein Satz und der durch Negation aus ihm gewonnene Satz beziehen sich beide auf dieselbe Tatsache, jedoch so, daß diese Tatsache den einen Satz wahr und den anderen falsch macht. Beide Sätze haben entgegengesetzten Sinn, aber es entspricht ihnen ein und dieselbe Wirklichkeit.[75] Daß ein Satz Sinn hat, heißt somit, daß er eine Abbildbeziehung zur Wirklichkeit hat, die derjenige kennt, der ihn verstanden hat, wobei diese Beziehung noch offen läßt, ob der Sinn mit der Tatsache, die ihm entspricht, identisch ist oder nicht.

Vergleicht man Wittgensteins wahrheitssemantische Auffassung vom Sinn des Satzes mit derjenigen von Frege, so zeigt sich zunächst, daß Wittgenstein nicht die Art der Verwendung von Sätzen berücksichtigt. Wenn er den Sinn eines Satzes mit der dargestellten Sachlage identifiziert, so wird damit nicht die ganze Satzbedeutung erfaßt, sondern nur der deskriptive Inhalt des Satzes. Die Bildtheorie des Satzsinns läßt sich nur auf das Satzradikal als denjenigen Teil des Satzes anwenden, der die Sachlage zeigt, durch den aber der Modus der Satzverwendung noch nicht angegeben wird. Das Satzradikal kann mit verschiedenen Modi der Verwendung verbunden werden, und ebenso kann ein Bild in verschiedenen kommunikativen Funktionen gebraucht werden; es legt als Bild noch nicht seine Verwendungsweise fest.[76] Da jedoch der Sprache im Traktat nur die Funktion der Weltdarstellung zugeschrieben wird, kennt Wittgenstein nur eine einzige Verwendungsweise, nämlich die deskriptive Verwendung, deren allgemeine Form durch die transzendentale Sprachlogik a priori vor-

---

[75] Vgl. ebd. 4.0621; vgl. auch Kenny 1974, 65 f., 89; Carl 1982, 202 ff.

[76] Vgl. Wittgenstein 1960 c, 299. Vgl. zu Satzradikal und Modus Stenius 1969, 206 ff., und Stenius 1967.

gegeben ist und schon in der allgemeinen Satzform und im Wesen des Satzes liegt. Zwar *zeigt* der Satz nicht nur, wie es sich verhält, wenn er wahr ist, sondern *sagt* auch, *daß* es sich so verhält: er behauptet das Bestehen eines Sachverhalts.[77] *Dieses* Sagen, das, insofern der Satz *zugleich* etwas *zeigt* und etwas *sagt*, als ein Behaupten aufgefaßt werden kann, wird aber im Traktat nicht weiter erläutert. Wittgenstein hielt Freges Behauptungszeichen für logisch ganz bedeutungslos und war der Meinung, es betreffe nur das subjektive Fürwahrhalten der durch es gekennzeichneten Sätze, und die Behauptung sei etwas rein Psychologisches.[78] Die Verwendung von Sätzen ist im Traktat kein sprachtheoretisches Problem, das über die Klärung des Satzsinns vermittels Erläuterung der allgemeinen Satzform hinausreichen könnte. Damit bleibt gerade die pragmatische Komponente der Satzbedeutung unexpliziert.

Dem pragmatischen Defizit bezüglich der Satzbedeutung entspricht hinsichtlich der Wahrheitsproblematik die Unklarheit, worin ein Vergleich des Satzes mit der Wirklichkeit bestehen soll.[79] Für einen solchen Vergleich müßten der Satzsinn und die Tatsache, mit der er verglichen werden soll, unabhängig voneinander verfügbar sein, und es müßte ein Kriterium des Passens geben. Tatsachen sind aber weder Objekte der Wahrnehmung noch können sie unabhängig von einem Satzsinn individuiert werden. Im Traktat wird auch keine allgemeine Methode des Vergleichs bestimmt und kein Kriterium für das Vorliegen oder Nichtvorliegen der Übereinstimmungsrelation angegeben. Zur Verifikation eines Satzes muß man über den Satzsinn hinausgehen. Zwar wird der Sinn dadurch bestimmt, daß bestimmt wird, „unter welchen Umständen ich ‚p‘ wahr nenne“;[80] wie aber diese Umstände, wenn sie Bestandteile der Wirklichkeit sind, und ihr Verhältnis zu Wahrheit oder Falschheit eines Satzes unter korrespondenztheo-

---

[77] Vgl. Wittgenstein 1960 a, 4.022, 4.21. Zu ‚zeigen‘ und ‚sagen‘ vgl. Stenius 1969, 232 ff.

[78] Vgl. Wittgenstein 1960 a, 4.442, und Wittgenstein 1960 b, 194.

[79] Vgl. zu den Schwierigkeiten der Annahme eines solchen Vergleichs Hacker 1978, 79 ff.

[80] Wittgenstein 1960 a, 4.063.

retischen Voraussetzungen so zu verstehen sind, daß von einem Vergleich verschiedener Korrelate miteinander geredet werden kann, wird nicht erläutert. Damit bleibt unklar, worin das Hinausgehen über den Satzsinn besteht. Wo bei Frege die Theorie von Sinn und Bedeutung zum Tragen kommt, wird bei Wittgenstein das Verhältnis von Satzsinn und Wahrheit nicht weiter geklärt.

Das Verhältnis von Wahrheitsbedingungen und Verifikation bei Wittgenstein wurde in der Wissenschaftslogik der logischen Empiristen aufgenommen und in eigener Weise gedeutet. Charakteristisch für diese Deutung ist die strikte Trennung zwischen Wahrheit und Verifikation, wie sie durch die Aufnahme von Tarskis Definition des Wahrheitsbegriffs ermöglicht wurde. Der Wahrheitsbegriff kann nach Carnap mit Hilfe der Tarskischen Wahrheitsdefinition völlig unabhängig von dem Verifikationsproblem[81] exakt bestimmt und in der logischen Semantik zur Angabe der Bedeutung von Sätzen benutzt werden. Ein semantisches System besteht aus einem System von Regeln, die in einer Metasprache formuliert sind und die Wahrheitsbedingungen für die Sätze einer Objektsprache bestimmen. Damit werden diese Sätze interpretiert oder verständlich gemacht, da das Verständnis eines Satzes darin besteht, die Bedingungen, unter denen er wahr sein würde, zu kennen.[82] Die Zuordnung einer Bedeutung oder eines Sinns zu einem Satz geschieht für konstruierte Sprachen in einer reinen Semantik als einer analytischen Theorie. Das Problem der Verifikation ist dagegen ein empirisches Problem, das in einer empirischen Methodologie oder in einer empirischen Analyse der Anwendung der Sprache zu behandeln ist und bei der Festlegung der Wahrheitsbedingungen keine Rolle spielt. Es tritt erst dann auf, wenn die logische Semantik in erkenntnistheoretischer und ontologischer Hinsicht ergänzt werden muß, d. h. die

---

[81] Carnap unterscheidet auch noch zwischen Verifikation und Bewährung oder Bestätigung (vgl. Carnap 1936/1937, 425 ff.; Carnap 1977; Carnap 1968 b, 244 f.). Da Allsätze nicht vollständig verifizierbar sind, möchte er statt von Verifikation von gradueller Bestätigung sprechen. Diese Unterscheidung kann jedoch im folgenden unberücksichtigt bleiben.

[82] Vgl. Carnap 1968 b, 22; Carnap 1972, 12.

Sprache gebraucht und etwa zur Formulierung wissenschaftlicher Aussagen benutzt wird. Um zu entscheiden, ob Sätze empirisch bedeutungsvoll sind, ist ein Verifikationsprinzip erforderlich, das diese Feststellung der behavioristisch verstandenen Psychologie überläßt, in der Sprache als eine Weise des menschlichen Verhaltens und der Reaktion auf Beobachtungen verstanden wird.[83]

Carnap hat die Trennung von Wahrheit und Verifikation durch Übernahme und Modifikation des Semiotikkonzepts von Morris semiotisch fundiert. Nach Morris hat jede der drei semiotischen Teildisziplinen Syntax, Semantik und Pragmatik sowohl einen formal-konstruktiven als auch einen empirisch-deskriptiven Teil.[84] Carnap übernimmt zunächst diese Parallelisierung nur für Syntax und Semantik und konzipiert Pragmatik als empirisch-behavioristische Ergänzungsdisziplin.[85] Während deskriptive Syntax und Semantik, die auf eine natürliche Sprache bezogen sind, in Pragmatik ihre Basis haben, sind reine Syntax und Semantik von Pragmatik völlig unabhängig, da ihre Regeln frei gewählt werden können. Die Benutzung der in reiner Syntax und Semantik definierten Sätze ist gegenüber ihrer Konstruktion sekundär und bloß empirisch erfaßbar. Aus dieser semiotischen Fundierung ergibt sich für Wahrheit als semantischem und Verifikation als pragmatischem Begriff, daß eine Dichotomie zwischen einer *logisch-semantischen Bedeutungsexplikation der Wahrheit* und einer *empirisch-pragmatischen Methodologie der Verifikation* vorliegt. Auch die später angedeutete Konzeption einer formalen Pragmatik ändert dieses Verhältnis nicht grundlegend, da auch hier eine Restproblematik erhalten bleibt, die der empirischen Pragmatik zufällt.[86]

---

[83] Vgl. Carnap 1936/1937, 454; Carnap 1968 b, 244. Die Festlegung eines Verifikationsprinzips und dieses selbst haben für Carnap deutlich einen konventionellen Status. – Vgl. zum Verifikationsprinzip Ashby 1967. Zur früheren Fassung dieses Prinzips vgl. Carnap 1966, 47 ff. Zu dem von Wittgenstein zeitweise vertretenen Verifikationismus vgl. etwa Wittgenstein 1967, 47 f., 79, 227.

[84] Vgl. Morris 1979, 27 f.

[85] Vgl. Carnap 1968 b, 8 ff., 245.

[86] Zum Programm einer formalen Pragmatik vgl. Carnap 1972, 309 ff. Zu

Gegen Carnaps Behandlung von Verifikation und Pragmatik hat Apel darauf hingewiesen, daß mit ihr ein abstraktiver Fehlschluß begangen wird, der einem Paradigma der Sprachauffassung entspricht,

> „demzufolge die Logos-Auszeichnung der menschlichen Sprache in der *Repräsentations*-Funktion der *Propositionen*, unter Abstraktion von der Funktion *intersubjektiver Kommunikation*, erfaßt werden kann".[87]

Nach der Grundlegung der Semiotik durch Ch. S. Peirce ist die Zeichenrepräsentation immer eine dreistellige Relation zwischen einem Zeichen, einem bezeichneten Realen und einem Zeicheninterpreten bzw. logischen Interpretanten als der Interpretationsregel, die das Zeichenverständnis und das daraus resultierende Verhalten des Interpreten reguliert. In einem nicht-reduktiven Sprachbegriff müssen diese drei Dimensionen gleichermaßen berücksichtigt werden.[88] Soll in einer Reflexion auf die Bedingungen der möglichen Geltung von Erkenntnis die Sprach- und Zeichenvermitteltheit von Erkenntis eigens expliziert werden, so darf von keiner der drei Dimensionen der Zeicheninterpretation abstrahiert werden, da diese Dimensionen bei nicht-degenerierten Zeichen, aus denen Sprache sich aufbaut und durch die allgemeingültige Erkenntis vermittelt ist, jeweils für die Zeichenrepräsentation konstitutiv sind. Auch der *Verwendung* von Zeichen kommt eine konstitutive Funktion für wahrheitsfähige Aussagen zu, der zumindest derselbe theoretische Stellenwert wie der Funktion der anderen Zeichenaspekte – und sogar hinsichtlich des Sprachbegriffs eine fundamentalere Bedeutung[89] –

Carnaps formaler Pragmatik vgl. Tugendhat 1977, 216 f.; Apel 1974 b, 90 f., und Apel 1980, 30 f.

[87] Apel 1980, 25. Zum Wahrheitsproblem und zum abstraktiven Fehlschluß in der Wissenschaftslogik der logischen Empiristen vgl. Apel 1974 a, 309 ff.; Apel 1974 b, 84 ff.; Apel 1983, 190 ff.

[88] Vgl. Peirce 1976, 54 ff.; Peirce 1973, 90 ff., 118 ff.; Peirce 1983, 64 ff.; vgl. dazu Apel 1975, 225 ff.

[89] Bei Peirce zeigt sich dies vor allem im herausragenden Stellenwert der Begriffe des Symbols, der Kategorie der Drittheit und des logischen In-

zugewiesen werden muß. Wie Tugendhat betont hat, ist es charakteristisch für eine spezifisch sprachanalytische Position, die konstitutive Funktion der Zeichenverwendung angemessen zu berücksichtigen und das Zeichen in erkenntnistheoretischer und ontologischer Hinsicht nicht als ein bloßes Mittel zum Bezug von Erkenntnis auf Gegenstände zu verstehen. Die Funktion des Zeichens ist vielmehr so aufzufassen,

> „daß, was durch eine bestimmte Verwendung von Zeichen geleistet wird, nicht etwas ersetzt, was auch ohne die Verwendung dieser Zeichen zu leisten wäre, sondern auf diese Zeichenverwendung angewiesen ist“.[90]

Eine solche konstitutive Funktion der Zeichenverwendung berücksichtigt Carnap in seinem Sprachbegriff ebensowenig in angemessener Weise wie die Bedeutung der Verifikation für den Wahrheitsbegriff.
Da in Carnaps Wahrheitssemantik Tarskis Wahrheitsdefinition ein zentraler Stellenwert zukommt, stellt sich die Frage, inwiefern auch Tarskis Definition der Wahrheit von einem reduktiven Sprachbegriff betroffen ist. Diese Frage ist zugleich unter dem allgemeineren Gesichtspunkt zu betrachten, welche Aufgabe eine sprachanalytische Wahrheitstheorie hat, und insbesondere, welche Form die Explikation der Bedeutung von ‚Wahrheit‘ annehmen soll:

> „Should it be that of logical semantics that cannot even cover the general idea of verification (or confirmation of falsification) and hence is criteriologically irrelevant? Or should it be a type of explication that would be criteriologically relevant by involving some general idea of verifica-

---

terpretanten in Verbindung mit der pragmatischen Maxime der Sinnklärung. – Zur pragmatischen Sprachauffassung und ihrer Bedeutung für die Linguistik vgl. Schneider 1975.

[90] Tugendhat 1976, 481, vgl. 207, 498 und insb. 180 f. Tugendhat macht deutlich, daß die Hinwendung der Philosophie zur Sprachtheorie in ihrem Grundansatz nicht nur eine Hinwendung zur Zeichentheorie, sondern ebenso zur Handlungstheorie ist.

tion in the broadest sense, i. e. some idea of possible criteria of truth and possibly even of a highest or ultimate criterium of regulative principle, such that in its light the very explication of the meaning of truth could be summed up in terms of a possible integration of possible truth-criteria?«[91]

Für diese von Apel aufgezeigte Alternative in bezug auf eine Bestimmung dessen, was eine Bedeutungsexplikation von ‚wahr' enthalten soll, ist ebenso wie für das Programm einer Wahrheitssemantik das Verhältnis zwischen Wahrheit und Verifikation und entsprechend zwischen Wahrheitsbedingungen und Wahrheitskriterium zentral. Tarskis semantische Wahrheitsdefinition, die ursprünglich aufgrund der Vermeidung von Antinomien auf formalisierte Sprachen beschränkt war, wurde in modifizierter Form von D. Davidson in einer Bedeutungstheorie für natürliche Sprachen benutzt. Unter Berücksichtigung dieser Weiterentwicklung der Wahrheitssemantik bietet es sich an, das Verhältnis von Wahrheit und Verifikation und indirekt auch den Stellenwert von Tarskis Wahrheitsbegriff an Davidsons Programm einer formalen Semantik zu erörtern.

7. Formalsemantische Wahrheitstheorie

Nach Davidson zielt eine Bedeutungstheorie für eine natürliche Sprache darauf, die Bedeutung jedes bedeutungsvollen Ausdrucks der Sprache angeben zu können. Dabei muß sie insbesondere deutlich machen, wie die Bedeutungen der Sätze von den Bedeutungen der in ihnen vorkommenden Wörter abhängen; die

[91] Apel 1983, 193 f. Vgl. auch Tugendhat u. Wolf 1983, 221 f. – Für D. Mans führt die Bezugnahme auf Kriterien in der Wahrheitsdefinition unmittelbar zu einem intersubjektivitätstheoretischen Ansatz, da die Anwendung von Kriterien die Intersubjektivität ihrer Resultate impliziert; Kriterien anderer Wahrheitstheorien müssen mit einem intersubjektivitätstheoretischen Kriterium verträglich sein; vgl. Mans 1974, 86, 92 ff., 119 ff.

Bedeutung eines Satzes wird mit der semantischen Rolle der Teilausdrücke verbunden, die in derselben Rolle auch in anderen und potentiell in unendlich vielen Sätzen vorkommen können.[92] Kann eine Bedeutungstheorie erklären, wie ein Sprecher das Verständnis eines Satzes vom Verständnis der Satzkomponenten ableitet, so kann sie ein theoretisches Modell liefern, in dem die Struktur der Fähigkeit, eine Sprache zu sprechen und zu verstehen, in Form eines Systems deduktiv verknüpfter Sätze dargestellt wird, wobei sich Theoriesprache und untersuchte Sprache wie Metasprache und Objektsprache zueinander verhalten. Einem Sprecher die Fähigkeit zum Sprachgebrauch zuzuschreiben, heißt dann, ihm die Kenntnis eines deduktiven Systems von Sätzen zuzuschreiben, wobei der Sprecher kein explizites Wissen dieser Sätze der Theorie haben muß, sondern nur ein implizites Wissen, das sich in seiner Fähigkeit zum Gebrauch und Verständnis der zu interpretierenden Sprache manifestiert. Eine formale Semantik will eine Analyse der komplexen Fähigkeit, eine natürliche Sprache zu beherrschen, dadurch leisten, daß sie die natürliche Sprache als ein formales System behandelt.

Zur Grundlage einer solchen Bedeutungstheorie macht Davidson Tarskis rekursive semantische Wahrheitsdefinition und gibt somit seiner Bedeutungstheorie die Form einer Wahrheitstheorie. Unter einer Wahrheitstheorie versteht Davidson eine Menge von Axiomen, die für jeden Satz einer Objektsprache eine Aussage über die Bedingungen enthält, unter denen er wahr ist.[93] Die Angabe der Wahrheitsbedingungen erfolgt in einem Satz der Form (T) ‚s ist wahr (in der Objektsprache) dann und nur dann, wenn p' wobei für ‚s' die strukturelle Beschreibung eines Satzes der Objektsprache und für ‚p' dieser Satz selbst oder – wenn die Objektsprache nicht in der Metasprache enthalten ist – seine Übersetzung in die Metasprache einzusetzen ist. Die Tarskische

[92] Vgl. Davidson 1976, 104 f., 112; Davidson 1986, 92 f. Davidson hat seine Bedeutungstheorie in mehreren Aufsätzen entwickelt, die gesammelt vorliegen in Davidson 1986, vgl. insb. die Essays 1–5 und 9–12. („Truth and Meaning" wird zitiert als Davidson 1976.) Zur Darstellung der formalen Semantik vgl. Schnelle 1973, 175 ff., und Hacking 1984, 119 ff.

[93] Vgl. Davidson 1986, 93, 107, 190.

Konvention T stellt zwar nicht selbst schon eine allgemeine Definition des Prädikats ‚wahr' dar, aber es kann aus ihr durch Einsetzung jeweils eine Äquivalenz gewonnen werden, die erklärt, worin die Wahrheit für den betreffenden Satz besteht. Wie Tarski gezeigt hat, kann auf rekursive Weise Wahrheit für unendlich viele Sätze einer Sprache definiert werden.[94] Geht man mit Davidson davon aus, daß die Angabe der Wahrheitsbedingungen eine Möglichkeit ist, die Bedeutung eines Satzes anzugeben, so kann man ‚ist wahr dann und nur dann, wenn' im Sinn von ‚bedeutet, daß' interpretieren. Mit der Angabe der Wahrheitsbedingungen wird dem Satz der Objektsprache seine Bedeutung mit Hilfe eines metasprachlichen Satzes zugeordnet; der rechte Teil der Äquivalenz interpretiert den Satz der Objektsprache und enthält seine Übersetzung in der Metasprache. Von einer Bedeutungstheorie fordert Davidson, daß sie alle Sätze enthält, die durch Einsetzung aus dem Schema T zu erhalten sind. Kennt man den Wahrheitsbegriff für eine Sprache, so weiß man, was es heißt, daß ein beliebiger Satz dieser Sprache wahr ist, und dies kommt dem Verstehen der Sprache gleich.[95]

Um den Tarskischen Wahrheitsbegriff auf natürliche Sprachen anwenden zu können, nimmt Davidson vor allem zwei gravierende Modifikationen vor. Da natürliche Sprachen im Gegensatz zu konstruierten Sprachen indexikalische Ausdrücke und Sätze enthalten, relativiert Davidson das Wahrheitsprädikat auf die Umstände der Äußerung eines Satzes und betrachtet Wahrheit als eine Relation zwischen einem Satz, einem Sprecher und einem Zeitpunkt.[96] Wahrheit wird nicht einfach Sätzen zugesprochen, sondern Sätzen, insofern sie bei einer bestimmten Gelegenheit von einem Sprecher gebraucht wurden. Eine weitere und wichtigere Modifikation betrifft die Basis, die einem Wissen von der Wahrheit der sich aus dem T-Schema ergebenden T-Sätze zu-

---

[94] Vgl. Tarski 1973, und Tarski 1977. Zu Tarskis Wahrheitstheorie und ihrer Bedeutung für die logische Semantik vgl. Stegmüller 1972.

[95] Zu diesem Verhältnis von Bedeutungs- und Wahrheitstheorie vgl. Davidson 1976, 110 ff.; Davidson 1986, 98 ff., 113 f., 200 ff.

[96] Vgl. Davidson 1976, 120 f.; Davidson 1986, 77 f., 119 f. Vgl. dazu Taylor 1980.

grunde liegt. Während bei Tarski die Wahrheit der T-Sätze aufgrund der Form der Sprache und ihrer Syntax festgestellt werden kann, ist eine formale Semantik für natürliche Sprachen eine empirische Theorie.[97] Im Gegensatz zu Tarski setzt Davidson nicht voraus, daß die Objektsprache in der Metasprache enthalten ist, sondern macht diese Annahme zum Gegenstand einer empirischen Prüfung, von deren Ausgang es abhängt, ob ein T-Satz eine korrekte Übersetzung oder Interpretation eines Objektsatzes liefert. T-Sätze werden empirisch getestet und verifiziert, indem sie mit den Fakten über das Verhalten und die Einstellung von kompetenten Sprechern der Objektsprache zu den Sätzen, deren Wahrheitsbedingungen in den T-Sätzen angegeben werden, konfrontiert werden. Wird angenommen, daß die meisten Bekundungen der Zustimmung durch einen Sprecher Sätze, die für wahr gehalten werden, die meisten Ablehnungen dagegen falsche Sätze betreffen, so lassen sich die Bedingungen, unter denen die Sätze für wahr gehalten werden, empirisch ermitteln.

Die Evidenzbasis für die Verifikation der T-Sätze besteht somit in Tatsachen über das Verhalten und die Dispositionen der Sprecher sowie über die äußeren Umstände, unter denen die Sprecher veranlaßt werden, Sätze für wahr zu halten.[98] Da allerdings ein Sprecher einen Satz teilweise aufgrund der Bedeutung des Satzes, teilweise aufgrund seines eigenen Glaubenszustands für wahr hält, müssen beide Komponenten methodisch voneinander getrennt werden können. Diese Trennung meint Davidson durch eine optimale Anpassung der Gesamtheit der T-Sätze an die Evidenzbasis zu erreichen, so daß das Fürwahrhalten der Sprecher so oft wie möglich so interpretiert werden kann, daß es Sätze betrifft, die auch vom Interpreten für wahr gehalten werden. Zugrunde liegt dabei die Annahme, daß Zustimmung und Ablehnung gleichermaßen nur vor dem Hintergrund überwiegender Zustimmung verständlich sind.[99] Der Interpret muß – wie Davidson im Rückgriff auf das von Quine aufgegriffene Prinzip der Nachsich-

---

[97] Vgl. Davidson 1976, 112 ff.; Davidson 1986, 101 f., 117 f., 194 ff.
[98] Vgl. ebd. 194 ff., 214 f., 219 ff.
[99] Vgl. ebd. 199, 220 f.

tigkeit[100] und gegen einen extremen Skeptizismus zu verdeutlichen sucht – unterstellen, daß die meisten der Sätze, die der Sprecher der zu interpretierenden Sprache für wahr hält, auch wahr sind. Die Verifikation der T-Sätze kann deshalb holistisch und kohärenztheoretisch verstanden werden: die Plausibilität der Wahrheit einer Meinung ist dann gegeben, wenn die Meinung mit den meisten Meinungen in einer Gesamtmenge kohäriert.[101] Für Davidson bleibt die Definition von Wahrheit an Tarskis T-Konvention und eine korrespondenztheoretische Interpretation dieses Wahrheitsbegriffs gebunden;[102] die Kohärenztheorie ergänzt aber diese Definition und ermöglicht einen Test zur Beurteilung, ob die Wahrheitsbedingungen erfüllt sind. Verifikation ist damit ohne eine Konfrontation von Glaubenszuständen mit der Realität möglich. Die Annahme einer solchen Konfrontation oder eines Vergleichs bildet in einer rein korrespondenztheoretischen Wahrheitskonzeption eine entscheidende Schwachstelle. Mit einer kohärenztheoretischen Ergänzung kann nicht nur dieser Schwäche begegnet, sondern auch die Verifikationsproblematik an die Wahrheitsdefinition angeschlossen werden.
Gegen Davidsons Bedeutungstheorie lassen sich aber Einwände vorbringen, die insbesondere die Leistungsfähigkeit und Reich-

---

[100] Danach muß diejenige Übersetzung gewählt werden, die die größtmögliche Anzahl von zu interpretierenden geäußerten Behauptungen wahr macht, und die Übersetzungsmaxime zugrunde gelegt werden, „daß Behauptungen, die oberflächlich auffällig falsch sind, auf verborgenen Unterschieden der Sprache beruhen“ (Quine 1980, 114). Das Prinzip der Nachsichtigkeit wurde von N. L. Wilson formuliert (vgl. Wilson 1959).

[101] Vgl. Davidson 1983, 424, 431, 433 f.

[102] Korrespondenztheoretisch kann Tarskis semantischer Wahrheitsbegriff nach Davidson aufgrund der Erfüllungsrelation interpretiert werden, die zwischen Sätzen bzw. Satzfunktionen der Objektsprache und den Gegenständen besteht, die zum Wertbereich der Variablen dieser Sätze gehören. Dagegen lehnt Davidson eine Erläuterung der Korrespondenzrelation durch den Begriff der Tatsache ab, weil eine solche Erläuterung keine Individuierung von Tatsachen ohne Gebrauch der Sätze selbst, denen sie korrespondieren sollen, ermöglicht. Vgl. hierzu Davidson 1986, 82 ff.; zum Begriff der Erfüllung vgl. Tarski 1973, 483 ff., und Tarski 1977, 156 f.; vgl. hierzu auch Stegmüller 1972, 58 ff.

weite dieser Theorie und den in ihr enthaltenen Begriff der Wahrheitsbedingungen betreffen. Nach M. Dummett leistet die Davidsonsche Bedeutungstheorie nicht mehr als eine Übersetzungsanweisung, da sie lediglich eine Objektsprache auf eine andere Sprache projiziert, deren Funktionsweise als bekannt vorausgesetzt wird und deren Verständnis schon vorliegen muß; sie klärt damit das Verständnis der Objektsprache nicht vollständig.[103] Demgegenüber fordert Dummett von einer philosophischen Bedeutungstheorie, daß sie die Funktionsweise der Sprache sichtbar macht und klärt, was es überhaupt heißt, eine Sprache zu verstehen und die Bedeutung eines Ausdrucks der Sprache zu kennen. Unterscheidet man in Analogie zur Dummettschen Forderung zwischen einer interpretativen und einer grundlagentheoretischen Semantik,[104] so verfährt Davidsons formale Semantik wie schon die logische Semantik einzig interpretativ. Allgemein betrachtet kann jede Semantik, in der Tarskis Wahrheitsdefinition zentral und ausschlaggebend ist, nicht mehr als eine Interpretation im Sinne einer Übersetzung leisten. Denn mit Äquivalenzrelationen werden lediglich Bedeutungen, die bereits erfaßt und verfügbar sind, uninterpretierten Ausdrücken zugeordnet. Da die Umgangssprache als letzte Metasprache fungieren muß, ist nicht zu erwarten, daß im Rahmen einer solchen Bedeutungstheorie in grundlegender Weise geklärt werden könnte, was es heißt, eine Sprache zu verstehen.

Gegen eine Bedeutungstheorie wie die Davidsons wird weiter mit einer gewissen, sich in den Konsequenzen zeigenden Berechtigung eingewandt, daß sich die Kenntnis der Bedeutung eines Satzes nicht in der Kenntnis der Wahrheit eines entsprechenden T-Satzes und dem Wissen, wie er abzuleiten ist, erschöpfen

---

[103] Vgl. Dummett 1982 b, 94 ff., 102 f., 118 f.

[104] Vgl. Schneider 1975, 27 ff.; vgl. dazu oben S. 24. Um Schwierigkeiten zu vermeiden, die mit dem Bedeutungsbegriff verknüpft sind, versucht vor allem Quine, im Sinne einer extrem nominalistischen und naturalistischen Sprachauffassung Probleme der Bedeutung weitgehend als Probleme der Übersetzung zu behandeln, was eine Reduktion der philosophischen Bedeutungstheorie zur Folge hat. Vgl. Quine 1979, 51 ff.; Quine 1980, 2. Kap.; Quine 1975, 41 ff. Vgl. zur Übersetzung Simon 1981, 80 ff.

kann.[105] Um die Wahrheit des Satzes „‚Die Erde bewegt sich' bedeutet, daß sich die Erde bewegt" zu kennen, ist es nicht erforderlich zu wissen, was es heißt, daß die Erde sich bewegt. Die Wahrheit des Satzes ergibt sich vielmehr schon aus dem Gebrauch von ‚bedeutet' im Deutschen und dem Wissen, daß ‚die Erde bewegt sich' ein sinnvoller deutscher Satz ist; die Kenntnis der Bedeutung dieses speziellen Satzes spielt dabei keine Rolle. Ebenso wird nach Tarskis T-Konvention die Bedeutung eines Satzes nur relativ zu Bedingungen angegeben, die man gar nicht vollständig kennen muß, um die Wahrheit des T-Satzes zu kennen. Wird gefragt: „Unter welchen Bedingungen sagt man mit dem Satz ‚Die Erde bewegt sich' etwas Wahres?" und jemand antwortet: „Genau dann, wenn die Erde sich bewegt", so braucht der Antwortende, um eine wahre Antwort geben zu können, gar nicht zu wissen, was speziell der Fall ist, wenn die Erde sich bewegt.[106] Die Wahrheit seiner Antwort beruht nicht auf einem solchen Wissen. Man kann daher auch die Äquivalenz kennen, ohne die Bedeutung des in ihr benannten Satzes zu kennen.

Auch Davidson weist zwar darauf hin, daß mit dem T-Satz allein noch keine Bedeutungsangabe erfolgt;[107] er zieht daraus aber nicht die nötigen Konsequenzen. Was zur Kenntnis der Wahrheit des T-Satzes hinzukommen muß, damit mit ihm eine Bedeutungsangabe erfolgen kann, ist – in Davidsons Terminologie – die Kenntnis der Relation, die zwischen dem Fürwahrhalten des Satzes und den speziellen Umständen besteht, die in den meisten Fällen die Sprecher zum Fürwahrhalten eben dieses Satzes veranlassen. Die Kenntnis der Bedeutung des zu interpretierenden Satzes erfordert nicht nur die Kenntnis der Wahrheit des T-Satzes, sondern auch das Wissen, wie er zu verifizieren ist: erst die Kenntnis der Wahrheit des T-Satzes und das Wissen, worin seine Verifikation besteht, ergeben zusammengenommen die Angabe

[105] Vgl. Dummett 1982 b, 107 ff., und Harman 1976.

[106] Vgl. Harman 1976, 166: „Man könnte wissen, daß der Satz ‚Die Borgroben waren alle mimsig' genau dann wahr ist, wenn die Borgroben alle mimsig waren. Aber damit wüßte man auch nicht das Grundlegendste bezüglich der Bedeutung des Satzes ‚Die Borgroben waren alle mimsig'."

[107] Vgl. Davidson 1986, 200 ff.

der Bedeutung eines Satzes. Damit verschiebt sich auch der Stellenwert der Evidenzbasis, der tatsächlichen Äußerungen des Sprechers, für die Theorie: sie sind nicht mehr bloßes Belegmaterial für die resultierende Theorie, sondern deren integrativer Bestandteil, ohne den man den Inhalt der Theorie nicht verstehen kann. Dem Sprecher muß somit ein anderes Wissen als die Kenntnis der in T-Sätzen angegebenen Wahrheitsbedingungen zugeschrieben werden, und dieses Wissen muß insbesondere den Bezug des Satzes zu den Bedingungen seiner korrekten Verwendung adäquat erfassen. Die Zuschreibung eines solchen Wissens könnte nicht ohne eine grundlegende pragmatische Erweiterung der formalen Semantik erfolgen.[108]

Ist die Kenntnis der Wahrheitsbedingungen verifikationistisch zu erweitern, so erhält die Verifikationsproblematik ein besonderes Gewicht. Dieser Problematik wird Davidson vor allem deshalb nicht gerecht, weil seine holistische Theorie, wie Dummett zeigt,[109] dem Begriff des Fehlers keinen Inhalt verleiht. Bilden nur die Urteile der Sprecher sowie die zugehörigen Umstände die Evidenzbasis für eine Bedeutungstheorie, so muß von dieser für ihre Richtigkeit eine perfekte Anpassung der Wahrheitsbedingungen eines Satzes an die Bedingungen, unter denen er für wahr gehalten wird, gefordert werden. Abweichungen zwischen beiden und damit zwischen der Kenntnis der Bedeutung und dem faktischen Fürwahrhalten unter bestimmten Umständen dürfen nicht als Fehler der Sprecher interpretiert werden, sondern erfordern eine Korrektur der Theorie. Denn Davidsons holistische Bedeutungstheorie enthält keine Mittel um festzustellen, ob ein Urteil, das von der Mehrheit der tatsächlichen Urteile der Sprecher abweicht, auf einer bedeutungsbedingten Meinungsverschiedenheit beruht oder ob es auf eine unterschiedliche Beurteilung des Wahrheitswertes des Satzes bei Einigkeit über die Bedeu-

---

[108] Vgl. hierzu Tugendhat 1976, 302 ff.; Tugendhat erweitert die formale Semantik, indem er den wahrheitssemantischen Bedeutungsbegriff mit dem gebrauchstheoretischen Bedeutungsbegriff Wittgensteins verbindet. Zur pragmatischen Erweiterung der Kenntnis der Wahrheitsbedingungen vgl. auch Dummett 1981 a, 413 ff.

[109] Vgl. Dummett 1982 b, 122 ff.

tung zurückgeht. Daher kann sie abweichende Urteile nicht einfach den Sprechern als Fehler zurechnen, die bei der Feststellung der Bedeutung des Satzes vernachlässigt werden können. Eine solche Zurechnung wäre nur dann berechtigt, wenn der individuelle Inhalt, den ein Sprecher seinem Satz verleiht, bestimmt werden könnte; in Davidsons holistischer Bedeutungstheorie kann aber die Bedeutung eines Satzes nur in bezug auf die gesamte Sprache festgestellt werden. Der Begriff eines Fehlers hat in ihr keine Anwendung.

Aus Davidsons Wahrheitssemantik und ihrer Kritik im Sinne Dummetts ergeben sich Konsequenzen für das Verhältnis zwischen Wahrheit und Verifikation und für die Aufgabe einer Wahrheitstheorie. Einerseits kann die Kenntnis der Wahrheitsbedingungen nicht so aufgefaßt werden, daß sie unabhängig von der Möglichkeit einer Verifikation zu verstehen ist. Sie muß vielmehr ein Wissen davon einschließen, wie zu bestimmen oder zu beurteilen ist, ob die Wahrheitsbedingungen erfüllt sind. Schon gegen Tarskis Wahrheitsbegriff ist einzuwenden, daß in ihm Wahrheit völlig unabhängig von Verifikation definiert wird, eine solche Unabhängigkeit dem Wahrheitsproblem aber gänzlich unangemessen ist.[110] Auch wenn Davidson das Problem der Verifikation bereits im Theorieaufbau berücksichtigt, so erlaubt doch seine objektivistische und quasi-behavioristische Behandlung der Verifikation, die sowohl Relikte der Konstellation von Semantik und Pragmatik bei Carnap in sich trägt als auch zu einem guten Teil sich von Quines Nominalismus und seinem reduktiven Bedeutungsbegriff herleitet, keine angemessene Bestimmung des Verhältnisses von Wahrheit und Verifikation. Dementsprechend kann andererseits weder eine unmittelbare Beziehung zwischen Wahrheitsbedingungen und der Feststellung ihrer Erfüllung angenommen werden noch diese Feststellung mit dem faktischen subjektiven Fürwahrhalten verknüpft werden; das erstere läßt nicht die Möglichkeit des Fehlers zu, das letztere verhindert die wirkliche Überwindung der defizitären Konstellation von Semantik und Pragmatik in der logischen Semantik. Vielmehr muß Wahrheit derart vermittelt mit Verifikation in Verbindung stehen,

---

110 Vgl. die grundlegende Kritik von Tugendhat in Tugendhat 1977.

daß Mittel verfügbar sein können, die eine allgemein und intersubjektiv gültige Feststellung oder Beurteilung der Erfülltheit der Wahrheitsbedingungen erlauben. Die Kenntnis der Wahrheitsbedingungen muß zwar auf eine mögliche Verifikation bezogen sein, darf aber nicht mit faktischem Fürwahrhalten koinzidieren. Nur bei einer vermittelten Verbindung zwischen Wahrheit und Verifikation ist es möglich, daß verschiedene Subjekte von einem gemeinsamen Wissen von Wahrheitsbedingungen methodisch ausgehen und dennoch gelegentlich zu unterschiedlichen Wahrheitswerten kommen können, die sie gegebenenfalls erneut mit intersubjektiv verbindlichen Standards überprüfen können.

Auch aus der Beurteilung der Weiterentwicklung der Wahrheitssemantik Tarskis und Carnaps ist somit zu folgern, daß eine Wahrheitstheorie, die die enge Beziehung zwischen Wahrheit und Bedeutung assertorischer Sätze angemessen berücksichtigen will, nicht eine Wahrheitsdefinition von einem Kriterium für Wahrheit strikt trennen kann. Die Forderung nach einer solchen Trennung verdankt sich einem tendenziell reduktiven Sprachbegriff und dem für ihn kennzeichnenden Verständnis des Verhältnisses von Semantik und Pragmatik. Die Bedeutung von ‚wahr' muß vielmehr so expliziert werden, daß zu ihr wesentlich die Möglichkeit der Verifikation gehört und ein allgemeines Kriterium bzw. eine Anzahl von Kriterien angegeben werden können, die von der intersubjektiven Kenntnis der Wahrheitsbedingungen zur Feststellung ihrer Erfüllung auf intersubjektiv überprüfbarem Weg führen können. Wahrheit muß damit mit Bezug auf ein rationales Verfahren expliziert werden, das der intersubjektiv kontrollierbaren Herstellung einer Verbindung zwischen der Kenntnis von Wahrheitsbedingungen und der Beurteilung ihrer Erfüllung dient. Daß hierzu der Wahrheitsbegriff mit dem Begriff der Sprechhandlung verbunden werden muß, entspricht einer grundlegend anderen Bestimmung des Verhältnisses von Semantik und Pragmatik als der, die die Geschichte der Wahrheitssemantik zum großen Teil geprägt hat.[111]

---

[111] Vgl. dazu Apels fundamentale Unterscheidung zwischen den beiden für die moderne Sprachphilosophie grundlegenden Paradigmen des refe-

Seine Kritik an Davidsons formaler Semantik und insbesondere an Freges Wahrheitssemantik führt Dummett zu einer pragmatischen Erweiterung und Revision der Wahrheitssemantik und zu einer verifikationistischen Bedeutungstheorie. In dieser Theorie, in der das Bedeutungsmodell des Intuitionismus verallgemeinert wird, verlieren Wahrheit und Falschheit und die zugehörigen Bedingungen ihre zentrale Stellung und werden durch Verifikation bzw. Falsifikation sowie Bedingungen der berechtigten Behauptung von Sätzen ersetzt.

> „An understanding of a statement consists in a capacity to recognize whatever is counted as verifying it, i. e. as conclusively establishing it as true."[112]

Das Wissen von Wahrheitsbedingungen wird dadurch nicht eliminiert, sondern so spezifiziert, daß es in der Fähigkeit zur effektiven Beurteilung besteht, ob erkennbare bestehende Umstände diese Bedingungen erfüllen oder nicht. Einem Sprecher die Kenntnis der Bedeutung eines Satzes zuzuschreiben, heißt, ihm diese Fähigkeit als ein implizites, nicht notwendigerweise verbalisierbares Wissen zuzuschreiben, das sich in der Fähigkeit des Sprechers zum Gebrauch des Satzes und seinem Zustimmungs- bzw. Ablehnungsverhalten zu dem Satz unter den relevanten Umständen manifestiert.

---

renzsemantischen, darstellungsorientierten Sprachbegriffs und der pragmatischen, an der performativ-propositionalen Komplementaritätsstruktur von Sprechhandlungen orientierten Sprachauffassung in Apel 1980.

[112] Dummett 1976, 110 f., vgl. ebd. 114. – Der Begriff der Verifikation soll hier und im folgenden in dem weiten Sinn einer Prozedur der Feststellung des Wahrheitswertes verstanden werden (vgl. Tugendhat 1976, 331), so daß er auch die Falsifikation mit einschließt. Demgegenüber kann man von einer verifikationistischen Theorie im engeren Sinn sprechen, wenn sie einer falsifikationistischen Theorie gegenübergestellt wird, die Feststellung des Wahrheitswerts also nicht wie bei dieser falsifikationistisch ausgerichtet ist. In dem letzteren Sinn tendiert Dummett eher zu einer falsifikationistischen als zu einer verifikationistischen Theorie. Vgl. Dummett 1976, 126, 137.

Entscheidend für das Verständnis von Dummetts Position und für ihre Implikationen ist ihre Situierung in der Alternative zwischen Realismus und Antirealismus.[113] Nach realistischer Auffassung, die Dummett Frege zuschreibt, wird die Bedeutung eines Satzes auch dann durch ein Wissen davon, was der Fall sein muß, wenn er wahr ist, konstituiert, wenn für uns als Wesen mit beschränkten Beobachtungs- und Denkfähigkeiten und raumzeitlich gebundenen Standpunkten prinzipiell keine Mittel der Erkenntnis, ob die Wahrheitsbedingungen erfüllt sind, zur Verfügung stehen. Für den Realismus kann eine Aussage bzw. ein Gedanke nur wahr sein, wenn es etwas gibt, vermöge dessen er wahr ist, und ein assertorischer Satz, der einen vollständigen Sinn hat, hat einen durch die Realität objektiv bestimmten Wahrheitswert, unabhängig von unserer Fähigkeit zu entscheiden, welcher Wahrheitswert dies ist. Allerdings braucht auch der extremste Realist nach Dummetts Auffassung die prinzipielle Erkennbarkeit der Wahrheit von Aussagen, die die menschliche Erkenntnisfähigkeit überschreiten, keineswegs zu leugnen. Daß eine Aussage überhaupt Bedeutung hat und verständlich ist, impliziert für den Realisten, daß mit ihrer Kenntnis ein Wissen davon verknüpft ist, was die Aussage wahr machen würde und was es heißen würde, sie als wahr zu erkennen und zu beurteilen.[114] Für Sätze, die für uns nicht effektiv entscheidbar sind, erfordert ein solches Wissen aber Erkenntnismittel zur Bestimmung des Wahrheitswerts, von denen wir uns nur in Analogie zu unserem tatsächlichen Erkenntnisvermögen einen Begriff machen können.

Für die antirealistische Position, die Dummett in seinem frühen Aufsatz „Wahrheit" uneingeschränkt vertritt, haben dagegen nur solche Sätze Bedeutung, für die Mittel zu einer effektiven Entscheidung des Wahrheitswertes für uns faktisch verfügbar sind und für die wir in einem endlichen Zeitraum eine Prozedur durchführen können, durch die der Wahrheitswert entschieden und die Behauptung oder Verneinung des Satzes gerechtfertigt

[113] Zum Antirealismus vgl. Dummett 1982 a, 29 ff., 43 ff.; Dummett 1978, 358 ff.; Dummett 1981 a, 464 ff.; Dummett 1976, 89 ff.; Dummett 1981 b, 428 ff.; ferner Wright 1976; Wright 1979.

[114] Vgl. Dummett 1981 a, 465 f., und Dummett 1976, 100.

werden können. Die Möglichkeit, Aussagen tatsächlich zu verifizieren, wird dabei sehr restriktiv gefaßt. Beispiele für unentscheidbare und daher verifikationstranszendente Sätze sind Sätze mit Quantifikation über einen unendlichen Bereich, irreale Bedingungssätze, Sätze über die entfernte Vergangenheit und Sätze über die mentalen Zustände anderer Personen.[115]

Begründet wird die antirealistische Position mit dem Zusammenhang von Bedeutung und Gebrauch. Die Kenntnis der Bedeutung eines Satzes besteht in dem impliziten, sich in der faktischen sprachlichen Praxis manifestierenden Wissen von seinen Wahrheitsbedingungen; denn man kann die Bedeutung nur so lernen, daß man ein Wissen von der Situation der korrekten Verwendung gewinnt, und das heißt, daß man das aktuelle Bestehen gewisser Umstände als hinreichende Rechtfertigung für den behauptenden Gebrauch eines Satzes anzusehen und den Satz in dieser Situation als verifiziert zu beurteilen lernt.

> „The truth of ... a sentence can consist only in the occurrence of the sort of situation in which we have learned to recognize it as true, and its falsity in the occurrence of the sort of situation in which we have learned to recognize it as false."[116]

Wären die Umstände, die einen Satz verifizieren, für uns nicht erkennbar, so hätten wir nicht lernen können, ihn zu verwenden, weil wir über keine Mittel verfügen würden, vermöge deren das implizite Wissen von den Wahrheitsbedingungen sich im aktuellen Sprachgebrauch manifestieren könnte. Die Wahrheitsbedingungen sind deshalb zu reduzieren auf die Behauptungsbedingungen oder durch sie zu ersetzen als dasjenige, was ein Sprecher kennen lernt, wenn er die Verwendung des Satzes lernt.

Verfolgt man die Konsequenzen eines ungemilderten Antirealismus, so ist es offensichtlich, daß er dem gewöhnlichen Sprachgebrauch wenig entspricht und dazu nötigt, viele unserer Intui-

---

[115] Vgl. Dummett 1976, 81; Wright 1979, 286.

[116] Dummett 1981 a, 468; vgl. Dummett 1982 a, 33 ff.; Dummett 1978, 362.

tionen hinsichtlich der Verwendung und der Geltung von Sätzen abzuschaffen. Schon aus diesem Grund ist der Antirealismus seinem eigenen Anspruch nach wenig plausibel. Da wir faktisch sehr oft unbeschränkte Allsätze, Sätze über die entfernte Vergangenheit und über mentale Zustände anderer Personen für wahr halten und dementsprechend Sätze verwenden, verlangt die verallgemeinerte intuitionistische Bedeutungstheorie, wie Dummett selbst zugesteht,[117] eine partielle Revision des faktischen Sprachgebrauchs. Damit verstößt diese Theorie aber gerade gegen diejenige Forderung, die der wesentliche Anlaß war, sie zu entwickeln, nämlich die Forderung, daß sich das Wissen von der Bedeutung sprachlicher Ausdrücke im Verhalten der Sprachbenutzer vollständig manifestiert, da nur dann erklärbar ist, wie die Sprache erlernt werden konnte.[118] Wird eine intuitionistische Bedeutungstheorie in relativ ausgedehnten Bereichen unserer faktischen Verwendung von Sätzen und, da sie mit der klassischen Logik in bestimmten Teilen unvereinbar ist, unseren Schlußweisen, also der Herstellung von Geltungsbeziehungen zwischen Sätzen, nicht gerecht, so bildet sie sicherlich keine vertrauenswürdige Grundlage für die sehr weitreichenden sprachtheoretischen und ontologischen Folgerungen, zu der sie veranlaßt hat.

Dummett hat seine ursprüngliche antirealistische Position zwar abgeschwächt, indem er nicht mehr effektive Entscheidbarkeit und die Verfügung über eine Verifikationsprozedur im Sinn einer Entscheidungsfindung fordert, sondern nur noch die Fähigkeit zur Beurteilung dessen, was als verifizierend für einen Satz gelten kann; es ist nicht mehr erforderlich, eine Grundlage der Verifikation zu finden, sondern nur noch, sie als solche beurteilen zu können, wenn sie vorliegt.[119] Dabei bleibt die entscheidende Frage ungeklärt, wo die Grenze für eine mögliche Verifikation verlaufen soll und wie die sie bestimmende Fähigkeit zur Er-

---

[117] Vgl. Dummett 1976, 103 f., 116 f.

[118] Vgl. Schirn 1982, 387 f. Zur Kritik am Antirealismus und zu seiner Unhaltbarkeit vgl. auch Scruton 1976; Strawson 1976/1977, und McGinn 1980.

[119] Vgl. Dummett 1976, 110 f.

kenntnis zu charakterisieren ist. Dennoch hat Dummett die antirealistische Haltung der Tendenz nach keineswegs aufgegeben. Der Antirealismus beruht auf einer restriktiven Interpretation der Beziehung von Bedeutung und Gebrauch, nach der die Bedeutung eines Satzes eng an das aktuelle Bestehen einer erkennbaren Situation seiner Verwendung gebunden ist. Für eine pragmatische Bedeutungstheorie ist es nun aber keineswegs erforderlich, daß sich das implizite Wissen von der Bedeutung, als Disposition aufgefaßt, in einem aktuellen Verhalten manifestieren können muß. Daß diese – behavioristische Restbestände enthaltende – Bedingung zu eng ist, zeigt schon Peirces pragmatische Maxime der Sinnklärung. Das Wissen von der Bedeutung muß nur mit *möglichen* Handlungen gemäß einer *universalen Regel* verknüpft sein:

> „Um die Bedeutung eines Gedankens zu entwickeln, haben wir ... einfach nur zu bestimmen, welche Verhaltensweisen er erzeugt, denn was ein Gegenstand bedeutet, besteht einfach in den Verhaltensweisen, die er involviert. Nun hängt die Identität einer Verhaltensweise davon ab, wie sie uns zum Handeln anleiten könnte, nicht bloß unter solchen Umständen, wie sie wahrscheinlich entstehen werden, sondern unter solchen, wie sie möglicherweise entstehen könnten, wenn sie auch noch so unwahrscheinlich sein mögen (und wenn sie auch aller bisherigen Erfahrung widersprechen).“[120]

Die Regel verknüpft die Bedeutung mit Handlungen in der Weise eines logischen Konditionalgefüges, das eine normative Anleitung für mögliche Handlungen enthält, nicht aber die Bedeutung von der aktuellen Manifestation eines impliziten Wissens in faktischem Verhalten abhängig macht. Ein Begriff muß die Fähigkeit haben, sich durch allgemeine konditionale Entschließungen „auf das Verhalten auszuwirken; und dieses Faktum wird ihm intellek-

[120] Peirce 1976, 193, 210. Die Hinzufügung in Klammern stellt eine spätere Randbemerkung Peirces dar. Vgl. zur pragmatischen Maxime ebd. 195, 212 f., 454. Vgl. auch Apel 1975, 136 ff.

tuellen Bedeutungsgehalt (intellectual purport) verleihen".[121] Den Begriff des intellektuellen Bedeutungsgehalts nimmt Peirce in eine spätere Formulierung der pragmatischen Maxime mit hinein:

> „Der volle intellektuelle Bedeutungsgehalt irgendeines Symbols besteht in der Gesamtheit aller allgemeinen Formen rationalen Verhaltens, die aus der Annahme des Symbols konditional in bezug auf alle möglichen verschiedenartigen Umstände und Bestrebungen folgen."[122]

Ein Begriff dient dazu, in einem Satz prädiziert zu werden. Wird der Satz zu einer Behauptung gebraucht, so wird nach Peirce die Verantwortung und die Garantie dafür übernommen, daß von einer künftigen Überprüfung der Wahrheit die Bestätigung des Gesagten erwartet werden kann.[123] Eine Behauptung ist für Peirce aufgrund dieser Übernahme der Verantwortung kein bloßes Sagen, sondern ein Handeln. Die Identität der Handlung, in der ein bestimmter Begriff verwendet wird, hängt nach der pragmatischen Maxime von den *möglichen und denkbaren* Umständen ab, unter denen die Handlung, ohne daß sich die Bedeutung des Begriffs ändern würde, beliebig oft vollzogen werden kann und mit denen sie durch eine universale, sich in keiner Menge von tatsächlichen Handlungsereignissen erschöpfende Regel verbunden ist. Diese allgemeine Beziehung zwischen Bedeutung, Identität der Handlung und Umständen ihres Vollzugs ist in Peirces Begriff des logischen Interpretanten angezeigt. Zwar kann der logische Interpretant eines Zeichens auch in anderen Zeichen bestehen, aber ein Zeichen hat einen *endgültigen logischen Interpretanten* darin, daß es in einer universalen Beziehung mit einer Handlung steht, die sich durch die Charakterisierung ihrer Art, die Spezifikation ihrer Umstände und die Angabe ihrer Intention bestimmen läßt.[124] Durch eine solche Beschreibung läßt sich ein

[121] Peirce 1976, 336, vgl. 212 f.
[122] Ebd. 454, vgl. 448, 468, 503 f.
[123] Vgl. ebd. 326 ff., 334 ff. Vgl. zu Dummetts ähnlicher Auffassung der Behauptung Dummett 1981 a, 300 ff.; Dummett 1976, 83.
[124] Vgl. Peirce 1976, 518, 527 ff., 564 ff.

Begriff klären, da mit dem logischen Interpretanten die Bedeutung des Begriffs bestimmt wird. Dieser von Peirce als grundlegend aufgezeigten Verknüpfung von Bedeutung und Gebrauch, die durch eine universale Regelbeziehung und ein Wissen von möglichen Umständen vermittelt ist, wird eine direkte Anbindung des Wissens von einer Bedeutung an seine Manifestation im aktuellen Verhalten nicht gerecht.
Um diese Beziehung im Hinblick auf das Verhältnis zwischen Wahrheit und Verifikation zu erfassen, bietet sich der Begriff des Kriteriums an, wie er von Wittgenstein in seinem Konzept der Regelbefolgung verwendet wird. Diesen Begriff, den Wittgenstein im Blauen Buch einführt, aber dann in verschiedenen Bedeutungen verwendet, erläutert P. Hacker, indem er auf die Annahme Wittgensteins hinweist,

> „daß der Sinn eines Satzes durch die Bedingungen bestimmt ist, die den Gebrauch oder die Anwendung des Satzes auf nicht-induktive Weise rechtfertigen. Diese Bedingungen sind die Gründe dafür, einen Satz zu behaupten; sie sind konventionell als solche festgelegt. Die Gründe für einen Satz sind Teil dessen, was Wittgenstein seine ‚Grammatik' nennt. Die nicht-induktive Evidenz für eine Behauptung wird als ‚ein Kriterium' bezeichnet, und der Sinn des behaupteten Satzes ist durch seine Kriterien bestimmt."[125]

Kriterien für die Wahrheit einer Behauptung sind als Regeln aufzufassen, die kriterielle Relationen zwischen Sätzen festlegen. Diese Festlegung erfolgt derart, daß in einem begründenden Satz ‚p' eine Berechtigungs- oder Evidenzgrundlage für einen behaupteten Satz ‚q' angegeben wird, wobei diese Rechtfertigungsbeziehung nicht auf Erfahrung, sondern auf der Bedeutung von ‚q' beruht. Kriterien bestimmen damit, daß die Existenz gewisser Umstände oder Sachverhalte als berechtigend und rechtfertigend für die Behauptung eines Satzes gilt. In einem weiteren Sinn

[125] Hacker 1978, 153, vgl. 377 ff.; vgl. auch Tugendhat 1979, 114 ff.

des Kriterienbegriffs können auch diese Umstände selbst, denen die kriteriellen Regeln rechtfertigenden Status zuschreiben, Kriterien genannt werden.[126] Für den Sinn und das Verständnis des Satzes sind die Umstände seiner Verwendung wesentlich. Das Verstehen eines sprachlichen Ausdrucks liegt nicht in einem seelischen Vorgang, sondern betrifft die Fähigkeit – das Know how –, ihn unter den Umständen, die aufgrund einer Regel zu seinem Gebrauch berechtigen, zu gebrauchen. Das Verstehen ist dem Weiterwissen vergleichbar, das sich einstellt, wenn jemand eine Zahlenreihe fortsetzen kann:

> „das ..., was ihn für uns berechtigt, in so einem Fall zu sagen, er verstehe, er wisse weiter, sind die *Umstände*, unter denen er ein solches Erlebnis hatte ... [Es sind] *gewisse Umstände*, die mich berechtigen, zu sagen, ich könne fortsetzen – wenn mir die Formel einfällt."[127]

Es ist überraschend, festzustellen, daß fast dieselben Formulierungen schon für die ganz andere Sprachtheorie des Traktats verwendet werden:

> „Um sagen zu können: ‚p' ist wahr (oder falsch), muß ich bestimmt haben, unter welchen Umständen ich ‚p' wahr nenne, und damit bestimme ich den Sinn des Satzes."[128]

Dieselbe Rolle, die die Wahrheitsbedingungen im Traktat für den Sinn eines Satzes spielen, kommt in der Spätphilosophie Wittgensteins den Kriterien als Bedingungen des Gebrauchs des Satzes zu, und diese Rolle besteht in der Festlegung des Sinns des Satzes.

---

[126] Zu dieser zweifachen Bedeutung von ‚Kriterium' vgl. Shoemaker 1963, 4, und Kenny 1967, 259.

[127] Wittgenstein 1960 c, § 154 f. Vgl. auch § 117: Will jemand überprüfen, ob ein Satz Sinn hat, „so möge er sich fragen, unter welchen besonderen Umständen man diesen Satz tatsächlich verwendet. In diesen hat er dann Sinn."

[128] Wittgenstein 1960 a, 4.063.

Wird die sprachtheoretische Betrachtung derart um einen festen Angelpunkt gedreht, so ändert sich auch das Verhältnis von Wahrheit und Verifikation. Die Umstände der berechtigten Behauptung eines Satzes gehören zum Sinn des Satzes hinzu, und die durch Kriterien bestimmte Verwendung des Satzes muß in der Erklärung seines Sinnes verdeutlicht werden. Die Kenntnis des Satzsinns erfordert allerdings nur ein Wissen von möglichen Umständen, da diesen allein aufgrund einer allgemeinen Regel die Funktion zukommt, zu einer Handlung zu berechtigen. Um den Satzsinn zu erfassen, muß man nur das Berechtigungsverhältnis zwischen möglichen Umständen und Handlung der Satzverwendung kennen. Wird mit der Verwendung eines Satzes in einer Behauptungshandlung ein Wahrheitsanspruch erhoben, so ist dieser Anspruch dann einlösbar und die Aussage somit verifiziert, wenn die Verwendung unter denjenigen Umständen erfolgt, die zum behauptenden Gebrauch dieses Satzes berechtigen. Das Verhältnis von Wahrheit und Verifikation ist unter dem Gesichtspunkt der engen Verbindung zwischen Bedeutung und Gebrauch sprachlicher Ausdrücke so zu verdeutlichen, daß die Beziehung zwischen Regelbefolgung, Kriterien und berechtigenden Umständen für den Fall der Erhebung eines Wahrheitsanspruchs und seiner Einlösung deutlich wird. Dazu muß geklärt werden, wie der mit einem Satz erhobene Anspruch auf die Umstände der Satzverwendung methodisch kontrollierbar so bezogen werden kann, daß aus dieser Beziehung ersichtlich wird, ob die Behauptung berechtigt oder nicht berechtigt ist.

Während die materiale Wahrheit eines spezifischen Satzes nach den für seinen Sinn bestimmenden Kriterien festgestellt wird, kann ein allgemeines und formales Wahrheitskriterium nur für eine Handlungsweise als eine allgemeine und formal bestimmte Art der Verwendung von Sätzen angegeben werden. Es ist formal, weil es alle Sätze betrifft, insofern mit ihrer Verwendung ein Wahrheitsanspruch erhoben werden kann. Ein solches Kriterium gibt keine allgemeine Methode der Wahrheitsfindung an, es liefert keinen Test zur Feststellung der Wahrheit. Es bezieht sich vielmehr auf die rationale Fähigkeit zur Beurteilung von Wahrheit und Falschheit, indem es ein allgemeines rationales Verfahren in formaler Hinsicht charakterisiert, das einen methodischen

Übergang vom Verständnis des jeweiligen, mit einem Satz erhobenen Wahrheitsanspruchs zu seiner Verifikation oder Falsifikation ermöglicht. Ein solcher Übergang ist durch intersubjektive Berechtigungsverhältnisse bestimmt, die zwischen Sprecher und Hörer, insofern sie als Vernünftige agieren, bestehen und ihren Handlungen zugrunde liegen. Aufgrund eines methodisch kontrollierbaren und prinzipiell von jedem Vernünftigen nachvollziehbaren Übergangs können Sprecher und Hörer zu einer als vernünftig ausgewiesenen Stellungnahme der Zustimmung oder Ablehnung des Gesagten gelangen.

9. *Wahrheit und Realität*

Der einheitlichen sprachtheoretischen Hinsichtnahme auf die Behauptungshandlung und der rationalen Fähigkeit der Beurteilung von Wahrheit entspricht in erkenntnistheoretischer und ontologischer Hinsicht der Erkenntnisbezug eines Subjekts zur Realität. Das Verhältnis von Sprache und Wirklichkeit muß mit dem Bezug möglicher Erkenntnis auf das Reale vereinbar sein. Eine wahre Aussage muß eine solche sein, die auf einen realen Gegenstand zutrifft und eine wahre Erkenntnis dieses Gegenstands liefert. Andererseits muß der Begriff eines Gegenstands, soll er sinnvoll sein, einen Gegenstand so bestimmen, daß er das Objekt möglicher, auf ihn zutreffender Erkenntnis sein kann. Peirce nimmt in seiner sinnkritischen Theorie der Realität die Kantische Einsicht auf, daß Gegenstände gar nicht unabhängig von dem Bezug auf mögliche Erkenntnis und damit auf die Möglichkeit wahrer Urteile über sie gedacht werden können: „der unmittelbare Gegenstand des Denkens in einem wahren Urteil *ist* die Realität".[129] Die Begriffe ‚Wahrheit' und ‚Realität' können nur gemeinsam und in ihrem Bezug zueinander erklärt werden:

> „Die Meinung, die vom Schicksal dazu bestimmt ist, daß ihr letztlich jeder der Forschenden zustimmt, ist das, was

[129] Peirce 1976, 119.

> wir unter Wahrheit verstehen, und der Gegenstand, der durch diese Meinung repräsentiert wird, ist das Reale. So würde ich Realität erklären."[130]

Peirce bestimmt hier Wahrheit nicht nur konsensustheoretisch, sondern durchaus auch korrespondenztheoretisch, vorausgesetzt allerdings, man versteht die korrespondenztheoretische Auffassung in einem weiten Sinn. In diesem Sinn trifft es zu, daß Wahrheit als eine Relation der Übereinstimmung zwischen einem Urteil, einer Meinung oder Aussage und einem Realen, einem Gegenstand oder einer Tatsache aufgefaßt werden kann; aber einem korrespondenztheoretischen Wahrheitsverständnis kommt dann nur der Status einer Common-sense-Auffassung von Wahrheit zu,[131] die unser vortheoretisches, intuitives Wissen von Wahrheit wiedergibt und allenfalls in einem ganz unspezifischen Sinn des Wortes eine Wahrheits*theorie* darstellt. Gleichwohl ist eine theoretische Explikation von Wahrheit eng an diese Auffassung gebunden, da sie sowohl den Ausgangspunkt für eine Wahrheitstheorie bildet als auch für diese eine Adäquatheitsbedingung enthält. Als eine intuitive Minimalkonzeption ist der Korrespondenzgedanke durchaus verträglich mit theoretischen Explikationen von Wahrheit, die einen anderen Begriff als den der Korrespondenz in ihr Zentrum stellen. Eine Korrespondenztheorie im eigentlichen Sinn dagegen, in dem diese Theorie mit anderen Wahrheitstheorien nicht kompatibel ist, liegt nur dann vor, wenn Wahrheit durch eine Korrespondenzrelation *auch theoretisch erklärt* werden soll. Eine Korrespondenztheorie hat dann nicht nur die Aufgabe, die beiden, verschiedenen Ebenen zugehörigen Relata der Übereinstimmungsrelation begrifflich zu bestimmen, sondern insbesondere, diese Relation selbst zu klären und *dadurch* eine hinreichende Explikation der Bedeutung von ‚wahr' zu liefern. Im Gegensatz zu anderen Theorien der Wahrheit bleibt sie dabei durchgängig an dieser Relation orien-

[130] Ebd. 205.
[131] Vgl. Pitcher 1964 b, 4; Puntel 1974, 1650 f.; Puntel 1978, 26 ff.

tiert und versucht nur, sie zu präzisieren und theoretisch zu explizieren.[132]

Obwohl das Scheitern der zahlreichen, gründlichen Versuche, eine Korrespondenztheorie im engeren Sinn zu verteidigen, nahelegt, daß Wahrheit letztlich nicht mit Hilfe der Korrespondenzrelation explizierbar ist, kann am Korrespondenzgedanken im Sinn des Common-sense festgehalten werden. Mit dieser Auffassung, die freilich nur als Ausgangspunkt für eine Explikation des Wahrheitsbegriffs dienen kann, ist eine realistische Position verbunden: es gibt etwas (einen Gegenstand oder eine Tatsache), das in gewissem Sinn über die Sprache und das Satzverständnis hinausweist und von einem einzelnen Subjekt und einer tatsächlichen Verifikation unabhängig ist und vermöge dessen die mit dem Satz gemachte Aussage wahr ist. Im Sinne einer von Peirce angedeuteten, pragmatisch orientierten Bedeutungstheorie ist es nicht erforderlich, daß ein Sprecher *tatsächlich und in direkter Weise* über Mittel zur Beurteilung der Wahrheit und zur Erkenntnis dessen, was seine Aussage wahr macht, oder sogar über eine effektive Methode der Wahrheitsfindung verfügen muß, damit die Aussage sinnvoll ist. Was die Aussage wahr macht, muß vielmehr nach einem sinnkritischen Begriff von Realität nur ein Bezugselement für *mögliche* Erkenntnis sein.

Ist der Begriff von einem Objekt, das außerhalb der Grenzen möglicher Erkenntnis liegt, gar nicht sinnvoll, so müssen freilich Bedingungen der Möglichkeit von Erkenntnis angegeben werden können, um die Grenzen der sinnvollen Rede von Gegenständen zu bestimmen. Dummetts Alternative zwischen Realismus und Antirealismus ist hier aber irreführend. Denn wie Peirce und Frege mit Kant gesehen haben, müssen Wahrheit und Realität einerseits unabhängig sein von dem Urteil eines einzelnen Subjekts, seinen individuellen Bewußtseinszuständen und den kon-

[132] So wurde die Korrespondenzrelation u. a. als logische Gleichordnung (früher Russell), als Ähnlichkeits- oder Abbildrelation (Wittgenstein, Sellars in Sellars 1977), als Erfüllungsrelation (Tarski, Davidson), als kausal vermittelte Relation (später Russell), als konventionelle Beziehung (Austin) und als von Kongruenz zu unterscheidende Korrelation (Pitcher, White) expliziert.

tingenten oder lediglich veranlassenden Umständen des einzelnen Urteilsakts. Urteile über Gegenstände müssen, wenn sie gelten, allgemeine und objektive Gültigkeit besitzen.[133] Andererseits sind Wahrheit und Realität aber nicht unabhängig von jeder möglichen Erkenntnis und einem Erkenntnisvermögen überhaupt, für das notwendige Bedingungen angegeben werden können. Denn transzendent-metaphysische Begriffe von Wahrheit und Realität sind nicht zuletzt deshalb sinnlos, weil es nach ihnen schon aus prinzipiellen Gründen ausgeschlossen ist, daß auch nur ein einziges adäquates Beispiel für etwas Wahres bzw. Reales angeführt werden kann. Dementsprechend muß für Peirce das Reale in Form des Ergebnisses möglichen schlußfolgernden Denkens prinzipiell erreichbar und zugänglich sein; daraus folgt für den Begriff der Realität, daß er „wesentlich den Gedanken einer *Gemeinschaft* einschließt, die ohne definitive Grenzen ist und das Vermögen zu einem definiten Wachstum der Erkenntnis besitzt".[134] Entsprechend ist Wahrheit durch einen Konsens konstituiert, der sich auf die unbegrenzte „Gemeinschaft aller Verstandeswesen" erstreckt und sich in Form von Konklusionen letztlich aus einem Forschungsprozeß ergeben würde, der durch die Regeln des schlußfolgernden Denkens geleitet wäre.[135] Die Gemeinschaft aller Verstandeswesen und die Regeln des schlußfolgernden Denkens, die die Methode der Wissenschaft charakterisieren, sind für Peirce notwendige Bedingungen möglicher Erkenntnis und damit von Wahrheit und Realität selbst.

Auch Freges Begriff von Objektivität ist im Gegensatz zu Dummetts Frege-Interpretation erkenntnistheoretisch und nicht primär ontologisch aufzufassen. Zwar schränkt Frege die sinnvolle Rede von einem Gegenstand nicht wie Kant auf die Bedingung ein, daß der Gegenstand sinnlich gegeben werden kann, und dehnt somit die Rede von Gegenständen über den Bereich des Wirklichen hinaus auf das „Gebiet des Objektiven, Nichtwirk-

[133] Vgl. zu den Begriffen von Objekt und objektiver Gültigkeit mit Blick auf Kant Strawson 1981, 61 ff., und Henrich 1976, 17 ff.
[134] Peirce 1976, 76, vgl. auch 113 ff. und 166 ff.
[135] Vgl. ebd. 117 und 166 f., 205 f., 226 f.

lichen“[136] aus. Aber auch in einer Theorie der Objektivität, die abstrakte Gegenstände wie Zahlen, Wertverläufe und Gedanken zuläßt, bleibt Objektivität an Vernunft und damit an die begründende Rechtfertigung von Urteilen und Behauptungen gebunden.

> „So verstehe ich unter Objektivität eine Unabhängigkeit von unserm Empfinden, Anschauen und Vorstellen, ... aber nicht eine Unabhängigkeit von der Vernunft; denn die Frage beantworten, was die Dinge unabhängig von der Vernunft sind, hieße urteilen, ohne zu urteilen, den Pelz waschen, ohne ihn naß zu machen.“[137]

Das Objektive ist zwar etwas von einem einzelnen Urteilenden Unabhängiges, zugleich aber auch „etwas, was für alle Vernunftwesen, für alle, die es zu fassen vermögen, genau dasselbe ist“.[138] Das Objektive ist von der Möglichkeit der Erkenntnis insofern abhängig, als es von der rationalen Fähigkeit aller Urteilenden oder Behauptenden abhängt, es als identisches zu erfassen und es zum Gegenstand einer Rechtfertigung durch Gründe zu machen, in der die intersubjektive Berechtigung der Anerkennung der Wahrheit und damit die allgemeine Geltung des Begründeten aufgezeigt werden kann. Ordnet man Fragen, die die Rechtfertigung von allgemeiner und objektiver Geltung betreffen, der Erkenntnistheorie im weiteren Sinn zu, so ist Freges Objektivitätstheorie primär erkenntnistheoretisch zu verstehen. Auch Freges Beschäftigung mit den Grundlagen der Mathematik ist dann, wie H. Sluga zeigt, erkenntnistheoretisch motiviert, da es Frege um die Begründung der objektiven Geltung von Aussagen der Mathematik geht.[139]

---

[136] Vgl. Frege 1962, Bd. I, XVII f.; Frege 1977 b, 35 f., 101.
[137] Frege 1977 b, 36.
[138] Frege 1983, 7; vgl. Frege 1977 b, 38, 115; Frege 1962, Bd. I, XV ff.
[139] Vgl. Sluga 1980, 43 f., 59. Zur erkenntnistheoretischen Interpretation von Freges Theorie der Objektivität vgl. Sluga 1976, 29 f.; Sluga 1977, 231 ff.; Sluga 1980, 117 ff. Sluga betont mehrfach die Nähe von Freges Position zu Kants transzendentalem Idealismus.

Legt man einen sinnkritischen Begriff von Realität zugrunde, so ist die Alternative zwischen Realismus und Antirealismus deshalb unangemessen, weil zwar einerseits Realität und Wahrheit durchaus von der Möglichkeit der allgemeinen und intersubjektiven Rechtfertigung von Urteilen und Behauptungen als möglichen Erkenntnissen abhängen, andererseits aber diese Abhängigkeit nur eine rationale Fähigkeit zur möglichen Beurteilung der Wahrheit, nicht aber eine Methode der aktuellen Verifikation von Urteilen oder Behauptungen erfordert. Wahrheitsbedingungen und Bedingungen der intersubjektiv berechtigten Behauptung können koinzidieren, weil der Erkenntnisbezug zur Realität von der rationalen Fähigkeit zur möglichen Rechtfertigung von Urteilen und Behauptungen abhängt. In diesem Sinn ist die Position des Realismus durchaus verträglich mit der entsprechend weit verstandenen Forderung nach Verifizierbarkeit von Behauptungen. Die Bedingungen möglicher Rechtfertigung bedürfen freilich als Grenzen möglicher Erkenntnis einer Erläuterung in zweifacher Hinsicht. Erkenntnistheoretisch muß die Möglichkeit eines durch subjektive Bewußtseinszustände vermittelten Gegenstandsbezugs objektiv gültiger Urteile verdeutlicht werden.[140] Sprachtheoretisch ist zu zeigen, wie der Anspruch einer Behauptungshandlung auf allgemeine intersubjektive Geltung argumentativ eingelöst werden kann.

Sprachtheoretisch gesehen führt eine realistische Position in der Wahrheitstheorie zu der – vereinfachend formulierten – Frage, wodurch der Bezug der Sprache auf die Wirklichkeit konstituiert wird. Wittgenstein hat auf diese Frage zwei verschiedene Antworten gegeben, in denen den Begriffen von Form der Abbildung und Form der Darstellung ähnliche Aufgaben zufallen. Im Traktat wird das Abbildungsverhältnis zwischen Satz und Wirklichkeit durch die logische Form der Abbildung und die abbildende Beziehung zwischen Namen und Gegenständen ermöglicht. Der Satz bildet die Wirklichkeit dadurch ab, daß er einen

[140] Auch unter sprachphilosophischen Vorzeichen bleiben Kants Grundsätze a priori als „Prinzipien der Exposition der Erscheinungen“ (Kant 1956, B 303) und damit möglicher Erfahrung Kandidaten für die gesuchten Explikate. Vgl. unten Kap. V, 6.

möglichen Sachverhalt darstellt; einen Sachverhalt darstellen kann er nur vermöge der logischen Form der Abbildung. Da Sprache und Wirklichkeit die logische Form gemeinsam haben, besitzen sie dieselben internen und formalen Eigenschaften; die Sprache spiegelt die Struktur der Wirklichkeit wider und weist sie auf. Weil die logische Form nicht selbst wieder dargestellt werden kann, aber alle Darstellung ermöglicht, ist ihre Leistung der eines Auges vergleichbar, das das Sehen ermöglicht, aber sich selbst nicht sieht.[141] Wie das Auge außerhalb des Gesichtsfeldes liegt, verleiht die logische Form dem Satz einen Standpunkt, der außerhalb der von ihm abgebildeten Wirklichkeit liegt und den Wittgenstein als die Form der Darstellung bezeichnet.[142] Die logische Form, die die sprachliche Darstellung der Welt ermöglicht, bildet die Grenze der Sprache als der Gesamtheit sinnvoller Sätze und zugleich die Grenze der Welt als der Gesamtheit des Wirklichen. Der logischen Form der Abbildung kommt eine transzendentale Funktion zu.
Legt im Traktat die Sprachlogik eine unveränderliche Darstellungsweise fest, die nicht selbst wieder sprachlich darstellbar ist, so wird für den späten Wittgenstein im Gegensatz dazu eine Darstellungsform durch die grammatischen Regeln der Sprache bestimmt, mit deren Formulierung in grammatischen Sätzen der Gebrauch der Sprache erklärt wird:

> „Die Verbindung zwischen ‚Sprache und Wirklichkeit‘ ist durch die Worterklärungen gemacht – welche zur Sprachlehre gehören.“[143]

In der Grammatik wird eine „Darstellungsform“ d.h. „die Art,

[141] Vgl. Wittgenstein 1960 a, 4.12 f., 5.633 ff. Entsprechend ist das „metaphysische Subjekt“ dasjenige, das die einzig verständliche, weil logisch geordnete Sprache versteht und mit ihr alles in der Welt Vorkommende beschreiben kann, selbst aber kein Teil der Welt ist und nicht sprachlich dargestellt werden kann.
[142] Vgl. Wittgenstein 1960 a, 2.173. Vgl. auch die verwandten Begriffe der Darstellungsweise (Wittgenstein 1960 b, 110) und der Weltbeschreibung (Wittgenstein 1960 a, 6.341, und Wittgenstein 1960 b, 144).
[143] Wittgenstein 1969, 97.

wie wir die Dinge sehen",[144] beschrieben. Der Wahrheitswert eines grammatischen Satzes hängt nicht von empirisch zu ermittelnden Tatsachen ab, sondern von dem Gebrauch eines Ausdrucks.[145] Der Wahrheitswert des Satzes ‚Jeder Stab hat eine Länge' würde sich nur dann ändern, wenn der Ausdruck ‚Stab' anders gebraucht werden würde. Grammatische Sätze handeln sowohl von Gegenständen oder Entitäten in der Welt als auch von sprachlichen Ausdrücken. Sie legen fest, in welcher Weise sprachliche Ausdrücke mit der Wirklichkeit in Verbindung stehen. Grammatischen Regeln und Sätzen kommt daher, wie E. K. Specht hervorhebt, ein ontologischer Status zu:

> „Die Regeln des Sprachspiels, seine Grammatik, bestimmen zugleich den Gebrauch des Sprachzeichens und die Wesenszüge des Gegenstandes."[146]

Die Regeln der Sprachverwendung haben konstitutive Funktion für die allgemeine und formale Struktur von Gegenständen; sie sind bestimmend für die Möglichkeit des sprachlichen Bezugs auf Gegenstände:

> „Das *Wesen* ist in der Grammatik ausgesprochen ... Welche Art von Gegenstand etwas ist, sagt die Grammatik."[147]

Wittgenstein weist damit auf die ontologische Bedeutung der Sprachanalyse hin, freilich ohne eine systematische Theorie von Gegenständen zu intendieren.
Werden Darstellungsweise und sprachlicher Bezug auf Gegenstände derart eng an die Verwendung sprachlicher Zeichen ge-

[144] Wittgenstein 1960 c, § 122.
[145] Zu den Begriffen der Grammatik und des grammatischen Satzes vgl. Specht 1963, 124 ff.; Hacker 1978, 199 ff.
[146] Specht 1963, 156. Zu der Funktion, die den Sprachregeln für die Konstitution von Objekten zukommt vgl. ebd. 131 ff. Zum ontologischen Status grammatischer Sätze vgl. auch Specht 1967, 145 ff.
[147] Wittgenstein 1960 c, § 371 und 373.

knüpft, so lassen sie sich letztlich so auffassen, daß sie durch Handlungsweisen bestimmt werden: durch eine Weise des Handelns im Sinne intentionalen regelgeleiteten Verhaltens wird eine Art des Bezugs auf Gegenstände festgelegt. Die Struktur von Sprechhandlungen hat konstitutive Funktion für die Möglichkeit, sich sprachlich auf Gegenstände zu beziehen.[148] Für eine Aufklärung des Wahrheitsbegriffs bedeutet dies, daß der im Verständnis von ‚wahr' enthaltene Bezug zur Realität auf eine einheitliche Form von Handlungen verweist, die diesem Bezug entspricht und für die sprachtheoretisch explizierbare Komponente dieses Bezugs konstitutiv ist. Markiert die Relation der Übereinstimmung zwischen Aussage und Gegenstand oder Tatsache den Ausgangspunkt für eine Wahrheitstheorie, so erfordert die Einsicht, daß die Darstellungsweise durch eine Handlungsform konstituiert ist, eine handlungstheoretisch orientierte Erläuterung von ‚wahr'. Diese Erläuterung muß die Form von Behauptungshandlungen verdeutlichen, da es Behauptungen sind, mit deren Vollzug assertorische Sätze verwendet und Aussagen, die ihrerseits einen Kernbereich der alltäglichen Verwendungsweise von ‚wahr' bilden, gemacht werden.

[148] Diese Annahme liegt zwei der bedeutendsten sprachphilosophischen Programme der Gegenwart gleichermaßen zugrunde, nämlich K.-O. Apels Transzendentalpragmatik in ihrem theoretischen Teil und E. Tugendhats formaler Semantik.

III. Propositionen

Kann in einer redundanztheoretischen Explikation des Wahrheitsbegriffs nicht überzeugend nachgewiesen werden, daß die Versuche einer Subjekt-Prädikat-Analyse von Aussagen mit ‚wahr' zum Scheitern verurteilt sind, so bleibt auch die Frage nach den sogenannten Wahrheitsträgern sinnvoll. Was ist das Wahrheitsfähige in einer Kommunikationssituation, in der jemand den Satz ‚p' äußert und ein anderer ihm mit der Äußerung des Satzes ‚daß p, ist wahr' (oder ‚das ist wahr') zustimmt? Als Wahrheitsfähiges kommt offenbar dasjenige in Frage, was mit dem ersten Satz *gesagt* oder *behauptet* wurde und worauf sich der zweite Satz im Subjektausdruck zurückbezieht. Für das mit ‚p' Gesagte werden in wahrheitstheoretischen Erörterungen vielfach die Begriffe ‚der Gedanke' (Frege), ‚der Sachverhalt' (Husserl), ‚die Aussage' (Strawsons ‚statement') oder ‚die Proposition, daß p' gebraucht. Der Ausdruck ‚daß p' fungiert dann als singulärer Terminus, der durch Nominalisierung des ursprünglichen Satzes ‚p' gebildet wird und der das Gesagte in seiner vergegenständlichten Form bezeichnet.
Daß die Identität eines Gesagten in verschiedenen Äußerungen gewahrt bleibt, ist eine Intuition, die der sinnvollen Verwendung des Prädikats ‚wahr' zugrunde liegt. Entdecken zwei Gesprächspartner, daß sie nicht von demselben redeten, als der eine das vom anderen vermeintlich Gesagte als wahr qualifizierte, so verliert diese Qualifikation ihren Wert: die Entdeckung eines solchen Mißverständnisses hebt die Qualifikation auf und macht eine erneute Prüfung erforderlich. Die Bemühung, die Wahrheit eines Gesagten zu bestätigen oder zu widerlegen, und die Debatte um seine Wahrheit oder Falschheit sind nicht sinnvoll, wenn nicht unterstellt und von den Beteiligten methodisch kontrolliert wird, daß das zu Prüfende im Verlauf seiner Prüfung als dasselbe erhalten bleibt. Daß dasjenige, was ein Sprecher sagt, et-

was ist, das von einem Hörer als dasselbe verstanden, als wahr oder falsch beurteilt und in einer reaktiven Äußerung entsprechend qualifiziert werden kann, ist eine Unterstellung für Sprecher und Hörer, die leitend für die prädikative Verwendung von ‚wahr' ist.[1]
Eine Klärung dieser handlungsleitenden Unterstellung erfordert eine Präzisierung des vieldeutigen Begriffs des Gesagten im Sinn des mit einem assertorischen Satz *Sagbaren oder Behauptbaren*. Wie gezeigt werden soll, ist es die Proposition als das, was in Sprechhandlungen der Behauptung als wahr hingestellt und als so Hingestelltes verstanden werden kann, das im primären Sinn wahrheitsfähig ist und das – manchmal – in der Tat auch als wahr bezeichnet werden kann.[2] Zunächst sollen jedoch verschiedene der Entitäten, die für die präzisere Bestimmung des Gesagten im Sinne des Gegenstands einer Prädikation von Wahrheit in Frage kommen, erörtert werden; dabei soll zugleich der propositionale Sinn von Behauptungshandlungen sprachtheoretisch eingegrenzt und von anderen, nicht im primären Sinn wahrheitsfähigen Gegenständen abgegrenzt werden. Sodann soll versucht werden, die Bedingungen der Identifizierbarkeit von Propositionen zu klären.

---

[1] Die Identität des Gesagten ließe sich insbesondere von Quines These von der Unbestimmtheit der Übersetzung (vgl. Quine 1980, 59 ff.; Quine 1975, 41 ff.) und damit auch der Bedeutung her in Frage stellen. Gegen diese These wäre jedoch zu fragen, ob sie nicht einen ganz unzureichenden Bedeutungsbegriff voraussetzt und ob sie ein angemessenes Selbstverständnis unseres sprachlichen Handelns, etwa in Form des Widersprechens oder Begründens, nicht letztlich unmöglich macht. Zu älteren Sprachauffassungen, die der Quineschen These nahestehen (etwa Humboldts Auffassung) vgl. Simon 1981, 80 ff., 115 ff.

[2] Vgl. Cartwright 1962, 103: „What could be more obvious than that something asserted – something put forward as true, can properly be *said* to be true?" – Der heute übliche Gebrauch von ‚Proposition' ist zu unterscheiden von dem Gebrauch von ‚propositio' im Mittelalter: mit ‚propositio' wurde nicht das mit einem Satz Gesagte, sondern der Satz selber bezeichnet; vgl. hierzu sowie zur Begriffsgeschichte von ‚propositio' bzw. ‚lektón' Kneale u. Kneale 1962, 138 ff., 205 f.; Kretzmann 1970, und Nuchelmans 1973.

1. Behauptungen, Äußerungen, Sätze

Etwas sagen heißt unter anderem etwas tun, aber das, was ein Sprecher sagt, ist als etwas, das wahr oder falsch sein kann, nicht das, was er tut. Die Frage „Was hat er gesagt?" verlangt eine andere Antwort als die Frage „Was hat er getan?".[3] Die letztere Frage ist als eine Aufforderung zu verstehen, die Handlung des Sprechers zu beschreiben. Eine solche Beschreibung kann so erfolgen, daß angegeben wird, von welcher Art die Handlung ist, d. h. welchem Typ von Handlung sie zugehört. Typen von Handlungen können auf verschiedenen Ebenen gebildet werden; entsprechend kann mit der Verwendung des Satzes ‚p' etwa ein Satz geäußert, etwas behauptet oder ein Hörer von etwas überzeugt werden. Diese Handlungsbeschreibungen schließen sich nicht aus, da der Sprecher etwas, nämlich daß p, dadurch behaupten kann, daß er den Satz ‚p' äußert. Keine solche Handlungsbeschreibung beantwortet indessen die Frage, was gesagt wurde.[4] Diese Frage erfordert nicht die Charakterisierung einer Handlung, sondern die Identifizierung eines sprachlich ausgedrückten Inhalts. Während das, was getan wurde, in dem Äußern des Satzes ‚p', dem Behaupten oder dem Mitteilen, daß p, und damit – äquivok ausgedrückt – dem dies alles umfassenden Sagen, daß p, besteht, ist das, was gesagt wurde, der ausgedrückte Inhalt oder einfach: daß p.

Die Frage, was der Sprecher getan hat, kann auch mit der Beschreibung eines Ereignisses beantwortet werden; aber auch dann fällt das, was er getan hat, nicht mit dem zusammen, was er gesagt hat. Das Gesagte ist nicht nur von Handlungen des Typs „einen Satz äußern" oder „etwas behaupten", sondern auch von einzelnen Handlungsereignissen, die diese Typen exemplifizie-

---

[3] Zur Abgrenzung des Gesagten vom Sagen vgl. Cartwright 1962, 84 ff.; Searle 1968, 422 ff.; White 1970, 7 f.; Kneale 1972, 230 f.

[4] Was gesagt wurde, kann dagegen dann, wenn nicht das mit assertorischen Sätzen, sondern das mit explizit performativen Sätzen Gesagte gemeint ist, mit dem, was getan wurde, genau übereinstimmen. (Vgl. Austin 1975 b, 85; Searle 1971, 108.) Jemand kann mit der Verwendung eines solchen Satzes zugleich etwas *tun*, z. B. etwas versprechen, und *sagen*, was er tut, nämlich versprechen.

ren, zu unterscheiden. Man kann dasselbe bei einer bestimmten Gelegenheit hastig auf deutsch oder bedächtig auf englisch ausdrücken und ebenso mit voller Überzeugung oder mit vielen Vorbehalten, in der Öffentlichkeit oder im privaten Kreis behaupten. Derartige Charakterisierungen dessen, was getan wurde, betreffen einen singulären Akt des Äußerns bzw. Behauptens, der ein zeitlich fixiertes, einmaliges Ereignis ist und von dem sich jedes Sprechereignis, in dem das Gesagte wiederholt wird, numerisch unterscheidet. Dasselbe Gesagte kann in beliebig vielen Sprechepisoden und in ganz unterschiedlichen Weisen ausgedrückt werden, und eine Identifizierung und Charakterisierung eines solchen Sprechereignisses ist keine Bestimmung des Gesagten. Die Ausdrücke ‚Behauptung' und ‚Äußerung' können sowohl für einen Handlungstyp als auch für Handlungsereignisse verwendet werden.

Beide Ausdrücke weisen jedoch noch eine weitere Ambiguität auf. Wie unter ‚Behauptung' auch das Behauptete verstanden werden kann, kann der Begriff der Äußerung nicht nur für einen konkreten Handlungsvollzug, sondern auch für das Handlungsprodukt als Ergebnis dieses Vollzugs, nämlich das produzierte Zeichen, gebraucht werden.[5] Wendet man Peirces Unterscheidung zwischen Zeichentyp und Zeichenvorkommnis[6] an, so entspricht dem singulären Äußerungsakt ein Zeichenvorkommnis als zugehöriges Produkt, wobei der Äußerungsakt zeitlich verschieden lang und entsprechend das Zeichenvorkommnis in verschiedenem Grad zusammengesetzt und komplex sein und aus mehreren Segmenten der Rede bestehen kann. Das Zeichenvorkommnis ist als eine Folge von Lauten oder von Exemplaren von Schriftzeichen ein konkreter, in Raum und Zeit bestimmbarer Gegenstand. Dagegen ist ein Zeichentyp eine Klasse oder ein allgemeines Merkmal von Vorkommnissen, die diesen Typ exemplifizieren und konkrete Instanzen und Realisierungen des Typs sind; der Typ selbst ist ein abstrakter Gegenstand, der nicht räumlich und zeitlich identifizierbar, sondern nur durch Ab-

---

[5] Vgl. v. Kutschera 1975, 17 ff.; Lyons 1980, 39 ff.
[6] Vgl. Peirce 1931 ff., 2.246, 4.537.

straktion extensional oder intensional bestimmbar ist.[7] Denn die Zugehörigkeit verschiedener Äußerungen zu einem Zeichentyp kann durch eine Äquivalenzrelation zwischen Äußerungen festgelegt werden:

> „Wenn wir sagen, daß zwei Äußerungen Exemplare desselben Typs sind, so implizieren wir damit, daß sie eine strukturelle oder funktionelle Identität besitzen, aufgrund derer muttersprachliche Sprecher ihre Identität erkennen können.“[8]

In der empirischen Sprachwissenschaft wird ein Modell der Regularitäten, die sich im tatsächlichen Sprachverhalten manifestieren, und damit ein Modell des entsprechenden Sprachsystems konstruiert. Wie sich die strukturelle und funktionelle Identität von Äußerungen bestimmt, kann aber nicht durch eine bloße Analyse des Verhaltens ermittelt werden, sondern erfordert den Rekurs auf ein vortheoretisches Erkennen der Typ-Exemplar-Zugehörigkeit durch den Sprachbenutzer.

Sprachliche Ausdrücke können nun als Typen oder Formen bestimmt werden, die in Äußerungen exemplifiziert und realisiert werden, selbst aber abstrakte Gegenstände sind und durch Äquivalenzbeziehungen zwischen Zeichenvorkommnissen festgelegt sind. Dabei kann die Abstraktionsebene so bestimmt werden, daß Laut- und Schriftvorkommnisse gleichberechtigte Alternativrealisationen für eine abstrakte Einheit sind und diese somit unabhängig von dem Medium oder der „Substanz“ ihrer Realisation ist.[9] Als abstrakte linguistische Einheiten sind Ausdrücke wesentlich Elemente eines sprachlichen Systems. Ein *Satz* ist nun zunächst ein komplexer Ausdruck, der eine grammatische Struktur besitzt, indem er aus kleineren Elementen in einer geregelten Weise zusammengesetzt ist. Analog zur Beziehung zwischen Typ und Vorkommnis besteht ein Satzvorkommnis aus einem gewis-

---

[7] Vgl. Schnelle 1973, 120 ff.; Wunderlich 1974, 127 ff.; Schneider 1975, 84 ff.; Künne 1983, 237 ff.

[8] Lyons 1980, 42; vgl. v. Kutschera 1975, 21 ff.

[9] Vgl. Lyons 1975, 62 f.

sen zusammenhängenden Stück Rede, das Produkt eines Sprachverhaltens ist und als Exemplar eines entsprechend komplexen Ausdrucktyps identifiziert werden kann. Ein Satz ist eine abstrakte theoretische Einheit im Sprachmodell und kann ohne Bezugnahme auf seine Bedeutung grammatisch beschrieben werden.[10] Er bildet die größte grammatische Einheit, da er nicht seinerseits durch eine grammatische Konstruktion in einer größeren sprachlichen Form enthalten ist. Während die Bestandteile des Satzes bestimmte, systematisch festgelegte Einschränkungen und Abhängigkeiten von den sprachlichen Kontexten, in denen sie vorkommen können, und damit eine für sie charakteristische Distribution aufweisen, die durch Ersetzbarkeit der Elemente füreinander ermittelt werden kann, ist der Begriff der Distribution auf Sätze nicht anwendbar: der Satz ist eine selbständige Einheit.

In welcher Beziehung steht nun das Gesagte im Sinne dessen, was wahr oder falsch sein kann, zu Sätzen qua Satztypen und zu Äußerungen qua Produkten von Handlungsereignissen?[11] Diese Beziehung kann zunächst negativ charakterisiert werden: das Gesagte darf weder mit einem Satz noch mit einer Äußerung identifiziert werden. Würde man bei vielen Fällen des Sagens einerseits das jeweils Gesagte (die Propositionen), andererseits die verwendeten Sätze bzw. produzierten Äußerungen zählen, so würden die Ergebnisse nicht immer übereinstimmen: Sätze und Äußerungen haben jeweils andere Kriterien für ihre Identität als das Gesagte. Wie zunächst für Sätze und dann für Äußerungen ausgeführt werden soll, können daher beide nicht als primäre oder eigentliche Wahrheitsträger fungieren.[12]

---

[10] Vgl. ebd. 175 ff.

[11] ‚Ausdruck', ‚Satz' und ‚Wort' werden im folgenden jeweils im Sinn eines Zeichentyps, ‚Äußerung' für das Resultat eines konkreten Äußerungsaktes und – je nach Kontext – auch für das konkrete Handlungsereignis verwendet. Bei ‚Behauptung' läßt es sich nicht vermeiden, diesen Ausdruck kontextabhängig sowohl für einen Handlungstyp wie auch für ein Ereignis und für das Behauptete zu verwenden.

[12] Vgl. dagegen zu Sätzen als Wahrheitsträger Tarski 1977, 141 f.; Quine 1980, 359 ff.; zu Äußerungen als Wahrheitsträger Austin 1977 a; Davidson 1986, 77 ff.; Dummett 1981 a, 384 f.

Das Vorliegen eines einzelnen, bestimmten Satzes ist keine notwendige und in vielen Fällen auch keine hinreichende Bedingung für die Identifikation des Gesagten. Notwendig ist ein bestimmter Satz für das Gesagte vor allem deshalb nicht, weil dieses mit anderen Worten derselben Sprache und durch Übersetzung mit Sätzen anderer Sprachen ausgedrückt werden kann. Wenn wir sagen: „Heraklit hat behauptet, daß alles fließt", so meinen wir nicht, er habe den deutschen Satz ‚Alles fließt' geäußert. Wir müssen nicht genau einen bestimmten Satz zitieren, um das Gesagte zu identifizieren.
Daß die Identifikation und Präsentation eines Gesagten nicht an die Bezugnahme auf genau einen bestimmten Satz gebunden ist, zeigt sich auch in unserem gewöhnlichen, von Tarskis Auffassung abweichenden Verständnis von Anführungszeichen und ihrer Rolle bei Übersetzungen. Nach Tarski dienen Anführungszeichen dazu, einen Anführungsnamen zu bilden, der einen Satz bezeichnet; das Prädikat ‚wahr' wird solchen Sätzen zugesprochen, die mit Hilfe von Namen – nach der durch Quine üblich gewordenen Unterscheidung – erwähnt, aber nicht gebraucht werden. Ein Anführungsname ist

> „ein konstanter Einzelname eines bestimmten Ausdrucks (nämlich des in Anführungszeichen gefaßten Ausdrucks), und zwar ein Name von demselben Charakter wie die Eigennamen der Menschen".[13]

Durch den Gebrauch des ganzen Anführungsnamens, der aus den Anführungszeichen und dem, was zwischen ihnen steht, besteht, wird in derselben Weise auf den Satz Bezug genommen,

---

[13] Tarski 1973, 456. Ein Anführungsname fungiert wie eine Bilderschrift: innerhalb der Anführungszeichen wird der Satz selbst hingemalt, auf den der Name referiert (vgl. Stegmüller 1972, 21; vgl. auch Quine 1951, 23). Nach Schneider und Künne ist dies allerdings – in Korrektur an Quine – genauer so zu verstehen, daß zwischen Anführungszeichen ein Vorkommnis desjenigen Satztyps steht, auf den der ganze Name referiert (vgl. Schneider 1975, 81 ff., und Künne 1983, 186 ff.); es wird auf einen abstrakten Gegenstand Bezug genommen, indem auf einen konkreten Gegenstand gezeigt wird.

der in dem Namen erwähnt ist, wie mit einem semantisch unstrukturierten Eigennamen auf eine Person.

Obwohl Tarski meint, diese Interpretation scheine „die natürlichste zu sein und der gewöhnlichen Gebrauchsweise der Anführungszeichen vollkommen zu entsprechen",[14] und diese semantische Theorie von Anführungszeichen vor allem durch Quine in ihren Grundzügen zur Standardauffassung wurde, führt ihre Anwendung auf Zitate in der natürlichen Sprache zu unhaltbaren Resultaten. Wäre die Anführung eines Gesagten in einem Zitat als Bezugnahme auf einen Satz zu verstehen, so hätte dies die drastische Konsequenz, daß die direkte Rede in Übersetzungen unübersetzt bleiben müßte bzw. die meisten bisherigen Übersetzungen schwerwiegende Fehler enthielten.[15] Übersetzt man dagegen die direkte Rede mit, so versteht man das in Anführungszeichen Stehende so, daß diese Ausdrücke *nicht nur erwähnt, sondern auch gebraucht werden*, um etwa einen Sachverhalt auszudrücken: sie spielen (unter anderem) ihre gewöhnliche Rolle in der Sprache und werden in ihrer Bedeutung verstanden. Der in einem zitierten Satz ausgedrückte Sachverhalt muß als das Gesagte in der Übersetzung erhalten bleiben, während der ursprüngliche Satz gegen den einer anderen Sprache ausgetauscht wird. Wir verstehen also Anführungszeichen in der direkten Rede gewöhnlich so, daß die wörtliche Wiedergabe des Gesagten die Identifikation des ausgedrückten Sachverhalts und nicht nur die des Satzes erfordert. Namen, die Sätze bezeichnen, sind für diese Aufgabe prinzipiell unbrauchbar, da man sie immer verstehen kann, ohne zu wissen, was mit dem bezeichneten Satz, wenn man ihn gebraucht, gesagt wird. In der Anführung des Gesagten

---

[14] Tarski 1973, 456.

[15] Vgl. Kneale 1972, 228 f. Nach Davidson ist Tarskis und Quines „Eigennamentheorie der Anführung" „als Erklärung der Funktionsweise des Zitierens in einer natürlichen Sprache völlig unzulänglich" (Davidson 1986, 128). – Bei Quine findet man die bemerkenswerten Sätze: „Wenn wir die Äußerung einer Person direkt zitieren, schildern wir sie beinahe so wie einen Vogelruf. Wie bedeutungsvoll die Äußerung auch immer sein mag – die direkte Rede teilt uns nur das physikalische Vorkommnis mit; was dieses etwa impliziert, bleibt uns überlassen." (Quine 1980, 377, vgl. auch 252 f., 366 ff.)

schließen sich hingegen Erwähnung und Gebrauch (i. S. des Gebrauchs des Ausdrucks mit seiner gewöhnlichen Bedeutung in der Sprache) keineswegs aus. Die wörtliche Wiederholung enthält vielmehr einen doppelten Informationsgehalt: es soll sowohl mitgeteilt werden, welcher Sachverhalt von dem zitierten Sprecher ausgedrückt wurde, als auch, welche Worte er dabei verwendet hat. Dazu werden im Zitat dieselben Worte in ihrer Standardbedeutung verwendet, und zusätzlich wird durch die Anführungszeichen auf die zwischen diesen Zeichen stehenden Wortvorkommnisse gezeigt, und zwar als Exemplare derjenigen Worttypen, die der zitierte Sprecher ursprünglich verwendet hat[16] (und die in der Übersetzung des Zitats freilich durch bedeutungsgleiche Ausdrücke einer anderen Sprache ersetzt werden müssen).

Zur Identifikation des Gesagten ist die Bezugnahme auf einen bestimmten Satz nicht nur nicht notwendig, sondern oft auch nicht hinreichend. Dies ist zumindest immer dann der Fall, wenn ein Satz indexikalische Ausdrücke enthält. Ein indexikalischer Ausdruck ist ein Ausdruck, dessen Sachbezug nach einer Regel von Elementen des Äußerungskontextes abhängt; die Eigenschaft der Indexikalität überträgt sich dabei von einem Ausdruck auf den Satz, der diesen Ausdruck enthält. Bei indexikalischen Sätzen reicht, wie Frege betont, der Satz oder der bloße Wortlaut zum Ausdruck eines Gedankens nicht hin; der Gedanke überragt den Satz.[17] Kennt man nur den Satz als Ausdruckstyp und die Bedeutungen, die den Wörtern als Elementen eines Sprachsystems zukommen, so kennt man noch nicht etwas, das wahrheitsfähig ist. Man kann nicht den Wahrheitswert des Satzes ‚es regnet' fest-

[16] Vgl. zu solchen gemischten Fällen von Gebrauch und Erwähnung Kneale 1972, 228 f., und insb. Davidson 1986, 125 f. und 137 ff. Nach Davidson fungieren Anführungszeichen wie ein Demonstrativpronomen, das auf ein Ausdrucksvorkommnis zeigt. Vgl. dazu auch Künne 1983, 191 ff. Obwohl Quine die Anführung ähnlich wie Tarski versteht, schließen sich auch nach ihm Erwähnung und Gebrauch nicht immer aus; vgl. Quine 1979, 133 ff.

[17] Vgl. Frege 1976 a, 37 ff.; Frege 1983, 146. Der Satz als solcher hat dann – ohne Kenntnis der Äußerungsumstände – keinen vollständigen Sinn.

zustellen versuchen, ohne Tag und Ort seiner Äußerung zu kennen: ohne Kenntnis der Äußerungsumstände kann man mit dem Satz *gar keine Wahrheitsbedingungen* verknüpfen. Dasjenige, wovon man ‚wahr' prädizieren kann, muß dagegen so beschaffen sein, daß man mit ihm Wahrheitsbedingungen verknüpfen kann: die Kenntnis einer solchen Entität, der Wahrheit zugeschrieben werden kann, muß zugleich hinreichend sein für die Kenntnis von Wahrheitsbedingungen, die mit dieser Entität verknüpft werden können. Wer diese Entität kennt, kennt eben dadurch auch die ihr zugehörigen Wahrheitsbedingungen, und zu bestimmen, welche Entitäten als Wahrheitsträger fungieren können, heißt nichts anderes, als zu klären, welche Entität man kennen und identifizieren muß, um über eine hinreichende Kenntnis von Wahrheitsbedingungen zu verfügen. Wahrheitsträger sind diejenigen Entitäten, an deren Kenntnis die Kenntnis von Wahrheitsbedingungen haftet. Sätze eignen sich nicht dazu, die Funktion solcher Entitäten zu übernehmen.

Auch der Bezug auf eine bestimmte Äußerung ist nicht notwendig und nicht immer hinreichend, um zu bestimmen, was gesagt wurde. Ein Sprecher, der zu einem anderen sagt: „du frierst", kann einem dritten gegenüber den Satz äußern: „er friert", wobei er mit ‚er' den im ersten Satz Angeredeten meint, und dieser kann sagen: „ich friere". In diesem Fall wurde in verschiedenen Äußerungen mit verschiedenen Sätzen dasselbe gesagt: es wurde dieselbe Proposition ausgedrückt. Da man dieselbe Proposition in verschiedenen Äußerungskontexten wiederholt ausdrücken kann, ist sie nicht an ein einzelnes Sprechereignis gebunden. Die Proposition ist nicht in der Weise datierbar, daß sie an eine Zeit des Äußerns gebunden ist; sie kann in beliebig vielen Äußerungen vorkommen und als wahr behauptet werden, unabhängig davon, wann, wo oder von wem diese hervorgebracht werden, und das Behauptete muß in allen diesen Äußerungen entweder zugleich wahr oder zugleich falsch sein. Da alle Äußerungen, die dieselbe Proposition ausdrücken, so verstanden werden, daß in ihrem Verständnis identische Wahrheitsbedingungen erfaßt werden, und somit Verschiedenheit der Äußerungen nicht zugleich Verschiedenheit der erfaßten Wahrheitsbedingungen bedeutet, werden Wahrheitsbedingungen nicht mit Äußerungen als solchen verknüpft.[18] Sie müssen vielmehr mit demjenigen Einheitlichen verbunden werden, aufgrund dessen viele verschiedene Äußerungen so verstanden werden, daß das in ihnen Behauptete in ein und demselben Fall wahr ist.

Ist eine bestimmte Äußerung auch nicht notwendig, so scheint sie doch hinreichend für die Bestimmung eines Gesagten zu sein; denn andernfalls müßten Propositionen noch feiner individuiert werden als Äußerungen. Nun kann ein Satzvorkommnis als solches zwar schon deshalb als nicht hinreichend für die eindeutige Bestimmung des Gesagten angesehen werden, weil es möglich ist, daß der geäußerte Satz gar keine linguistische Bedeutung hat, in einer anderen als der gewöhnlichen Bedeutung verwendet wurde oder die für sein Verstehen erforderlichen Äußerungsumstände fehlen.[19] Würde jedoch der Begriff eines Satzvorkommnisses in semantischer Hinsicht entsprechend ergänzt, so könnte man dennoch daran festhalten, daß eine Äußerung, die für Sprecher und Hörer einen eindeutig verstandenen Kontextbezug und eine eindeutige linguistische Bedeutung hat, das Gesagte immer auch eindeutig bestimmt. Unter linguistischer Bedeutung ist dabei die allein durch die allgemeinen Konventionen der betreffenden Sprache festgelegte Bedeutung zu verstehen, die jemand einzig aufgrund seiner lexikalisch-grammatischen Kompetenz, also – mit Frege – seiner Kenntnis einer (etwa der deutschen) Sprache, erfaßt. Wäre durch die Kenntnis der Sprache und der Äußerungsumstände das Gesagte in jedem Fall festgelegt, dann wäre die Identität des Gesagten eng an die Identität einer Äußerung zu knüpfen, und eine Proposition könnte als ein Satz, insofern er unter bestimmten Umständen geäußert wurde, aufgefaßt werden.[20]

---

[18] Vgl. insb. Strawson 1977, 248 ff.; Tugendhat 1976, 283 f.

[19] Vgl. White 1970, 16 f.

[20] Vgl. Stroll 1967, 200 f.; White 1970, 16 ff., 103. Zur Diskussion dieser Auffassung vgl. Cartwright 1968; Bar-Hillel 1973, 309 ff.; Stroll u. Alexander 1975; Stroll 1976; ferner Stroll 1968. – In Moore 1959 a, 71 ff. bindet G. E. Moore die Proposition, die ein geäußerter Satz über ein vergangenes Ereignis mit Hilfe eines auch als indexikalischer Ausdruck fungierenden Verbs im Präteritum ausdrückt, eng an die Äußerungszeit des Satzes, so daß zeitverschiedenen Äußerungen des Satzes aufgrund der Zeit-

Für Frege kann dagegen eine Äußerung auch dann noch für Sprecher und Hörer einen unterschiedlichen Sinn haben, wenn die linguistische Bedeutung und der Kontextbezug identisch verstanden wurden. Dies ist dann der Fall, wenn der geäußerte Satz einen (eigentlichen) Eigennamen enthält, mit dem Sprecher und Hörer einen unterschiedlichen Sinn verbinden. Da der in einem Satz ausgedrückte Sinn von dem Sinn der Satzteile funktional abhängig ist, ist dann auch der ausgedrückte Gedanke für Sprecher und Hörer verschieden. Der Sinn eines Eigennamens ist nach Frege nicht schon durch die „Kenntnis der Sprache", der der Name angehört, eindeutig festgelegt; hierin gleichen Eigennamen indexikalischen Ausdrücken. Bei letzteren dürfen linguistische Bedeutung und Sinn nicht miteinander identifiziert werden.[21]

Eigennamen schwanken nach Frege in ihrem Sinn, wenn Sprecher undHörer verschiedene definite Beschreibungen mit ihnen verbinden; so kann der Sinn von ‚Aristoteles' für den einen mit der Kennzeichnung ‚der Schüler Platons' und für den anderen mit der Kennzeichnung ‚der Lehrer Alexanders des Großen' angegeben werden. Ist das Verständnis etwa des Eigennamens ‚Dr. Gustav Lauben' für Sprecher und Hörer von zwei unterschiedlichen Kennzeichnungen abhängig, so verbinden sie mit einem Satz, der diesen Namen enthält, auch dann jeweils einen anderen Sinn, wenn sie beide als kompetente Sprecher über „die Kenntnis der Vokabel ‚Dr. Gustav Lauben'" verfügen; Frege entwirft hierzu eine entsprechende Kommunikationssituation, in der der eine vom Namensträger einzig Geburtsdatum und -ort kennt, der andere aber gerade davon keine Kenntnis hat.[22] Obwohl Sprecher und Hörer mit dem Namen dieselbe Person bezeich-

---

deixis jeweils eine andere Proposition entspricht; vgl. dazu Kneale u. Kneale 1970.

[21] Zum eigentlichen Eigennamen, den Frege von anderen singulären Termini wie Kennzeichnungen und deiktischen Ausdrücken abhebt, die er in seinem weiten Gebrauch dieses Begriffs auch als Eigennamen bezeichnet, vgl. Frege 1980, 42; Frege 1976 a, 38 f. Zur Ähnlichkeit von Eigennamen und indexikalischen Ausdrücken bei Frege vgl. Burge 1979, 398 ff.; vgl. dazu auch unten S. 167 f.

[22] Vgl. Frege 1976 a, 38 f.

nen, verbinden sie mit ihm einen unterschiedlichen Sinn, weil das Wissen von dem Weg, der vom Namen zu dessen Träger führt, und d.h. von der Bestimmungsweise, nach der der Bezeichnete zu identifizieren ist, für sie jeweils ein anderes ist. Daß eine Identifikation des Namensträgers für beide nach ihrem verfügbaren Wissen nicht zu demselben Ergebnis führen würde, zeigt sich darin, daß sie zur Erläuterung des Sinns, in dem sie den Namen verstehen, unterschiedliche Kennzeichnungen angeben würden und keine für beide gemeinsam zutreffende Kennzeichnung anführen könnten. Da sie den Gebrauch des Eigennamens durch verschiedene, den Träger individuierende Tatsachen rechtfertigen würden, gebrauchen sie den Namen in verschiedener Weise. Diese Gebrauchsweisen sind für beide nicht gleichwertig: man könnte nicht ohne weiteres von einer zur anderen derart übergehen, daß die Wahrheit oder Falschheit des Gedankens, von dem der Sinn des Eigennamens ein Teil ist, davon unberührt bliebe. Was wahr oder falsch sein kann von dem, was mit dem Satz ‚Dr. Gustav Lauben ist verwundet worden' ausgedrückt wurde, kann für Sprecher und Hörer nicht dasselbe sein, wenn sie den Eigennamen gemäß der jeweils verfügbaren Kennzeichnung verstehen. Denn der Hörer kann den Sinn des Satzes, der sich ergibt, wenn der Eigenname gemäß der Kennzeichnung des Sprechers verstanden wird, für wahr halten, während er zugleich den Sinn des Satzes, der der Erläuterung des Namens mittels seiner eigenen Kennzeichnung entspricht, für falsch hält. Was als wahr oder falsch beurteilt werden kann, also der Gedanke, ist nach beiden Verständnisweisen nicht dasselbe.
Diese Schlußfolgerung Freges ist freilich sowohl von seiner Auffassung des Verhältnisses zwischen Eigennamen und Kennzeichnungen als auch von dem Identitätskriterium für Gedanken abhängig, das Frege hier implizit benutzt. Beide Voraussetzungen werden für eine nähere Bestimmung der Beziehung zwischen Äußerungen und Propositionen noch zu untersuchen sein. Ergeben hat sich bisher aber, daß weder Sätze noch Äußerungen als primäre Wahrheitsträger aufzufassen sind. Freilich können sie dennoch als wahr oder falsch bezeichnet werden, dann aber nur in sekundärer Weise, nämlich in Hinsicht auf die Wahrheit oder Falschheit des in ihnen Gesagten oder Behaupteten; ihre Wahr-

heit leitet sich von der des Gesagten her. Dieses kann nunmehr als Proposition präziser gefaßt werden, der die Rolle des Wahrheitsträgers zufällt.

2. *Propositionen und Satzbedeutungen*

Wenn das Gesagte auch von Sätzen und Äußerungen zu unterscheiden ist, kann es dann nicht dennoch als die Bedeutung eines Satzes aufgefaßt werden? Diese Auffassung legt sich insbesondere deshalb nahe, weil eine Proposition (oder Aussage) etwas ist, das ein gegebener Satz bei korrekter Übersetzung mit dem Satz der fremden Sprache gemeinsam haben muß. Haben Sätze die gleiche Bedeutung, so sind sie synonym. Eine Proposition als die Bedeutung von Sätzen aufzufassen, heißt somit, sie als eine Klasse synonymer Sätze zu bestimmen.[23] Mit dieser Bestimmung wäre zugleich die Richtung angezeigt, in der ein Kriterium für die Identität von Propositionen zu suchen wäre: entscheidend für ein Identitätskriterium wäre der Begriff der kognitiven Synonymie von Sätzen im Sinne der Gleichheit ihrer deskriptiven oder designativen Bedeutung.

Gegen diese in der analytischen Philosophie häufig und auch mit Rekurs auf Frege vorgenommene Gleichsetzung von Propositionen mit Satzbedeutungen sind jedoch vor allem drei Gründe wiederholt geltend gemacht worden. Zunächst spricht die Bedeutung indexikalischer Sätze gegen diese Gleichsetzung. Obwohl ein Satz wie ‚ich friere' jedesmal ein anderes Referenzobjekt hat, wenn ein anderer Sprecher ihn äußert, kann man nicht annehmen, daß das Wort ‚ich' dabei jedesmal seine linguistische Bedeutung wechselt. Offensichtlich ist die sprachliche Rolle, die das Wort ‚ich' in den Äußerungen verschiedener Sprecher spielt, immer dieselbe, und jeder, der die linguistische Bedeutung dieses Ausdrucks kennt, kennt diese Rolle. Dennoch ist es, wie Strawson formuliert, „logisch unmöglich", daß zwei verschiedene Per-

[23] Vgl. Russell 1980, 12, 166 ff.; Ayer 1970, 115. Vgl. zu Propositionen als Satzbedeutungen auch Moore 1953, 56 ff.; Church 1978 a; Church 1978 b, 211; Quine 1980, 346 ff.

sonen diesen Satz „gebrauchen, um dieselbe Aussage auszudrükken".[24] Ebenso kann man die Bedeutung des Satzes ‚es regnet' kennen und ihn auch etwa zu Übungszwecken in eine andere Sprache übersetzen, ohne daß es eine (und nur eine) Proposition gäbe, die der Satz ausdrückte.

Der zweite Einwand gegen eine Identifikation von Proposition und Satzbedeutung betrifft die illokutive Kraft des Behauptens. Der Modus des Behauptens gehört zwar zur vollständigen Bedeutung des Behauptungssatzes, da er in dem enthalten ist, was wir verstehen, wenn wir den Satz verstehen. Aber der Behauptungsmodus gehört nicht zur Proposition, da diese sowohl im Modus einer Frage als auch durch Nominalisierung in einem Daß-Satz ausgedrückt werden kann, ohne behauptet zu werden. Obwohl Frege in dieser Weise zwischen assertorischer Kraft und Sinn des Satzes unterscheidet, hat er keinen Begriff für die ganze Satzbedeutung; Behauptungsmodus und Sinn fungieren lediglich als Bestandteile, die „im Behauptungssatz enthalten" sind.[25]

Schließlich ist eine Proposition auch deshalb von der Satzbedeutung zu unterscheiden, weil wir das, was wir von einer Proposition aussagen können, nicht auch von der Bedeutung eines Satzes aussagen können.[26] Während eine Proposition behauptet oder verneint werden, wahr oder falsch sein, verifiziert oder falsifiziert werden kann, hat es keinen Sinn, in dieser Weise von der Bedeutung eines Satzes zu reden. Der Satzbedeutung werden offensichtlich andere Prädikate zugeschrieben als der Proposition, so daß eine Proposition nicht derselben Kategorie wie das, was wir die Bedeutung eines Satzes nennen, zugeordnet werden kann.

Es ist insbesondere der dritte Einwand, der für eine generelle Unterscheidung der Proposition von der Satzbedeutung zu sprechen und auch keine partielle Identifikation beider zuzulassen scheint, die etwa auf nicht-indexikalische oder zeitlose Sätze oder auf einen Teil der Satzbedeutung eingeschränkt wäre. Um

---

[24] Strawson 1974, 92. Vgl. Cartwright 1962, 92 ff.; Kneale u. Kneale 1970, 228 ff.

[25] Vgl. Frege 1976 a, 35 f. Vgl. zur Trennung von Gedanke oder Proposition und assertorischer Kraft Geach 1972, 254 ff.

[26] Vgl. Austin 1977 a, 228; Cartwright 1962, 101 f.; White 1970, 12 f.

zu bestimmen, worauf diese Unterscheidung der Weise, in der wir von Propositionen reden, von der Art, wie wir von Bedeutungen sprechen, zurückzuführen ist, ist eine Differenzierung des Bedeutungsbegriffs erforderlich. Zu dem Zweck, die vieldeutigen Begriffe des Verstehens und der Bedeutung bzw. des Sinns zu klären, unterscheidet W. Künne sechs Stufen des Verstehens.[27] Auf der untersten dieser Stufen wird ein Ausdruck perzeptiv verstanden und kann verbatim wiedergegeben werden, ohne daß er hierzu eine Bedeutung haben muß.[28] Zusätzlich zu diesem Verstehen des bloßen Ausdrucks wird auf der zweiten und dritten Stufe – je nachdem, ob der Ausdruck in mehrdeutiger oder in eindeutiger Weise verstanden wird – die linguistische Bedeutung erfaßt, die dem Ausdruck in einer Sprache gemäß der lexikalisch-grammatischen Kompetenz von Sprecher und Hörer zukommt. Im Fall indexikalischer Sätze reicht die Kenntnis der linguistischen Bedeutung aber nicht hin, um die ausgedrückte Proposition zu erfassen. Wer in einem überfüllten Bus den Satz hört ‚Sie haben etwas verloren', weiß u. U. noch nicht, was damit gesagt wurde, obwohl er die gegenüber dem Äußerungskontext gleichbleibende sprachliche Rolle von ‚Sie' aufgrund seiner Sprachkompetenz erfaßt hat und weiß, daß mit ‚Sie' immer die gerade angeredete Person gemeint ist. Er hat ein Verstehen vierter Stufe erst dann erreicht, wenn er weiß, auf welche Person der Sprecher mit ‚Sie' in diesem besonderen Fall referiert; erst dann hat er den propositionalen Sinn der Äußerung oder den ausgedrückten Gedanken im Sinne Freges erfaßt. Auf der fünften Stufe kommt der illokutive Modus der Sprechhandlung zum Verstandenen hinzu, und auf der sechsten Stufe wird das indirekt Mitgeteilte erfaßt, das über die wörtliche Bedeutung des Satzes hinausgeht, aber etwa aufgrund von Prozeduren des Nahelegens der Mitteilungsintention des Sprechers zugerechnet werden muß.
Legt man Künnes Differenzierung des Bedeutungsbegriffs zugrunde, so wird deutlich, daß in dem ersten der angeführten Ein-

[27] Vgl. Künne 1981; Künne 1983, 196 ff. Um Verwirrungen mit dem bisherigen Begriffsgebrauch zu vermeiden, halte ich mich im folgenden nicht genau an Künnes Terminologie.
[28] Vgl. z. B. den oben Kap. II Anm. 106 angeführten Satz.

wände gegen die Gleichsetzung von Propositionen mit Satzbedeutungen unter ‚Bedeutung' das auf der dritten Stufe Verstandene gemeint ist, im zweiten Einwand dagegen das auf der fünften Stufe Verstandene. Für den dritten Einwand scheint vor allem die Abgrenzung des propositionalen Sinns von der linguistischen Bedeutung relevant zu sein. Um die Faktoren zu verdeutlichen, die die kategoriale Verschiedenheit beider begründen, ist zunächst zu fragen, worin die Kenntnis der linguistischen Bedeutung eines Ausdrucks besteht.

Ist die Bedeutung eines Ausdrucks etwas prinzipiell Verstehbares, so liegt es nahe, davon auszugehen, daß die Möglichkeit, den Ausdruck verständlich zu machen, wesentlich zum Begriff der Bedeutung gehört. Besteht demnach eine enge Verknüpfung von Bedeutung und Erklärung der Bedeutung,[29] so kennt jemand die linguistische Bedeutung eines Ausdrucks, wenn er sie durch verbale oder andere Mittel erklären kann, d. h. wenn er für den zu erläuternden Ausdruck einen synonymen Ausdruck angeben oder an Beispielen und Gegenbeispielen die Verwendungsweise jenes Ausdrucks vorführen kann. Dadurch werden die semantischen Regeln und Konventionen, die den Gebrauch eines Ausdrucks bestimmen, erläutert. Durch die Angabe einer Synonymiebeziehung zwischen Ausdrücken wird die Bedeutung eines unverstandenen Ausdrucks indirekt, nämlich relativ zur Bedeutung eines verstandenen Ausdrucks, angegeben, indem sie mit dieser für einen bestimmten Kontext gleichgesetzt wird. In der Erklärung: „‚Deiktisch' bedeutet hinweisend" wird der Ausdruck ‚deiktisch' erwähnt und durch bloßes Ausdrucksverstehen erfaßt, während ‚hinweisend' in seiner linguistischen Bedeutung verstanden wird. Auch die Erklärung „‚Deiktisch' bedeutet (in einem bestimmten Kontext) dasselbe wie/ist synonym mit ‚hinweisend'" kann nur als Bedeutungsangabe verstanden werden, wenn das Verständnis von ‚hinweisend' als unproblematisch angesehen wird. Die Synonymitätsaussage besagt somit, daß der erklärte Ausdruck in einem bestimmten Kontext in der gleichen Weise verwendet werden kann wie der erklärende Ausdruck. Solche Aussagen handeln von Ausdrücken und bestimmen sie hin-

[29] Vgl. Wittgenstein 1960 c, § 560.

sichtlich der konventionell festgelegten allgemeinen Weise ihrer Verwendung.

Ebenso wird in einer Erläuterung durch Beispiele die allgemeine Verwendungsweise eines Ausdrucks bestimmt, wobei diese Erläuterung des Ausdrucks durch Beispiele allerdings nicht isoliert und für sich genommen verstanden werden kann, sondern, wie Wittgenstein hervorgehoben hat, vor dem Hintergrund einer bereits bestehenden Sprachpraxis gesehen werden muß, an die der Gebrauch des zu erläuternden Ausdrucks angebunden und in die er durch die Erläuterung eingebettet wird. Indem Beispiele und Gegenbeispiele für die Verwendung des Ausdrucks angeführt werden, wird vor diesem Hintergrund bestimmt, unter welchen Umständen der Ausdruck korrekt gebraucht wird; es wird die korrekte Verwendung eines Ausdrucks in allgemeiner Weise an einen Bereich möglicher Umstände gebunden. Der Ausdruck steht in einem geregelten Verhältnis zu den möglichen Umständen seiner Verwendung, und seine Verwendungsregel bestimmt, welche Umstände dies sind. Die Bedeutung eines Ausdrucks zu verstehen, heißt somit, eine Kenntnis derjenigen Umstände zu haben, unter denen er aufgrund seiner Verwendungsregel korrekt gebraucht werden kann; es heißt zu wissen, welche Umstände es sind, die seinen Gebrauch bestimmen. Das geregelte Verhältnis zwischen Ausdruck und Umständen ist eine allgemeine Beziehung, weil die Befolgung einer Regel eine Handlung ist, die man prinzipiell wiederholt vollziehen kann: derselben Regel folgen zu können impliziert, ihr in verschiedenen Fällen, aber unter gleichen Umständen folgen zu können. Auch indexikalische Ausdrücke spielen eine sprachliche Rolle, die in verschiedenen Fällen ihres Gebrauchs die gleiche bleibt und durch Regeln festgelegt ist. Die Erklärung der linguistischen Bedeutung von sprachlichen Ausdrücken durch Beispiele ist somit allgemein so zu verstehen, daß anhand von Einzelfällen das allgemeine konventionelle Verhältnis zwischen Ausdruck und Verwendungsumständen exemplarisch verdeutlicht wird; es werden durch Beispiele allgemeine Anweisungen für den Gebrauch des Ausdrucks gegeben.

Eine Verdeutlichung des propositionalen Sinns handelt dagegen nicht von der allgemeinen, durch Konventionen festgelegten Beziehung zwischen einem Ausdruck und seiner Bedeutung oder Verwendungsweise. Sie handelt vielmehr von dem, was bei einem *bestimmten Gebrauch* des Ausdrucks *vermittels seiner Bedeutung* gesagt wurde. Der Ausdruck fungiert zusammen mit seiner Bedeutung als Mittel, das bei einer bestimmten Gelegenheit gebraucht wurde, um eine Proposition auszudrücken. Dieses sprachliche Ausdrucksmittel kann bei indexikalischen Sätzen durch andere sprachliche Mittel mit anderen Bedeutungen ersetzt werden, durch deren Gebrauch dieselbe Proposition ausgedrückt wird. Mit bedeutungsverschiedenen Sätzen kann dasselbe gesagt werden, wenn es einen bestimmten gemeinsamen Fall ihrer korrekten Anwendung gibt und einer der Sätze bei einer bestimmten Gelegenheit so behauptend gebraucht wird, daß er auf genau dieselben singulären Umstände korrekterweise bezogen wird, auf die auch die anderen Sätze derart bezogen werden können. Führt der Gebrauch von sprachlichen Mitteln, die in ihrer Bedeutung verschieden sind, zur Identifikation ein und derselben Proposition, so ist die Proposition, insofern sie mit verschiedenen Mitteln ausgedrückt wird, in verschiedenen Weisen *sprachlich gegeben*. Diese Weisen des sprachlichen Gegebenseins werden bestimmt durch die unterschiedlichen linguistischen Bedeutungen der verwendeten Ausdrücke. Wie die verschiedenen sprachlichen Mittel sind diese Gegebenheitsweisen aber insofern gleichwertig, als es dieselbe Proposition ist, die in ihnen sprachlich gegeben ist.

Während in der Erklärung der linguistischen Bedeutung ein einzelner Ausdruck zu gleichartigen Fällen seiner Verwendung in eine konventionelle Beziehung gesetzt wird, wird in der Verdeutlichung des propositionalen Sinns der einheitliche und gleichwertige Gebrauch von verschiedenen Ausdrücken, die auch in ihrer Bedeutung verschieden sein können, für einen bestimmten Anwendungsfall im Sinn einer berechtigten Behauptung fixiert. Linguistische Bedeutung und propositionaler Sinn liegen begrifflich auf verschiedenen Ebenen und werden unter verschiedenen Perspektiven der Relevanz bestimmt. Die linguistische Bedeutung unterscheidet sich vom propositionalen Sinn aufgrund ihrer Funktion als Mittel zum Ausdruck einer Proposition, ihres konventionellen Charakters und ihrer Festlegung durch exemplarisch bestimmte Umstände. Da Propositionen *vermittels* der Bedeutungen sprachlicher Ausdrücke identifiziert werden, besteht allerdings zugleich eine enge Beziehung zwischen beiden. Die sprachlichen Mittel müssen insbesondere zum Ausdruck einer Proposition tauglich sein und in einer bestimmten Verwendung eine Proposition für Sprecher und Hörer eindeutig bestimmen können; hierzu müssen die verwendeten Ausdrücke in ihrer linguistischen Bedeutung eindeutig sein oder für Sprecher und Hörer durch Erklärung eindeutig gemacht werden.

Auch Frege unterscheidet zwischen den sprachlichen Mitteln zum Ausdruck eines Gedankens und dem Gedanken selbst:

> „Wenn jemand heute dasselbe sagen will, was er gestern das Wort ‚heute' gebrauchend ausgedrückt hat, so wird er dieses Wort durch ‚gestern' ersetzen. Obwohl der Gedanke derselbe ist, muß hierbei der Wortausdruck verschieden sein, um die Änderung des Sinns wieder auszugleichen, die sonst durch den Zeitunterschied des Sprechens bewirkt würde."[30]

Hier erfordert die Selbigkeit des Gedankens oder des propositionalen Sinns eine Veränderung der linguistischen Satzbedeutung und damit der Mittel, die in verschiedenen Äußerungssituationen zum Ausdruck des Gedankens verwendet werden können. Für Frege läßt aber auch umgekehrt eine Veränderung in der Sprache, und zwar in der linguistischen Bedeutung von Ausdrükken, einen Gedanken unverändert und unberührt; nach einem Bedeutungswechsel kann man einzig den Gedanken mit diesen sprachlichen Formen nicht mehr ausdrücken. Wesentlich ist für Frege aber hierbei, daß „durch solches Schwanken in der Sprache ... der Unterschied in der Sache nicht aufgehoben" wird und daß dementsprechend „nicht jedem sprachlichen Unterschiede ein Unterschied der Gedanken entspricht".[31]

Linguistische Bedeutung und propositionaler Sinn oder Gedanke sind unabhängig voneinander variabel und dürfen – entge-

---

[30] Frege 1976 a, 38.
[31] Frege 1983, 153.

gen vieler anderslautender Frege-Interpretationen[32] – nicht miteinander identifiziert werden. Daher ist auch weder die linguistische Bedeutung eines Ausdrucks, der Teil eines Satzes ist, ein Teil des Gedankens, der mit diesem Satz ausgedrückt wird, noch darf sie mit dem identifziert werden, was Frege den Sinn dieses Ausdrucks nennt. Der Sinn eines Satzes ist bestimmt durch die Weise, wie die Fregesche Bedeutung des Satzes gegeben ist, d. h. er besteht in dem intersubjektiv verfügbaren Wissen von der Weise, wie der Wahrheitswert des Satzes bestimmt werden kann. Mit *diesem Gegebensein der* (Fregeschen) *Bedeutung* ist aber gerade nicht ein sprachliches Gegebensein in dem Sinn gemeint, wie es durch die Ausdrücke und ihre linguistische Bedeutung bestimmt ist. Denn wie indexikalische Sätze zeigen, entspricht nicht jedem Unterschied in der linguistischen Bedeutung von Sätzen, mit denen derselbe Sinn ausgedrückt werden kann, ein Unterschied in der Bestimmungsweise des Wahrheitswerts, und umgekehrt wird nicht jeder Unterschied in dieser Bestimmungsweise durch einen Unterschied in der linguistischen Bedeutung

---

[32] Vgl. zur Identifikation von linguistischer Bedeutung und Sinn v. a. Church 1943, 301; Church 1978 a, 190; dieser Interpretation folgt Carnap (vgl. Carnap 1972, 148 ff., insb. 157) und im wesentlichen auch Dummett (vgl. Dummett 1981 a, Kap. 11, und Dummett 1981 b, Kap. 6, insb. 128). Nach Dummett verwendet Frege den Begriff des Sinns ohne klare Unterscheidung einerseits für die konventionelle linguistische Bedeutung, andererseits für die Weise der Bestimmung des Referenten; im Fall von indexikalischen Sätzen führt die dadurch entstehende Spannung zwischen diesen beiden Komponenten des Sinnsbegriffs zur Abtrennung der ersten von der zweiten Komponente (vgl. Dummett 1981 b, Kap. 6.). Dummett macht den unrelativierten Wahrheitsbegriff Freges verantwortlich für diese Abtrennung und schlägt selbst einen anderen Weg ein, indem er den Wahrheitsbegriff auf die Äußerungsumstände relativiert (vgl. Dummett 1981 a, insb. 367 und 383 ff.). – Vgl. zur Kritik an der Identifizierung von linguistischer Bedeutung und Sinn v. a. Burge 1979; ferner Künne 1982 a, 50 ff., und Künne 1983, 199 f. D. Wiggins und D. Bell treffen die Unterscheidung zwischen linguistischer Bedeutung und propositionalem Sinn mit Hilfe der Begriffe ‚input sense‘ und ‚output sense‘; vgl. Wiggins 1971, 22 ff., und v. a. Bell 1979, 112 ff. – In Becker 1984, 172 Anm. und 196 f., habe auch ich etwas irreführenderweise mit dem Ausdruck ‚Bedeutung‘ bezeichnet, was dementgegen als Proposition aufzufassen ist.

wiedergegeben. Sind Unterschiede in der linguistischen Bedeutung nicht immer unmittelbar relevant für den propositionalen Sinn und erfassen sie auch nicht alle für den Sinn relevanten Unterschiede, so muß die Weise, wie der Gedanke durch sprachliche Mittel gegeben ist, von der Weise und den Mitteln, die zur Bestimmung des Wahrheitswertes führen, unterschieden werden. Sprachliche Mittel zum Gedankenausdruck, wie sie durch Ausdruckstypen und ihre linguistische Bedeutung charakterisiert sind, sind somit nicht eo ipso Mittel zur Bestimmung der Bedeutung im Fregeschen Verständnis, und die sprachliche Gegebenheitsweise des Gedankens ist nicht mit der Weise zu identifizieren, in der diese Bedeutung durch ein Wissen von den wahrheitswertrelevanten Faktoren gegeben ist. Die konventionelle linguistische Bedeutung gehört zwar zu den *Mitteln des Gedankenausdrucks*, sie ist aber *nicht* selbst *Bestandteil des Gedankens*; der Gedanke kann unabhängig von einem bestimmten sprachlichen Mittel zu seinem Ausdruck reidentifiziert werden.

3. Propositionen als abstrakte Gegenstände

Gedanken im Sinn von Frege und Sachverhalte im Sinn von Husserl sind abstrakte bzw. ideale Gegenstände und sind daher in ihrem ontologischen Status ebenso problematisch wie diese Entitäten. Zwar gilt auch für sie Quines Diktum „Keine Entität ohne Identität", aber die Angabe von Identitätskriterien führt bei Propositionen nach Quine zu unüberwindlichen Schwierigkeiten; ohne solche Bedingungen läßt sich aber der Terminus ‚Proposition' gar nicht verstehen:

> „Erst dann können wir sagen, daß wir diesen Terminus verstanden haben, wenn wir über einen Maßstab verfügen, der bestimmt, wann Propositionen als identisch und wann sie als verschieden zu bezeichnen sind."[33]

[33] Quine 1980, 346. In seiner Diskussion des Propositionsbegriffs faßt Quine Propositionen als Bedeutungen zeitloser Sätze auf. Vgl. zum Pro-

Zum Verständnis dieses Begriffs und des Status entsprechender Gegenstände ist daher zu klären, nach welchen Kriterien Propositionen abstrakte Gegenstände sind und wie Identitätskriterien für diese Gegenstände angegeben werden können.
Husserl vertritt in den „Logischen Untersuchungen" die Auffassung, daß das, was ein Aussagesatz besagt oder ausdrückt und was wahr oder falsch sein kann, ein allgemeiner und daher idealer Gegenstand ist.[34] Für die Frage, ob Propositionen *allgemeine Gegenstände* sind, ist zunächst zu verdeutlichen, worin der Gegenstandscharakter besteht, der dem Gesagten zukommt. Dieser Gegenstandscharakter hängt für Husserl eng mit dem Verhältnis von Sachverhalt und Satzbedeutung zusammen. Wenn eine Aussage gemacht wird, ist nicht die Bedeutung des Satzes, sondern das, wovon etwas ausgesagt wird, und das, was ausgesagt wird, gegenständlich. In einem zweiten, reflexiven Denkakt, dem die sprachliche Umformung der Nominalisierung entspricht, kann aber der ausgesagte Sachverhalt in der Weise, wie er im Urteil intendiert war, und damit als der vermittels der Satzbedeutung bestimmte Gegenstand des ganzen Satzes eigens vorgestellt werden; erst in dieser „Weise des Bewußtseins" ist „der Sachverhalt im prägnanten Sinne ‚gegenständlich' oder ‚vorgestellt'".[35] Derselbe Sachverhalt ist im einfachen Urteil und in der reflexiven Vergegenständlichung jeweils „in ganz anderer Weise gegenständlich",[36] und dementsprechend wird er entweder ausgesagt oder genannt. Zwar kommt der Sachverhalt im Urteil ursprünglicher zum Bewußtsein; aber in dieser Bewußtseinsweise gründet a priori die Möglichkeit, den Sachverhalt eigens zu vergegenständlichen. Wird eine Aussage gemacht, so ist darin die Möglichkeit

---

positionsbegriff auch Quine 1973, 9 ff. Zum Problem der Identifikation von Propositionen ferner Stroll 1968.
[34] Vgl. Husserl 1980 a, Bd. II/1, 99 ff.
[35] Ebd. 474, vgl. 103 f., 471 ff., 482. Vgl. dazu Tugendhat 1970, 36 ff., und Tugendhat 1976, 154 ff. – Analog zur nominalisierenden Vergegenständlichung eines Sachverhalts bei Husserl fungiert bei Frege ein Nebensatz in der indirekten Rede als „Eigenname eines Gedankens" (Frege 1976 b, 232; vgl. Frege 1980, 54).
[36] Husserl 1980 a, Bd. II/1, 473.

der nominalisierenden Vergegenständlichung immer schon enthalten; sie gehört wesensmäßig zur Aussage.
Die Bedeutung des Satzes versteht Husserl nun von dieser Möglichkeit her, den Inhalt eines Urteils oder einer Aussage in seiner vergegenständlichten bzw. nominalisierten Form reflexiv zu erfassen: er projiziert gewissermaßen das Bewußtsein des vergegenständlichten Sachverhalts, daß p, in das ursprüngliche Bewußtsein und primäre Satzverstehen zurück und identifiziert den Sachverhalt, daß p, mit der nunmehr vergegenständlichten Bedeutung des Satzes ‚p'. Im prägnanten Sinn gegenständlich ist der nominalisierte Sachverhalt deshalb, weil mit ihm nicht nur der Inhalt des ursprünglichen Satzes in einem anderen Satz als identischer wiederholt wird, sondern auch, im Gegensatz zur ursprünglichen Bewußtseinsweise, so vorgestellt wird, daß er selbst Subjekt möglicher Prädikationen ist.[37] Der mit dem Satz ‚es regnet' gemeinte Sachverhalt kann durch Verwendung eines singulären Terminus als derselbe zum Thema des neuen Satzes gemacht werden: „das (daß es regnet) wird die Landwirte freuen".
Ein Gegenstand ist das Gesagte also deshalb, weil es in verschiedenen Sätzen und Äußerungen als dasselbe wiederholbar und wiedererkennbar und identisches Subjekt für mögliche Prädikationen ist.
Auch Propositionen sind in diesem Sinn Gegenstände.[38] Der Satzbedeutung kommt nach Husserl aber gegenüber den mannigfaltigen Urteils- und Äußerungsakten die Identität der Spezies zu:

> „Die Bedeutung verhält sich ... zu den jeweiligen Akten des Bedeutens ... wie etwa die Röte in specie zu den hier liegenden Papierstreifen, die alle diese selbe Röte ‚haben'."[39]

[37] Vgl. ebd. 111, 402, 415, 471 ff., zum Begriff des Gegenstands als identisches „Subjekt möglicher wahrer Prädikationen" vgl. ebd. 125, und Husserl 1980 b, 11; vgl. auch Tugendhat 1976, 36 f., 279 f., 347.
[38] Husserls Begriffe ‚Bedeutung' und ‚Sachverhalt' sind aber – sieht man vom Bedeutungsbegriff für indexikalische Sätze einmal ab (vgl. dazu unten S. 175 f.) – zu vage und vieldeutig und können deshalb den Propositionsbegriff nicht wesentlich klären helfen.
[39] Husserl 1980 a, Bd. II/1, 100.

Auch Propositionen werden bisweilen als allgemeine Arten aufgefaßt, zu denen einzelne Äußerungen so gehören, wie ein Satzvorkommnis zu einem durch es exemplifizierten Satztyp:

> „If utterances of a certain complexity are sensibly alike, they may be described as specimens of the same sentence; and in similar fashion if utterances of a certain complexity resemble each other in their linguistic role of presenting a state of affairs for consideration, they may be described as specimens of the same proposition.“[40]

Husserl selbst hat jedoch nach den „Logischen Untersuchungen“ gegen die dort vertretene Auffassung von Bedeutungen als allgemeinen Gegenständen eingewandt, daß zwar eine identische Bedeutung in beliebig vielen Akten des Urteilens oder Aussagens gemeint sein kann, diese Bedeutung dabei aber nicht jedesmal als Einzelnes vorliegt, das einer gemeinsamen Gattung zugehört:

> „Der identische Sinn vereinzelt sich nicht individuell, das Gattungsallgemeine hat in der Deckung unter sich Einzelnes, der Sinn aber hat nicht Einzelnes unter sich.“[41]

Propositionen sind somit keine *allgemeinen* Gegenstände und können nicht exemplifiziert werden; ihr Verhältnis zu Äußerungen oder Satzvorkommnissen ist nicht das von Typen zu Exemplaren.

Sind Propositionen zwar nicht als Allgemeines abstrakte Gegenstände, so gehören sie doch als nicht-physikalische Gegenstände, die als solche weder sinnlich wahrnehmbar noch räumlich oder zeitlich bestimmbar sind, zu diesen Entitäten. Dafür, daß Gegenstände abstrakt sind, lassen sich als notwendige Bedingungen ihre Nicht-Wahrnehmbarkeit und ihre Unfähigkeit, Wirkungen hervorzurufen, und als hinreichende Bedingungen Unzeitlich-

[40] Kneale 1972, 232. Vgl. auch Carnap 1972, 35 ff.; wie Eigenschaften durch Individuen werden nach Carnap Propositionen durch Tatsachen exemplifiziert.

[41] Husserl 1972, 316. Vgl. ebenso Strawson 1971, 51.

keit und rein begriffliche Identifizierbarkeit angeben.[42] Propositionen erfüllen nun zunächst die Bedingungen der Nicht-Wahrnehmbarkeit und der Unzeitlichkeit, stehen aber zugleich in gewissen Beziehungen zu konkreten Gegenständen. Sie sind einerseits nur vermittels von möglichen Äußerungen und Sprechereignissen zugänglich und können sich andererseits auf raumzeitliche Einzeldinge, Ereignisse oder Zustände beziehen; aber sie sind von Gegenständen dieser Art kategorial zu unterscheiden. Was singuläre Termini, die als grammatische Bezugsobjekte von ‚wahr' fungieren können, bezeichnen, sind keine Sprecherereignisse; es ist vielmehr etwas, das unabhängig davon ist, wann, wo und von wem es ausgedrückt wird, wie Wahrheit von Zeitpunkt, Ort und Person der Beurteilung unabhängig ist.[43] Propositionen sind damit aber nicht omnitemporale oder immer existierende Entitäten, sondern zeitlose oder unzeitliche Gegenstände: temporale Prädikate sind auf sie gar nicht sinnvoll anwendbar. Ebensowenig wie Propositionen gehören Gedanken zur Kategorie temporaler Entitäten. Die Alternative, daß Gedanken entweder durch ihr Erfaßt- und Gedachtwerden entstanden und hervorgebracht sein müssen oder schon vor ihrer Erfassung bestanden haben müssen, entsteht nicht, wenn Gedanken als unzeitliche Entitäten aufgefaßt werden.[44]

Wahren Propositionen entsprechen zwar Dinge und Ereignisse; so bezieht sich die Proposition, die der Satz ‚Caesar wurde

---

[42] Vgl. zu diesen von W. Künne in seiner bedeutsamen Untersuchung zu abstrakten Gegenständen herausgearbeiteten Kriterien der Abstraktheit Künne 1983, 44 ff., und Künne 1982 b. Vgl. ferner Husserl 1980 a, Bd. II/1, 445; Bd. II/2, 144 ff.; Frege 1962, Bd. II, 86; Frege 1976 a, 40; Quine 1974, 262; Tugendhat 1976, 162, 499 f.; Quine 1976, 119.

[43] Vgl. hierzu Strawsons sinnfällige Verdeutlichung in Strawson 1977, 250.

[44] Vgl. Strawson 1979, 8. Frege enthält sich inkonsistenterweise nicht immer einer Redeweise, die meist implizit, gelegentlich aber auch explizit temporale Prädikate (etwa ‚ewig') involviert; vgl. etwa Frege 1976 a, 52; Frege 1983, 149, 271. Daß Gedanken oder Propositionen unzeitliche Gegenstände sind, heißt dagegen, daß ihnen weder eine zeitliche Position noch eine zeitliche Extension zugeschrieben werden kann. – Zur Invarianz von Propositionen gegenüber Personen, Zeitpunkten und natürlichen Sprachen vgl. Rohs 1985.

44 v.Chr. in Rom ermordet' ausdrückt, auf ein singuläres Ereignis. Aber dieses historische Ereignis ist nicht etwas, das selbst in der Proposition, daß Caesar 44 v. Chr. in Rom ermordet wurde, auf irgendeine Weise enthalten ist. Datierbare, lokalisierbare und wahrnehmbare Ereignisse sind nicht Bestandteile des propositionalen Sinns von Sätzen, die sich auf sie beziehen. Offenkundig besteht eine geregelte Verknüpfung zwischen der Kenntnis der Proposition und dem Ereignis: wer die Proposition kennt, weiß, *welches* Ereignis ihr entspricht bzw. entsprechen müßte (möglicherweise hat ein solches Ereignis gar nicht stattgefunden). Aber in der Proposition kommt kein Bestandteil der Wirklichkeit vor, obwohl sie sich eindeutig auf einen solchen Bestandteil beziehen kann. Zwischen Propositionen und datierbaren Ereignissen besteht ein Verhältnis, das dem zwischen Sinn und Bedeutung bei Frege bis zu einem gewissen Grad entspricht: der Gegenstand, auf den sich alle faktisch wahren Sätze beziehen, also das, wovon wir gewöhnlich mit diesen Sätzen sprechen oder sprechen wollen, ist die Wirklichkeit (wobei „in der Bedeutung des Satzes alles einzelne verwischt ist"),[45] aber die Wirklichkeit ist in dem Wissen von den Weisen, wie sie bestimmt werden kann, nicht selbst enthalten:

> „Der Montblanc mit seinen Schnee- und Eismassen ist nicht Teil des Gedankens, daß der Montblanc mehr als 4000 m hoch ist, sondern man kann nur sagen, daß dem Gegenstande in einer gewissen ... Weise ein Teil des Gedankens entspricht (Sinn und Bedeutung)."[46]

‚Sinn' ist ein kognitiver Begriff, der sich auf einen intersubjektiven Wissensinhalt bezieht; das, wovon wir sprechen, wenn wir gewisse Worte in der gewöhnlichen Weise gebrauchen, ist aber die Bedeutung der Worte als etwas Wirkliches. In dem Satz ‚Der Ätna ist höher als der Vesuv' liefert zwar der Sinn des Eigen-

[45] Frege 1980, 50; vgl. zur Bedeutung als das, wovon man sprechen will, Frege 1980, 43, 46; Frege 1976 b, 127 f., 235; Frege 1983, 209, 243, 250. Vgl. dazu Carl 1982, 121 ff.
[46] Frege 1983, 204, vgl. 208, und Frege 1976 b, 127.

namens ‚Ätna' einen Beitrag zum Gedanken, „aber von diesem Sinne sagen wir nichts aus, sondern von einem Berge, der nicht Teil des Gedankens ist".[47]

Auch bei der Bedeutung eines Satzes wird die grundlegende Konzeption des Bedeutungsbegriffs Freges, nach dem die Bedeutung eines Ausdrucks das ist, wovon wir sprechen, wenn wir den Ausdruck im gewöhnlichen Sinn gebrauchen, beibehalten. Dasjenige, wovon wir reden, wenn wir den Satz ‚Caesar wurde ermordet' behaupten, ist zwar im strikten Sinn nicht ein Wahrheitswert, sondern ein Ereignis; aber es geht uns dabei – in wissenschaftlicher Hinsicht – um den Wahrheitswert: wer weiß, daß der Satz wahr ist, weiß damit, daß er von etwas Wirklichem handelt, von etwas, das tatsächlich so ist, wie im Satz behauptet wird. Das Vordringen zum Wahrheitswert ist deshalb zugleich ein Vordringen zur Wirklichkeit. Das Wissen von dem Wahrheitswert, der dem Satz zukommt, ist dem Wissen von etwas Wirklichem äquivalent. Um vom Sinn zur Bedeutung vorzudringen, ist daher auch ein Schritt von einer Stufe für die Erkenntnis zur nächsten erforderlich, der dem Gedanken in wissenschaftlicher Hinsicht erst einen Wert verleiht und ihn zu einer Erkenntnis des Wirklichen macht.

Während die Wirklichkeit durch Wahrnehmung erfaßt wird, erlangen wir die Kenntnis eines Gedankens durch das Verstehen sprachlicher Ausdrücke. Gedanken sind aber wie die Wirklichkeit etwas Objektives, wobei Frege unter Objektivität die „Unabhängigkeit von unserm Empfinden, Anschauen und Vorstellen ..., aber nicht eine Unabhängigkeit von der Vernunft"[48] versteht. Im Gegensatz zur Vorstellung kann ein Gedanke „gemeinsames Eigentum von vielen" sein und ist also „nicht Teil oder Modus der Einzelseele".[49] Vorstellungen sind nach Frege dadurch gekennzeichnet, daß sie in ihrem Bestehen und ihrer numerischen Identität grundsätzlich von einem einzelnen Subjekt als Träger abhängig sind und daß sie aus nicht-kontingenten, begrifflichen Gründen nicht von einem Träger auf einen anderen übertragbar

[47] Frege 1983, 250.
[48] Frege 1977 b, 36.
[49] Frege 1980, 44.

sind. Gedanken sind nicht in dieser Weise subjektiv: wird ein Gedanke von einem Denkenden gefaßt, so muß er nicht schon *eben dadurch* von einem Gedanken verschieden sein, den ein anderer faßt:

> „Der Gedanke ist den Denkenden nicht so besonders zu eigen, wie die Vorstellung den Vorstellenden, sondern steht allen, die ihn auffassen, in derselben Weise und als derselbe gegenüber.“[50]

Die Objektivität des Gedankens drückt Frege mit der bedeutsamen und vielfach wiederkehrenden Metapher aus, daß der Gedanke „etwas Allen gleicherweise Gegenüberstehendes“[51] ist. Die Metapher vom Gegenüberstehen in derselben Weise, die für den Begriff des intersubjektiven Wissens und Verstehens steht, gibt wesentlich deutlicher als der ihr korrespondierende Begriff des Fassens, den Frege mehrdeutig verwendet, den Sachverhalt wieder, daß der Gedanke nicht dadurch etwas Subjektives wird, daß er für ein Subjekt Inhalt des Wissens wird. Jemand faßt oder denkt einen Gedanken, indem er in einem singulären, datierbaren Akt zu ihm „hinzutritt“ oder in eine individuelle Beziehung zu ihm tritt. Ein Fassen im spezifisch intersubjektivitätstheoretischen Sinn bedeutet dagegen, daß alle Fassenden *in derselben Weise* über eine Wissensbeziehung zu einem Gedanken verfügen. Nicht nur der Gedanke, sondern auch die Weise der Wissensbeziehung muß für alle Fassenden identisch sein, da ‚Sinn‘ und ‚Gedanke‘ wesentlich Begriffe für eine bestimmte Art des Wissens sind. Im Gegensatz zu Dingen der Außenwelt kann ein Gedanke nicht vermittels von Sinneseindrücken gegeben sein, im Gegensatz zu Vorstellungen kann er nicht als Bewußtseinsinhalt gegeben sein: in beiden Fällen könnten die Fassenden nicht *in der gleichen Weise* von ihm wissen. Ein gefaßter Gedanke „gehört nicht“ „zum Bewußtseinsinhalte des Denkenden“; der

---

50 Frege 1983, 145.

51 Frege 1962, Bd. I, XVIII; vgl. zu dieser Metapher auch Frege 1983, 160, 214.

Denkende ist „Träger des Denkens, nicht aber des Gedankens".[52] Für die Bestimmung des Gedankens und der Weise, wie von ihm gewußt wird, sind einzig solche Charakteristika relevant, die den Gedanken und die Zugangsweise zu ihm als etwas Intersubjektives, das prinzipiell für viele verfügbar ist, ihnen allen also als dasselbe in der gleichen Weise gegenübersteht, kennzeichnen. Sinn und die ihm adäquate Weise des Wissens, das Verstehen, können nur auf der Ebene und in Begriffen der Intersubjektivität bestimmt werden; was nicht prinzipiell intersubjektiv verfügbar ist, ist irrelevant sowohl für den Sinn- als auch für den Verstehensbegriff. Auch von einem Gedanken kann nur in der Weise gewußt, er kann nur so gefaßt werden, daß ein intersubjektives, gemeinsam zugängliches Wissen vorliegt.
Frege verwendet aber den Begriff des Fassens nicht nur für intersubjektivitätstheoretische, sondern auch für im engeren Sinne erkenntnistheoretische, nämlich am Vorstellungs- und Bewußtseinsbegriff orientierte, und sogar für psychologische Bestimmungen von Wissen, ohne diese Aspekte hinreichend deutlich zu unterscheiden. Da der Sinn eines Eigennamens in der Weise besteht, wie der bezeichnete Gegenstand gegeben ist, jeder sich selbst aber „in einer besonderen und ursprünglichen Weise gegeben" ist, scheint es so, als habe das Wort ‚ich' für den Sprechenden einen anderen Sinn als für den Hörer:

> „Wenn ... Dr. Lauben denkt, daß er verwundet worden ist, wird er dabei wahrscheinlich diese ursprüngliche Weise, wie er sich selbst gegeben ist, zugrunde legen. Und den *so bestimmten* Gedanken kann nur Dr. Lauben selbst *fassen*."[53]

Wenn Dr. Lauben diesen Gedanken anderen mitteilen wollte, müßte er dem Wort ‚ich' offenbar eine andere Gegebenheitsweise und damit einen anderen Sinn zugrunde legen, was eine Verschiedenheit des mitgeteilten Gedankens vom ursprünglichen Gedan-

[52] Frege 1976 a, 50.
[53] Ebd. 39, Hervorhebungen W.B.

ken zur Folge hätte. Ist der in der ursprünglichen Weise von Dr. Lauben selbst gefaßte Gedanke somit inkommunikabel?
Nach einer langen erkenntnistheoretischen Erörterung verneint Frege diese Frage zumindest implizit. Er unterscheidet zwischen dem Inhalt meines Bewußtseins, also der Vorstellung, vermittels deren ich mir selbst gegeben bin, und dem Gegenstand meines Denkens, ich als Träger meiner Vorstellungen, der nicht selbst wiederum eine (ihrerseits eines Trägers bedürftige) Vorstellung sein kann.

> „Ich bin nicht meine eigene Vorstellung, und wenn ich etwas von mir behaupte, z. B. daß ich augenblicklich keinen Schmerz empfinde, so betrifft mein Urteil etwas, das nicht Inhalt meines Bewußtseins, nicht meine Vorstellung ist, nämlich mich selbst."[54]

Obwohl der Inhalt des Bewußtseins jeweils ein anderer ist, wenn Dr. Lauben von sich aussagt, er sei verwundet, und ein Hörer

[54] Ebd. 47. Perry, Bell und Dummett diskutieren das von Frege aufgeworfene Problem, ob ein Gedanke über mich selbst inkommunikabel ist, ohne die weitverzweigten erkenntnistheoretischen Überlegungen Freges, die zur Klärung des aufgeworfenen Problems beitragen sollen, zu berücksichtigen; vgl. Perry 1977; Dummett 1981 b, 118 ff., und Bell 1979, 110 ff. – Das individuelle Besitzverhältnis, das ein Träger zu seiner Vorstellung hat, macht Vorstellungen für Frege nicht in dem Sinn zu etwas epistemisch Privatem, daß nur ich als Träger von ihnen wissen kann (vgl. dagegen Carl 1982, 55 f.). Frege hält vielmehr daran fest, daß etwa zwei Ärzte „als gemeinsamen Gegenstand" ihres Nachdenkens „den Schmerz des Kranken [haben], dessen Träger sie nicht sind. Es ist daraus zu ersehen, daß nicht nur ein Ding, sondern auch eine Vorstellung gemeinsamer Gegenstand des Denkens von Menschen sein kann, die diese Vorstellung nicht haben." (Frege 1976 a, 48) Dazu und zum Problem der Mitteilung von Gedanken, die die Selbstzuschreibung eines Bewußtseinszustands involvieren, vgl. Becker 1988 b. – Die erkenntnistheoretischen Fragen, die Frege in „Der Gedanke" aufwirft, und ihr Zusammenhang mit bedeutungstheoretischen Problemen sind noch nicht zureichend geklärt und erforderten eine eingehende Erörterung, die hier nicht unternommen werden kann. – Zum Verhältnis von Gedanken bzw. Bedeutungen und Vorstellungen und zu dessen Erläuterung im Sinn einer transzendentalen Bedeutungstheorie vgl. die Arbeiten von P. Rohs: Rohs 1979 a, 79 ff., und Rohs 1985.

dies versteht, so implizieren diese verschiedenen *epistemischen* Gegebenheitsweisen nicht, daß der Gegenstand der Aussage auch *in intersubjektivitätstheoretischer Hinsicht* in verschiedenen Weisen gegeben ist. Da der Gedanke nicht zum Bewußtseinsinhalt des Denkenden gehört, betrifft die „besondere und ursprüngliche Weise", wie jeder sich selbst im erkenntnistheoretischen Sinn gegeben ist und einen entsprechenden Wissensinhalt in diesem Sinn „faßt", nicht die für den Gedanken relevante Weise, in der der Gegenstand von ‚ich' im intersubjektivitätstheoretischen Sinn gegeben ist.
In der Erörterung, ob ein Gedanke etwas Wirkliches ist, gebraucht Frege einen Begriff des Fassens, der nicht mehr primär auf die erkenntnistheoretisch bestimmbare Art, wie ein Gegenstand des Denkens gegeben ist, sondern auf einen psychologischen Sachverhalt bezogen ist. Wirklich ist für Frege in diesem Zusammenhang etwas, das zumindest fähig ist, auf etwas anderes zu wirken und es zu verändern. Ein Gedanke wirkt

> „dadurch, daß er gefaßt und für wahr gehalten wird. Das ist ein Vorgang in der Innenwelt eines Denkenden, der weitere Folgen in dieser Innenwelt haben kann, die, auf das Gebiet des Willens übergreifend, sich auch in der Außenwelt bemerkbar machen."[55]

Konträr zu der Bestimmung, daß ein Gedanke allen, die ihn fassen, in der gleichen Weise gegenübersteht, identifiziert Frege hier das Fassen direkt mit einem singulären Vorgang in der Innenwelt eines einzelnen Subjekts. Wird dadurch ein Gedanke selbst, z. B. ein in der Formulierung eines Naturgesetzes ausgedrückter Gedanke, wie Frege glaubt, in dem Sinn zu etwas Wirklichem, daß er auf die Entschlüsse von jemand, der Kenntnis von ihm hat, wirken kann? Jemand kann zwar aufgrund seiner Kenntnis der

[55] Frege 1976 a, 53; vgl. dazu und zum Folgenden Frege 1983, 149 f. – In Frege 1977 b, 97, und Frege 1962, Bd. I, XVIII, und Bd. II, 86 wird ‚wirklich' dagegen in einem engeren Sinn als dasjenige verstanden, das unmittelbar oder mittelbar auf die Sinne wirken kann. – Zum Fassen als einem seelischen Vorgang vgl. Frege 1983, 157, 273.

Fallgesetze glauben, daß er Körper in eine ganz bestimmte Bewegung versetzen kann und nach diesem Glauben handeln. Aber die Fallgesetze werden dadurch nicht selbst zu einer Ursache, die ein singuläres seelisches Ereignis, einen inneren Vorgang, kausal bewirkt, der seinerseits die Körper in Bewegung bringt. Zwar kann (vielleicht) der faktische Glaubenszustand, der dem Handelnden für die Zeit der Handlung zugeschrieben werden kann, in einem gewissen Sinn als Ursache der Handlung angesehen werden. Aber dadurch werden die Fallgesetze selbst ebensowenig zur realen Ursache einer Handlung, wie irgendein subjektunabhängiges, reales Objekt einzig dadurch, daß es als intentionaler Inhalt des Glaubens eines Subjekts fungieren kann, selbst als dieses von einem einzelnen Subjekt unabhängige Objekt Handlungen verursachen kann. Gedanken sind somit nicht wirklich in dem Sinn, daß sie Wirkungen hervorrufen können, und erfüllen damit eine notwendige Bedingung für abstrakte Objekte.[56]

4. Die Identität von Gedanken

Von der Art, wie Identitätskriterien für solche abstrakten Gegenstände wie Propositionen oder Gedanken angegeben werden können, hängt sowohl der ontologische wie auch der erkenntnistheoretische Status dieser Entitäten ab. Frege entwickelt in den „Grundlagen der Arithmetik" für die logischen Gegenstände der Zahlen eine Art der Definition, die auch auf das Fassen anderer abstrakter Gegenstände angewendet werden kann und schon die Grundzüge der modernen Abstraktionstheorie enthält.[57] Wenn ein Zahlwort als Eigenname einen Gegenstand bezeichnen soll, so muß ein Mittel zur Verfügung stehen, das es erlaubt, „eine be-

---

[56] Vgl. auch Künne 1983, 64 ff. und 141 ff. Künne weist darauf hin, daß diese Kritik auch Poppers Metaphysik der drei Welten betrifft (vgl. Popper 1984, Kap. 3 und 4). Bei Popper ist nicht einsichtig, welche Art von Kausalrelation zwischen abstrakten Gegenständen als Bestandteilen der Welt 3, also etwa Problemen, Theorien und Argumenten, und psychischen Entitäten wie kognitiven Akten und mentalen Zuständen als Bestandteilen der Welt 2 bestehen soll.

[57] Vgl. Thiel 1976.

stimmte Zahl zu fassen und als dieselbe wiederzuerkennen". Dieses Mittel besteht in einem „allgemeinen Kennzeichen für die Gleichheit von Zahlen".[58] Gleichheitsaussagen ermöglichen es, „daß man etwas wiedererkennen kann, obwohl es auf verschiedene Weise gegeben ist".[59] Der Begriff von bestimmten abstrakten Gegenständen wie etwa Zahlen wird dadurch definiert, daß ein allgemeines Kriterium für die Identität eines solchen Gegenstands angegeben wird, und dieses Kriterium wird durch eine Äquivalenzrelation bestimmt.

Frege veranschaulicht sein Vorgehen an der Definition des Begriffs ‚Richtung einer Geraden'. Zwei Geraden a und b haben genau dann dieselbe Richtung, wenn sie parallel sind. Ist Parallelität das Kriterium für Richtungsidentität, so ist die Richtung einer Geraden a das, was genau dann dasselbe ist, wenn die Gerade a zur Geraden b parallel ist. Diese Parallelität kann unabhängig von der Bestimmung der Richtung der beiden Geraden festgestellt werden, da die Geraden dann parallel zueinander sind, wenn sie in derselben Ebene liegen und sich nicht schneiden. Da für die Relation der Parallelität gilt, daß jede zu a parallele Gerade auch zu b parallel ist und umgekehrt, ist der Umfang des Begriffs ‚Gerade parallel zu a' gleich dem Umfang des Begriffs ‚Gerade parallel zu b'. Frege definiert daher den Begriff ‚Richtung der Geraden a' als den Umfang des Begriffs ‚parallel der Geraden a'. So wie den Begriff der Richtung einer Geraden durch die Relation der Parallelität definiert Frege dann auch den Begriff der Anzahl durch die Äquivalenzbeziehung der Gleichzahligkeit zweier Begriffe, die sich durch die beiderseits eindeutige Zuordnung der unter die Begriffe fallenden Gegenstände zueinander feststellen läßt.

Freges Bestimmung von Identitätskriterien für abstrakte Gegenstände durch Äquivalenzbeziehungen läßt sich in ihren Grundzügen auch auf Gedanken anwenden, allerdings nur derart modifiziert, daß dabei der Bezug auf Begriffsumfänge entbehrlich wird. Wie die Richtung der Geraden a auch in einer anderen Gegebenheitsweise, nämlich etwa als Richtung der Geraden b, auf-

---

[58] Frege 1977 b, 73.
[59] Ebd. 79.

treten kann, so kann ein Gedanke in verschiedenen Weisen, nämlich durch verschiedene Sätze oder Äußerungen, sprachlich gegeben sein. Einen Gedanken als denselben auffassen zu können, heißt, ihn in verschiedenen Weisen seines sprachlichen Gegebenseins vermittels einer Äquivalenzrelation wiedererkennen zu können. Identitätsbedingungen für Gedanken anzugeben, heißt demnach, Äquivalenzrelationen zwischen solchen Sätzen oder Äußerungen festzulegen, die denselben Gedanken ausdrücken. Ein Gedanke ist dasjenige, was dasselbe ist, wenn eine bestimmte Äquivalenz- oder Gleichwertigkeitsbeziehung zwischen verschiedenen Sätzen oder Äußerungen besteht. Wer einen Gedanken faßt, erfaßt ihn als etwas, das vermittels des Verstehens von Sätzen und Äußerungen identifiziert werden kann und das auch dann, wenn es durch verschiedene Ausdrucksmittel und damit in verschiedenen Weisen gegeben ist, reidentifizierbar ist. Die Identität eines Gedankens wird durch eine Äquivalenzbeziehung bestimmt, die zwischen Gegenständen besteht, die selbst keine Gedanken sind; ein Kriterium für das Bestehen einer Äquivalenzbeziehung zwischen Gegenständen einer Art – Sätzen oder Äußerungen bzw. Geraden in Freges Beispiel – dient als Kriterium für die Identität von Gegenständen einer anderen Art – Gedanken bzw. Richtungen.[60] Gedanken als abstrakte Gegenstände sind damit zwar keineswegs auf Gegenstände einer anderen Art reduzierbar – was von Gegenständen der einen Art ausgesagt werden kann, kann nicht auch eo ipso von Gegenständen der anderen Art prädiziert werden –, wohl aber von solchen Gegenständen abhängig. Wird, was ein Gedanke ist, durch die Identitätsbedingungen bestimmt, die einen solchen Gegenstand wiedererkennbar machen, und bestehen diese in Äquivalenzbeziehungen zwischen Sätzen oder Äußerungen, so sind abstrakte Gegenstände von der Art der Gedanken letztlich nur vermittels konkreter Gegenstände zugänglich. Denn da die Identität von Satztypen an Äquivalenzbeziehungen zwischen Satzvorkommnissen gebunden ist, sind auch solche Gedanken, die in nicht-indexikalischen Sätzen ausgedrückt werden, hinsichtlich ihrer Zugänglichkeit

---

60 Vgl. Dummett 1978, 47, und Künne 1983, 235, 254.

in allgemeiner Weise von möglichen Satzvorkommnissen abhängig.
Obwohl Frege die für Zahlen entwickelte Definitionsart nicht selbst auf Gedanken anwendete, zeigen doch einige Andeutungen, daß er die Selbigkeit von Gedanken an einer Äquivalenzbeziehung zwischen Sätzen festmachen wollte. Frege versteht die Angabe einer solchen Äquivalenzbeziehung als eine Verdeutlichung des propositionalen Inhalts eines Behauptungssatzes, „wie er von einem ... Hörer aufgefaßt wird" und „objektiv allen in gleicher Weise gegenübersteht".[61] Die Möglichkeit, einen Gedanken *in dem Sinn fassen* zu können, daß er objektiver Inhalt eines intersubjektiven Wissens sein kann, ist als die Möglichkeit zu verstehen, über ein „objektives Kriterium" verfügen zu können, „um einen Gedanken als denselben wiederzuerkennen".[62] Was es heißt, einen Gedanken als objektiven und intersubjektiven Wissensinhalt fassen zu können, wird durch die Angabe von Identitätsbedingungen für den Gedanken bestimmt. Ein als objektiver Wissensinhalt verfügbarer Gedanke ist dann denjenigen, die ihn in diesem Sinn auffassen, als etwas gegeben, das sowohl gegenüber der sprachlichen als auch der im engeren Sinn erkenntnistheoretischen Gegebenheitsweise invariant ist und auch im Wechsel dieser Gegebenheitsweisen dasselbe bleiben kann. Freges Rede von der objektiven Weise des Gegenüberstehens wird in ihrer Intention von dem Bezug auf ein objektives Identitätskriterium her verständlich, wenngleich fraglich bleibt, ob Frege ein adäquates Kriterium angeben konnte. In Freges Bestimmung des ontologischen Status von Gedanken wird somit auch der epistemologische Aspekt der allgemeinen Möglichkeit berücksichtigt, eine Kenntnis von Gedanken erlangen zu können.
Ein Gedanke ist darüber hinaus zugleich etwas, das überhaupt nicht über die Möglichkeit, ihn als intersubjektiven Wissensinhalt vermittels eines objektiven Identitätskriteriums zu erfassen, hinausreicht. Zwar ist er im Gegensatz zur Vorstellung davon unabhängig, daß er von einem einzelnen Subjekt zu einem

[61] Frege 1983, 213 f.
[62] Frege 1976 b, 105. Vgl. zur Wiedererkennbarkeit von Gedanken Frege 1980, 70; Frege 1983, 154 f., 222.

bestimmten Zeitpunkt wirklich gedacht und in einem singulären inneren Vorgang „gefaßt" wird. Diese Unabhängigkeit von einem bestimmten singulären Faktum des aktuellen Gefaßtwerdens ist aber nicht mit der prinzipiellen Unabhängigkeit von jeder Möglichkeit, von Vernunftwesen erkannt zu werden, zu verwechseln. Ein Gedanke ist ein objektiver Wissensinhalt, der von der rationalen Fähigkeit von Vernunftwesen zur Beurteilung seiner Wahrheit und damit von der Möglichkeit, als derselbe wiedererkannt und als wahr oder falsch beurteilt zu werden, prinzipiell abhängig ist. Diese Abhängigkeit von den Bedingungen der Möglichkeit, den Gedanken zu beurteilen, impliziert freilich nicht, daß auch schon Mittel zur Entscheidung über den Wahrheitswert aktualiter zur Verfügung stehen. Die Objektivität des Gedankens bindet aber den Begriff des Gedankens für Frege direkt an den Begriff der Vernunft und damit an die Bedingungen für eine mögliche Rechtfertigung seiner Beurteilung durch Begründung und Beweis. Der Gedanke ist „etwas Objektives, das soll heißen, etwas, was für alle Vernunftwesen, für alle, die es zu fassen vermögen, genau dasselbe ist".[63] Die Objektivität des Gedankens ist „nicht eine Unabhängigkeit von der Vernunft; denn die Frage beantworten, was die Dinge unabhängig von der Vernunft sind, hieße urteilen, ohne zu urteilen".[64] Der Gedanke ist wie die logischen Gegenstände der Arithmetik ein Gegenstand, der – im Gegensatz zu den Gegenständen der Außenwelt – „unmittelbar der Vernunft gegeben" ist, und dies bedeutet, daß es sinnvolle „Wiedererkennungssätze" gibt, durch die der Gedanke wie die Zahl „als wiedererkennbarer Gegenstand"[65] bestimmt wird.

---

[63] Frege 1983, 7.

[64] Frege 1977 b, 36. Vgl. zum Begriff der Objektivität und zum Zusammenhang von Objektivität und Vernunft Sluga 1977, 230 ff.; Sluga 1980, 117 ff.

[65] Frege 1977 b, 115 f. Daß Gedanken kein Sein jenseits der Möglichkeit, sie zu fassen, zukommt, daß sie also nicht unabhängig von jeglichem Denken bestehen, sondern den Bedingungen möglicher Erkenntnis unterliegen, zeigt sich auch darin, daß Frege das Sein eines Gedankens unmittelbar erkenntnistheoretisch expliziert: „Man kann unter dem Sein eines Gedankens auch verstehen, daß der Gedanke als derselbe von verschiedenen Denkenden gefaßt werden könne." (Frege 1976 a, 57)

Freges Rede von einem dritten Reich hebt die im weiteren Sinn erkenntnistheoretische Bindung des Gedankens an die rationale Fähigkeit von Subjekten, sich den Gedanken intersubjektiv in derselben Weise gegenüberstellen und beurteilen zu können, keineswegs auf. Was zu diesem Reich gehört, stimmt „mit den Dingen" der Außenwelt darin überein, „daß es keines Trägers bedarf, zu dessen Bewußtseinsinhalte es gehört".[66] In dieser Äußerung gebraucht Frege den Begriff des Bewußtseinsinhalts in der direkt mit dem Vorstellungsbegriff verbundenen und daher nunmehr im engeren Sinn erkenntnistheoretischen Bedeutung, die er diesem Begriff in dem Umfeld jener Äußerung gibt. Nach dieser Bedeutung muß nicht einmal ich selbst, insofern ich von mir etwas behaupte, zum Inhalt meines Bewußtseins gehören, kann aber gleichwohl Gegenstand meines Denkens sein, und dem Inhalt des Bewußtseins kann auch lediglich die Funktion eines „Hilfsmittels beim Nachdenken" über einen davon unterschiedenen Gegenstand des Nachdenkens zukommen. Daß ein Gedanke nicht zum Bewußtseinsinhalt gehört, schließt nicht aus, daß er (ebenso wie sogar die Vorstellung eines Dritten) „gemeinsamer Gegenstand des Denkens von Menschen"[67] sein kann. Es schließt nur aus, daß ein Gedanke in derselben Weise wie eine Vorstellung bewußt sein kann und auf das Erfaßt- und Gedachtwerden im engen erkenntnistheoretischen oder im psychologischen Sinn angewiesen ist.

Freges Rede von der Unabhängigkeit des Gedankens von unserem Denken ist ebenso wie seine Rede von der Unabhängigkeit der Wahrheit von unserer bzw. meiner Anerkennung einzig so zu verstehen, daß damit die Unabhängigkeit von einem einzelnen Denkenden bzw. Urteilenden und einem singulären Urteils- oder Denkakt gemeint ist, keineswegs aber eine Unabhängigkeit von Vernunft überhaupt und der Fähigkeit, den Gedanken im in-

---

[66] Frege 1976 a, 43. – Nach Sluga und Carl sind Freges Unterscheidung eines dritten Reiches und sein Begriff der Objektivität von Gedanken nicht ontologisch, sondern erkenntnistheoretisch zu verstehen (vgl. Sluga 1980, 120 f., und Carl 1982, 61, 65). Sluga kennzeichnet Freges Position so, daß gilt: „The objective exists for him not apart from or outside Reason, but constitutes its unchanging structure." (Sluga 1977, 236)

[67] Frege 1976 b, 48.

tersubjektivitätstheoretischen und im weiten erkenntnistheoretischen, auf die Beurteilungskompetenz bezogenen Sinn zu erfassen und als wahr oder falsch zu beurteilen. Wenn Frege gegenüber der Behauptung, die Wahrheit sei von der Anerkennung eines bestimmten Urteilenden unabhängig, in dem Entwurf „Logik" „einen Schritt weiter" geht, indem er auch eine Unabhängigkeit des Gedankens vom Denken behauptet,[68] so grenzt er auch hier nur das durch Intersubjektivität und Objektivität bestimmte Verhältnis des Gedankens zu denjenigen, die ihn als denselben und in derselben Weise auffassen und sich gegenüberstellen können, von dem singulären Verhältnis eines bestimmten Individuums zu der ihm zugehörigen Vorstellung ab. Denn wenn von der Unabhängigkeit des Gedankens von unserem Denken die Rede ist, so wird das Denken im engen Sinn erkenntnistheoretisch und sogar eindeutig psychologisch, nämlich als singulärer, zeitlich bestimmbarer, individueller Vorgang in der Innenwelt eines Denkenden, verstanden. Dies zeigt vor allem Freges Analogisierung des Denkens mit dem Entdecken und erstmaligen Sehen als zeitlich bestimmten Prozessen oder Ereignissen. Vom *Denken im Sinn eines singulären Denkakts* ist ein Gedanke als objektiver Inhalt eines Wissens, über das verschiedene Subjekte in derselben Weise verfügen können, unabhängig.

Frege geht es um den Kontrast zwischen dem zeitlich und individuell bestimmten kognitiven Zugang zu Vorstellungsinhalten und dem intersubjektiv, und d. h. für unbegrenzt viele Individuen *in derselben Weise* festgelegten und gerade deshalb nicht auf Individuen oder Zeitpunkte relativierbaren kognitiven Zugang zu Gedanken, und in diesem Sinn erläutert Frege in der Abhandlung „Logik" die Unabhängigkeit des Gedankens vom Denken,[69]

---

[68] Vgl. Frege 1983, 144 f.

[69] Vgl. das Zitat oben S. 141. Hier hebt Frege unmittelbar nach der Behauptung, daß Gedanken von unserem Denken unabhängig sind, hervor, daß ein Gedanke, statt vom Denken abhängig zu sein, „allen, die ihn auffassen", in derselben Weise gegenübersteht. Mit *diesem* Auffassen muß hier also etwas anderes gemeint sein, als einen Gedanken in einem singulären Akt zu denken. – Für Frege ist allerdings das Auffassen nicht in allen seinen Äußerungen an Sätze und die sinnliche Form des Gedankenausdrucks gebunden (vgl. Frege 1983, 288).

mit der keineswegs eine Unabhängigkeit von der Möglichkeit des Verstehens als dem angemessenen Erfassen des Gedankens verbunden ist. Freilich ist Freges Begriffsgebrauch inkonsequent, wenn er einerseits Gedanken als zeitlos charakterisiert, andererseits von ihrem Bestehen *vor* einem Vorgang des Erfaßtwerdens spricht; diese Inkonsequenz verdankt sich in erster Linie dem mehrdeutig verwendeten Ausdruck des Fassens. Aber die Anwendung von genuin temporalen Prädikaten auf Gedanken kann eliminiert werden, ohne Revision des intersubjektiv bestimmten Verhältnisses derjenigen, denen der Gedanke gegenübersteht, zu dem Gedanken. Da dieses Verhältnis allein unter dem Aspekt eines möglichen Wissens bestimmt ist, insofern dieses durch Objektivität und Intersubjektivität gekennzeichnet und durch ein nicht-psychologisch konzipiertes Verstehen verfügbar ist, ist es gar kein Zeitverhältnis.

5. *Kriterien der Identität*

Wenn die Identität von Propositionen durch eine Äquivalenzbeziehung bestimmt ist, so müssen verschiedene Sätze oder Äußerungen etwas gemeinsam haben, wenn sie dieselbe Proposition ausdrücken. Die Frage, worin dieses Gemeinsame und die ihm entsprechende Gleichheitsbeziehung bestehen, erfordert die Erörterung verschiedener Äquivalenzbeziehungen, die als Kriterium für propositionale Identität vorgeschlagen wurden.

Nach einem ersten Vorschlag[70] drücken zwei Sätze in einem Äußerungskontext dann dieselbe Proposition aus, wenn die Subjektausdrücke beider Sätze denselben Gegenstand bezeichnen und der Prädikatausdruck des einen Satzes auf genau dieselben Gegenstände zutrifft wie der des zweiten Satzes, beide Teilausdrücke eines Satzes also jeweils dieselbe Extension haben wie die entsprechenden Teilausdrücke des anderen Satzes. Faßt man als die Extension eines Satzes seinen Wahrheitswert auf, so sind auch die beiden Sätze extensionsgleich; der Wahrheitswert des einen Satzes stimmt mit dem des anderen Satzes faktisch überein.

---

[70] Vgl. Lemmon 1966.

Eine Proposition wäre nach diesem Vorschlag als ein extensionaler Gegenstand aufzufassen. Nun ist dieses Kriterium für propositionale Identität aber sicher zu weit. Denn es berücksichtigt nicht, daß auch dann, wenn zwei Sätze in ihrem Wahrheitswert faktisch übereinstimmen, also faktisch äquivalent sind, das, was an ihnen als wahr oder falsch beurteilbar ist, dennoch verschieden sein kann und beide Sätze daher einen unerschiedlichen Wert für die Erkenntnis haben können. Für jemand, der nicht weiß, daß der Abendstern der Morgenstern ist, drücken die wahren Sätze ‚Der Abendstern ist von der Sonne beleuchtet' und ‚Der Morgenstern ist von der Sonne beleuchtet' zwei verschiedene Inhalte aus, die unabhängig voneinander als wahr beurteilbar sind. Der als wahr oder falsch beurteilbare Inhalt ist aber gerade das, was identisch sein muß, wenn zwei Sätze dieselbe Proposition ausdrücken sollen.
Aussichtsreicher als ein extensionales Identitätskriterium ist Carnaps Vorschlag, zwei (nicht-indexikalische) Sätze dann als Ausdrücke derselben Proposition aufzufassen, wenn sie dieselbe Intension haben. Zwei Sätze ‚p' und ‚q' sind nach Carnap intensionsgleich, wenn sie logisch äquivalent sind, der Satz ‚p genau dann, wenn q' also allein aufgrund logischer und semantischer Regeln beweisbar ist.[71] Beide Sätze haben dann in allen möglichen Welten dieselbe Extension und besitzen damit dieselben Wahrheitsbedingungen. Die Intension eines Satzes, die Carnap als die durch den Satz ausgedrücke Proposition auffaßt, ist eine Funktion, die für jede mögliche Welt den Wahrheitswert bestimmt, der dem Satz in dieser Welt zukommt, und sie ist selbst durch diese Extensionen in allen möglichen Welten festgelegt; eine Proposition ist eine Funktion aus der Menge möglicher Welten in die Menge der Wahrheitswerte. Formuliert man diese Zuordnung von möglichen Welten und Wahrheitswerten so, daß sie nur auf den Wahrheitswert ‚wahr' bezogen ist, so kann man eine Proposition mit der Menge derjenigen Welten identifizieren, in denen der Satz, der die Proposition ausdrückt, wahr ist. Wer den

[71] Vgl. Carnap 1972, 34 ff. Zur logischen Äquivalenz als Identitätskriterium für Propositionen vgl. auch Weingartner 1971/1972; Stalnaker 1976. Zum Begriff der Intension vgl. v. Kutschera 1976, 23 ff.

Satz versteht, kennt seine Intension, er weiß, unter welchen Bedingungen er wahr ist.
Auch die logische Äquivalenz erweist sich aber als ein für propositionale Identität zu weites Kriterium. Denn daß zwei Sätze logisch äquivalent sind, ist nicht immer allein anhand ihres Verstehens ersichtlich, und es kann insbesondere bei mathematischen Aussagen eine sehr komplexe Prozedur erforderlich sein, die zeigt, daß sie in ihrem Wahrheitswert notwendigerweise übereinstimmen. Wer das mit einem Satz Gesagte erfaßt, kann nicht schon durch dieses Verstehen alle Folgerungen, die sich daraus logisch ergeben, überblicken. Kann jemand zwei logisch äquivalente Sätze verstehen, ohne zu wissen, daß sie logisch äquivalent sind, so kann er den einen Satz für wahr, den anderen Satz dagegen für falsch halten. Jemand kann den Satz: „Mindestens ein Dorf hat 100 Einwohner" für wahr, den Satz dagegen: „Mindestens ein Dorf hat $1^3 + 2^3 + 3^3 + 4^3$ Einwohner" für falsch halten.[72]
Was zwei Sätze ausdrücken und was an diesem Ausgedrückten als wahr beurteilbar ist, muß also auch dann nicht dasselbe sein, wenn die beiden Sätze logisch äquivalent sind.
Diese Schwierigkeit kann auch nicht durch die Annahme behoben werden, diese Differenz im Wissen betreffe nicht die durch zwei äquivalente Sätze ausgedrückten Propositionen selbst, sondern die Relation zwischen den beiden Sätzen und der einen durch sie ausgedrückten Proposition: jemand hält die durch den einen Satz ausgedrückte Proposition für wahr, erkennt aber nicht, daß der andere Satz eben diese Proposition ausdrückt, die er für wahr hält.[73] Bei einer komplizierten Satzstruktur besteht nach dieser Annahme eine Kluft zwischen Propositionen und ihren Ausdrucksmitteln, so daß sich nicht-triviale Fragen über die Relation zwischen Sätzen und Propositionen, die durch sie ausgedrückt werden, ergeben. Eine derartige Verteidigung des Kriteriums der logischen Äquivalenz führt jedoch zu einer Abtrennung des Wissens von einer Proposition von dem Erfassen dessen, was durch einen Satz ausgedrückt wird. Der propositionale Sinn eines Satzes ist dann etwas Verborgenes, das

[72] Vgl. Künne 1983, 249 ff., 258 f. Vgl. ferner Armstrong 1973, 40.
[73] So Stalnaker 1976, 87 f.

nicht schon durch Verstehen der Ausdrucksmittel erfaßt wird, sondern erst durch logische Analyse aufgedeckt werden muß.[74] Die Begriffe des Satzsinns und der Sinngleichheit von Sätzen verlieren den unmittelbaren Bezug sowohl auf das Verstehen der Sätze als auch auf die Fähigkeit, die Sätze zu gebrauchen und zu erklären, was mit ihnen gesagt wurde. Das Kriterium der logischen Äquivalenz hat für das Verstehen und den Gebrauch der Sätze keine unmittelbare Relevanz. Mit der Abspaltung des Sinns vom Verstehen und Gebrauch der Ausdrucksmittel spiegelt dieses Kriterium dieselben Defizite wider, die schon für den logisch-semantischen Sprachbegriff als ganzen und für einen Sinnbegriff kennzeichnend waren, der auf die logisch-semantische Dimension verkürzt ist.[75]

Wesentlich enger als das Kriterium der logischen Äquivalenz ist das von Carnap für Synonymie vorgeschlagene Kriterium der intensionalen Isomorphie.[76] Zwei Sätze sind intensional isomorph oder sie haben dieselbe intensionale Struktur, wenn sie nicht nur als ganze logisch äquivalent sind, sondern auch in der gleichen Weise aus Bestandteilen aufgebaut sind und die Bestandteile des einen Satzes intensional gleichen Teilen des anderen Satzes zugeordnet werden können. Auch dieses Kriterium ist aber für propositionale Identität nicht brauchbar, da es zu eng ist. Denn wenn ‚A' und ‚B' Sätze bezeichnen, so sind die komplexen Sätze ‚A und B' und ‚B und A' nicht intensional isomorph; dennoch haben sie nach Frege denselben Sinn, und dasselbe gilt auch von den ebenfalls in ihrer intensionalen Struktur unterschiedlichen Satzpaaren ‚nicht [A und B]' und ‚nicht [B und A]' sowie ‚weder A

---

[74] Zur Kritik dieser Auffassung vgl. Wittgenstein 1970 b, 52; Wittgenstein 1960 c, § 60 ff.

[75] Mit der Methode der Extension und Intension ist, wie Carnap deutlich hervorhebt, unmittelbar die Abtrennung der Bedeutung von der Anwendung eines Ausdrucks verbunden (vgl. Carnap 1972, 253 f.). Da das Verstehen als Erfassen der Intension eine logisch-semantische Analyse des Ausdrucks zur Grundlage hat, die Anwendung des Ausdrucks auf die wirkliche Welt und die Bestimmung der Extension hingegen eine Untersuchung der Tatsachen, kehrt natürlich auch bei dieser Methode die Trennung von Wahrheit und Verifikation wieder.

[76] Vgl. Carnap 1972, 70 ff.

noch B' und ,weder B noch A'.[77] Obwohl jeweils sprachlich verschiedene Ausdrücke vorliegen, weiß man allein durch das Verstehen der Sätze, daß sie denselben Sinn haben.
Frege gebraucht ein Kriterium für die Identität von Gedanken, das von den Einwänden gegen Carnaps Kriterien nicht betroffen wird. Obwohl Frege dieses Kriterium in den von ihm veröffentlichten Schriften nicht explizit formuliert, verwendet er es doch auch in diesen Schriften mehrmals, wenn auch zumeist indirekt, indem er es zur Entscheidung der Verschiedenheit des Sinns von Sätzen heranzieht. Eine ausdrückliche Formulierung dieses Kriteriums enthält der Nachlaß:

> „Zwei Sätze A und B können ... in der Beziehung zueinander stehen, daß jeder, der den Inhalt von A als wahr anerkennt, auch den von B ohne weiteres als wahr anerkennen muß, und daß auch umgekehrt jeder, der den Inhalt von B anerkennt, auch den von A unmittelbar anerkennen muß *(Äquipollenz)*, wobei vorausgesetzt wird, daß die Auffassung der Inhalte von A und B keine Schwierigkeit macht."[78]

Dieses Kriterium ist auf Sätze eingeschränkt, die keinen logisch evidenten Sinnbestandteil enthalten, es erfaßt nur den Teil des Satzinhalts, der für die Erkenntnis und die Anerkennung des Wahrheitswertes relevant ist, und es ist unabhängig von der Feststellung und dem Wissen anwendbar, ob die Sätze wahr oder falsch sind. Zwei voneinander verschiedene Sätze, die diesem Kriterium entsprechen, sind *für die Erkenntnis gleichwertig* und enthalten keinen für die Beurteilung des Wahrheitswertes relevanten Unterschied. Zwei Sätze drücken denselben Gedanken aus, wenn sie in dieser Weise *kognitiv und epistemisch gleichwertig* sind.[79] Da zum Gedanken genau so viel gehört, wie für die

[77] Vgl. Frege 1976 a, 76 ff.; vgl. dazu Thiel 1965, 142 ff.
[78] Frege 1983, 213. Vgl. das ähnliche, allerdings am Begriff der intentionalen Einstellung festgemachte Identitätskriterium von R. M. Chisholm in Chisholm 1971, 24 f.
[79] Vgl. zur kognitiven Gleichwertigkeit auch Künne 1983, 256.

Wahrheit oder Falschheit des Satzes, der ihn ausdrückt, relevant ist, sind kognitiv gleichwertige Sätze verschiedene Zeichen, die gleichwertig für den Gedankenausdruck[80] sind. Die kognitive Gleichwertigkeit der Sätze liegt dann vor, wenn man nicht den Sinn der beiden Sätze erfassen kann, ohne zugleich zu wissen, daß die Beurteilung des Wahrheitswertes beider Sätze zu ein und demselben Ergebnis führen muß. Jeder, der beide Sätze versteht, weiß dadurch, daß beide Sätze in ihrem Wahrheitswert übereinstimmen müssen und ein Übergang von der Wahrheit oder Falschheit des einen Satzes zum entsprechenden Wahrheitswert des anderen Satzes unmittelbar, d. i. ohne ein weiteres Wissen oder einen Beweis zu erfordern, möglich ist. Die Möglichkeit, daß die Sätze in ihrem Wahrheitswert differieren könnten, ist schon aufgrund des Verstehens ihres Sinns ausgeschlossen. Frege versteht die Übereinstimmung des Sinns so, daß man sie „durch unmittelbares Einleuchten" oder „ohne Beweis nur dadurch, daß man sich des Sinnes bewußt wird",[81] erfaßt. Ist der Wahrheitswert des einen Satzes bekannt, so ist keine weitere „Tat des Erkennens" erforderlich, um den Wahrheitswert des anderen Satzes festzustellen. Wer die Wahrheit des einen Satzes und zugleich die des anderen anerkennt, vollzieht damit „nicht zwei verschiedene Urteilstaten, sondern nur eine":

> „Indem wir den Gedanken des ersten Satzes bejahen, bejahen wir mit derselben Tat auch den Gedanken des zweiten und umgekehrt."[82]

Da nach Frege rein logisch beweisbare und in diesem Sinn analytische Sätze entgegen Kants Auffassung erkenntniserweiternd sein können, erfordert auch die Folgerung eines Satzes aus einem anderen vermittels logischer Gesetze eine besondere Tat des Erkennens, so daß auch logisch äquivalente Sätze sinnverschieden sein können.[83]

---

[80] Vgl. Frege 1983, 243.
[81] Ebd. 227, und Frege 1976 a, 76.
[82] Frege 1983, 153.
[83] Vgl. zu dieser Auffassung analytischer Urteile Frege 1977 b, 100 f. und

Freges Kriterium für die Identität von Gedanken steht in unmittelbarem Zusammenhang mit seiner allgemeinen Unterscheidung zwischen Sinn und Bedeutung. Haben zwei Sätze denselben Sinn, so ist es „selbstverständlich“, daß sie in ihrer Bedeutung übereinstimmen. Fehlt bei Sätzen oder auch bei singulären Termini diese Selbstverständlichkeit, so ist damit eine hinreichende Bedingung für Sinnverschiedenheit erfüllt:

> „Überall, wo das Zusammenfallen der Bedeutung nicht selbstverständlich ist, haben wir eine Verschiedenheit des Sinnes.“[84]

Nicht selbstverständlich ist es in solchen Fällen, daß die verschiedenen Weisen, die Bedeutung eines Ausdrucks zu bestimmen, zu demselben Ergebnis führen müssen. Die Methoden zur Bestimmung der Bedeutung können völlig unabhängig voneinander angewandt werden, und nichts im Wissen von der einen Methode verweist darauf, daß eine andere Methode in allen Anwendungsfällen zum selben Ergebnis führen muß und das Wissen von dieser zweiten Methode dem Wissen von der ersten Methode in bezug auf die möglichen Ergebnisse ihrer Anwendung gleichwertig ist. Für singuläre Termini macht Frege diese Unabhängigkeit der Bestimmungsmethoden voneinander in seinen Beispielen ‚Abendstern‘ und ‚Morgenstern‘ sowie ‚Afla‘ und ‚Ateb‘ sehr deutlich. Jemand kann sowohl den Namen ‚Afla‘ als Bezeichnung für einen Schneeberg verstehen, der am nördlichen Horizont zu sehen ist, als auch ‚Ateb‘ als Name für einen hohen Berg, der von einem anderen Standpunkt aus am südlichen Horizont zu identifizieren ist, ohne zu wissen, daß es sich dabei um densel-

---

103; Frege 1983, 242. – In einem Brief an Husserl, der nur kurze Zeit nach dem Nachlaßstück „Kurze Übersicht meiner logischen Lehren“ abgefaßt wurde, formuliert Frege ein anderes Kriterium für Sinngleichheit als in diesem Nachlaßstück, indem er in dem Brief logische Äquivalenz als Kriterium für Gedankenidentität auffaßt (vgl. Frege 1976 b, 105 f.). Dummett bezeichnet diese Auffassung der Sinngleichheit zu Recht als „a view irreconcilable with Frege’s ideas about sense as stated in other writings“ (Dummett 1981 b, 325).

[84] Frege 1976 b, 234 f., vgl. 128, und Frege 1976 a, 77.

ben Berg handelt. Verschiedene Weisen des Gegebenseins ein und desselben Gegenstands bilden die Grundlage für verschiedene Methoden, die Bedeutung der Namen zu bestimmen. Da der Sinn des Satzes vom Sinn der Satzteile abhängt,

> „ist auch der Sinn des Satzes ‚Der Ateb ist mindestens 5000 Meter hoch' verschieden von dem Sinne des Satzes ‚Der Afla ist mindestens 5000 Meter hoch'. Wer dieses für wahr hält, braucht keineswegs auch jenes für wahr zu halten."[85]

Die Übereinstimmung der Bedeutung versteht sich aus der Kenntnis der verschiedenen Bestimmungsmethoden ebensowenig von selbst wie bei ‚Morgenstern' und ‚Abendstern' und bei zwei Sätzen, die sich in ihrem Sinn nur aufgrund der Sinnverschiedenheit dieser Ausdrücke unterscheiden. Sie ergibt sich vielmehr erst aufgrund eines weiteren kontingenten Wissens: der Kenntnis einer geographischen bzw. astronomischen Tatsache. Die Identität der Bedeutung der Sätze beruht auf einem sinnexternen, die Kenntnis der Bestimmungsmethoden überschreitenden Wissen. Ergibt sich eine Übereinstimmung in der Bedeutung der Ausdrücke aber schon aus der bloßen Kenntnis der Methoden zur Bestimmung ihrer Bedeutung, mithin aus dem Verstehen des Sinns der Ausdrücke, so haben die Ausdrücke denselben Sinn. Das intersubjektiv verfügbare Wissen von der mit dem einen Ausdruck verbundenen Bestimmungsmethode enthält gegenüber dem Wissen von der mit dem anderen Ausdruck verbundenen Methode keinen Unterschied, der für den möglichen Fortschritt vom Sinn zur Bedeutung und damit für die Erkenntnis relevant wäre, so daß beide Wissensinhalte in dieser Hinsicht für jeden, der sie erfaßt, gleichwertig sind. Wer beide Ausdrücke versteht, muß auch ein – eben unmittelbares – Wissen von der Übereinstimmung ihrer Bedeutung haben: beide Wissensinhalte verweisen aufeinander als gleichwertige, weil die mit beiden Ausdrücken verbundenen Bestimmungsmethoden im Resultat ihrer Anwendung derart aufeinander verweisen, daß dieses Resultat

---

[85] Frege 1976 b, 128; vgl. ebenso Frege 1980, 26 f. und 47.

für beide Ausdrücke schon aus Gründen der Kenntnis dieser Methoden immer ein und dasselbe sein muß.[86]
Für das Kriterium der kognitiven Gleichwertigkeit ist der in ihm vorausgesetzte Begriff des Verstehens entscheidend. Wird dieser Begriff pragmatisch interpretiert und damit Freges Sinnbegriff pragmatisch erweitert, so kann ohne Rückgriff auf eine scheinbar psychologisch zu interpretierende Ausdrucksweise[87] deutlicher bestimmt werden, worin die kognitive Gleichwertigkeit von Sätzen besteht. Den Sinn eines Satzes zu erfassen, heißt zu wissen, unter welchen Bedingungen der Satz das Wahre (bzw. das Falsche) bedeutet, d. i. wie der Wahrheitswert des Satzes im Prinzip bestimmt werden kann. Die Anerkennung der Wahrheit, mithin der Schritt vom Sinn zur Bedeutung, der im Urteilen oder Behaupten vollzogen wird, ist von dem Wissen abhängig, daß die im Satzsinn bestimmten Wahrheitsbedingungen erfüllt sind; nur insofern feststeht, daß sie erfüllt sind, sind das Urteil und die Behauptung berechtigt. Die Bestimmung des Wahrheitswerts kann nur insofern zum Ziel kommen, als es möglich ist, die Erfüllung der Wahrheitsbedingungen zu beurteilen. Unter pragmatischem Aspekt können Wahrheitsbedingungen nun so verstanden werden, daß derjenige, der sie kennt, nicht nur weiß, unter welchen Umständen sie erfüllt wären, sondern auch, daß und in welcher Weise diese Erfüllung zu Handlungen berechtigen würde. Wer die Wahrheitsbedingungen eines Satzes kennt, weiß, welche möglichen Umstände zu der Behauptung des Satzes berechtigen und eine Ja-Stellungnahme zu seiner Behauptung möglich machen könnten. Den propositionalen Sinn des Satzes zu kennen, heißt

[86] Frege führt als Fälle, bei denen Sinngleichheit von Sätzen vorliegt, an: die korrekte Übersetzung eines Satzes in eine andere Sprache (vgl. Frege 1983, 153); die Aktiv-Passiv-Transformation (vgl. ebd.); die Ersetzung des definierenden Ausdrucks in einem Satz durch den zugehörigen definierten Ausdruck (vgl. ebd. 225); gewisse logische Satzverknüpfungen von bestimmter Form (vgl. Frege 1976 a, 77 ff.); die Sätze ‚p' und ‚es ist wahr, daß p' (vgl. z. B. Frege 1983, 153). Fälle, bei denen die Ersetzung eines Eigennamens oder deiktischen Ausdrucks in einem Satz durch einen anderen singulären Terminus zu einem sinngleichen Satz führt, werden im folgenden noch zu erörtern sein.
[87] Vgl. insb. Frege 1983, 225 ff.

somit zu wissen, welche möglichen Umstände als Fälle der Erfüllung dieser Bedingungen gelten und zu der Behauptung des Satzes berechtigen könnten.
Daß zwei Sätze für Sprecher und Hörer denselben Sinn haben, heißt dann nicht nur, daß für sie die Methoden zur Bestimmung der Bedeutung zum selben Resultat führen müssen, sondern auch, daß für sie genau diejenigen Umstände, die die Wahrheitsbedingungen des einen Satzes erfüllen und zu seiner Behauptung berechtigen, auch die des zweiten Satzes erfüllen und zu dessen Behauptung berechtigen, und daher unter genau denselben Umständen zur Behauptung des ersten und zu der des zweiten Satzes mit ‚Ja' Stellung genommen werden kann. Mit beiden Sätzen ist die Kenntnis *desselben Potentials von Erfüllungs- oder Berechtigungsumständen* verbunden. Ist die Kenntnis des Sinns eines Satzes als praktisches Wissen von den möglichen Umständen zu verstehen, die zur Anwendung des Satzes berechtigen können, so muß jeder, der beide Sätze versteht, die möglichen Umstände ihrer berechtigten Verwendung kennen. Jemand weiß durch diese Kenntnis zugleich, daß die beiden Sätze sinngleich sind. Denn das dem Verstehen der Sätze zugrundeliegende praktische Wissen ist als *praktisches* Wissen für beide Sätze dasselbe, wenn genau diejenigen möglichen Fälle, die gemäß diesem Wissen zur Verwendung des einen berechtigen würden, auch zu der des anderen berechtigen würden. Müssen sich die Begriffe ‚Sinn' und ‚Verstehen' wesentlich auf ein praktisches Wissen, ein Knowing how, beziehen, so enthält der Sinn eines Satzes gegenüber dem eines anderen keinen relevanten Unterschied, wenn mit beiden Sätzen dasselbe Wissen von möglichen berechtigten Anwendungsfällen verknüpft ist. Daß ein Sprecher die Verwendung der beiden Sätze unter denselben Umständen der Behauptung als berechtigt beurteilen würde, heißt gerade, daß er sie im Sinn eines praktischen Wissens so auffaßt, daß er sie als sinngleich beurteilt. Die Sinngleichheit und die Identität des praktischen Wissens zeigt sich in der Anwendung unter denselben Umständen.[88]

[88] Für Frege ist ein Satz ‚p' sinngleich mit dem Satz ‚p ist wahr'. Muß das Prädikat ‚wahr' aber so verstanden werden, daß für seine Verwendung die Differenz von erhobenem und eingelöstem Anspruch konstitutiv ist und

Das Kriterium der kognitiven Gleichwertigkeit erfordert für die Sinngleichheit von zwei Sätzen, daß jeder, der beide Sätze versteht, schon aufgrund dieses Verständnisses weiß, daß er zu beiden Sätzen hinsichtlich der Anerkennung ihrer Wahrheit in ein und derselben Weise Stellung nehmen muß. Die Selbigkeit der Ja- bzw. Nein-Stellungnahme zu beiden Sätzen ergibt sich aus dem Wissen, daß beiden Sätzen derselbe Bereich möglicher Umstände zugeordnet ist, unter denen eine Ja- bzw. Nein-Stellungnahme berechtigt ist. Durch das Kriterium der kognitiven Gleichwertigkeit werden Sätze insofern als gleichwertig für jeden, der sie versteht, aufgefaßt, als für diese Sätze durch ein praktisches Wissen dasselbe Berechtigungsverhältnis zwischen möglichen Umständen und möglichen Stellungnahmen hinsichtlich der Wahrheit oder Falschheit des Gesagten bestimmt wird. Die Selbigkeit des propositionalen Sinns gegenüber den verschiedenen Ausdrucksmitteln, vermittels deren dieser Sinn bestimmt und identifiziert werden kann, ist durch das Kriterium der kognitiven Gleichwertigkeit an Bedingungen gebunden, die nicht nur das Verstehen im Sinn der Kenntnis von Wahrheitsbedingungen, sondern auch die möglichen Handlungen des Behauptens und der Ja/Nein-Stellungnahme betreffen. Der propositionale Sinn wird im Wechsel der Ausdrucksmittel dadurch reidentifizierbar, daß mit ihm pragmatische Bedingungen verknüpft sind, die die berechtigte Verwendung dieser Ausdrucksmittel relativ zu möglichen Umständen festlegen. Die Identitätsbedingungen von Propositionen binden damit diese Gegenstände in der Weise an sprachliche Ausdrucksmittel, daß sie für verschiedene Ausdrucksmittel, die ein und dieselbe Proposition ausdrücken, einheitliche Verwendungsbedingungen festlegen. Sind konkrete Gegenstände raumzeitlich identifizierbar, so sind demgegenüber Propositionen als abstrakte Gegenstände nur dadurch identifizierbar, daß auf die geregelte Verwendung sprachlicher Ausdrücke rekurriert wird.[89]

---

es einen Anspruch im Hinblick auf eine eigens anführbare Berechtigungsgrundlage *sprachlich explizit* als eingelöst *qualifiziert*, so kann der bloß behauptete Satz ‚p' nicht mehr als *sinngleich* mit dem Satz ‚p ist wahr' aufgefaßt werden. Mit letzterem wird eine Berechtigungsgrundlage explizit angezeigt, die bei ersterem nur als beanspruchte implizit unterstellt wird.

[89] Vgl. Tugendhat u. Wolf 1983, 140 f. Am Beispiel von Schachzügen ent-

6. *Identifizierung von Propositionen bei Nominalisierung und Eigennamen*

Nach dem pragmatisch interpretierten Kriterium der kognitiven Gleichwertigkeit drücken verschiedene Sätze dann dieselbe Proposition aus, wenn sie unter denselben Umständen berechtigterweise verwendet werden können, wobei die Verwendung der Sätze unter dem Gesichtspunkt der Wahrheit oder Falschheit des Gesagten und damit der Möglichkeit, es zu behaupten, festgelegt ist.[90] Aus diesem Kriterium ergeben sich Konsequenzen für die Identifizierung von Propositionen, insofern sie vermittels von Ausdrücken verschiedener Art bestimmt werden.

Werden Propositionen durch Nominalisierung vergegenständlicht, so sind sie damit nur noch sekundär identifizierbar. Denn als Bezugsgegenstände für singuläre Termini sind sie gerade nicht etwas, das behauptet werden kann, da die behauptende Kraft sich nur auf den Inhalt von ganzen Sätzen beziehen kann. Ist die Identität einer Proposition durch die pragmatischen Bedingungen ihrer Behauptung bestimmt, so ist eine vergegenständlichte Proposition nur insofern identifizierbar, als die Vergegenständlichung rückgängig gemacht werden kann und die Proposition als etwas Behauptetes, zu dem mit „Ja“ oder „Nein“ Stellung genommen werden kann, auftreten kann. Singuläre Termini für Propositionen sind in der Weise unvollständig, daß sie diese Angewiesenheit der Proposition auf Behauptungshandlungen sprachlich nicht immer anzeigen, hinsichtlich ihres Verständnisses aber dennoch ergänzungsbedürftig bleiben.

Während die durch einen Daß-Satz bezeichnete Proposition selbst anhand des sprachlichen Ausdrucks noch unmittelbar identifiziert werden kann, ist eine solche unmittelbare Identifikation bei anderen Bezeichnungsweisen nicht mehr möglich. Der

---

wickelt E. K. Specht eine entsprechende Auffassung abstrakter Gegenstände; vgl. Specht 1967, 127 ff.

[90] Dadurch erfolgt aber keine Einschränkung von Propositionen auf Behauptungssätze. Denn Wahrheitsbedingungen sind eine besondere Art von Geltungsbedingungen; dieselbe Proposition, die im Behauptungsmodus durch Wahrheitsbedingungen festgelegt ist, ist in anderen illokutiven Modi durch Geltungsbedingungen anderer Art festgelegt.

Ausdruck ‚der Satz des Pythagoras' etwa erlaubt keine unmittelbare Identifizierung des mit diesem Satz Gesagten – im Gegensatz zu dem Ausdruck ‚der Satz, daß der Flächeninhalt des Quadrats über der Hypotenuse eines Dreiecks gleich der Summe der Flächeninhalte der beiden Quadrate über den Katheten ist'. Wie bei der Lügner-Paradoxie kann sich der Schein einer Paradoxie durch Selbstbezug ergeben, wenn nicht mehr durchsichtig ist, worauf der singuläre Terminus referiert. Steht etwa auf einer sonst leeren Tafel: „Der Satz auf dieser Tafel ist falsch", so ist dasjenige, von dem gesagt werden soll, daß es falsch ist, anhand der verwendeten Kennzeichnung gar nicht identifizierbar. Man würde einen zweiten Satz auf der Tafel erwarten, auf den sich der singuläre Terminus des angeschriebenen Satzes bezieht, oder vermuten, daß ein solcher Satz ursprünglich vorhanden war, aber inzwischen weggewischt wurde.[91] Ohne einen solchen weiteren Satz entsteht der Eindruck, als *referiere* der Subjektausdruck des Satzes auf genau dasjenige, was der ganze Satz *ausdrückt*. Derselbe Eindruck entsteht auch bei der Äußerung „Was ich jetzt sage, ist falsch". Ebenso wie bei „ich lüge" erwartet man auch hier, daß erst noch etwas Zusätzliches gesagt wird, das allererst wahrheitsfähig ist und hier falsch sein soll. In beiden Fällen ergibt sich dieser Eindruck deshalb, weil nicht beachtet wird, daß das *Referieren* auf eine Proposition vermittels eines singulären Terminus gegenüber dem *Ausdrücken* der Proposition durch einen Satz sekundär ist und von diesem seiner Verständlichkeit nach abhängt. W. Kneale kommt aus ähnlichen Überlegungen zur Lügner-Paradoxie zu dem Schluß:

> „The lesson to be learnt from the Liar paradox is ... that ability to *express* a proposition can never depend on ability to *designate* it ... No state of affairs is presentable only by talk about the presentation of it."[92]

---

[91] Vgl. Bar-Hillel 1970, 282 f.; vgl. auch Marten 1972, 265 ff.; Kneale 1972, 240 ff.; Grover 1976; Franzen 1982 b, 306 ff.

[92] Kneale 1972, 243. Vgl. dazu die ganz ähnliche Behandlung der Lügner-Paradoxie bei Wittgenstein in Wittgenstein 1970 c, 424. Kneales Schlußfolgerung gilt vor allem auch für generische Ausdrücke für Propositionen

Zur vollständigen Identifikation einer Proposition genügt es nicht, sie nur bezeichnen zu können, sie muß vielmehr auch als der in einem Satz ausgedrückte Sinn unmittelbar präsentiert werden können. Während die Identifikation einer Proposition, die durch einen Satz ausgedrückt ist, nicht von der Identifikation der durch Nominalisierung bezeichneten Proposition abhängt, verweist die letztere auf die erster Art der Identifikation, setzt sie voraus und ist von ihr abhängig. In dieser Abhängigkeit der Identifizierbarkeit spiegelt sich der Sachverhalt wider, daß Propositionen Gegenstände sind, die im Rekurs auf die Verwendungsweise von Sätzen und damit im Rekurs auf Handlungen identifiziert werden: konstitutiv für diese Gegenstände sind bestimmte Handlungsvollzüge und Handlungsweisen. Solche Handlungen sind in ihrem Vollzug nicht unmittelbar gegenständlich, enthalten aber die Möglichkeit, in ihren Bestimmungen vergegenständlicht zu werden. Daß der Gegenstandscharakter von Propositionen auf Handlungen verweist, wird zwar durch die Möglichkeit, Propositionen durch Nominalisierung zu bezeichnen, verdeckt. Aber diese Möglichkeit verweist selbst ihrer Verständlichkeit nach zurück auf die Verwendung von Sätzen.

Daß eine Proposition durch die Bedingungen der Verwendung sprachlicher Mittel festgelegt ist, durch die diese Proposition ausgedrückt werden kann, ist auch für das Verständnis des Sinns von Sätzen, die Eigennamen enthalten, von Bedeutung. Die Identifizierung einer Proposition erfordert, daß die Ausdrucksmittel diese Proposition eindeutig bestimmen. Enthält ein Satz einen Eigennamen, so ist dies nicht immer der Fall. Auch Eigennamen müssen nicht nur eine Fregesche Bedeutung, sondern auch einen Sinn haben, da mit einem solchen Ausdruck eine Methode zur Identifikation des in einer bestimmten Weise gegebenen Namens-

---

wie ‚Was Percy sagte', ‚Alles, was Percy sagte' etc. Eine Wahrheitstheorie, die sich wie die Redundanztheorie in der Version von Williams (vgl. Williams 1976) fast ausschließlich an diesen Ausdruckstypen orientiert, verkennt, daß solche Ausdrücke in ihrer Verständlichkeit davon abhängig sind, daß Propositionen durch Sätze ausgedrückt werden und in dieser Weise explizit angegeben werden können. – Auch nach R. M. Chisholm wird mit der Äußerung von „Was ich sage, ist falsch" noch gar nichts behauptet, was wahr oder falsch sein könnte; vgl. Chisholm 1979, 134 ff.

trägers verbunden sein muß.[93] Verbinden Sprecher und Hörer aber etwa mit dem Eigennamen ‚Dr. Gustav Lauben' zwei verschiedene Kennzeichnungen und verfügen sie über keine gemeinsame, auf den Namensträger zutreffende Kennzeichnung, so sprechen sie nach Frege insofern nicht dieselbe Sprache, und der Satz ‚Dr. Gustav Lauben ist verwundet worden' hat für sie nicht denselben Sinn. Nach Freges Ausführungen in „Der Gedanke" scheint die Auffassung naheliegend, daß Eigennamen dann eindeutig verstanden werden, wenn Sprecher und Hörer mit dem Namen eine gemeinsame Kennzeichnung assoziieren, die eigens die Gegebenheitsweise seines Bezugsgegenstands explizit anzeigt.[94] Entgegen einer solchen psychologisierenden Auffassung lassen sich die Schwankungen des Sinns aber plausibler so verstehen, daß sie sich daraus ergeben, daß Eigennamen ebenso wie andere Wörter der natürlichen Sprache schwankend im Gebrauch sind. Nicht jeder Anwendungsfall, in dem ein Eigenname für einen in einer bestimmten Weise gegebenen Gegenstand nach dem Verständnis des Sprechers korrekt gebraucht wurde, muß auch für den Hörer ein Fall der korrekten Verwendung sein. Dies ist insbesondere dann der Fall, wenn Sprecher und Hörer über verschiedene Informationen über den Namensträger verfügen und daher verschiedene Kennzeichnungen für zutreffend auf diesen Gegenstand halten. Die Eindeutigkeit des Gebrauchs kann aber dadurch hergestellt werden, daß der Gebrauch des Eigennamens durch eine Kennzeichnung oder einen deiktischen Ausdruck erläutert wird. In einer solchen Erläuterung werden Beispielsfälle für den korrekten Gebrauch des Namens angegeben, und Sprecher und Hörer verständigen sich dadurch darüber, welche Umstände als Umstände der korrekten Verwendung zu verstehen sind. Obwohl Kennzeichnungen sich auf Tatsachen über den Bezugsgegenstand des Namens beziehen können, hat ein faktisches Wissen dabei nicht die Funktion einer neuen Erkenntnis oder der Erkenntniserweiterung, sondern die der Kenntnis eines Beispielsfalles für den korrekten Gebrauch des Namens.

[93] Vgl. Searle 1971, 243 ff.

[94] Zu Freges Auffassung von Eigennamen und ihren Schwierigkeiten vgl. Schirn 1975, 91 ff.

Durch diese Erläuterungen werden die Umstände des einheitlichen Gebrauchs für Sprecher und Hörer festgelegt. Weil Tatsachen hier den Gebrauch des Namens eindeutig machen, gehören sie zu den Mitteln, die für Sprecher und Hörer einen identisch verstehbaren Sinn bestimmen; sie sind *Teil der Ausdrucksmittel.* Tatsachen, die den Bezugsgegenstand betreffen, fungieren damit für das Verständnis von Sprecher und Hörer in derselben Weise wie nach Wittgenstein etwa ein Muster für das Verständnis einer Farbbezeichnung:

> „Wenn ich jemandem mitteilen will, welche Farbe ein Stoff haben soll, so schicke ich ein Muster, und offenbar gehört dieses Muster zur Sprache."[95]

Ebenso wie ein Farbmuster können Tatsachen zur Sprache gehören – freilich nicht zur Wortsprache, also nur im weiteren Sinn, in dem auch nicht-linguistische Mittel Ausdrucksmittel sind:

> „Ich werde jede Tatsache, deren Bestehen Voraussetzung für den Sinn eines Satzes ist, als *zur Sprache* gehörig rechnen."[96]

Tatsachen gehören hier insofern zur Sprache, als sie eine bestimmte Rolle im Sprachgebrauch spielen, indem sie als Instrument der Darstellung, d. h. nicht als Dargestelltes, sondern als Mittel der Darstellung fungieren. Sie spielen nicht die Rolle von etwas, das sprachlich dargestellt wird, sondern fungieren als etwas, *womit* sprachlich dargestellt wird, da sie als Mittel dienen, den Sinn von Ausdrücken als einheitlich verstehbaren für Sprecher und Hörer zu bestimmen. Tatsachen übernehmen hier nicht eine Funktion für Eigennamen, die einzigartig wäre. Es gibt andere Ausdrücke, für die es offensichtlich ist, daß das, was sie be-

---

[95] Wittgenstein 1970 a, 73; vgl. Wittgenstein 1960 c, § 16.
[96] Wittgenstein 1970 a, 78; vgl. dazu Moores Bericht über Wittgensteins Gebrauch des Terminus ‚proposition' in Moore 1959 b, 261 ff. Danach hat Wittgenstein das Ausdrücken einer Proposition unmittelbar mit der Zuhilfenahme eines Musters verglichen.

zeichnen, nicht allein durch die Worte selbst festgelegt ist: was mit einem indexikalischen Ausdruck jeweils gemeint ist, läßt sich nicht angeben, ohne die jeweiligen Umstände seiner Äußerung – Zeitpunkte, Orte, Personen, Gesten, also nicht-linguistische Gegenstände – zu kennen. Eigennamen ähneln in ihrem Verhältnis zu Tatsachen in gewisser Weise indexikalischen Ausdrücken.
Das Verständnis des Sinns eines Eigennamens setzt die Fähigkeit voraus, den Gebrauch des Namens mit Hilfe von Kennzeichnungen oder von deiktischen Ausdrücken, durch die eine raumzeitliche Identifizierung des Bezugsgegenstands möglich wird, zu erläutern und ihn dadurch zu rechtfertigen.[97] Da beim gewöhnlichen Gebrauch von Eigennamen eine einzelne Beschreibung des Gegenstands sich als falsch erweisen kann, ohne daß der Name seinen Sinn verliert, kann dieser Sinn nicht mit einer einzelnen Beschreibung gleichgesetzt werden. Verfügen Sprecher und Hörer aber über eine Reihe von Kennzeichnungen, von denen zumindest einige auf den Bezugsgegenstand des Namens zutreffen, so können sie diesen Namen einheitlich verstehen, auch wenn nicht genau bestimmt ist, wie viele Kennzeichnungen zutreffen.[98] Sprecher und Hörer müssen zumindest für einige Fälle darüber übereinstimmen, daß der Name für einen Gegenstand, sofern er in bestimmten Weisen gegeben bzw. raumzeitlich identifiziert ist, korrekt verwendet wird. Für den Sinn eines Eigennamens ist es weniger von Belang, daß er nicht immer genau festgelegt ist, als daß er von Sprecher und Hörer festgelegt werden kann, wenn die Wahrheit eines Satzes überprüft werden soll, in

[97] U. Wolf weist darauf hin, daß Eigennamen Gegenstände so identifizieren, „daß dabei bereits die Verwendung von deiktischen Ausdrücken, objektiv lokalisierenden Kennzeichnungen und sortalen Prädikaten vorausgesetzt ist“ (Tugendhat u. Wolf 1983, 165; vgl. Wolf 1985, 33 ff.). Wolf versucht des weiteren, diese Abhängigkeit der Verwendungsweise von Eigennamen von derjenigen anderer singulärer Termini unter anderem durch Aufnahme von Elementen aus Kripkes historischer oder kausaler Theorie der Eigennamen (vgl. Kripke 1981) zu klären. – Vgl. zur Diskussion der semantischen Theorie der Eigennamen die Einleitung in Wolf 1985 und die dort wiedergegebenen Beiträge.
[98] Vgl. zu der – freilich auch in dieser Version umstrittenen – „Beschreibungstheorie“ der Eigennamen Wittgenstein 1960 c, § 79; Searle 1969; Strawson 1972, 245 f.; Searle 1971, 253 ff.; Dummett 1981 a, 98 ff.

dem der Eigenname vorkommt. Was gegebenenfalls erforderlich ist für eine Überprüfung und Rechtfertigung von Sätzen, ist

> „a reconstruction and systematization of part of our language: we seek to *fix* definite senses for the relevant expressions in order to confer a clear content on the question whether we are justified in accepting the disputed statements as true, and, if so, on what grounds".[99]

Kennzeichnungen für den Bezugsgegenstand eines Eigennamens, durch die dessen Sinn und damit auch der Sinn des zu prüfenden Satzes festgelegt werden, haben für die Rechtfertigung und damit für die Erkenntnis einen grundlegend anderen Stellenwert als das über den Gegenstand Gesagte, dessen Wahrheit überprüft werden soll. Erläuterungen erfordern auch dann keine „besondere Erkenntnistat", wenn sie den Gegenstand kennzeichnende Tatsachen anführen: durch sie soll nicht schon geprüft werden, ob in einem vorliegenden Fall die Wahrheitsbedingungen für eine der Kennzeichnung entsprechende Behauptung über den Gegenstand erfüllt sind; vielmehr wird durch Erläuterung erst festgelegt, in welchen Fällen eine Anwendung des Namens als korrekt gilt. Dabei wird freilich *präsupponiert*, daß eine in der Erläuterung gegebene Beschreibung auf den Gegenstand zutrifft. Eine Festlegung der Anwendungsfälle ist erst die Voraussetzung einer Erkenntnis, liefert aber nicht selbst schon eine neue Erkenntnis. Sie verdeutlicht lediglich, daß Methoden der Bestimmung des Bezugsgegenstands, die auf verschiedene Gegebenheitsweisen rekurrieren, für Sprecher und Hörer intern aufeinander verweisen, weil mit den entsprechenden Ausdrücken dasselbe praktische Wissen verbunden ist und die Methoden daher für die Bestimmung des Trägers des Namens gleichwertig sind.

Enthält ein Satz in sinnkonstitutiver Weise einen Eigennamen, so kann er von Sprecher und Hörer nur dann als Ausdruck derselben Proposition verstanden werden, wenn sie auch mit dem Eigennamen denselben Sinn verbinden. Ein Satz mit einem

---

[99] Dummett 1981 a, 105.

Eigennamen ist für Sprecher und Hörer somit auch nur dann ein geeignetes Mittel, einen Gedanken in eindeutiger Weise auszudrücken, wenn das gemeinsame Verständnis des Eigennamens gesichert werden kann. Dieses gemeinsame Verständnis zeigt sich aber erst darin, daß für Sprecher und Hörer unter denselben Umständen eine Ja- bzw. Nein-Stellungnahme zu dem behaupteten Satz berechtigt ist (wobei vorausgesetzt ist, daß die übrigen Satzteile identisch verstanden werden). Das gemeinsame Verständnis des Eigennamens muß sich in dem gemeinsamen Verständnis des Satzsinns niederschlagen, zu dem der Eigenname einen konstitutiven Beitrag leistet.

Bei einer wahren informativen Identitätsaussage der Form ‚a ist b' haben die singulären Termini ‚a' und ‚b' einen verschiedenen Sinn, aber dieselbe Bedeutung, und der Wahrheitswert des Satzes wird durch eine sinnexterne Prüfung festgestellt.[100] Im Gegensatz zu informativen Identitätsaussagen haben Erläuterungen, die die Sinngleichheit verschiedener sprachlicher Ausdrücke verdeutlichen, keinen in seinem Wirklichkeitsbezug gesicherten oder diesen Bezug als schon gesicherten beanspruchenden Gehalt, da mit ihnen der für Erkenntnis erforderliche „Fortschritt vom Sinn zur Bedeutung" noch gar nicht erfolgt ist; sie bleiben der Ebene der sprachlichen Ausdrücke und ihres Sinns verhaftet. Dennoch sind sie keineswegs wertlos. Sie sagen vielmehr etwas über die Verwendungsweise von Ausdrücken aus, die für Sprecher und Hörer gerade nicht von vornherein immer schon einheitlich festgelegt und als solche auch übersichtlich ist. Erläuterungen haben Erklärungskraft hinsichtlich des intersubjektiven Wissens von den Verwendungsweisen von Ausdrücken und den Relationen, die zwischen den Ausdrücken hinsichtlich ihrer Verwendungsweisen bestehen, und sie werden insofern benötigt, als keine Klarheit für Sprecher und Hörer über den identisch zu verstehenden Sinn von Ausdrücken herrscht. Sie artikulieren ein reflexives Wissen von Sprecher und Hörer.[101] Dieses Wissen betrifft

---

[100] Vgl. zur Diskussion von Identitätsaussagen Schirn 1975, insb. 33 ff. und 169 ff.

[101] Was nach Frege fehlt, wenn Sprecher und Hörer einen Eigennamen unterschiedlich verstehen, „obwohl sie in der Tat denselben Mann mit

nicht direkt die Gegenstände, über die durch Verwendung von Ausdrücken etwas gesagt wird, sondern diese sprachlichen Mittel selbst, und zwar hinsichtlich dessen, was mit ihnen ausgedrückt werden kann, also des intersubjektiv verstehbaren Sinns, zu dessen Ausdruck sie tauglich sind. Mit der Verdeutlichung der Gleichheit oder Verschiedenheit des Sinns von Ausdrücken wird eine Voraussetzung für den methodisch kontrollierbaren und intersubjektiv nachvollziehbaren Schritt vom Sinn zu dem Gegenstand geschaffen, über den man reden will, bzw. zum Wahrheitswert des Satzes. Eine Klärung des Sinns von Ausdrükken ist etwas, das vor aller Entdeckung neuer Tatsachen erfolgen muß.

7. Indexikalische Sätze

Die kognitive Gleichwertigkeit ist eine Relation, in der ganze Sätze hinsichtlich ihres Sinns zueinander stehen können. Sätze sind zwar semantisch selbständige Einheiten, und ihnen kommt gegenüber Wörtern und ihrer Bedeutung Priorität zu, aber der Sinn eines Satzes ist eine Funktion des Sinns der Satzteile, d. h. er wird dadurch erfaßt, daß der Sinn der Satzteile und die Art ihrer Zusammensetzung erfaßt werden. Dadurch wird auch die kognitive Gleichwertigkeit verschiedener Sätze funktional abhängig von der Gleichwertigkeit einander entsprechender Teile der Sätze. Dennoch bleibt die primäre Ebene für die Beurteilung der Sinngleichheit die der Sätze. Dies ergibt sich einerseits daraus, daß die Relation der kognitiven Gleichwertigkeit die Beurteilung von Wahrheit oder Falschheit betrifft und nur Sätze, nicht aber Satzteile etwas für sich Wahrheitsfähiges ausdrücken. Andererseits entspricht es dem Kontextprinzip, nach dem der Sinn eines Wortes nur im Zusammenhang eines Satzes erklärt werden kann und der Sinn der Satzteile in dem Beitrag besteht, den sie

---

diesem Namen bezeichnen", ist ein reflexives Wissen: „denn daß sie das tun, wissen sie nicht" (Frege 1976 a, 39). Das reflexive Wissen von der Identität des Sinns und der Selbigkeit des Gebrauchs von Ausdrücken ist eine notwendige Voraussetzung für diese Identität selbst.

zum Sinn des ganzen Satzes und damit zur Kenntnis dessen leisten, was als wahr oder falsch beurteilt werden kann.[102] Zwei einander entsprechende Satzteile können nur insofern kognitiv gleichwertig sein, als sie den gleichen Beitrag zum Sinn der Sätze leisten, in denen sie enthalten sind. Zwei auf Sinngleichheit zu beurteilende Teile verschiedener Sätze, die in ihren übrigen Teilen sinngleich sind, sind nur dann ebenfalls sinngleich, wenn sich aus dem Sinn dieser Satzteile kein Unterschied für die Beurteilung des Wahrheitswerts der ganzen Sätze ergibt.

Ein sprachtheoretisch besonders problematischer Fall von Sinngleichheit liegt dann vor, wenn zwei geäußerte Sätze, die als singuläre Termini oder als Bestandteile ihrer singulären Termini indexikalische Satzkomponenten enthalten, dieselbe Proposition ausdrücken. Da es für indexikalische Ausdrücke charakteristisch ist, daß ihre Referenz mit dem Äußerungskontext wechselt und ein in unterschiedlichen Kontexten geäußerter indexikalischer Satz somit auch verschiedene Propositionen ausdrückt, ergibt sich die Frage, in welcher Weise durch verschiedene Äußerungen dieselbe Proposition bestimmt werden kann und unter welcher Bedingung Sinngleichheit indexikalischer Sätze vorliegt. Aufgrund der funktionalen Abhängigkeit des Satzsinns vom Sinn der Satzteile muß diese Bedingung in einer Relation zwischen einander entsprechenden indexikalischen Satzteilen bestehen, die die kognitive Gleichwertigkeit der Sätze, die diese Teile enthalten und in ihren übrigen, für das Verstehen konstitutiven Komponenten sinngleich sind, herstellt. Da der Sinn eines indexikalischen singulären Terminus in dem Wissen besteht, wie der Referenzgegenstand des Ausdrucks bestimmt werden kann, hat eine Theorie indexikalischer Ausdrücke zugleich zu klären, in welcher Weise und durch welche Mittel der Referenzgegenstand bei indexikalischer Bezugnahme sprachlich identifiziert werden kann.

Bei indexikalischen Sätzen ist nach Frege

[102] Zur Diskussion des Kontextprinzips in bezug auf Frege vgl. Schirn 1975, 71 ff., 79 f.; Carl 1982, 21 ff.

> „der bloße Wortlaut ... nicht der vollständige Ausdruck des Gedankens, sondern man bedarf zu dessen richtiger Auffassung noch der Kenntnis gewisser das Sprechen begleitender Umstände, die dabei als Mittel des Gedankenausdrucks benutzt werden".[103]

Ein indexikalischer Satz hat ohne Ergänzung durch die Kenntnis der Äußerungsumstände keinen vollständigen Sinn. Der Satz ‚Dieser Baum ist grün belaubt' erhält für einen Hörer erst dadurch einen „vollständigen Sinn" und wird zu einem „vollständigen Satz", daß der Hörer auch die Zeit der Äußerung des Satzes kennt und der Satz durch diese Zeitbestimmung ergänzt wird.[104] Diese Zeitbestimmung ist aufgrund der Kontextabhängigkeit des indexikalischen Ausdrucks relativ zu dem Jetztzeitpunkt des Sprechers bei seinem Äußerungsakt zu verstehen; dieser Jetztzeitpunkt ist ein subjektiver Orientierungspunkt, der zur Festlegung des Satzsinns und zum Ausdruck des Gedankens vom Sprecher benutzt wird.[105] Ohne eine solche Ergänzung durch

---

[103] Frege 1976 a, 38; vgl. Frege 1983, 146, 230.

[104] Vgl. Frege 1976 a, 52, und Frege 1983, 146.

[105] Die subjektive Orientierung erfolgt in einem Koordinatensystem, das die Hier-Jetzt-Ich-Origo des Sprechers zu seinem Koordinatennullpunkt hat (vgl. dazu Bühler 1982, 102 ff.). Vgl. zur Rolle der raumzeitlichen Orientierung für den Gebrauch indexikalischer Ausdrücke: Becker, Indexikalische Ausdrücke und Propositionen (im Erscheinen). – Freges Begriff des vollständigen Satzes erfordert nicht, wie Künne nahelegt (vgl. Künne 1983, 280 ff.), daß der indexikalische Ausdruck durch einen Ausdruck, der vom Äußerungskontext unabhängig ist und eine objektive Datierung bzw. Lokalisierung enthält, ersetzt werden muß, um einen solchen Satz zu erhalten. Eindeutig gegen eine solche Interpretation sprechen Freges Ausführungen in Frege 1976 a, 37 f. Als einen „vollständigen Satz" bzw. einen „vollständigen Ausdruck des Gedankens" faßt Frege vielmehr auch einen indexikalischen Satz auf, der durch Äußerungsumstände so ergänzt ist, daß er überhaupt einen Gedanken ausdrücken kann, also einen vollständigen Sinn hat; auch eine subjektive Bestimmung dieser Umstände kann diese Ergänzung liefern. – Dagegen vertreten Husserl und Quine die These, daß alle durch indexikalische Sätze ausgedrückten Propositionen auch durch nicht-indexikalische Sätze ausgedrückt werden können und indexikalische Ausdrücke unter diesem Aspekt eliminiert werden können (vgl. Husserl 1980 a, Bd. II/1, 90; vgl.

entsprechende Äußerungsumstände, also als lediglich in seiner linguistischen Bedeutung verständlicher Zeichentyp, drückt ein indexikalischer Satz nicht etwa nur einen unvollständigen Gedanken aus, sondern *überhaupt keinen Gedanken*: der Satz allein bestimmt nichts Wahrheitsfähiges. Das Ausdrücken eines bestimmten Gedankens und eine eindeutig verstehbare Referenz können bei indexikalischen Ausdrücken allererst den Zeichenvorkommnissen, also den geäußerten Ausdrücken zugeordnet werden. Die Äußerungsumstände gehören aber deshalb nicht zum Gedanken selbst, der in einem unter diesen Umständen geäußerten indexikalischen Satz ausgedrückt wird. Diese Umstände sind vielmehr ebenso wie Gebärden und andere paralinguistische Ausdrucksmittel, die für den vollständigen Sinn eines Satzes erforderlich sind, lediglich Teil des Gedanken*ausdrucks*. Da indexikalische Sätze allererst zusammen mit den sie ergänzenden Umständen einen Gedanken ausdrücken können, werden diese Umstände wie die sprachlichen Ausdrücke „als Mittel des Gedankenausdrucks benutzt“[106] und gehören zu den Ausdrucksmitteln. Insofern ein indexikalischer Satz überhaupt einen vollständigen Sinn, und d. h. einen Gedanken, ausdrücken kann,

---

dazu allerdings Husserls Zurücknahme im Vorwort der zweiten Auflage, Husserl 1980 a, Bd. I, XIV; vgl. zu Quine: Quine 1980, 331 ff.). Zur Kritik dieser These vgl. Künne 1982 a, 53 ff., und Künne 1983, 281 ff. – Entgegen der Eliminierbarkeitsthese muß die subjektive, auf die Hier-Jetzt-Ich-Origo des Sprechers relativierte Festlegung des Referenzobjekts eines indexikalischen singulären Terminus lediglich so verstanden werden, daß sie durch eine objektive Lokalisierung bzw. Datierung, die auf einen subjektunabhängig festgelegten Koordinatennullpunkt bezogen sind, *ergänzt* und gegebenenfalls abgestützt werden kann. Zwischen subjektiver und objektiver Lokalisierung besteht ein Komplementaritätsverhältnis (zur Auffassung, daß beide gleich fundamental sind und wechselseitig voneinander abhängen, vgl. Tugendhat 1976, 436 ff., und Tugendhat u. Wolf 1983, 156 ff.).

[106] Frege 1976 a, 38, vgl. 52: „Die in dem Satze etwa enthaltene Zeitbestimmung gehört allein dem Ausdruck des Gedankens an.“ Ist das Begriffswort mit einem Demonstrativpronomen verbunden (z. B. ‚dieser Mensch‘), so ist als singulärer Terminus „nicht das Begriffswort allein, sondern das Ganze aufzufassen, das aus dem Begriffsworte, dem Demonstrativpronomen und den begleitenden Umständen besteht“ (Frege 1983, 230).

muß das Ausdrucksmittel immer ein zusammengesetzes sein und aus den sprachlichen Ausdrücken und den Umständen ihrer Äußerung bestehen; das zum Gedankenausdruck taugliche Mittel enthält hier also immer zwei ganz unterschiedliche Komponenten.

Für ein Verständnis der Weise, in der indexikalische Sätze eine Proposition bestimmen können, ist eine Klärung des Verhältnisses zwischen diesen beiden Komponenten von entscheidender Bedeutung. Dieses Verhältnis läßt sich in einem ersten Schritt anhand von Husserls Auffassung der Bedeutung indexikalischer Ausdrücke in den „Logischen Untersuchungen" klären. In gewissem Sinn ein Analogon zu dem, was Frege den vollständigen Sinn eines indexikalischen Ausdrucks nennt, bildet bei Husserl die „volle und ganze" oder „angezeigte Bedeutung" eines „wesentlich okkasionellen" Ausdrucks.[107] Diese Bedeutung ist von Fall zu Fall der Äußerung des Ausdrucks eine andere und muß sich aus dem Ausdruck und den Umständen der Äußerung *als hinreichenden Bestimmungsmitteln* ergeben:

> „In der Vorstellung dieser Umstände und in ihrem geregelten Verhältnis zum Ausdruck selbst müssen also, da das Verständnis sich unter normalen Verhältnissen allzeit einstellt, für jedermann faßbare und hinreichend zuverlässige Anhaltspunkte liegen, welche den Hörenden auf die im gegebenen Fall gemeinte Bedeutung hinzulenken vermögen."[108]

Die Äußerungsumstände können nach Husserl deshalb bedeutungsbestimmend sein, weil mit dem okkasionellen Ausdruck eine „allgemeine Bedeutungsfunktion" verknüpft ist, die als Gemeinsames in verschiedenen Äußerungen des Ausdrucks erhalten bleibt. Das Wort ‚ich' etwa hat in seinen Äußerungen gewöhnlich die Funktion eines Wortes, mit dem der jeweilig Redende sich selbst bezeichnet, und diese Bedeutungsfunktion ist von einem Hörer auch ohne Kenntnis bestimmter Äußerungs-

[107] Vgl. Husserl 1980 a, Bd. II/1, 83, und Bd. II/2, 22 f.
[108] Ebd. Bd. II/1, 81.

umstände erfaßbar. Damit berücksichtigt Husserl, daß indexikalische Ausdrücke offensichtlich weder äquivok sind noch mit jedem Wechsel der Äußerungssituation eine andere linguistische Bedeutung erhalten. Wer die linguistische Bedeutung eines indexikalischen Ausdrucks versteht, versteht sie aber zugleich als eine solche, die, soll der geäußerte Ausdruck voll verständlich sein, eine Ergänzung erfordert. Husserl faßt deshalb die gleichbleibende Bedeutungsfunktion als einen „unbestimmt allgemeinen Gedanken"[109] auf, der erst durch die ergänzende Kenntnis der Äußerungsumstände eine Bestimmtheit erhält, die die Äußerung des Ausdrucks als Hinweis auf einen bestimmten Gegenstand verständlich macht. Unter den gegebenen Umständen einer Äußerung hat dieser Gedanke eine anzeigende Funktion, weil er für den Hörer „zur ausreichenden Richtschnur für das [wird], was wirklich gemeint ist".[110] Husserl bezeichnet deshalb die allgemeine Bedeutungsfunktion als anzeigende Bedeutung, im Unterschied zur angezeigten Bedeutung, die „das eigentliche Ziel" beim Gebrauch eines indexikalischen Ausdrucks ist.[111]

Das geregelte Verhältnis zwischen Äußerungsumständen und Ausdruck, das Husserl unterstellt, kann nun nicht nur nach dem Funktionsbegriff, den Husserl in diesem Zusammenhang un-

---

[109] Ebd. Bd. II/2, 22. – Auch Bar-Hillel spricht in bezug auf indexikalische Ausdrücke von Funktion und erläutert das, was man die linguistische Bedeutung eines solchen Ausdrucks nennen kann, als dieselbe pragmatische Funktion, die verschiedene Vorkommnisse dieses Ausdrucks erfüllen; vgl. Bar-Hillel 1970, 70. Vgl. auch Perrys Begriff der Rolle eines indexikalischen Ausdrucks in Perry 1977, 479.

[110] Husserl 1980 a, Bd. II/1, 84.

[111] Vgl. ebd. Bd. II/2, 23. Indexikalische Ausdrücke sind somit semiotisch gesehen Zeichen, die im Sinne von Peirce sowohl den Charakter eines Symbols als eines seiner Naur nach allgemeinen Zeichens als auch den eines Index in sich vereinen und vermitteln. Die Indices erfüllen „innerhalb der Kategorie ‚Drittheit' die Funktion der Kategorie ‚Zweitheit'" (Apel 1975, 185). Entsprechend charakterisiert A. W. Burks indexikalische Ausdrücke als „indexikalische Symbole"; als Ausdruckstypen haben indexikalische Symbole eine gleichbleibende „symbolische Bedeutung", die durch eine allgemeine linguistische Regel festgelegt ist, während ein Vorkommnis eines solchen Ausdrucks eine „indexikalische Bedeutung" (Husserls „volle und ganze Bedeutung") hat, die die symbolische Bedeutung als Teil enthält (vgl. Burks 1948/1949, 680 ff.).

spezifisch gebraucht, sondern auch nach Freges spezifischer Konzeption von Funktionen funktionstheoretisch erläutert werden. Denn durch die linguistische Bedeutung eines referentiellen indexikalischen Ausdrucks erfolgt eine eindeutige Zuordnung von Äußerungsumständen und Gegenständen, auf die mit dem Ausdruck in Äußerungen referiert wird. Die Umstände verschiedener Äußerungen dienen als Argumente, die die linguistische Bedeutung derart ergänzen, daß sie für jedes zulässige Argument einen Funktionswert liefert, der in dem mit dem Ausdruck bezeichneten Gegenstand besteht. Wie eine Funktion ist auch die linguistische Bedeutung eines indexikalischen Ausdrucks ungesättigt und ergänzungsbedürftig, da das volle Verständnis des Ausdrucks eine Kenntnis der Äußerungsumstände verlangt. Durch das Erfassen der linguistischen Bedeutung ist zugleich festgelegt, von welcher Art die Umstände sein müssen, die als mögliche Argumente zulässig sind. Wer die linguistische Bedeutung von ‚ich' kennt, der weiß bei einer Äußerung dieses Wortes, welche Elemente der Äußerungssituation und des Äußerungskontextes relevant sind für die Bestimmung des Referenzobjekts; er weiß beispielsweise, daß dieses Wort andere Situationselemente zu seiner Ergänzung erfordert als etwa das Wort ‚gestern'. Zur Anzeige des Gemeinten im Sinne Husserls kann die Bedeutung des Ausdrucks unter den Umständen seiner Äußerung deshalb dienen, weil der Hörer sowohl die durch sie hergestellte allgemeine Zuordnungsbeziehung zwischen Umständen und gemeintem Gegenstand kennt, als auch weiß, durch welche Elemente der Äußerungssituation diese Funktion ergänzt werden muß, um einen bestimmten Gegenstand als Wert zu erhalten.[112]

---

[112] Indexikalische Ausdrücke bezeichnen somit in ähnlicher Weise einen Gegenstand wie die aus Begriffswörtern und Namen zusammengesetzten Kennzeichnungen in der Auffassung Freges: ‚die Hauptstadt des x' hat für das deutsche Reich als Argument den Funktionswert Berlin. Obwohl Frege keine Theorie indexikalischer Ausdrücke ausgearbeitet hat, entspricht eine funktionale Auffassung dieser Ausdrücke weitgehend Freges Äußerungen zur Indexikalität. Vgl. Dummett 1981 b, 87, und v. a. Künne 1982 a. Vgl. zur funktionalen Auffassung von indexikalischen Ausdrücken auch Tugendhat 1976, 283 f., 431 f.

Hat die „geregelte Beziehung“ zwischen linguistischer Bedeutung und Umständen der Äußerung den Charakter des Verhältnisses von Funktion und Argument, so sind indexikalische Ausdrücke als Funktionsausdrücke zu verstehen. Dementsprechend ist die Bestimmung einer Proposition durch einen indexikalischen Satz abhängig von dieser Beziehung zwischen der linguistischen Bedeutung der indexikalischen Satzkomponente und den sie ergänzenden Äußerungsumständen. Der Weise, wie Propositionen durch indexikalische Sätze bestimmt werden, kommt entscheidende Bedeutung für den Propositionsbegriff insgesamt zu, wenn mit diesem Begriff auch – und sogar primär – dasjenige erfaßt werden soll, das mit einem assertorischen Satz der natürlichen Sprache gesagt werden kann.

Daß Propositionen, die durch indexikalische Sätze ausgedrückt werden, nur relativ zu Äußerungsumständen zu bestimmen sind, bedeutet jedoch nicht, daß eine Proposition mit einem Satz, insofern er unter bestimmten Umständen geäußert wurde, zu identifizieren ist oder daß sie als ein geordnetes Paar, das aus einem Satz und einem Kontext besteht, aufzufassen ist.[113] Dies zeigt sich insbesondere dann, wenn nach den Bedingungen der Identität von Propositionen gefragt wird, die in indexikalischen Sätzen ausgedrückt werden.

Der Begriff des propositionalen Sinns indexikalischer Sätze muß die Möglichkeit berücksichtigen, daß mit der Äußerung von zwei – auch in ihrer Bedeutung – verschiedenen Sätzen in verschiedenen Äußerungskontexten dasselbe gesagt werden kann. Diese Identität des Gesagten ist nur dann gesichert, wenn es eine systematische Beziehung zwischen dem einen Satz und dem ihm zugehörigen Kontext auf der einen Seite und dem anderen Satz und seinem Äußerungskontext auf der anderen Seite gibt. Will jemand dasselbe wie das mit einem indexikalischen Satz Gesagte in einer anderen Situation ausdrücken, so ist dies nur durch Berücksichtigung einer solchen systematischen Entsprechung zwischen verschiedenen Sätzen und Äußerungsumständen möglich. Insbesondere E. Tugendhat hat verdeutlicht, daß für den Gebrauch und das Verständnis indexikalischer Ausdrücke die Möglichkeit

[113] Vgl. zu dieser Auffassung oben Anm. 20.

von zentraler Bedeutung ist, daß man sich auf das in einer bestimmten Äußerungssituation Gesagte aus einer anderen Situation als dasselbe beziehen kann.[114] Mit einem indexikalischen Satz wird das in einer Äußerungssituation Gesagte so identifiziert, daß dabei die Möglichkeit besteht und von Sprecher und Hörer mitverstanden wird, dasselbe unter anderen Äußerungsumständen und mit anderen sprachlichen Mitteln auszudrücken. Diese systematische Verweisung verschiedener Verwendungen indexikalischer Ausdrücke aufeinander ist von konstitutiver Bedeutung für den propositionalen Sinn indexikalischer Sätze. Sie zeigt insbesondere, daß – ganz in Übereinstimmung mit Freges Begriff des Sinns – *weder die linguistische Bedeutung* eines indexikalischen Satzes *noch die Äußerungsumstände* bzw. der Äußerungskontext *Bestandteile* des Satzsinns oder ausgedrückten Gedankens sein können. Die Möglichkeit, denselben Gedanken unter anderen Umständen mit einem Satz von anderer linguistischer Bedeutung auszudrücken, zwingt dazu, zwischen den Mitteln, die zum Gedankenausdruck benutzt werden können, und dem Gedanken selbst strikt zu unterscheiden. Daher kann eine Proposition nicht als aus einem Satz und einem Kontext bestehend aufgefaßt werden.

Das Scheitern dieser Auffassung von Propositionen könnte dazu verleiten, die Identität von Propositionen, die mit indexikalischen Sätzen ausgedrückt werden, ohne Rekurs auf die linguistische Bedeutung der indexikalischen Satzkomponente und die Äußerungsumstände, also die Ausdrucksmittel oder die sprachliche Gegebenheitsweise, zu bestimmen. Eine notwendige Bedingung dafür, daß die in bestimmten Kontexten geäußerten Sätze ‚ich friere' und ‚er friert' dieselbe Proposition ausdrücken, besteht offenkundig darin, daß ‚ich' und ‚er' für Sprecher und Hörer dasselbe Referenzobjekt bezeichnen. Wäre dies zugleich eine hinreichende Bedingung für propositionale Identität, so könnte man eine Proposition als ein geordnetes Paar darstellen, das aus einem Referenzobjekt (also hier: dem Frierenden selbst, nicht etwa seinem Namen) und einem Prädikat besteht. Nach K. S. Donnellan würde dies bedeuten:

[114] Vgl. Tugendhat 1976, 431 ff.

> „Die Identität der Proposition wäre, wenn jeweils das gleiche Prädikat gegeben ist, einfach eine Funktion davon, auf welches Individuum referiert wird.“[115]

In Freges Terminologie kann nach dieser Auffassung der Sinn indexikalischer Satzkomponenten und damit ihr Beitrag zu dem Gedanken, der durch ihren Gebrauch ausgedrückt wird, mit ihrer Bedeutung, also dem Gegenstand der Referenz, gleichgesetzt werden.[116]
Diese Auffassung von propositionaler Identität bei indexikalischen Sätzen geht in ihren Grundzügen auf Russell zurück und ist von Donnellan, Kaplan und anderen ausgearbeitet worden.[117] Sie scheitert jedoch einerseits daran, daß nach ihr ein Satz bei Nicht-Existenz des Referenzgegenstands – der freilich bei ‚ich‘, ‚jetzt‘ und meist auch bei ‚hier‘ nicht fehlen kann, wohl aber bei ‚du‘, ‚er‘ etc. – gar keine Proposition ausdrücken würde. Andererseits können sich zwei indexikalische Sätze auf dasselbe Referenzobjekt beziehen, ohne daß es für einen Hörer ausgeschlossen ist, daß er zu diesen Sätzen in unterschiedlicher Weise hinsichtlich ihrer Wahrheit Stellung nehmen kann – wenn er sich etwa im unklaren oder im Irrtum über die Umstände befindet, die bei der Äußerung des einen der Sätze bestehen.[118] Die Gründe, aus denen die Auffassung, der Gegenstand der Referenz indexikalischer Sätze sei Bestandteil der ausgedrückten Proposition, nicht haltbar ist, zeigen, daß ein Kriterium für propositio-

---

[115] Donnellan 1985, 285. D. Kaplan betont, daß die Weise, wie der Referenzgegenstand etwa eines demonstrativ gebrauchten Ausdrucks sprachlich bestimmt werden kann, irrelevant für die Proposition ist: „The varying *forms* which such a demonstration can take are not reflected in the content of the utterance (i. e. the proposition). The demonstration ‚gives us‘ the element of the proposition corresponding to the demonstrative. But *how* the demonstration gives that individual to us is here treated as irrelevant to the content of the utterance.“ (Kaplan 1979, 390)

[116] In dieser Weise interpretiert Dummett Freges Auffassung von Indexikalität, vgl. Dummett 1981 a, 384. Zur Kritik dieser Interpretation vgl. Perry 1977, 482 ff., und Burge 1979, 401 ff.

[117] Vgl. Russell 1976, 76, und Donnellan 1985; vgl. ferner Lemmon 1966; Perry 1977; Perry 1979; Kaplan 1979.

[118] Vgl. Burge 1979, 402 f.; Künne 1982 a, 59 ff.

nale Identität sich sowohl auf die Umstände der Äußerung und die linguistische Bedeutung als auch auf das intersubjektive Wissen von Sprecher und Hörer, wie mit verschiedenen Ausdrucksmitteln derselbe Referenzgegenstand bestimmt werden kann, beziehen muß.

Beide Forderungen können berücksichtigt werden, wenn das Kriterium der kognitiven Äquivalenz auf indexikalische Sätze angewendet wird. Die kognitive Äquivalenz zweier indexikalischer Sätze kann nur – ebenso wie deren Sinn – in Abhängigkeit von dem Sinn der referentiellen Satzkomponenten für Sprecher und Hörer determinierbar sein, und dies bedeutet, daß sie von den linguistischen Bedeutungen der indexikalischen Termini beider Sätze und den Umständen, unter denen diese geäußert werden, abhängig ist. Diese Satzkomponenten dienen zusammen mit entsprechenden Äußerungsumständen dann zum Ausdruck desselben Sinns, wenn der von ihnen ausgedrückte Sinn denselben Beitrag zum Sinn der ganzen Sätze leistet und derart – vorausgesetzt, die Sätze enthalten das gleiche Prädikat – zur Identität ihres Sinns beiträgt.

Das Kriterium der kognitiven Gleichwertigkeit auf zwei geäußerte indexikalische Sätze anzuwenden, erfordert somit zu bestimmen, wovon die Gleichheit dieses Beitrags der beiden indexikalischen Komponenten abhängt. Dieser Beitrag ist nur dann derselbe, wenn durch beide singulären Termini derselbe Gegenstand identifiziert und auf ihn referiert wird. Sinngleich sind beide Termini, wenn sich diese Identität des Referenzgegenstands schon aus dem Verstehen der beiden durch ihre Äußerungsumstände vervollständigten Ausdrücke ergibt: jeder, der den Sinn beider Ausdrücke versteht, verfügt damit schon über ein Wissen, aufgrund dessen die Identität des Referenzgegenstands feststeht. Da indexikalische Ausdrücke Funktionsausdrücke sind, muß sich diese Identität aus der Beziehung zwischen der Bedeutungsfunktion des einen Ausdrucks und den sie ergänzenden Äußerungsumständen einerseits und der Bedeutungsfunktion des anderen Ausdrucks und seinen Äußerungsumständen andererseits ergeben. Sinngleichheit beider Ausdrücke liegt vor, wenn das funktionale Verhältnis zwischen Bedeutung und Äußerungsumständen des einen Ausdrucks mit dem entsprechenden funktionalen Verhältnis bei dem anderen Ausdruck kognitiv gleichwertig für die Bestimmung desselben Referenzgegenstands ist. Wer beide funktionalen Ergänzungsverhältnisse und damit in beiden Fällen die vollständigen Ausdrucksmittel kennt, der weiß, daß beide Funktionen zu demselben Gegenstand als Funktionswert führen. Er weiß damit, daß der Sinn beider Ausdrücke den gleichen Beitrag zum Sinn des ganzen Satzes liefert: mit beiden Ausdrücken ist kein Unterschied in der Bestimmung des Wahrheitswerts der Sätze verknüpft, weil mit ihnen kein Unterschied in der Bestimmung ihres Referenzgegenstands verknüpft ist.

Wie ist nun die kognitive Gleichwertigkeit der funktionalen Verhältnisse für beide Ausdrücke von der Weise her näher zu verstehen, in der mit indexikalischen Ausdrücken ein Referenzgegenstand eindeutig bestimmt wird? Die linguistische Bedeutung gehört dem Ausdruck als Zeichentyp zu, ist also die Bedeutung eines *Symbols* im Sinne von Peirce und kann als solche nicht die Referenz eines indexikalischen Ausdrucks festlegen. Ein *Index* im Sinn von Peirce ist ein Zeichen, dessen zeichenkonstitutive Beschaffenheit in einer „existentiellen Relation zu seinem Objekt“[119] liegt. Welches Objekt ein solcher Ausdruck bezeichnet, ist von der faktischen Relation des Zeichenvorkommnisses bzw. der Umstände seiner Produktion zu diesem Objekt abhängig. Diese faktische Relation kann aber die Referenz eines Indexwortes nur dadurch festlegen, daß die linguistische Bedeutung des Wortes eine Anweisung enthält, in welcher Weise von der Äußerung und ihren Umständen zu dem bezeichneten Objekt fortgeschritten werden kann: aus ihr ergibt sich, welche Umstände des Äußerungskontextes relevant sind und in welcher Weise sie relevant sind. Unter diesen Voraussetzungen liegt der kognitiven Gleichwertigkeit der zwei verschiedenen Indexwörtern zugehörigen funktionalen Verhältnisse sowohl eine auf Regeln beruhende Beziehung zwischen den Bedeutungen der Ausdrücke als auch ein Wissen von der faktischen Beziehung zwischen ihren Äußerungsumständen zugrunde. Wer über eine hinreichende Sprachkompetenz und über ein hinreichendes faktisches Wissen verfügt, der kann feststellen, daß die jeweiligen

[119] Peirce 1983, 65.

Ausdrucksmittel zu demselben Gegenstand führen. Wer die Bedeutungen von ‚heute' und ‚gestern' kennt, der weiß, daß beide Ausdrücke denselben Tag bezeichnen, wenn der zweite einen Tag nach dem ersten geäußert wurde. Da der Sprecher die Äußerungsumstände als Ausdrucksmittel benutzt, kann er entsprechend seinem Wissen davon, wie sich diese Umstände geändert haben, an einem anderen Tag mit einem entsprechend anderen Ausdruck dasselbe wie in der Vergangenheit mit ‚heute' sagen. Die Feststellung der kognitiven Äquivalenz von zwei Indexwörtern setzt somit voraus, daß Sprecher und Hörer hinreichend kontrollieren können, in welcher Weise sich die Äußerungsumstände geändert haben, und daß sie diese Änderung identisch beurteilen.[120] Jemand, der mit einem indexikalischen Ausdruck dasselbe sagen will wie an einem Tag in der Vergangenheit mit ‚heute', muß seine eigene zeitliche Position relativ zu der Äußerungszeit von ‚heute' kennen. Er muß sich in dem Sinn zeitlich orientieren können, daß er das Zeitverhältnis zwischen seinem eigenen Jetztzeitpunkt und anderen Äußerungszeiten eindeutig bestimmen kann. Denn da er den eigenen Jetztzeitpunkt im Sinn der Äußerungszeit als Ausdrucksmittel benutzen muß, wird das Referenzobjekt durch seine faktische Relation zu diesem Jetztzeitpunkt bestimmt: die ursprüngliche Zeitbeziehung zwischen Äußerungszeit und Objekt wird von der veränderten zeitlichen Position des Sprechers aus durch eine entsprechende Zeitbeziehung zwischen Jetztzeitpunkt und bezeichnetem Objekt ersetzt, um mit einem anderen Ausdruck, aber in kognitiv gleichwertiger Weise auf dasselbe Objekt zu referieren. Da indexikalische Ausdrücke einzig bei Ergänzung durch ein faktisches Wissen von

[120] Die Kenntnis der Äußerungsumstände muß daher so verstanden werden, daß Sprecher und Hörer nur dann dasselbe Wissen etwa von zwei unterschiedlichen Zeitbestimmungen haben, wenn sie auch die Relation zwischen diesen Zeitbestimmungen identisch bestimmen. Dadurch können Fälle berücksichtigt werden, in denen etwa ein Sprecher sich mit einer Äußerung (z. B. von ‚heute') auf denselben Tag zu beziehen meint wie mit einem in einem anderen Kontext geäußerten Ausdruck (‚morgen') oder in denen er sich de facto auf denselben Tag bezieht, sich aber in beiden Fällen im Irrtum oder Zweifel hinsichtlich der Äußerungszeit befindet; vgl. zu solchen Fällen Tugendhat 1976, 493, und Burge 1979, 402.

Äußerungsumständen einen bestimmten Gegenstand bezeichnen können, ist auch ihre Sinngleichheit von einem faktischen Wissen davon abhängig, in welcher Beziehung die entsprechenden Äußerungskontexte zueinander stehen.
Die Sinngleichheit von zwei indexikalischen Termini muß durch die kognitiv gleichwertige Bestimmung des Referenzgegenstands dazu beitragen, daß zur Wahrheit der ganzen Sätze, die jeweils einen dieser Termini und das gleiche Prädikat enthalten, nur in identischer Weise Stellung genommen werden kann. Wie sich bisher allgemein ergeben hat, ist die Möglichkeit der Ja- bzw. Nein-Stellungnahme zu einem Satz davon abhängig, daß die Wahrheitsbedingungen des Satzes erfüllt sind, und das heißt, daß solche Umstände bestehen, die zur behauptenden Verwendung des Satzes berechtigen. Nach dem Kriterium der kognitiven Äquivalenz sind zwei Sätze sinngleich, wenn mit ihnen dasselbe Potential von Umständen verbunden ist, die zur Verwendung der Sätze berechtigen können. Bei indexikalischen Sätzen ist nun zu unterscheiden zwischen den Umständen der Äußerung eines Satzes, die als Ausdrucksmittel fungieren und dazu dienen, den Sinn des Satzes relativ zum Äußerungskontext festzulegen, und denjenigen Umständen, die die Wahrheitsbedingungen erfüllen und zur Behauptung der Proposition des Satzes berechtigen. Während Äußerungsumstände einem Äußerungsereignis – und damit einem Zeichenvorkommnis – zugehören, sind Berechtigungsumstände relativ zu einer bestimmten Proposition und ihrer Behauptung festgelegt, wobei dieselbe Proposition durch verschiedene Äußerungen ausgedrückt und behauptet werden kann. Ob zwei indexikalische Sätze in zwei verschiedenen Äußerungskontexten dazu gebraucht wurden, dieselbe Proposition auszudrükken, ergibt sich daraus, ob das Verhältnis der linguistischen Bedeutung des einen Satzes zu den entsprechenden Äußerungsumständen mit dem Verhältnis der Bedeutung des anderen Satzes zu seinen ebenfalls anderen Äußerungsumständen kognitiv gleichwertig ist. Gleichwertig müssen beide Verhältnisse miteinander in bezug auf die Berechtigung zur Behauptung der Sätze sein: wer beide Verhältnisse kennt, weiß unmittelbar, daß genau dann, wenn der eine Satz berechtigterweise unter seinen Äußerungsumständen behauptet wurde, der andere Satz ebenso berechtigter-

weise unter den ihm zugehörigen Äußerungsumständen behauptet wurde und umgekehrt. Die vollständige Kenntnis der den Sinn der Sätze determinierenden Ausdrucksmittel, die aufgrund der Voraussetzung der Orientierungsfähigkeit auch ein faktisches Wissen von der Beziehung der jeweiligen Äußerungskontexte zueinander einschließt, hat zur unmittelbaren Folge, daß zu beiden Sätzen nur in identischer Weise Stellung genommen werden kann. Die Äußerungsumstände bzw. der Äußerungskontext sind für beide Sätze verschieden, aber die Berechtigung zur behauptenden Verwendung des einen Satzes unter seinen Äußerungsumständen und die Berechtigung zur Verwendung des anderen Satzes unter den ihm entsprechenden Äußerungsumständen sind beidesmal von dem Bestehen derselben Umstände, die die Wahrheitsbedingungen beider Sätze erfüllen können, abhängig. Es ist das Potential von Umständen der Berechtigung zur Behauptung des Satzes, das beide Sätze miteinander gemeinsam haben. Hinsichtlich der Bestimmung der Berechtigungsumstände spielen die sich aus Satz und Äußerungsumständen zusammensetzenden Ausdrucksmittel jeweils dieselbe Rolle: was bestimmte Äußerungsumstände für den einen Satz tun, nämlich ihn zum Ausdrucksmittel für eine bestimmte Proposition zu ergänzen, genau das tun – in hinsichtlich der verwendeten Mittel anderer, hinsichtlich der Beurteilung des Wahrheitswerts aber gleichwertiger Weise – andere Äußerungsumstände für den anderen Satz. Wer das Ergänzungsverhältnis zwischen Satzbedeutungen und Äußerungsumständen bei beiden Sätzen kennt, der weiß, daß die Methode zur Bestimmung des Wahrheitswerts im Resultat ihrer Anwendung für beide Sätze dieselbe ist, weil sie die berechtigte Behauptung beider Sätze von denselben Umständen abhängig macht. Wer die Identität des Sinns in wechselnden Äußerungskontexten erhalten will, muß deshalb diese systematische Entsprechung zwischen verschiedenen Ausdrucksmitteln beachten und muß – wie Frege fordert – einen anderen Wortausdruck bzw. Satz verwenden, um die Änderung des Sinns wieder auszugleichen, die sich bei Beibehaltung des ursprünglichen Wortlauts durch die Änderung des Äußerungskontextes ergeben würde. Eine Änderung dessen, was als wahr oder falsch beurteilbar ist, ergibt sich nur dann nicht, wenn die Bestandteile der jeweiligen

Ausdrucksmittel so variieren, daß die resultierenden vollständigen Ausdrücke des propositionalen Sinns aufgrund des funktionalen Verhältnisses ihrer jeweiligen Bestandteile kognitiv gleichwertig sind.

Der propositionale Sinn eines indexikalischen Satzes kann somit unabhängig sowohl von einer bestimmten Satzbedeutung als auch von einer bestimmten Äußerung reidentifiziert werden, und weder die linguistische Bedeutung noch die Äußerungsumstände des Satzes sind als Bestandteile in der Proposition enthalten. In der Verschiedenheit und im Wechsel der Ausdrucksmittel und der Äußerungsereignisse bleiben die Identität der ausgedrückten Proposition und damit auch die Identität der Wahrheitsbedingungen gewahrt, wenn derselbe Bereich möglicher Umstände, die zur Behauptung der Proposition berechtigen können, mit diesen Äußerungen durch das intersubjektive Wissen von Sprecher und Hörer verbunden wird. Demgemäß besteht eine geregelte Beziehung einer bestimmten Äußerung zu anderen Äußerungen mit demselben propositionalen Sinn, durch die für Sprecher und Hörer im Hinblick auf die gleichen Berechtigungsumstände eine Identität der möglichen Ja/Nein-Stellungnahmen zu dem in diesen Äußerungen Gesagten festgelegt ist. Aufgrund dieser Beziehung zwischen den Äußerungen können diese so aufgefaßt werden, daß mit ihnen dasselbe behauptet wird. Die Äußerungen verweisen aufeinander und sind gleichwertig in Hinsicht darauf, daß es für die Beurteilung der Berechtigung der Behauptung nicht von Relevanz ist, mit welcher von ihnen diese Behauptung gemacht wird. Die Identität der möglichen Ja/Nein-Stellungnahmen bedeutet, daß durch das intersubjektive Wissen von Sprecher und Hörer unter den gleichen Umständen dieselben Konsequenzen im Hinblick auf mögliche Handlungen festgelegt sind, die reaktiv auf die Behauptung der Proposition gerichtet sind und mit denen eine Stellungnahme zur Berechtigung des Wahrheitsanspruchs der Behauptung erfolgt. Die Identität der Proposition verweist somit auf die Identität der Geltungsbedingungen von Handlungen, in denen diese Proposition behauptet werden kann. Dieselben Geltungsbedingungen sind nicht mit einzelnen Äußerungen als solchen verbunden, sondern mit Äußerungen, insofern für sie eine Äquivalenzrelation besteht und damit dieselben intersubjektiv verbindlichen Konsequenzen für mögliche Stellungnahmen zum Behaupteten festgelegt sind. Die Kenntnis des propositionalen Sinns verweist auf das Verständnis der pragmatischen Beziehungen der Behauptung der Proposition zu Folgehandlungen und damit auf die Kenntnis des pragmatischen Sinns von Sprechhandlungen.

8. Tatsachen

Es ist eine der grundlegenden Anforderungen an eine Wahrheitstheorie, daß sie für das, was wahr sein kann, auch die Möglichkeit vorsehen muß, daß es falsch sein kann. Eine bloß behauptete Proposition ist als solche noch nicht wahr, und der Akt des Behauptens als solcher reicht nicht hin, sie wahr zu machen. Es scheint deshalb etwas erforderlich zu sein, das jenseits der Proposition als des Sinns des Satzes und jenseits der sprachlichen Handlung des Behauptens liegt und das die Proposition wahr macht, dem sie also, wenn sie wahr ist, ihre Wahrheit verdankt. Mit dem Begriff der Tatsache soll nun gerade dasjenige Objektive oder Wirkliche in der Welt bezeichnet sein, das eine Proposition oder Aussage wahr macht und das ein Satz, wenn er wahr ist, darstellt.[121]

Tatsachen teilen mit Propositionen den Status ontologisch problematischer Entitäten. Nach Strawson sind Tatsachen als „das, was Aussagen (sofern sie wahr sind) aussagen“, im Gegensatz zu Dingen und Ereignissen „nicht etwas in der Welt“:

> „Ich kann Ihnen die Dinge oder Ereignisse, auf die Sie sich beziehen, wenn Sie eine Aussage machen, (vielleicht) übergeben oder einen Kreis um sie ziehen oder mit der

[121] Vgl. v. a. Russell 1976, 182; ferner Russell 1977, 71 f.; Russell 1980, 22, 284; Moore 1953, 255, 295 ff. Tatsachen haben – insbesondere, wenn sie als Entitäten aufgefaßt werden, die den zweiten Bezugspunkt der Korrespondenzrelation bilden – die Funktion von „verifiers“ (Russell 1980, 232) oder „truth-donors“ (O’Connor 1975, 59); vgl. hierzu auch die Rede von „truth-makers“ (Mulligan, Simons u. Smith 1984).

Stoppuhr ihre Dauer messen. Aussagen handeln von solchen Objekten; aber sie sagen Tatsachen aus ... Anders als Dinge oder Ereignisse in der Welt können sie [d. i. Tatsachen, W.B.] nicht bezeugt, gehört oder gesehen, zerbrochen oder umgestoßen, unterbrochen oder verlängert, getreten, zerstört, geflickt oder laut sein."[122]

Wenn Strawson behauptet, Tatsachen gehörten nicht zur Welt und die Ausdrücke ,Tatsache' und ,Ding' gehörten vollkommen verschiedenen Typen an, so weist er darauf hin, daß Tatsachen abstrakte Gegenstände sind. Die Welt wird dabei als die Gesamtheit der konkreten Gegenstände, der erfahrbaren und raumzeitlich bestimmbaren Dinge und Ereignisse, aufgefaßt, von denen Tatsachen aber als abstrakte Gegenstände abzugrenzen sind.[123] Tatsachen können ebensowenig datiert, lokalisiert oder wahrgenommen werden wie Propositionen. Sie stehen zwar in enger Beziehung zu Dingen oder Ereignissen, aber sie sind aufgrund ihrer andersartigen Identifikationsbedingungen grundlegend von ihnen verschieden. Tatsachen sind nach D. J. O'Connor in gewisser Weise „Abstraktionsprodukte", von denen nur insofern die Rede sein kann, als Dinge oder Ereignisse in einer ganz bestimmten Weise „gesehen" oder aufgefaßt werden:

„One of the most obvious differences between facts and their ingredients ... is that whereas things, qualities and events are immersed in the world of space and time, facts are somehow frozen and abstracted from the spatio-temporal continuum. That continuum, indeed, consists of a web of events which in turn consists of individual things

[122] Strawson 1977, 252 f.

[123] Vgl. zum Begriff der Welt als Inbegriff aller erfahrbaren Dinge auch Kant 1956, B 446 f. Der Begriff der Welt läßt sich freilich auch anders bestimmen (vgl. Wittgenstein im Traktat) und spielt keine tragende Rolle für den Gehalt der Strawsonschen These. In dieser geht es nicht um den Weltbegriff, sondern um einen derartigen Unterschied zwischen Tatsachen und Dingen, daß Gegenständen der einen Art Prädikate einer gewissen grundlegenden Klasse nicht zugeschrieben werden können, die Gegenständen der anderen Art zugeschrieben werden können.

changing their properties and their relations to other things ... But facts are not located in space, nor do they endure through time.«[124]

Unter der für die Rede von Tatsachen ausschlaggebenden Sichtweise werden Ereignisse gleichsam in ihren raumzeitlichen Positionen fixiert und unter einer ganz bestimmten begrifflichen und sprachlichen Festlegung erfaßt. Ein derart festgelegtes Ereignis oder Ding wird zum Bezugspunkt für Sätze und Äußerungen, auf den beliebige Sprecher aus ganz unterschiedlichen eigenen Raum-Zeit-Positionen referieren können und von dem sie etwas derart behaupten können, daß das Behauptete als dasselbe sprachlich von anderen Sprechern und aus anderen Raum-Zeit-Positionen reidentifiziert und in seiner Wahrheit überprüft werden kann. Tatsachen sind etwas, bei dem prinzipiell und sozusagen seiner Natur nach diese Möglichkeit der intersubjektiven Reidentifizierbarkeit und Überprüfbarkeit vorgesehen ist. Wie für den Ausdruck ‚es ist wahr, daß ...' ist es auch für die in ihrer Bedeutung sehr ähnliche Wendung ‚es ist eine Tatsache, daß ...' irrelevant, von welchem Standpunkt aus diese Tatsache identifiziert wird und von welchem Sprecher und zu welchem Zeitpunkt sie ausgedrückt wird. Eine Tatsache betrifft etwas Wahrheitsfähiges, das „unabhängig von der Zeit der Beurteilung wahr"[125] ist. Wenn mit der jetzt von mir gemachten Äußerung, daß Caesar 44 v. Chr. ermordet wurde, etwas Wahres gesagt und eine Tatsache ausgedrückt wird (und wenn Wahrheit nicht mit Gewißheit verwechselt wird), so gilt dies auch für alle anderen Äußerungen von anderen Sprechern zu anderen Zeitpunkten, in denen dasselbe wie in meiner Äußerung gesagt wird. Eine Tatsache macht nicht nur einen, sondern alle geäußerten Sätze wahr, die sie ausdrükken. Wenn die Berechtigung zur Behauptung eines propositionalen Gehalts besteht, dann besteht sie nicht nur für einen bestimmten Sprecher oder zu einem bestimmten Zeitpunkt. Ebensowenig wie diese Berechtigung ist eine Tatsache datierbar oder lokalisierbar. Der Begriff der Tatsache bezeichnet abstrakte Entitäten, weil

[124] O'Connor 1975, 60. Vgl. White 1970, 80; Patzig 1980, 91.
[125] Frege 1983, 147.

in ihm unterstellt wird, daß von Dingen und Ereignissen, auf die sprachlich referiert wird, etwas Wahres ausgesagt werden kann.[126]

Tatsachen sind sehr eng an Sätze geknüpft. Man kann eine Tatsache nicht identifizieren, ohne einen Satz oder einen singulären Terminus für einen Satz in nominalisierter Form zu verwenden. Dinge und Ereignisse kann man auch unabhängig von einer *bestimmten* Art ihrer sprachlichen Darstellung durch Wahrnehmung und Erfahrung mit ihnen identifizieren; bei Tatsachen geht hingegen die Art der sprachlichen Darstellung, und das heißt, der Sinn von Sätzen, die die Tatsache ausdrücken können, mit ein in ein Kriterium für die Identität der Tatsache. Weil Tatsachen von der Art der Darstellung in Sätzen abhängig sind, ist ‚Tatsache'

> „nicht ein allgemeiner Ausdruck für Ereignisse, Vorgänge ... usw., insofern diese von wahren Sätzen dargestellt werden ... Eine Tatsache ist nicht ein Ereignis, *insofern* es in einem Satz dargestellt wird, sondern *so wie* es in diesem Satze dargestellt wird."[127]

---

[126] Tatsachen erfüllen nicht nur die für die Abstraktheit von Gegenständen hinreichende Bedingung der Zeitlosigkeit, sondern auch die dafür notwendigen Bedingungen der Nicht-Wahrnehmbarkeit und der Unfähigkeit, Wirkungen hervorzurufen. Eine Äußerung wie „ich sehe, daß es schneit" ist aufzufassen als „ich urteile aufgrund dessen, was ich sehe, daß es schneit" (vgl. Patzig 1981, 47). Analog dazu ist die Frage zu beurteilen, ob Tatsachen Wirkungen hervorrufen können: „Von einer Tatsache beunruhigt zu sein, ist nicht dasselbe, wie von einem Schatten erschreckt zu werden. Es bedeutet, beunruhigt zu sein, weil ..." (Strawson 1977, 255). Vgl. allerdings dagegen White 1970, 83; da Tatsachen für White weder Dinge, Ereignisse oder Zustände noch datierbar oder lokalisierbar sind, bleibt es jedoch schwer verständlich, wie sie dennoch kausale Wirkungen hervorbringen können. – Problematisch bleibt K.-H. Iltings Unterscheidung zwischen einer weder datierbaren noch lokalisierbaren Tatsache und einem wirklichen Sachverhalt, der raum-zeitlich bestimmbar ist (vgl. Ilting 1979, 129 ff.); diese Unterscheidung wird auch durch die Erklärung nicht inhaltlich gefüllt, daß die Verifikation einer Elementaraussage durch die „sprachliche Konstruktion eines unmittelbar gegebenen Sachverhalts" erfolge.

[127] Patzig 1981, 55.

Die Bindung der Tatsache an einen Satz ist so eng, daß sie durch die Berücksichtigung der allgemeinen Möglichkeit einer sprachlichen Darstellung nicht vollständig erfaßt werden kann. Sie ist enger, als diese Möglichkeit erfordert, weil auch eine bestimmte, mit dem Satzsinn festgelegte Art der Darstellung, nicht nur die allgemeine Möglichkeit der Darstellung, bei der Identifikation der Tatsache berücksichtigt werden muß. Tatsachen sind in ihrer Identifikation vom Sinn von Sätzen derart abhängig, daß sie genauso fein individuiert werden müssen wie Sätze, die nach ihrem Sinn voneinander unterschieden werden.

Da der propositionale Sinn eines Satzes in dem Inbegriff seiner Wahrheitsbedingungen besteht, sind Tatsachen in sehr enger Weise an Wahrheitsbedingungen von Sätzen gebunden. Ist eine Tatsache das, was ein wahrer Satz aussagt, so lassen sich Tatsachen mit G. Patzig als „erfüllte Wahrheitsbedingungen" auffassen.[128] Eine Tatsache ist das, was der Fall ist, wenn das mit einem Satz Gesagte wahr ist, und worin dies bei einer bestimmten Tatsache besteht, läßt sich der Kenntnis der Wahrheitsbedingungen des Satzes entnehmen. Die Frage nach der Identität von Tatsachen verweist daher zurück auf die Frage nach der Identität von Propositionen.[129] Verschiedene Sätze oder Äußerungen drücken dann dieselbe Tatsache aus, wenn sie dieselbe Proposition ausdrücken und wenn diese Proposition wahr ist. Ebenso verweist der Begriff der Tatsache, wenn diese als Inbegriff erfüllter Wahrheitsbedingungen aufgefaßt wird, insgesamt sowohl auf den Sinn von ‚wahr' zurück als auch auf die Kenntnis der Wahrheitsbedingungen und das Wissen davon, was es heißt, daß sie erfüllt sind.

---

[128] Vgl. ebd. 67 ff.

[129] Dagegen spricht Schirn Tatsachen überhaupt eine Identität gegenüber verschiedenen Sprechhandlungen ab; vgl. Schirn 1975, 191. – In seiner Erörterung von Satz und Tatsache berücksichtigt Patzig ebensowenig wie Carnap, dessen Kriterium für Intensionsgleichheit von Sätzen Patzig für die Identität von Tatsachen verwendet, Sätze mit indexikalischen Ausdrücken. L-Äquivalenz ist aus diesem Grund – und auch aus anderen Gründen (siehe oben S. 154 f.) – nicht als Identitätskriterium für Tatsachen geeignet.

Erfordert die wahrheitssemantische Betrachtungsweise im Sinne Carnaps eine weitreichende pragmatische und verifikationstheoretische Erweiterung, so verweist die Rede von Tatsachen, über die an Carnaps Wahrheitssemantik anknüpfende Explikation Patzigs hinaus, insbesondere auf das Verständnis dessen, was vorliegt, wenn eine Behauptung als verifiziert beurteilt werden kann. Wird ein Wahrheitsanspruch durch Verwendung eines Satzes erhoben, so ist beansprucht, daß die Proposition, für die der Anspruch erhoben wird, wahr ist, die Wahrheitsbedingungen des Satzes also erfüllt sind. Der Anspruch richtet sich auf das Erfülltsein dieser Bedingungen; er ist nur dann berechtigt, wenn diese Bedingungen tatsächlich erfüllt sind, und das heißt auch – da die Rede vom Erfülltsein sinnlos ist, wenn nicht die prinzipielle Möglichkeit des Wissens von dieser Erfüllung unterstellt wird –, wenn ihr Erfülltsein prinzipiell intersubjektiv erwiesen werden kann. Daß Tatsachen erfüllte Wahrheitsbedingungen sind, bedeutet somit – will man die sprachtheoretischen Defizite der Wahrheitssemantik Carnaps vermeiden –, daß sie dasjenige sind, zu dem man gelangt, wenn man Propositionen als wahr erwiesen hat. Wird etwas als eine Tatsache bezeichnet, so wird die Möglichkeit unterstellt, sich auf Dinge oder Ereignisse in der Welt als sprachlich reidentifizierbare zu beziehen, etwas von ihnen zu behaupten und die Wahrheit dieses Behaupteten begründen und erweisen zu können. Der Sinn der Rede von Tatsachen und ihr Verhältnis zu konkreten Gegenständen werden – wie schon ihr Charakter als abstrakte Gegenstände nahelegt, durch die Dinge und Ereignisse begrifflich und sprachlich fixiert werden können – nur verständlich, wenn berücksichtigt wird, daß für die Rede von Tatsachen ein bestimmter begrifflicher Hintergrund konstitutiv ist. Dieser Hintergrund besteht unter anderem in der intersubjektiv verfügbaren Kenntnis von Wahrheitsbedingungen und der Fähigkeit, deren Erfülltsein intersubjektiv nachvollziehbar zu überprüfen und zu beurteilen. Durch einen solchen Hintergrund sind Tatsachen an eine bestimmte Rolle in einem Gefüge möglicher Sprechhandlungen gebunden. Konkrete Gegenstände werden unter der für den Begriff ‚Tatsache' bestimmenden Sichtweise sprachlich so festgelegt, daß sie in dieser Festlegung in ein formal bestimmtes Sprechhandlungsgefüge eingebettet werden und als Bezugsgegenstände für eine begründbare, also rational ausweisbare Ja-Stellungnahme zu einem sie betreffenden Wahrheitsanspruch fungieren können. Für die Rede von Tatsachen ist diese Möglichkeit der Einbettung in ein solches am Begriff der Wahrheit orientiertes Sprechhandlungsgefüge konstitutiv.

Freilich muß es etwas geben, das die Wahrheitsbedingungen erfüllt, das als solches im propositionalen Sinn nicht enthalten sein kann, sondern hinzukommen muß, wenn die Proposition wahr sein soll. Aber als ein solches, d. h. als etwas, das die Wahrheitsbedingungen eines Satzes erfüllen kann, kann es nicht als etwas völlig sprachfrei und sprachlich unfixiert Existierendes aufgefaßt werden, sondern nur im Hinblick auf einen propositionalen Sinn, der in möglichen Äußerungen und durch die mögliche Verwendung von Sätzen ausgedrückt werden kann, in den Blick kommen. Welcher Art das Erfüllende sein muß, wird erst durch die Wahrheitsbedingungen bestimmt: was genau dasjenige ist, was, wenn es vorliegt, die Behauptung „es schneit" wahr macht, ist nur anhand des Verständnisses des Sinnes des Satzes bestimmbar. Daß es vorliegt, ist von Ereignissen in der Welt abhängig, und es ist – ebenso wie diese – selbstverständlich unabhängig von einer einzelnen Formulierung dieses Satzes oder einem einzelnen Sprechereignis und seinem Produkt. Aber es ist nicht unabhängig von der allgemeinen Möglichkeit, mit dem Ausdrücken dieses Sinns in einer Behauptung etwas Wahres – wann immer und wo auch immer – zu sagen. Verwirrungen entstehen hier nur, wenn man die Abstraktheit von Propositionen und Tatsachen und dementsprechend den kategorialen Unterschied zwischen ‚Tatsache' und ‚Ereignis' oder ‚Ding' unbeachtet läßt.[130]

---

[130] Patzig hält zwar daran fest, daß erst ein Satz bestimmte Wahrheitsbedingungen entwirft oder definiert, konzediert aber zugleich, daß die Wahrheitsbedingungen für einen Satz schon bestehen können, bevor der Satz jemals ausgesprochen wurde (vgl. Patzig 1981, 73 f.). Wenn Wahrheitsbedingungen zu Äußerungsereignissen derart in eine zeitliche Beziehung gesetzt werden, so werden sie wie konkrete Gegenstände behandelt. Das Verhältnis von Wahrheitsbedingungen eines Satzes zu Äußerungsereignissen, in denen der Satz ausgesprochen wird, ist aber kein zeitliches Verhältnis. Hier wird Patzigs Ausdruck ‚Wahrheitsbedingung'

Wird im Tatsachenbegriff derart berücksichtigt, daß die Wirklichkeit unabhängig von unserer faktischen sprachlichen Bezugnahme auf sie ist, so ist diese Unabhängigkeit zugleich mit der prinzipiellen Sprachvermitteltheit der Möglichkeit des Zugangs zur Wirklichkeit in Wissen und Erkenntnis zusammenzusehen. Der Bezug zur Wirklichkeit kann (unter anderem) erst durch die Möglichkeit der Verifikation von Propositionen verständlich gemacht werden. Wozu man gelangt, wenn man eine Proposition, die sich auf einen Gegenstand in der Welt bezieht, verifiziert hat, ist eine Beschreibung der Wirklichkeit, und zwar genau desjenigen Teils der Wirklichkeit, über den man mit dem Satz, der die Proposition ausdrückt, reden will. Weiß man, daß die Proposition *verifiziert* ist, so weiß man, daß man mit ihr etwas über *die Wirklichkeit* erfährt; weiß man, daß es *diese Proposition* ist, die verifiziert ist, so weiß man, um *welchen Teil* der Wirklichkeit es sich dabei handelt. In Freges Terminologie heißt dies, daß die Bedeutung des Satzes, der Wahrheitswert, den er hat, angibt, daß man im Wissen zur Wirklichkeit gelangt ist, während der Sinn des Satzes die Kenntnis davon vermittelt, welcher Teil der Wirklichkeit dies sein soll. In der Rede von einer Tatsache wird die Kenntnis von beiden unterstellt: sowohl die des Sinns als auch die des Wahrheitswertes (wobei die Kenntnis der Falschheit des Satzsinns der Kenntnis der Wahrheit des negierten Sinns entspricht).

äquivok. – Fragestellungen wie etwa die, ob es eine Tatsache schon gegeben hat, bevor sie von jemand entdeckt oder sprachlich formuliert wurde, und ob eine Tatsache in diesem Sinn sprach-, denk- und bewußtseinsunabhängig ist, gehen von falschen Prämissen aus und sind nicht sinnvoll (wie etwa ihre Diskussion in Franzen 1982 a, 182 ff., 186 ff. zeigt); in ihnen wird unterstellt, daß auch von Tatsachen prädiziert werden kann, was von Ereignissen und Dingen prädiziert werden kann.

IV. Pragmatischer Sinn und Interaktion

Bedingungen der Wahrheit von Propositionen stellen eine bestimmte Art von Geltungsbedingungen dar, die spezifisch mit Behauptungshandlungen verbunden sind. Entsprechend dieser Verknüpfung mit Geltungsbedingungen enthalten Behauptungen ihrem Verständnis nach einerseits die Erhebung eines Anspruchs auf Geltung und andererseits die Möglichkeit einer Ja- oder Nein-Stellungnahme zu demjenigen, für das Geltung beansprucht wird. Werden diese Geltungsbedingungen als erfüllt beurteilt, so kann diese Erfüllung durch das Prädikat ‚wahr' eigens zum Ausdruck gebracht werden. Daß dieses Prädikat derart einen pragmatischen Gehalt hat und eine pragmatische Bedeutungsanalyse erfordert, heißt vor allem, daß seine Bedeutung von der Struktur des Anspruchs auf Wahrheit und der Möglichkeit seiner Einlösung her zu verstehen ist.

Ein Wahrheitsanspruch wird erhoben, indem von einem Handlungswissen im Sinn der Kenntnis des pragmatischen Sinns einer Sprechhandlung Gebrauch gemacht wird. Pragmatischer und propositionaler Sinn der Handlung sind dabei miteinander verschränkt: die Proposition ist dasjenige, für das der Anspruch erhoben wird, d. h. auf dessen Geltung er gerichtet ist; der pragmatische Sinn gibt an, welche Art von Sprechhandlung vollzogen wurde, und d. h. in welcher Weise das Verhältnis von Geltungsbedingungen und Erfüllendem zu verstehen ist und welcher Stellenwert für Erkennen oder Handeln dem Wissen von der Geltung zukommt. Bei einem mit Sollenssätzen erhobenen Anspruch bedeutet es für Sprecher und Hörer etwas anderes als bei einem Wahrheitsanspruch, daß die Geltungsbedingungen erfüllt sind.

Wie ein Wahrheitsanspruch zu verstehen ist und worin seine Struktur besteht, ergibt sich erst aus der Fundierung der Wahrheitstheorie in der Handlungstheorie und soll im folgenden da-

durch geklärt werden, daß auf das komplexe Konzept einer symbolischen Handlung zurückgegangen wird. Dieses Konzept bildet die handlungstheoretische Grundlage des Sprechhandlungsbegriffs und ist seinerseits intersubjektivitätstheoretisch zu verstehen. Sprechhandlungen müssen sich durch die kategorialen Mittel einer allgemeinen Handlungstheorie erfassen lassen; die Klärung eines entsprechenden Handlungsbegriffs erfordert zunächst die Erörterung von handlungstheoretischen Problemen, wie sie in der analytischen Handlungstheorie diskutiert werden.[1] Zugleich kann aber ein für die Klärung sprachlichen Handelns zureichender Handlungsbegriff nicht nach dem Modell des zweckrationalen und erfolgsorientierten Handelns entwickelt werden,[2] sondern muß von vornherein berücksichtigen, daß sprachliches Handeln durch ein intersubjektives Wissen der Beteiligten konstituiert ist. Ein Handlungsbegriff, mit dessen Hilfe das Verständnis des pragmatischen Sinns von Sprechhandlungen geklärt werden soll, muß Handeln von der Kooperation von Mitgliedern einer Kommunikationsgemeinschaft her konzipieren; er erfordert den Rekurs auf die Konzepte der symbolisch vermittelten Interaktion und der intersubjektiven Regelgeltung.
Durch handlungs- und intersubjektivitätstheoretische Überlegungen und im Anschluß an Ergebnisse der formalen Pragmatik sollen zunächst die allgemeine Struktur des pragmatischen Sinns von Sprechhandlungen, mit denen ein intersubjektiv verstehbarer Geltungsanspruch erhoben wird, und die für sie kennzeichnenden Koordinations- und Kooperationsbeziehungen bestimmt werden. Diese Bestimmungen werden dann durch argumentationstheoretische Überlegungen zu der für Behauptungen spezifischen Art der Einlösung eines Geltungsanspruchs zu ergänzen sein. Eine sprachtheoretische Analyse von Wahrheit muß berücksichtigen, daß der Begriff der Wahrheit zwar – wie

[1] Zum Defizit einer zureichenden Berücksichtigung von Ergebnissen der allgemeinen Handlungstheorie in der Sprachpragmatik vgl. Kambartel 1978, 4.
[2] Zur Kritik an der intentionalistischen Semantik, die diesem Modell verhaftet bleibt, vgl. Tugendhat 1976, 233 ff.; Schwab 1980, 19 ff., 36 ff.; Apel 1981, 93 ff.; Habermas 1984, 332 ff.

die Wahrheitssemantik und ihre pragmatische Fortführung zeigen – relativ tief in das Verständnis von Sprache überhaupt und damit in eine allgemeine Bedeutungstheorie hineinreicht, daß aber damit nicht zugleich eine Festlegung auf die Vorrangstellung assertorischer Sätze in einer solchen Bedeutungstheorie verbunden sein darf. Der pragmatische Sinn von Behauptungen muß zwar mit dem pragmatischen Sinn von Sprechhandlungen anderer Art eine sprachtheoretische Grundlage gemeinsam haben, er muß aber zugleich so verstanden werden, daß sein Anspruch eine Einlösung eigener Art erfordert.

1. Extensionaler und intensionaler Begriff der Handlung

Eine Handlung ist im Gegensatz zu einem bloßen Geschehnis oder einem Widerfahrnis ein Ereignis, das von dem handelnden Subjekt selbst veranlaßt ist, und sie unterscheidet sich von einem bloßen Verhalten als einem beobachtbaren, raumzeitlichen Vorgang dadurch, daß sie nicht nur ein Verhalten, sondern auch noch eine Absicht oder Intention involviert:

> „Jemand vollzieht dann eine Handlung, wenn das, was er tut, so beschrieben werden kann, daß er es absichtlich tut."[3]

Ausgehend von dieser Bestimmung läßt sich sowohl ein extensionaler als auch ein intensionaler Begriff der Handlung entwickeln, mit denen dann entsprechend verschiedene Weisen, wie Handlungen zu identifizieren und zu individuieren sind, verbunden sind. Nach dem extensionalen Handlungsbegriff von Davidson hat ein bestimmtes Ereignis die Eigenschaft, die Handlung einer bestimmten Person zu sein, unabhängig davon, wie das Ereignis und die Person beschrieben werden. Obwohl die Beziehung zwischen Ereignis und Person unabhängig von einer bestimmten Beschreibung besteht, muß es aber zugleich unter den möglichen

---

[3] Davidson 1977, 286.

zutreffenden Beschreibungen mindestens eine geben, unter der die Handlung absichtlich vollzogen wurde. So kann Hamlet zwar die Handlung zugeschrieben werden, Polonius getötet zu haben, aber er hat den Mann hinter dem Wandbehang und nicht Polonius absichtlich getötet. Daß ein Verhalten überhaupt unter einer Beschreibung intentional ist, ist zwar eine hinreichende Bedingung dafür, daß eine Handlung vorliegt; da Handlungen nach Davidson aber beschreibungsunabhängige Ereignisse sind, ist die Identität einer Handlung von dieser Bedingung unabhängig und wird nach einem Kriterium für Ereignisidentität bestimmt. Danach sind zwei Ereignisse genau dann identisch, wenn sie dieselben Ursachen und Wirkungen haben.[4] Verschiedene Beschreibungen beziehen sich auf ein und dieselbe Handlung, wenn sie auf ein nach diesem Kriterium identifiziertes und individuiertes Handlungsereignis zutreffen. Da dieselbe Handlung etwa mit Bezug auf verschiedene intendierte oder nicht-intendierte Folgen beschrieben werden kann, all diesen Beschreibungen aber nur ein Objekt, nämlich das Ereignis der Körperbewegung oder die Primärhandlung, entspricht, sind Primärhandlungen nach Davidson die einzigen Handlungen, die es gibt.[5]

A. I. Goldman hat die These, daß Ereignisidentität hinreichend für Handlungsidentität ist, bestritten und Ereignisidentität lediglich als eine notwendige Bedingung für die Identität einer Handlung aufgefaßt.[6] Der Ansatz von Anscombe und Davidson ist nach Goldman im wesentlichen aus Gründen inadäquat, die sich unter zwei Gesichtspunkten zusammenfassen lassen. Zunächst sind nicht alle Beschreibungen, die nach dem extensionalen Handlungsbegriff auf ein und dieselbe Handlung zutreffen sollen, so füreinander ersetzbar, daß der Wahrheitswert der ursprünglichen Aussage in der durch Ersetzung entstandenen Aussage erhalten bleibt: Nach Anscombe und Davidson kann ein und dieselbe Handlung von John sowohl als Töten von Smith als

[4] Vgl. Davidson 1985, 256.
[5] Vgl. Davidson 1977, 304 f. In seinem Handlungsbegriff und seiner Auffassung von Handlungsidentität folgt Davidson dem Ansatz von Anscombe (vgl. Anscombe 1986).
[6] Vgl. Goldman 1977, und Goldman 1970, Kap. 1.

auch als Betätigen des Abzugs der Pistole beschrieben werden. Während aber von Johns Betätigung des Abzugs gesagt werden kann, daß sie das Ereignis verursachte, daß die Kugel losflog, kann dasselbe nicht auch von Johns Töten von Smith gesagt werden. Beide Beschreibungen müssen verschiedene Handlungen betreffen, weil die eine Handlung nicht genau dieselben Eigenschaften hat wie die andere und somit Leibniz' Prinzip der Identität des Ununterscheidbaren nicht erfüllt ist.[7]

Bedeutsamer und von größerer Tragweite als der Gesichtspunkt der Nichtersetzbarkeit von Beschreibungen ist Goldmans Hinweis auf die Stufenordnung oder die Dadurch-daß-Relation, in der die Beschreibungen stehen können: ein Handelnder betätigt dadurch, daß er seinen Arm auf und ab bewegt, die Pumpe, füllt dadurch, daß er die Pumpe betätigt, das Wasserreservoir auf und vergiftet dadurch, daß er das Reservoir auffüllt, die Hausbewohner. Um diese Relation angemessen berücksichtigen zu können, unterscheidet Goldman zwischen einem Handlungstyp, der in einer Handlungseigenschaft besteht, und einer individuellen Handlung, die ein Vorkommnis dieses Typs ist und einem bestimmten Handelnden zugeschrieben wird, der die Handlungseigenschaft zu einem bestimmten Zeitpunkt exemplifiziert. Identisch sind nun zwei Handlungsvorkommnisse genau dann, wenn sie nicht nur demselben Handelnden zugeschrieben werden und zur selben Zeit stattfinden, sondern auch Vorkommnisse desselben Typs sind, wobei die Identität einer Handlungseigenschaft durch die Synonymität von Ausdrücken für diese Eigenschaft festgelegt ist.[8] Nach einem solchen intensionalen Handlungsbegriff wird eine Handlung somit durch den Akteur, den Zeitpunkt und den Handlungstyp individuiert. Die numerische Identität der Handlungsvorkommnisse ist damit abhängig von ihrer qualitativen Identität, so daß im Fall der Dadurch-daß-Relation zwischen Handlungen durch ein und dasselbe Ereignis

[7] Vgl. Goldman 1970, 2 ff., 6 f. Umstritten ist jedoch, ob es sich bei dem hier relevanten Beschreibungskontext um einen referentiell transparenten Kontext handelt oder sich die Nichtersetzbarkeit der Beschreibung einem referentiell opaken Kontext verdankt; vgl. dazu Tichy 1985, 65 ff.
[8] Vgl. Goldman 1977, 347 f.; Goldman 1970, 10 ff.

mehrere verschiedene Handlungen vollzogen werden. Freilich bleibt die Identität des Ereignisses davon unberührt: bei der Vergiftung der Hausbewohner tut der Handelnde in dem Sinn nicht mehr, als seinen Arm zu bewegen, daß ihm kein weiteres zusätzliches Handlungsereignis zugeschrieben werden muß.[9]
Der intensionale Ansatz ist dem extensionalen Ansatz vor allem deshalb überlegen, weil er die interne, in der Dadurch-daß-Relation bestehende Vermittlungsstruktur komplexer Handlungen zu erfassen erlaubt. Aber Goldmans Begriff der Generierung von Handlungen oder Handlungsstufen, durch den er die Dadurch-daß-Relation erfassen will, bleibt selbst unklar und mit Schwierigkeiten behaftet. Die Dadurch-daß-Relation besteht nach Goldman zwischen einem geordneten Paar von nach seinem Identitätskriterium unterschiedlichen Handlungsvorkommnissen, die Handlungen desselben Akteurs sind und zum selben Zeitpunkt stattfinden (genauer: die weder zeitlich aufeinander folgen noch gleichzeitig stattfindende, aber verschiedene Ereignisse involvieren noch in einer zeitlichen Teil-Ganzes-Relation zueinander stehen).[10] Die Dadurch-daß-Relation ist eine asymmetrische, irreflexive und transitive Relation,[11] und sie kann so analysiert werden, daß sie auf einer kausalen, einer konventionalen oder einer situationsbedingten Generierung der höherstufi-

---

[9] Vgl. Davidson 1977, 301 ff. Davidson weist zwar zu Recht darauf hin, daß kein weiteres Ereignis zum Vollzug einer Handlung erforderlich ist, unterstellt aber zu Unrecht, daß die Unterscheidung verschiedener Handlungen bei der Dadurch-daß-Relation zur Annahme verschiedener Ereignisse führen würde. – Vgl. zur Dadurch-daß-Relation auch schon Austin 1977 b, 38, und Feinberg 1977, 204 f.

[10] Zeitliche Sequenzen von Handlungen oder aus Teilhandlungen zusammengesetzte Handlungen sind also aus der Dadurch-daß-Relation ausgeschlossen.

[11] Aufgrund dieser Charakteristik kann sie durch den extensionalen Handlungsbegriff nicht erfaßt werden, da er keine hinreichende Basis für eine Ordnungsrelation zwischen den Handlungsbeschreibungen liefert, sondern nur eine beliebige der möglichen Beschreibungen zur Identifizierung der Handlung erfordert (vgl. Anscombe 1981, Bd. II, 209) und weil eine asymmetrische und irreflexive Relation keine Identitätsbeziehung sein kann (vgl. Goldmans Argumente gegen Anscombes Handlungsbegriff in Goldman 1977, 332 ff.).

gen Handlung aus der Handlung niederer Stufe beruht, wobei am unteren Ende einer Stufenfolge eine Basishandlung steht.[12] Goldman versucht zwar, einen allgemeinen Begriff der Handlungsgenerierung dadurch zu definieren, daß er allgemein angibt, welcher Art die Bedingungen sein müssen, die zusammen mit einer Handlung hinreichen, aus dieser Handlung eine höherstufige Handlung zu generieren; diese Definition kann aber die Asymmetrie der Dadurch-daß-Relation nicht sichern.[13]

Was Goldman mit dem Begriff der Generierung anzeigt, ist am deutlichsten an der kausalen Generierung faßbar. Bei dieser Generierung stehen nicht die beiden Handlungen, die durch die Dadurch-daß-Relation verknüpft sind, selbst in einer Kausalrelation. Eine Kausalbeziehung besteht vielmehr einzig zwischen der Körperbewegung – etwa der Betätigung des Lichtschalters – und dem durch sie verursachten Ereignis – dem Ereignis, daß das Licht angeht –, nicht aber zwischen der Handlung der Schalterbetätigung und der dadurch ausgeführten Handlung des Lichtmachens.[14] Der Begriff der kausalen Generierung muß so verstanden werden, daß er ein Wissen von dem bestehenden Kausalverhältnis zwischen der Körperbewegung des Akteurs S und dem verursachten Ereignis voraussetzt und *aufgrund dieses Wissens* dem Akteur auch die generierte, einem anderen Handlungstyp zugehörige Handlung zugeschrieben werden kann:

---

[12] Goldman gibt noch eine weitere Art der Stufengenerierung an, bei der durch die Art der Ausführung eine weitere Handlung generiert wird (vgl. Goldman 1970, 28 ff.); es ist aber fraglich, ob dies überhaupt eine Stufengenerierung im Sinn der anderen Arten von Generierung ist, denn der Ausdruck ‚dadurch, daß' ist bei ihr nicht anwendbar. – Bei der Verwendung von bedeutungsgleichen Ausdrücken für Handlungen ist die Dadurch-daß-Relation durch die Indem-Relation zu ersetzen, um die Asymmetrie der Beziehung zu wahren; vgl. Lenk 1980 b, 160 f.

[13] Vgl. zur Definition der Stufengenerierung Goldman 1970, 38 ff.; vgl. dazu Castañeda 1979, 246 ff.

[14] Davidson hat deutlich gemacht, daß die durch das Handlungsereignis verursachte Folge auch dann von dem Handlungsereignis zu unterscheiden ist, wenn die Handlung mit Bezugnahme auf diese Folge beschrieben wird; vgl. Davidson 1977, 303.

> „S's act-token A has a certain effect, E, and because it has this effect, S may be credited with performing act A'. For example, S's flipping the switch has the effect of the light's going on. And *in virtue of this*, S may be credited with the act of turning on the light."[15]

Analog hierzu muß die konventionale Generierung so verstanden werden, daß die Zuschreibung einer Handlung höherer Stufe zu dem Akteur einer Handlung niederer Stufe erst durch das Wissen von geltenden Konventionen ermöglicht wird:

> „Conventional generation is characterized by the existence of rules, conventions, or social practices *in virtue of which* an act A' can be ascribed to an agent S, given his performance of another act, A."[16]

Nur der Rekurs auf ein Wissen, das der Zuschreibende der Zuschreibung einer höherstufigen Handlung zugrunde legen muß, kann die Beziehung zwischen Handlungen verdeutlichen, die Goldman mit dem Begriff der Stufengenerierung klären will. Verweist das Konzept einer Generierung von Handlungsstufen auf eine wissensvermittelte Interpretation, die eine Handlung zugleich als Vollzug einer Handlung eines anderen Typs verständlich macht, so legt sich allerdings letztlich eine andere Auffassung der Dadurch-daß-Relation als die Goldmans nahe. Danach ist die Dadurch-daß-Relation zwischen Handlungsvorkommnissen so zu verstehen, daß sie in einer Beziehung zwischen Handlungstypen oder generischen Handlungen gründet, sie sich ihrerseits aus der Möglichkeit des Vollzugs der Handlungen des höherstufigen Typs ergibt. Ein Handlungstyp – oder eine generische Handlung – ist insofern für eine individuelle Handlung kennzeichnend, als er ein Handlungsschema oder -muster darstellt, nach dem die einzelne Handlung vollzogen oder eine vorliegende Tätigkeit als eine bestimmte Handlung verstanden wird; eine einzelne Handlung exemplifiziert einen Handlungstyp, indem

---

[15] Goldman 1970, 22 f., Hervorhebung W.B.

[16] Ebd. 25, Hervorhebung W.B.

durch sie ein Handlungsschema aktualisiert wird. Eine Handlungsbeschreibung oder Interpretation eines Ereignisses als eine bestimmte Handlung ist insofern nicht nur deskriptiv, sondern auch konstitutiv für die Handlung selbst, als diese nur durch Zuordnung zu einem Handlungsschema eindeutig als eine bestimmte Handlung verstanden und von Handlungen anderer Art unterschieden werden kann.[17] Bei Handlungen höherer Stufe verweisen nun schon der Handlungstyp oder die Kenntnis des Handlungsschemas auf Typen von Handlungen niederer Stufe. Die Kenntnis der generischen Handlung „Licht machen" oder „ein Signal geben" impliziert ein Wissen davon, daß Einzelhandlungen dieser Art nicht per se ausgeführt werden können, sondern ihr Vollzug zugleich die Ausführung von Handlungen erfordert, die von ihnen typenverschieden sind, zugleich aber dazu dienen können, den Vollzug der höherstufigen Handlung zu vermitteln. Wer die Handlungsschemata „Licht machen" oder „ein Signal geben" kennt, der muß zugleich wissen, daß bei ihrer Realisierung auch noch etwas anderes getan wird, und er muß eine Kenntnis davon haben, welche anderen Handlungen als Realisierung dieser Handlungsschemata gedeutet werden könnten. Eine Handlung höherer Stufe ist *vermittelt* oder *komplex*, weil die Kenntnis ihres Handlungstyps zugleich die Kenntnis eines oder mehrerer anderer Handlungstypen erfordert, deren Exemplifizierung dazu geeignet ist, die komplexe Handlung auszuführen (wobei die Handlungstypen mit Vermittlungsfunktion selbst wieder komplex sein und ihrerseits auf andere Handlungstypen verweisen können). Andererseits kann die Kenntnis eines Handlungsschemas für vermittelnde Handlungen auf ein höherstufiges

[17] H. Lenk faßt in kritischer Fortführung des Ansatzes von Goldman Handlungen als Interpretationskonstrukte auf; vgl. Lenk 1978 b, 293 f. Werden dabei allerdings die Begriffe der Handlungsidentität und der Dadurch-daß-Relation als metasprachliche Begriffe verstanden (vgl. ebd. 290 f.), die sich nur auf Handlungsbeschreibungen beziehen, so wird die herausgestellte konstitutive Funktion der Interpretation für Handlungen weitgehend aufgehoben. Die Unterscheidung Objektsprache/Metasprache scheint wenig geeignet zur Klärung des Status der Dadurch-daß-Relation und der Identität von Handlungen. – Vgl. zur Konstitutivität von Handlungsbeschreibungen auch Rohs 1980, Kap. 2.

Handlungsschema verweisen, insofern Handlungen solcher Art als mögliche Realisierungen höherstufiger Handlungen verstanden werden können. Die Körperbewegung des Schalterdrückens wird normalerweise nicht als für sich schon selbstgenügsame Handlung verstanden, wohl aber als Mittel, das unter gewissen Umständen hinreicht, das Licht anzuschalten. Handlungen, die in einer Dadurch-daß-Relation stehen können, sind in ihrem Verständnis schon aufgrund der Kenntnis ihres Handlungsschemas ergänzungsfähig und zumeist auch ergänzungsbedürftig, sei es durch eine Handlung höherer oder eine Handlung niederer Stufe.

Die Verweisungsbeziehung zwischen Handlungsschemata ist eine notwendige Bedingungen dafür, daß die zugehörigen Handlungsvorkommnisse so interpretiert werden können, daß sie in einer Dadurch-daß-Relation zueinander stehen. Die von Goldman in der kausalen und konventionalen Generierung unterstellten Kausalbeziehungen und Konventionen bilden die Grundlage für bzw. fungieren als *instrumentelle* bzw. *konventionelle Regeln*, die für einen möglichen Übergang zwischen verschiedenen Handlungsschemata in der Beschreibung von Handlungen über derselben Basis *konstitutiv* sind.[18] Erst durch diese Regeln kann ein Übergang von einem Handlungsschema zu einem anderen im Sinne einer Dadurch-daß-Relation gerechtfertigt werden. Handlungen des Schalterdrückens werden erst aufgrund der – freilich vagen und im Sinn eines Alltagswissens zu verstehenden – Kenntnis der Vorgänge, die dadurch ausgelöst werden, zugleich als Handlungen des Lichtmachens verstehbar. Die Kenntnis eines Handlungsschemas besteht im wesentlichen in der Kenntnis von solchen konstitiven Regeln, die das Handlungsschema mit anderen Handlungsschemata verbinden und dadurch sowohl ein Wissen von den Ausführungsmöglichkeiten als auch ein Wissen von den möglichen Folgen als Ereignissen und Zuständen, die durch die Handlung herbeigeführt werden können, konstituieren. Die

[18] Vgl. zu konstitutiven Handlungsregeln Tichy 1985, 64, 70 ff. Zum Verhältnis von Dadurch-daß-Relation und Regelkenntnis vgl. auch Heringer 1974 a, 40 ff., und Heringer 1974 b, 72 ff., zur Verknüpfung zwischen Handlungen vgl. Kambartel 1984.

Art der Vermittlungsbeziehungen eines Handlungsschemas zu anderen Schemata bestimmt den Grad der *internen Komplexität* von Handlungen dieses Schemas; mit jeder höheren Stufe in der Vermittlungsstruktur wird eine Handlung von größerer Komplexität konstituiert. Die Komplexität einer Handlung ist somit durch die Dadurch-daß-Relation bestimmt, die zwischen der komplexen Handlung und anderen Handlungen besteht, durch die die komplexe Handlung direkt oder indirekt vermittelt ist. Der höhere Grad der Komplexität, den diese Handlung relativ zu den vermittelnden Handlungen besitzt, läßt sich durch die vertikale Anordnung der Handlungen in einem Handlungsbaum graphisch darstellen.

Es ist dieses Wissen von handlungskonstitutiven Regeln und einem durch sie bestimmten Handlungsschema, das die Identität einer Handlung festlegt. Was jemand tut, bestimmt sich danach, welche Regeln als konstitutiv für das Handlungsschema verstanden werden, das durch diese Tätigkeit aktualisiert wird und zur Interpretation der Tätigkeit herangezogen werden kann. Die Kenntnis der Bedeutung eines Handlungsprädikats ist eng verknüpft mit der Kenntnis der Regeln und Situationsdeutungen, die im allgemeinen für die Ausführung und das Verstehen von Handlungen eines bestimmten Typs leitend und orientierend und daher kennzeichnend für die Handlungen dieses Typs sind. Diese Prädikate explizieren und artikulieren das implizite Wissen von einem Handlungsschema, das dem Vollzug zugehöriger Handlungen und ihrem Verstehen zugrunde liegt. Aus diesem Grund kann Goldman die Intension von Handlungsprädikaten als Grundlage der Identität von Handlungen auffassen.

Die Kenntnis der handlungskonstitutiven Regeln erlaubt dem Handelnden, seine Handlungen zu kontrollieren, und dem Interpreten, die Handlung zu verstehen. Da diese Handlungsregeln nur allgemeine Muster für Handlungen konstituieren und damit einen Bereich von Handlungsmöglichkeiten eröffnen, sind sie zwar notwendig, aber nicht schon hinreichend für die Interpretation vorliegender Tätigkeiten als bestimmte Handlungsvollzüge. Hierzu ist vielmehr zusätzlich eine Kenntnis der Umstände und der Situation erforderlich, aus der sich erst ergibt, für welche Handlungsschemata die Bedingungen ihrer Anwendung zur Interpretation einer Tätigkeit erfüllt sind. Zum Verständnis einer Tätigkeit als Exemplifizierung verschiedener Handlungstypen sind daher sowohl die Kenntnis handlungskonstitutiver Regeln oder ein Handlungswissen als auch die Deutung der Situation und des situativen Kontextes der Handlung erforderlich; während das Handlungswissen konstitutiv für die Möglichkeit der Verknüpfung von Handlungsmuster ist und sich nur auf Situationstypen bezieht, hat für die Verknüpfung von Handlungsvorkommnissen auch die Deutung der konkreten Handlungssituation konstitutive Funktion.

Handlungen enthalten somit immer auch einen kognitiven Aspekt, der ihrer Beschreibungsabhängigkeit entspricht und der wesentlich bestimmt, welche Handlung von einem Akteur vollzogen wurde oder ihm zugeschrieben werden kann. Freilich ist dies nicht im Sinn eines Dualismus so zu verstehen, als ginge dem Handlungsereignis ein geistiger Akt des Handelnden voraus. Das Handlungswissen ist vielmehr als ein theoretisch keineswegs immer vollständig verfügbares und explizierbares Gebrauchswissen, mithin als praktisches Wissen zu verstehen, das in der Kenntnis von Regeln in ihrer Anwendung und in Annahmen und Unterstellungen besteht, die die Handlung eines Akteurs oder die Deutung der Handlung durch einen Interpreten leiten. Wichtige Bestandteile eines solchen praktischen Wissens können etwa die Bedingungen des Erfolgs oder Mißerfolgs einer Handlung sein.[19] Als praktisches Wissen ist es ein Wissen, das sich im Handeln und in seinem Verstehen zeigt und im Ereignis des Verhaltens, insofern es als Handlung zu verstehen ist, selbst liegt. Die Intentionalität, die einem Verhalten inhäriert und es erst zu einem Handeln macht, besteht in dem praktischen Wissen, das die Interpretation der Handlung leitet:

[19] Vgl. dazu Shwayder 1965, 57, 115 ff. Zum Verhältnis von praktischem und theoretischem Wissen vgl. ebd. 71 f. und insb. 206 ff. Nach Shwayder erfolgen Zuschreibung und Erklärung des praktischen Wissens eines Handelnden in Analogie zum theoretischen Wissen dessen, der die Handlung beobachtet und verstehen will.

> „Ein Verhalten bekommt seinen intentionalen Charakter dadurch, daß es vom Handelnden selbst oder von einem Beobachter in einer weiteren Perspektive *gesehen* wird, dadurch, daß es in einen Kontext von Zielen und kognitiven Elementen gestellt wird."[20]

Praktisches Wissen ist, wie schon Platon gesehen hat, „in Handlungen einwohnend als mit ihnen zusammengewachsen",[21] weil es in dem von ihm gemachten Gebrauch aufgeht und ihm wesentlich die Funktion der Orientierung und Regulierung des Handlungsvollzugs und des Handlungsverständnisses zukommt. Als solches muß es für den Handelnden weder theoretisch verfügbar oder sprachlich adäquat artikulierbar noch ohne weiteres durch Reflexion zugänglich und zu vergegenständlichen sein. Gerade weil das praktische Wissen dem Handelnden nicht unmittelbar gegenständlich ist, sich aber in seinem Handeln zeigt, kann es zu Meinungsverschiedenheiten zwischen dem Handelnden und einem Interpreten darüber kommen, wie die Handlung zu verstehen ist. Ein praktisches Wissen ist nicht ein nur privat zugänglicher Wissensinhalt; es ist vielmehr sehr eng an „äußere", verhaltensmäßige Kriterien gebunden, die eine unter entsprechenden Umständen hinreichende Basis für die Zuschreibung des Wissens zu einem Handelnden durch einen Beobachter liefern können.
Die handlungsleitenden Unterstellungen und die kognitiven Orientierungsschemata bilden die Grundlage dafür, daß dem Handelnden mit Bezug auf dasselbe von ihm verursachte Ereignis verschiedene Handlungen zugeschrieben werden können, die in einer Dadurch-daß-Relation zueinander stehen. Mit der sprachlichen Zuschreibung der Handlung durch den Handelnden selbst oder einen Beobachter erfolgt eine sprachliche Artikulation und begriffliche Fixierung des ungegenständlichen Wissens, über dessen Gebrauch der Handelnde verfügt. Die Zuschreibung eines praktischen Wissens erfolgt in Analogie zu einem theoretischen Wissen, das sich auf dieses praktische Wis-

---

[20] v. Wright 1974, 108; vgl. in diesem Sinn auch Lenk 1978 b, 294 f.
[21] Platon, Politikos, 258 d; zur Bedeutung des Gebrauchswissens bei Platon vgl. Wieland 1982.

sen bezieht und es in größerem oder nur geringem Explikationsgrad sprachlich artikuliert. Das Wissen, das der Zuschreibung von Handlungen, die durch eine Dadurch-daß-Relation verknüpft sind, zugrunde liegt, enthält sowohl Bestandteile, die sich aus der Kenntnis von Handlungsschemata und damit aus den Begriffen von Handlungstypen ergeben, als auch Teile, die sich auf die faktische Situation und den Kontext beziehen. Die Dadurch-daß-Relation zwischen einzelnen Handlungsvorkommnissen ist daher weder eine bloß kontingente noch eine rein logische Beziehung, und obwohl teleologische Zusammenhänge sicher von großer Bedeutung für diese Beziehung sind, kann sie auch nicht auf solche Zusammenhänge reduziert werden.[22]

2. *Handlungseinheit und intentionales Handeln*

Die Einheit zwischen einer komplexen Handlung und den Handlungen, mit denen die komplexe Handlung in einer Dadurch-daß-Relation steht, stellt Goldman durch einen Handlungsgraphen dar, an dessen unterem Ende sich eine Basishandlung befindet. Während somit der Basishandlung eine bedeutsame Rolle für die Einheit komplexer Handlungen zukommt, ist Intentionalität nach Goldman für diese Einheit kein entscheidendes Charakteristikum, da viele, zu demselben Handlungsgraphen gehörende Handlungen nicht-intentional sein können. Problematisch an dieser Sicht der Handlungseinheit sind jedoch sowohl der Begriff der Basishandlung als auch der Stellenwert der Intentionalität.

Nach A. C. Danto unterscheidet sich eine Basishandlung oder einfache Handlung von Nicht-Basishandlungen oder komplexen Handlungen darin, daß der Handelnde sie unmittelbar vollzieht und nicht dadurch, daß er etwas anderes tut.[23] Wenn es Nicht-Basishandlungen gibt, so muß es auch Basishandlungen geben, da

[22] Vgl. Goldman 1970, 38 ff. Dagegen interpretiert Bubner die Dadurch-daß-Relation als Zweckhierarchie und individuiert Handlungen unter dem Gesichtspunkt der Zwecksetzung; vgl. Bubner 1982 a, 98 ff.
[23] Vgl. Danto 1977; Danto 1979, Kap. 2; Danto 1978.

nur durch die Annahme von nicht weiter vermittelten Handlungen ein unendlicher Regreß in der Vermittlungsbeziehung vermieden werden kann. Die paradigmatischen Fälle für Basishandlungen bilden Körperbewegungen. Das Anstoßen des Steins etwa wird durch die Bewegung der Hand vollzogen, die selbst nicht wieder durch eine andere Handlung vollzogen wird und daher auch nicht von einem Wissen der Stufengenerierung im Sinne Goldmans abhängt.[24] Danto stellt allerdings das Verhältnis von komplexer und elementarer Handlung so dar, als handelte es sich um zwei numerisch verschiedene Ereignisse. Es ist jedoch offensichtlich, daß die Handlung, den Stein zu bewegen, nicht ein anderes Ereignis darstellt als die Handlung, die Hand in geeigneter Weise zu bewegen: der Handelnde tut nicht noch etwas zusätzlich zu seiner Körperbewegung. Zwar ist die Ortsbewegung des Steines ein von der Handbewegung verschiedenes und von ihr verursachtes Ereignis, und eine Beschreibung der Körperbewegung als Handlung mit dieser Wirkung nimmt auf das verursachte Ereignis Bezug; das heißt aber nicht, daß einer derartigen Beschreibung eine weitere Handlung im Sinn eines zusätzlichen Handlungsereignisses entspricht. Daher ist es auch inkorrekt, das Verhältnis von Basis- und Nicht-Basishandlung als Kausalbeziehung zwischen zwei Ereignissen aufzufassen.[25]

Auch bei nicht-kausaler Interpretation dieses Verhältnisses ist der Begriff der Basishandlung jedoch problematisch. Denn es ist fraglich, ob Körperbewegungen selbst schon Handlungen oder vielmehr nur unselbständige Elemente von Handlungen sind, ob der Begriff ‚Basishandlung' also tasächlich Handlungen bezeichnet. R. Bubner und J. Habermas wenden gegen Dantos Konzept der Basishandlung ein, daß bloße Körperbewegungen, wenn sie als solche isoliert und aus dem Zusammenhang mit den durch sie vermittelten Nicht-Basishandlungen herausgenommen werden, gar nicht mehr als von bloßem Verhalten unterschiedene Hand-

---

[24] Vgl. dazu Goldman 1970, 63 ff.

[25] Zur Kritik an Danto vgl. Davidson 1977, 300 ff.; Goldman 1970, 24; Bubner 1982 a, 92 f. Davon unberührt bleibt das Kausalverhältnis zwischen Basishandlung und Vorstellungsursache bzw. Wille, das sowohl Danto als auch Goldman annehmen.

lungen beschrieben werden können.[26] Körperbewegungen als solche sind insofern nur unselbständige und ergänzungsbedürftige Elemente von Handlungen, als sie erst aufgrund einer Vermittlungsfunktion im Sinne der Dadurch-daß-Beziehung zu einer anderen Handlung in Handlungen eingehen können; da vermittelte Handlungen ihrerseits nur durch Körperbewegungen realisiert werden können, bilden diese das Substrat, in dem Handlungen ausgeführt werden. Habermas legt deshalb den durch die Vermittlungsrelation verbundenen Handlungsstufen im Sinne Goldmans nicht schon die den Handlungen koordinierten und nur mitvollzogenen Körperbewegungen als Basis zugrunde, sondern darüber hinausgehende primitive Handlungen, deren Handlungsplan nicht auf elementarere Pläne zurückgeführt werden kann.[27] Dabei bleibt jedoch unklar, was unter einem elementaren Handlungsplan zu verstehen ist und nach welchem Kriterium zu entscheiden ist, ob ein Plan nicht weiter auf einen anderen zurückgeführt werden kann. Gegen die Annahme primitiver Handlungen als Basis spricht aber vor allem, daß Handlungen, die durch ein und dieselbe Körperbewegung ausgeführt wurden, aber nicht in Vermittlungsrelation untereinander stehen, nicht mehr auf demselben Handlungsgraphen angeordnet werden können, wenn dieser eine primitive Handlung und nicht eine Körperbewegung als Basis haben soll. Ein Verkehrspolizist, der auf einer Kreuzung steht und den Arm ausstreckt, fordert dadurch den Fahrer A auf, beschleunigt weiterzufahren, veranlaßt aber zugleich durch seine Armbewegung Fahrer B zum Anhalten. Die beiden Handlungen werden nach Goldman in demselben Diagramm dargestellt, das sich über einer Basis verzweigt,[28] während sie nach Habermas' Konzeption zwei ver-

---

[26] Vgl. Bubner 1982 a, 94 ff.; Habermas 1984, 293 ff. (vgl. auch Habermas 1981, Bd. I, 145 f.).

[27] Habermas 1984, 291 f.

[28] Vgl. zur Verzweigung Goldman 1970, 32 f. – Ein sprachtheoretisch interessanter Fall von Verzweigung liegt bei einer Äußerung vor, die an verschiedene Hörer zugleich adressiert ist und als gleichzeitiger Vollzug verschiedener Sprechakte verstanden weden kann: Äußert jemand in Anwesenheit von Peter: „Ich werde dich gegen Peter beschützen", so kann er durch denselben Äußerungsakt zugleich dem Angesprochenen ein Ver-

schiedene Handlungen bilden, die keine gemeinsame Basis besitzen und graphenverschieden sind. Eine mögliche Verzweigung unmittelbar über der Körperbewegung, die anzeigen soll, daß mit einer Körperbewegung verschiedene und nicht miteinander vermittelte, aber koordinierte Intentionen verfolgt – und nach Goldman auch verschiedene unabsichtliche Handlungen erzeugt – werden können, läßt sich nach der letzten Konzeption nicht erfassen.

Die ursprünglich mit dem Konzept der Basishandlung verfolgte Absicht war es, den Endpunkt der Kette von Handlungen, die in Vermittlungsbeziehungen zueinander stehen, zu markieren, und d. h. dasjenige zu bestimmen, was nicht mehr dadurch getan wird, daß etwas anderes getan wird, und das in diesem Sinn die Basis der vermittelten Handlung bildet. Der Begriff der primitiven Handlung ist dazu nicht tauglich, weil diese Handlung noch durch das Tun von etwas anderem, nämlich durch eine körperliche Tätigkeit, vollzogen wird. Diese Tätigkeit darf aber andererseits, wie Habermas zu Recht fordert, nicht selbst wieder als Handlung bestimmt werden. Während der Begriff der primitiven Handlung zu einer zu starken Verengung der Basis führt, wird mit dem Begriff der Basishandlung der Handlungsbegriff selbst zu weit ausgedehnt. Um dem Zwang zu entgehen, die in den Begriffen ‚Basis' und ‚Handlung' enthaltenen unvereinbaren Elemente zusammenzubringen, scheint es angemessener, das Konzept der Basishandlung aufzugeben, zugleich aber Körperbewegungen als Basis beizubehalten, auf die sich die miteinander vermittelten Handlungsstufen gemeinsam beziehen. Körperbewegungen sind dann nicht selbst schon Handlungen, wohl aber Ereignisse, die, insofern sie als Basis von vermittelten Handlungen fungieren können, als abstrakte und ergänzungsbedürftige Momente von vollständig erfaßten Handlungen aufzufassen sind. Als solche Handlungsereignisse sind sie im Gegensatz zu einem bloßen Verhalten ergänzungsbedürftig und bilden nur abstraktiv isolierbare Aspekte von vermittelten Handlungen; sie stellen andererseits im Gegensatz zu Handlungen lediglich unselbständige

---

sprechen geben und Peter gegenüber eine Drohung aussprechen (vgl. Wunderlich 1980, 388).

Elemente und gemeinsame Bezugspunkte von vermittelten Handlungen dar und sind Tätigkeiten, die direkt, d. i. ohne Vermittlung durch eine andere Tätigkeit, ausgeführt werden. Komplementär zu der Ergänzungsbedürftigkeit von Handlungsereignissen erfordern komplexe Handlungen Handlungsereignisse als Substrat ihrer Ausführung im Sinn der Aktualisierung von Handlungsschemata.

Handlungsereignisse spielen aber vor allem eine entscheidende Rolle für die Graphenidentität von Handlungen, indem sie die Einheit dieser Handlungen konstituieren. Denn eine notwendige und hinreichende Bedingung dafür, daß zwei Handlungen zu demselben Handlungsgraphen oder -baum gehören, ist die Identität der ihnen entsprechenden Handlungsereignisse. Dann und nur dann, wenn beide Handlungen durch dasselbe Handlungsereignis, das ein und derselbe Akteur zu ein und demselben Zeitpunkt veranlaßte, vermittelt sind, können sie auf einem Handlungsbaum über derselben Basis angeordnet werden. Nach Goldman gehören zwei Handlungen dann und nur dann zu demselben Handlungsbaum, wenn sie eine der folgenden Bedingungen erfüllen:[29] a) sie sind identisch; b) sie unterscheiden sich nur durch den Gebrauch unterschiedlicher singulärer Termini für dasselbe Objekt in entsprechenden Handlungssätzen; c) eine der beiden Handlungen generiert die andere; d) beide sind von einer gemeinsamen Handlung generiert. Identität des Handlungsereignisses ist nicht nur eine notwendige, sondern auch eine hinreichende Bedingung für die Graphenidentität von Handlungen, weil sie in allen diesen Bedingungen enthalten ist und alle Handlungen, die sich auf dasselbe sie realisierende Ereignis beziehen, auch als durch dieses Ereignis vermittelt dargestellt werden können. Zwar hat sich das von Davidson aufgestellte Kriterium der Ereignisidentität als nicht befriedigend erwiesen; aber insofern der Begriff des Handlungsbaums die durch dasselbe Ereignis vermittelten Handlungen als Einheit erfaßt und damit eine Handlungseinheit im Sinn der Graphenidentität konstituiert, entspricht dieser Begriff Goldmans Anscombes und Davidsons Begriff der einen Handlung, die als intentional unter mannigfaltigen Beschreibun-

[29] Vgl. Goldman 1970, 37, 45.

gen aufgefaßt werden kann.[30] Diese Handlungseinheit ist entscheidend für die Bestimmung komplexer Handlungen, weil diese aufgrund ihrer Komplexität intern auf vermittelnde Handlungen verweisen.
Für das Problem der Handlungseinheit spielt nach Habermas auch die Intentionalität eine andere Rolle als nach Goldman. Goldman betont, daß die Dadurch-daß-Relation weder auf intentionale noch auf solche nicht-intentionalen Handlungen beschränkt ist, für die dem Akteur Verantwortung zugeschrieben wird, sondern alle aufgrund der eingetretenen Folgen faktisch generierten Handlungen einschließt.[31] Habermas unterscheidet dagegen zwischen Handlungen, die der Akteur intendiert hat oder – bei Zuschreibung durch einen Beobachter – hätte intendieren können und die somit Ausführungen eines Handlungsplans des Akteurs darstellen bzw. darstellen könnten, und Deutungen von Handlungen durch Beschreibungen, unter denen der Handelnde seine Handlungen nicht hätte intendieren können. Diese Deutungen generieren im Gegensatz zu Goldman keine neuen Handlungen mehr, sondern sind nachträgliche Interpretationen von Handlungen unter dem Aspekt von Handlungsfolgen oder Kontextelementen, von denen der Akteur bei der Ausführung der Handlung nichts wissen konnte. Eine zentrale Rolle für die Unterscheidung zwischen Konstituierung neuer Handlungen und nachträglicher Interpretation spielen der Plan des Handelnden S und die Selbstzuschreibbarkeit der Handlung gemäß diesem Plan, die nach Habermas' Handlungsbegriff beide konstitutiv für die mit einer Körperbewegung ausgeführte Handlung sind:

> „Der Plan, nach dem S gehandelt hat, konstituiert die Handlung, die S sich selbst zuschreibt ... Handlungskonstitutiv sind ... nur solche Beschreibungen, die S seiner Handlung als Plan mindestens hätte zugrundelegen können."[32]

---

[30] Diese Entsprechung hat Goldman eigens hervorgehoben, vgl. ebd., und Goldman 1977, 351 ff. – Zur Graphenidentität vgl. Lenk 1978 b, 286 ff., 312 f., und Lenk 1980 b, 144 f.
[31] Vgl. Goldman 1970, 45 f.
[32] Habermas 1984, 291 f., vgl. 573.

Ein Handlungsplan enthält eine Absicht, die ein Subjekt hat, insofern es dispositionell oder aktuell auf die Realisierung eines Zweckes oder Ziels ausgerichtet ist, und er stützt sich auf eine Situationsdeutung des Handelnden. Insofern die Handlung durch Handlungsplan und Situationsdeutung des Handelnden konstituiert ist, kann sie als intentionale Handlung bezeichnet werden; für eine solche Handlung unterstellt Habermas, daß der Handelnde seine Situation beschreiben und seine Intention sprachlich formulieren kann.[33]

Nun wird der Begriff ‚Handlung' in vielen Bereichen zumindest insofern in einem nicht auf intentionale Handlungen eingeschränkten Sinn verwendet, als auch eine nicht beabsichtigte Tat, für die dem Handelnden aber in gewissem Sinn Verantwortlichkeit zugeschrieben werden kann, als Handlung bezeichnet werden kann, beispielsweise dann, wenn eine Tat als fahrlässige Tötung aufgefaßt wird.[34] In diesem Sinn umfaßt der Handlungsbegriff auch Taten, die unbeabsichtigte, aber vorhersehbare oder vorhergesehene Folgen bewirkten, für die der Handelnde verantwortlich gemacht wird und die rechtliche oder moralische Konsequenzen haben können. Hinsichtlich unbeabsichtigter, aber faktisch vom Handelnden veranlaßter Folgen kann zwischen „machen, daß A geschieht" oder „A herbeiführen" und „A tun" unterschieden werden.[35] Wenn jemand nach einem Stock greift und ihn aufhebt, so ist dies das, was er *tut*, in dem Sinn, daß er weiß, was er tut, während er dadurch zugleich viele andere Dinge – z. B. die Bewegungen von Luftteilchen, Grashalmen oder die eines Schattens etc. – *herbeiführt*, von denen er nichts weiß. Diese Unterscheidung betrifft auch intendierte und nichtintendierte handlungsqualifizierende, durch verschiedene Beschreibungen erfaßte Merkmale einer Tat: Was Hamlet *tut*, ist, den Mann hinter dem Vorhang zu töten, aber er *führt* den Tod von Polonius *herbei*. Der Handlungsbegriff wird zumeist auch noch auf dieses Herbeiführen ausgedehnt.

[33] Vgl. ebd. 311 ff.

[34] Vgl. dazu Lenk 1978 b, 284 f.; Böhler 1985, 287 f.; ferner v. Wright 1974, 88.

[35] Vgl. Chisholm 1977, 361 f.; im Anschluß an Melden 1977, 124 f.

Wenngleich der allgemeine Handlungsbegriff nicht auf den Begriff der intentionalen Handlung reduzierbar ist, so bilden die weiteren, über diesen Begriff hinausgehenden Handlungsbegriffe in gewissem Sinn doch nur Derivate dieses Begriffs. Denn auch bei diesen weiteren Handlungsbegriffen bleibt vorausgesetzt, daß der Handelnde über die Fähigkeit zu einer jedenfalls partiellen Kontrolle seines Verhaltens verfügt und grundsätzlich hätte anders handeln können. Dabei wird in mehr oder weniger indirekter Weise auf das Wissen des Handelnden Bezug genommen: etwa auf das, was der Handelnde in der Situation tatsächlich hätte wissen und seinem Verhalten zugrunde legen können oder müssen, oder auf ein bloß noch hypothetisch unterstellbares, aber nicht aktuell verfügbares Wissen (in diesem Sinn ist es denkbar, daß Hamlet hätte wissen können, wer der Lauscher hinter dem Vorhang ist, und die Tat hätte unterlassen können). Nicht-intentionale Handlungen werden nur durch die analoge und hypothetisch ausgeweitete Unterstellung von Handlungswissen und kognitiver Orientierung den Akteuren als Handlungen zugeschrieben. Wo auch ein Minimum an Kontrollfähigkeit und kognitiver Orientierung fehlt, sprechen wir nicht mehr von Handlung; diese bilden vielmehr den begrifflichen Hintergrund für die Rede von Handlungen.[36] Die hypothetische Ausweitung eines handlungsorientierenden Wissens läßt es zu, auch faktisch nicht intendierte Handlungen zu der in einem Handlungsgraphen dargestellten Handlungseinheit zu rechnen, ohne die zentrale Rolle der Intention und der kognitiven Orientierung für den allgemeinen Handlungsbegriff aufzuheben.

Allerdings ist intentionales Handeln nicht so zu verstehen, daß es immer mit der Fähigkeit oder Bereitschaft des Handelnden verbunden sein muß, seine handlungsleitenden Unterstellungen, Annahmen und Intentionen sprachlich explizit und angemessen zu artikulieren. Freilich muß der Handelnde in gewissem Sinn wissen, was er (intentional) tut. In diesem Sinn ist die Beziehung zwischen Intention bzw. Wissen von der Intention und Handeln nicht-kontingent. Aber dieses erforderliche Wissen kann auch nur in einem praktischen und impliziten Wissen bestehen, über

[36] Vgl. dazu Lenk 1978 b, 314 ff.

das der Handelnde so verfügt, daß er sein Verhalten daran in kontrollierter Weise orientieren kann. Weil das praktische Wissen gleichsam in das Handeln eingelagert ist, setzt es eine vermittelte und implizite Selbstbeziehung voraus: der Handelnde muß in dem Sinn wissen, was er tut, daß er sich selbst in seinem Handeln seiner Intention gemäß kontrollieren und sich aufgrund seiner Situationseinschätzung entsprechend orientieren kann; er identifiziert sich in seinem Handeln und durch sein Handeln mit einer Intention. Diese über Handeln vermittelte und durch ein implizites Wissen konstituierte Selbstbeziehung läßt aber durchaus die Möglichkeit zu, daß der Handelnde sich über die sein Handeln leitende Intention selbst täuscht.[37] Stellt ein Beobachter durch verhaltensbezogene Kriterien und aufgrund einer mit dem Handelnden weitgehend geteilten Situationseinschätzung fest, auf welches Ziel der Handelnde in seinem Handeln ausgerichtet ist, so muß dieser Feststellung nicht unbedingt eine verbale Äußerung des Handelnden über seine Intention entsprechen können. Der Handelnde täuscht sich dann über sich selbst, wenn er bereit ist, etwas zu tun, und es auch tut, aber nicht bereit ist, von sich zu sagen, daß er dies tut, wenn er es tut. Er hat eine Intention und identifiziert sich als Handelnder mit dieser Intention durch sein Handeln, insofern sie sein Handeln leitet; er weiß dies aber nicht, insofern er kein explizites Wissen von dieser handlungsleitenden Absicht hat.

Der Handelnde bestimmt nicht allein und nur durch seine explizite Selbstzuschreibung einer Handlung, was er tut. Intentionales Handeln ist weit davon entfernt, etwas Privates oder im Grunde nur dem Handelnden letztlich zureichend Zugängliches zu sein. Die Selbstdeutung des Handelnden von seinem Handeln muß prinzipiell von einem möglichen Interpreten im Lichte des Verhaltens des Handelnden, seines Handlungswissens und seiner Situationsdeutung nachvollziehbar und auf ihre Angemessenheit hin überprüfbar sein. Eine intentionale Handlung ist konstituiert durch eine implizite Reflexivbeziehung im Sinn eines praktischen Wissens des Handelnden von seiner Handlung; der Handelnde

---

[37] Vgl. hierzu Tugendhat 1979, 141 f.; zur Selbsttäuschung und zur vermittelten Selbstbeziehung vgl. insb. Wieland 1982, 263 ff. und 309 ff.

muß aber nicht immer eine mit diesem praktischen Wissen übereinstimmende explizite Selbstzuschreibung vornehmen können, weil er sich nicht immer schon in seinem Handeln vollständig durchsichtig sein muß. Eine Selbstverständigung des Handelnden über sein Handeln kann gerade in der Bemühung bestehen, die im Handeln gleichsam verborgenen Unterstellungen, Annahmen und Meinungen aufzudecken und derart die impliziten Reflexivbeziehungen zu explizieren und in einer Selbstzuschreibung angemessen zu erfassen.[38]

3. Symbolische Handlungen

Diejenigen vermittelten Handlungen, die unter anderem die Sprache konstituieren, nennt F. Kambartel „symbolische Handlungen".[39] Sie dienen dazu, daß Kommunikationspartner einerseits sich miteinander über Situationen verständigen können, andererseits gemeinsam und miteinander handeln können, ohne nur kausal aufeinander Einfluß zu nehmen. Wie läßt sich die Struktur solcher Handlungen handlungstheoretisch beschreiben, und auf welche handlungstheoretisch erfaßbare Eigenschaften bezieht sich der Begriff des Sinns von symbolischen und insbesondere sprachlichen Handlungen, deren pragmatischer Sinn einen Geltungsanpruch enthält?

Symbolische Handlungen sind komplexe Handlungen, die durch andere Handlungen, zumindest aber durch eine Körperbewegung vermittelt sind, von diesen „getragen" werden und in ihren Ausführungen an sie gebunden sind. Bei sprachlichen

---

[38] Vgl. dazu auch Wieland 1982, 316 ff. – Daß im Sinn einer solchen Beziehung auch Fichtes Reflexionsbegriff und dessen Konsequenzen für die Wissenschaftslehre Fichtes verstanden werden können, versuche ich in Becker 1985 b zu zeigen.

[39] Vgl. Kambartel 1978, und Kambartel 1980. – Der im folgenden entwickelte Begriff der symbolischen Handlung entspricht in einigen Punkten Habermas' Begriff des kommunikativen Handelns. Im Gegensatz zum Handlungsbegriff von Habermas soll aber dieser Begriff an die analytische Handlungstheorie angeschlossen und nicht primär im Blick auf die Grundlagenproblematik in den Sozialwissenschaften entwickelt werden.

Handlungen bestehen solche Trägerhandlungen in Äußerungsakten, in denen bestimmte akustische oder visuelle Gebilde, Laute oder Schreibfiguren, dadurch erzeugt werden, daß dazu geeignete Körperbewegungen ausgeführt werden.[40] Äußerungsakte erhalten dadurch eine symbolische Funktion, daß sie nicht für sich allein ausgeführt und intendiert werden, sondern in einer Vermittlungsbeziehung zu komplexen Handlungen stehen. Symbolische Handlungen können aber auch nicht-verbal sein: Ein Radfahrer streckt den Arm aus und zeigt dadurch einem anderen Verkehrsteilnehmer an, daß er abbiegen will. Die Armbewegung erhält eine symbolische Funktion, indem sie als Ausführung der Handlung, die Änderung der Fahrtrichtung anzuzeigen, verstanden wird. Symbolische Funktion wird ihr dadurch übertragen, daß der Akteur und der Adressat der symbolischen Handlung die Geltung von allgemeinen Vereinbarungen oder Konventionen unterstellen, die die Körperbewegung und die komplexe Handlung im Sinn einer Dadurch-daß-Relation verknüpfen. Aufgrund der Kenntnis dieser Regeln weiß der Handelnde, daß seine Armbewegung in dieser Situation als Zeichen der Richtungsänderung von anderen aufgrund ihrer Kenntnis derselben Regeln verstanden wird.

Was der Adressat erfaßt, wenn er die symbolische Handlung des Akteurs versteht, ist der Sinn der komplexen Handlung. Welchen Sinn die Handlung hat, richtet sich danach, welche symbolische Funktion der Körperbewegung in dieser Situation durch die konventionelle Vermittlungsbeziehung zu einer anderen Handlung zugeordnet wird. Der Begriff des Sinns bezieht sich damit zunächst allgemein auf das die Handlung leitende, die Geltung von Konventionen unterstellende Wissen, über das Akteur und Adressat verfügen, das sie einander wechselseitig implizit zuschreiben und das das Handlungsereignis aufgrund der durch dieses Wissen konstituierten Vermittlungsrelation als Aktualisierung des Schemas einer komplexen Handlung verständlich macht.

[40] Vgl. Kambartel 1978, 9, 11. Vgl. auch Austins phonetischen Akt in Austin 1972, 108 ff., und Searles Äußerungsakt in Searle 1971, 40 ff.

Aus dem Symbolbegriff, wie er von Peirce, Wittgenstein und Mead konzipiert wird, ergeben sich weitere Spezifika einer symbolischen Handlung. Nach der Zeichentheorie von Peirce ist ein Symbol

> „ein Zeichen, dessen zeichenkonstitutive Beschaffenheit ausschließlich in der Tatsache besteht, daß es so interpretiert werden wird".[41]

Daraus ergibt sich die Allgemeinheit jedes Symbols, da

> „die Art von Zeichen, über die etwas konditional in der Zukunft gewiß ist, nicht streng individuell sein muß. Denn dies Zeichen muß in der Lage sein, wieder und wieder aufzutreten ... Ein Symbol ist also ein allgemeines Zeichen."[42]

In ähnlicher Weise spricht Wittgenstein von Signalen:

> „Die *Vereinbarung* von Signalen enthält immer eine Allgemeinheit, sonst ist die Vereinbarung unnötig. Es ist eine Vereinbarung, die im besonderen Fall verstanden zu werden hat."[43]

Ist ein Symbol immer etwas Allgemeines, so ergibt sich daraus nicht nur, daß eine Handlung nur aufgrund eines Handlungstyps eine symbolische sein kann, sondern auch, daß eine symbolische Handlung immer regelgeleitet sein muß. Denn nach Peirce ist ein Symbol ebenso

> „ein Repräsentamen, dessen Repräsentierende Eigenschaft genau darin besteht, eine Regel zu sein, die seinen Interpretanten bestimmen wird".[44]

---

[41] Peirce 1983, 65.
[42] Ebd. 66. Symbole sind daher abstrakte Gegenstände.
[43] Wittgenstein 1970 a, 67.
[44] Peirce 1983, 157.

Daß ein Symbol durch eine Regel konstituiert ist, bringt einen weiteren, für Peirces pragmatische Auffassung der Bedeutung eines Symbols kennzeichnenden Aspekt mit sich. Der logische Interpretant, durch den der intellektuelle Bedeutungsgehalt eines Symbols festgelegt wird, kann selbst wiederum in einem Symbol verschiedener Komplexität, einem Begriff, einem Satz oder einem Argument, bestehen; da es für dieses als Interpretant fungierende Symbol seinerseits wiederum einen logischen Interpretanten geben und dieser aufgrund der Allgemeinheit des Symbols selbst etwas Allgemeines sein muß, kann als letzter logischer Interpretant aber nur eine Verhaltensweise, also ein Handlungsschema, das ein beliebig wiederholbares Verhalten bestimmt, fungieren.[45] Denn nach Peirces pragmatischer Maxime besteht der Bedeutungsgehalt eines Symbols in den allgemeinen Formen rationalen Verhaltens, die konditional und in bezug auf mögliche Umstände aus der Annahme des Symbols folgen. In dieser Auffassung Peirces ist eine pragmatische Bedeutungstheorie angelegt, die die Bedeutung eines Symbols so versteht, daß sie durch allgemeine Beziehungen zwischen möglichen Handlungen festgelegt ist, wobei diese Beziehungen durch Bedingungen in bezug auf mögliche Umstände hergestellt werden.

Für eine symbolische Handlung folgt aus diesen Aspekten der Allgemeinheit, der Regelgeleitetheit und des konditional festgelegten Bedeutungsgehalts, daß für das von ihr aktualisierte Handlungsschema ein durch allgemeine Bedingungen hergestellter Bezug zu möglichen Folgehandlungen wesentlich ist. Der Sachverhalt, daß eine symbolische Handlung einen Bedeutungsgehalt enthält, erfordert dann aber eine Ergänzung der Vermittlungsstruktur von Handlungen durch eine Koordinationsstruktur. *Koordinierte Handlungen* unterscheiden sich von vermitteln-

---

[45] Vgl. Peirce 1976, 527. Daß die Allgemeinheit oder „Drittheit" ein irreduzibles Konstituens sprachlicher Zeichen ist, spricht auf grundlegender semiotischer Ebene gegen die Position des Nominalismus. Daß der Sinn von Sätzen und Begriffen als abstrakter Gegenstand nur durch Rekurs auf Verwendungsweisen bzw. -regeln von sprachlichen Ausdrücken identifiziert werden kann, entspricht vor diesem Hintergrund der – allerdings modifizierten und gemäßigten – Position des Realismus. (Vgl. dazu Searle 1971, 160 f., 182 ff.; vgl. dagegen Tugendhat u. Wolf 1983, 139 ff.)

den Handlungen dadurch, daß sie mit der Handlung, mit der sie koordiniert sind, nicht dieselbe Basis teilen, sondern sich auf ein anderes Handlungsereignis beziehen. Die koordinierten Handlungen stehen also in einer Beziehung zueinander, die durch Verschiedenheit der Handlungsereignisse gekennzeichnet ist, und bilden daher eine Handlungsfolge, wobei die koordinierten Handlungen demselben Akteur oder verschiedenen Akteuren zugehören können. Welche symbolische Handlung mit einem Handlungsereignis vollzogen wird, hängt von dem Bedeutungsgehalt des verwendeten Zeichens ab; dieser wiederum ist durch ein allgemeines Verknüpfungsverhältnis des Schemas der symbolischen Handlung mit dem Schema möglicher Folgehandlungen festgelegt, die konditional, also durch allgemeine Bedingungen und mit Bezug auf mögliche Umstände als Elemente möglicher Situationen, der symbolischen Handlung koordiniert sind. Ein Handlungsereignis läßt sich also nur dann als eine symbolische Handlung verstehen, wenn es erstens in einer durch ein konventionelles Handlungswissen festgelegten Vermittlungsbeziehung zu einer komplexen Handlung steht und zweitens ein Handlungsschema aktualisiert, das eine systemtatische Koordinationsbeziehung zu Schemata von Folgehandlungen enthält.

Erhält ein Symbol erst durch Einbettung in einen allgemeinen Handlungszusammenhang seinen Bedeutungsgehalt, so stellt sich die Frage, wie dieser Handlungszusammenhang eine identische Bedeutung konstituiert. Mit ,Bedeutung' ist hier die konzeptionelle Vorstufe der ganzen Bedeutung eines Satzes gemeint, der in einer illokutiv spezifizierten und propositional ausdifferenzierten Sprechhandlung verwendet wird. Auch einfache, ungegliederte sprachliche Symbole, die in Sprechhandlungen wie etwa Warnrufen verwendet werden, die keine Proposition enthalten und deren illokutiver Modus nicht im Sinn einer assertorischen, imperativischen oder expressiven Verwendung differenziert ist, haben eine einheitliche Bedeutung in Form eines pragmatischen Sinns, weil sie eine eindeutige Beziehung zu bestimmten Verhaltensweisen oder -erwartungen haben können.[46] Der

[46] Vgl. Habermas 1981, Bd. II. 15 ff. Vgl. allerdings dagegen Tugendhat 1979, 257.

pragmatische Sinn einer ausdifferenzierten Sprechhandlung ist der Teil der Bedeutung des in ihr verwendeten Satzes, der in einer pragmatischen, also handlungstheoretisch ansetzenden Bedeutungstheorie die konzeptionelle Grundlage für die ganze Bedeutung enthält und die Identität der Bedeutung durch ihre Einbettung in einen Handlungszusammenhang ermöglicht.

Die Frage nach der Grundlage der Identität der Bedeutung wird anhand von Meads Sinnbegriff näher zu erörtern sein. Daß mit einem Zeichen eine Bedeutung verknüpft ist, die für verschiedene Zeichenbenutzer prinzipiell dieselbe sein kann, ist aber zunächst eine weitere notwendige Bedingung für die Rede von einem Symbol. Die Annahme dieser Bedingung liegt nicht nur Peirces Symbolbegriff, sondern auch Wittgensteins Privatsprachenargument und insbesondere Meads Begriff des signifikanten Symbols zugrunde, der für sein Konzept der symbolisch vermittelten Interaktion zentral ist:

> „Soll Kommunikation möglich sein, so muß das Symbol für alle betroffenen Personen das gleiche bedeuten."[47]

Ohne diese Annahme wird Kommunikation unverständlich, weil sich gar nicht angeben läßt, was der eine gesagt oder zum Ausdruck gebracht und der andere verstanden hat, wenn die Kommunikation gelungen ist. Eine in Handlungsbeziehungen situierte identische Bedeutung setzt nach Mead voraus, daß verschiedene Subjekte ihr Handeln wechselseitig am Handeln des anderen orientieren können und die Möglichkeit, daß das Verhalten des anderen auf das eigene Handeln zurückwirkt, in der Handlung der Symbolverwendung prinzipiell enthalten und vorgesehen ist und die Interagierenden ihre Handlungen auch in dieser Weise verstehen.[48]

---

[47] Mead 1973, 94. Vgl. auch ebd. 129; an dieser Stelle weist Mead auch auf die mit der Identität der Bedeutung verknüpfte Universalität hin, die der von Peirce herausgestellten Allgemeinheit des Symbols entspricht (vgl. auch ebd. 188 f.).

[48] Unter anderen Voraussetzungen, aber in ähnlicher Weise hat Fichte in seiner Interpersonalitätstheorie ein wechselseitig aufeinander bezogenes Handeln verschiedener Subjekte konzipiert; vgl. hierzu Becker 1985 b.

Ist die Möglichkeit einer solchen Interaktion eine wesentliche Voraussetzung für eine symbolische Handlung, so ist das Schema einer solchen Handlung nicht unabhängig von einer Koordinationsbeziehung zwischen den Handlungen verschiedener Subjekte verstehbar; dabei ist nicht nur die symbolische Handlung ihrem Schema nach mit möglichen Folgehandlungen koordiniert, vielmehr sind auch die Schemata der Folgehandlungen und Reaktionen auf die symbolische Handlung durch diese Koordinationsbeziehung bestimmt. Daß das Schema einer symbolischen Handlung die Möglichkeit der Interaktion strukturell enthält, bedeutet, daß die Koordinationsbeziehung in die Vermittlungsbeziehung einer symbolischen Handlung gleichsam hineingenommen und darin eingelagert wird: sie erhöht die Komplexität des Handlungsbaums über einer Körperbewegung und „erzeugt" erst diejenige Handlungsstufe, die es erlaubt, ein vermittelndes Handlungsereignis als Vollzug einer symbolischen Handlung zu verstehen. Der Sinn der symbolischen Handlung ergibt sich erst aus der Funktion der Regulierung von Folgehandlungen der Interagierenden und setzt voraus, daß die Interagierenden ein gemeinsames Wissen von einer identisch verstandenen Beziehung der symbolischen Handlung zu möglichen Folgehandlungen haben. Erst die durch diese Koordinationsbeziehung zu möglichen Folgehandlungen konstituierte Handlungsstufe erlaubt es, ein Handlungsereignis und andere vermittelnde Handlungen als Vollzug einer derart komplexen Handlung zu verstehen, die als symbolische Handlung bezeichnet werden kann. Indem die Koordinationsbeziehung die Komplexität eines Handlungsbaumes durch die Konstituierung eines höherstufigen Handlungsschemas erhöht, ermöglicht sie eine gegenüber den vermittelnden Handlungen und ihren Schemata *neue und komplexere Form* des Handelns, eben das symbolische Handeln.

4. Die Erhebung eines Geltungsanspruchs

Erst diese in die Vermittlungsstruktur einer symbolischen Handlung eingelagerte Koordinationsbeziehung zu möglichen, intersubjektiv relevanten Folgehandlungen eröffnet den Weg für einen

Ansatz zum Verständnis dessen, was es heißt, einen Geltungsanspruch zu erheben. In welcher Weise die Klärung der internen Struktur eines Geltungsanspruchs den Rekurs auf Handlungszusammenhänge erfordert, soll zunächst durch Überlegungen zu strukturellen Merkmalen eines solchen Anspruchs und seines Verständnisses verdeutlicht werden. Um den Umriß eines solchen handlungstheoretischen Ansatzes zur weiteren Orientierung gewinnen zu können, müssen allerdings schon Prämissen und Konzepte in allgemeiner Form vorausgesetzt werden, die erst noch gerechtfertigt werden müssen. Dieser Vorgriff umfaßt insbesondere die Konzepte der Identität der Bedeutung, der Regelgeltung und der in Illokution und Proposition ausdifferenzierten Sprechhandlung. Muß der handlungstheoretische Ansatz zur Klärung eines Geltungsanspruchs Annahmen dieser Art zugrunde legen, so läßt sich aus seinem Umriß zugleich entnehmen, welche weiteren Fragen und Ausrichtungen für diese Klärung leitend sein müssen und mit welchen Beweislasten sie verbunden ist.

Zu dem, was gelten kann, gehören handlungsbestimmende Regeln und Normen.[49] Daß sie gültig sind, heißt, daß sie von handelnden Subjekten anerkannt sind. Die Anerkennung von Regeln ergibt sich nicht nur aus der expliziten Zustimmung eines Subjekts zu ihrer Geltung, sondern auch schon aus der Orientierung seiner Handlung an der Regel: die Regel ist von einem Subjekt auch schon dann anerkannt, wenn sie seiner Handlung zugrunde gelegt und in diese hineingenommen wurde. Ein solcher Geltungsbegriff, der nur die faktische Orientierung eines Handelnden an einem Geltenden erfaßt, reicht aber nicht zur spezifischen Kennzeichnung eines Geltungsanspruchs aus, der an unbegrenzt viele, die ihn verstehen können, gerichtet ist. Die faktische Anerkennung und Geltung einer Regel durch einen Handelnden kann von einem Interpreten auch vergegenständlicht und in einer theoretischen oder objektivierenden Einstellung bloß deskriptiv und als sozialer Tatbestand erfaßt und festgestellt werden. Um einen Anspruch als Anspruch zu erfassen, ist da-

[49] Zur Frage, was Geltung beanspruchen kann, vgl. Schnädelbach 1977, 228 f.

gegen eine performative, für Interagierende und Kommunizierende kennzeichnende Einstellung erforderlich, in der Geltung als normative und intersubjektiv anerkennbare verstanden wird:

> „Um geltungstheoretische Charakterisierungen handelt es sich ... nur, wenn (a) Faktisch-Geltendes im Hinblick auf seinen *normativen* Sinn und wenn (b) dieser Sinn nicht im Hinblick auf irgendeine *faktische*, sondern auf die *mögliche* Anerkennung oder Problematisierung *durch den Charakterisierenden* selbst – d.h. als Anspruch *an ihn* – identifiziert und charakterisiert wird."[50]

Gilt eine Regel im Sinn der normativen und intersubjektiven Geltung, so gilt sie im Prinzip für jeden, der an der Interaktion bzw. Kommunikation teilnehmen und sie seinem Handeln zugrunde legen kann, und erfordert von allen möglichen Interaktions- bzw. Kommunikationsteilnehmern Anerkennung.

Eine symbolische Handlung ist nur auf der Basis der intersubjektiven Geltung einer Regel möglich. Denn die Einheit und Konsistenz der Interpretation eines Symbols hängt davon ab, daß sein Bedeutungsgehalt durch eine eindeutige und von den Interagierenden in gleicher Weise verstandene Beziehung zu denselben Folgehandlungen festgelegt wird; nur wenn diese Beziehung identisch verstanden wird, verstehen die Interagierenden die Bedeutung des Symbols identisch. Da diese Beziehung den Zusammenhang von Handlungen reguliert, muß sie etwas intersubjektiv Geltendes, von den Interaktanten ihren Handlungen gemeinsam Zugrundegelegtes und als handlungsorientierend Unterstelltes sein, sollen sie die Bedeutung des Symbols identisch verstehen können. Die Identität der Bedeutung beruht auf der intersubjektiven Geltung einer Regel, und diese bildet die Grundlage einer symbolischen Handlung.

Beruht symbolisches Handeln einerseits darauf, daß Regeln als

---

[50] Ebd. 223. Zur Unterscheidung zwischen theoretisch-distanzierender Einstellung und kommunikativer Erfahrung vgl. Kuhlmann 1975, Kap. III. Zur damit verknüpften Problematik des Sinnverstehens in den Sozialwissenschaften vgl. Habermas 1981, Bd. I, 152 ff.

geltend, und das heißt auch als handlungsleitend und für das Handeln verbindlich, in der Interaktion unterstellt werden können, so eröffnet es andererseits die Möglichkeit, einen Geltungsanspruch zu erheben, der prinzipiell sowohl zustimmungsfähig als auch problematisierbar oder kritisierbar und ablehnbar ist. Insofern ein Geltungsanspruch erhoben wird, werden zwar gewisse Regeln als intersubjektiv geltend unterstellt, *dasjenige, wofür* der Anspruch auf Geltung erhoben wird, gilt aber allein dadurch gerade noch nicht; es ist vielmehr zunächst einer Ja/Nein-Stellungnahme, also der Möglichkeit der intersubjektiven Zustimmung oder Ablehnung, ausgesetzt. Insofern ein Geltungsanspruch erhoben wird, wird zwar vom Handelnden dasjenige, das gelten soll, als geltend hingestellt, aber dabei zugleich als solches exponiert, das auch verneint werden kann. Im Anspruch auf Geltung ist strukturell die Möglichkeit alternativer Stellungnahmen vorgesehen; dies kennzeichnet ihn als Anspruch, der als solcher an andere gerichtet ist. Die Anspruchserhebung erfolgt in einer durch eine intersubjektive Beziehung bestimmten symbolischen Handlung, die analog zu der Aufforderung eines Interaktionspartners durch den Handelnden zur Anerkennung der Geltung dessen, auf das sich der Anspruch richtet, und zur Zustimmung zur intersubjektiven Berechtigung der Handlung der Anspruchserhebung zu verstehen ist. Anspruchserhebung und Stellungnahme sind ihrem primären Verständnis nach koordinierte Handlungen verschiedener Subjekte und können nur im abgeleiteten Sinn auch Handlungen desselben Subjekts sein.
Die prinzipielle Differenz, zugleich aber auch Komplementarität von Anspruchserhebung und Stellungnahme werden dadurch möglich, daß mit der Anspruchserhebung zwar bestimmte Bedingungen spezifiziert und als erfüllt hingestellt werden, diese Bedingungen aber durch dieses bloße Hinstellen selbst prinzipiell nicht schon in der Weise erfüllt sind, daß diese Erfüllung von allen möglichen Interaktionspartnern als solche erkennbar und explizit beurteilbar ist. Die Möglichkeit, einen Geltungsanspruch zu erheben, beruht auf dieser Differenz von Bedingung und Erfüllung. Dies bedeutet, daß ein Geltungsanspruch so strukturiert ist, daß das Erfassen der Geltungsbedingungen und das Verstehen des erhobenen Geltungsanspruchs einerseits und

das Wissen von der Erfüllung der Bedingungen und damit die explizite intersubjektive Anerkennung der Berechtigung des Anspruchs andererseits prinzipiell auseinandertreten. Das Verstehen des Anspruchs bezieht sich auf die Geltungsbedingungen als Bedingungen, deren Erfüllung beansprucht ist; im Verstehen als solchem ist aber noch nicht ein Wissen von dem Ergebnis einer expliziten Überprüfung und Beurteilung des erhobenen Anspruchs enthalten. Es läßt insofern immer die Möglichkeit sowohl zur Ja- als auch zur Nein-Stellungnahme und damit die Beurteilung der Berechtigung des Anspruchs noch offen. Dieses strukturelle Auseinandertreten von Verstehen des Anspruchs und Anerkennung seiner Berechtigung ermöglicht die Verteilung von Anspruchserhebung und Zustimmung bzw. Ablehnung auf ereignisverschiedene, aber einander wechselseitig zugeordnete Handlungen verschiedener Subjekte und gehört zur intersubjektivitätstheoretischen Grundstruktur des Geltungsanspruchs. Zwei einander zugeordnete Handlungen stehen dabei in einer zweifachen Zuordnungsbeziehung, die sowohl durch ein Komplementaritäts- als auch ein Identitätsverhältnis konstituiert ist: Anspruchserhebung und Stellungnahme verweisen ihrem Sinn nach aufeinander und ergänzen sich, weil ein Anspruch, indem er seine explizit anzeigbare Anerkennung fordert, aber nicht schon mit sich bringt, *als Anspruch* an einen anderen Handelnden und auf seine Handlungen *projektiv und antizipatorisch* gerichtet ist und weil die Zustimmung oder Ablehnung des anderen *als Stellungnahme* zu einem erhobenen Anspruch *reaktiv und vollendend* auf die Anspruchserhebung zurückgerichtet ist. Beide Handlungen sind nach Handlungsereignis und -typ verschieden, aber ihrem Sinn nach *wechselseitig aneinander orientiert.*[51] Zugleich ist aber die Koordinationsbeziehung auch durch die *Identität des Bedeutungsgehalts*, mit dem der eine ein Symbol verwendet und der andere dieses Symbol in dieser Verwendung versteht, konstituiert; denn dasjenige, für das der eine Geltung beansprucht, muß mit demjenigen identisch sein, das der andere als

---

[51] Vgl. hierzu Ryles Begriff einer Handlung höherer Ordnung, bei der allerdings nur eine einseitige Orientierung einer Handlung an einer anderen vorliegt; vgl. Ryle 1969, 258 ff.

geltend anerkennt oder ablehnt, und diese Identität erfordert ein gemeinsames Verständnis der Geltungsbedingungen, deren Erfüllung beansprucht und anerkannt oder abgelehnt wird. Einen Geltungsanspruch zu verstehen, beinhaltet, die Bedingungen seiner intersubjektiven Berechtigung und Anerkennung zu erfassen.[52] Diese Bedingungen werden durch die Bedeutung des Symbols oder – im Fall von indexikalischen Ausdrücken – durch das Verhältnis von Symbolbedeutung und Äußerungskontext in intersubjektiv nachvollziehbarer Weise bestimmt.

Sind die Erhebung des Anspruchs und die explizite Anerkennung seiner Berechtigung grundsätzlich zu trennen, so müssen die Stellungnahmen der Zustimmung und Ablehnung – sollen sie nicht Ausdruck einer bloßen Willkür, sondern eines Rekurses auf eine mögliche, für die Kommunizierenden gemeinsam verfügbare Geltungsbasis sein – prinzipiell durch etwas Weiteres vermittelt sein, das nicht schon in der Anspruchserhebung in expliziter Weise enthalten ist, gleichwohl aber einer expliziten Stellungnahme zugrunde gelegt werden kann.[53] Die mit einem Anspruch verbundenen Geltungsbedingungen kennen, heißt wissen, was sie erfüllen bzw. nicht erfüllen könnte und unter welchen Umständen sie erfüllt bzw. nicht erfüllt wären. Wer den Anspruch versteht, der für die Erfülltheit dieser Bedingungen erhoben ist, weiß dementsprechend, was zu einer Ja- oder Nein-Stellungnahme, also einer Anerkennung oder Ablehnung der Geltung, berechtigen würde. Die Stellungnahme zu dem Anspruch ist vermittelt durch ein Wissen, das sich auf etwas bezieht, das die Geltungsbedingungen erfüllt bzw. nicht erfüllt, auf dem entsprechend die Anerkennung oder Ablehnung des Anspruchs beruht und das die intersubjektiv verfügbare Grundlage für die gemeinsame Beurteilung bildet, ob der erhobene Anspruch berechtigt ist oder nicht. Weil derjenige, der einen Geltungsanspruch erhebt, dadurch die Geltungsbedingungen als erfüllt hinstellt, beruft er sich implizit auf ein Wissen von dem, was die Bedingun-

[52] Vgl. hierzu Habermas' formalpragmatische Bedeutungstheorie in Habermas 1981, Bd. I, 397 ff.

[53] Vgl. zur Vermittlungsstruktur eines Geltungsanspruchs ebd. 65 ff., 405 f.

gen erfüllt. Ohne diese implizite Stützung hätte die Handlung, einen Geltungsanspruch zu erheben, keinen Sinn. Denn wenn sie einerseits Bedingungen als erfüllt hinstellt und deshalb von jedem Subjekt, an das der Anspruch gerichtet ist, den Mitvollzug der Anerkennung und die Zustimmung zur Erfüllung fordert, andererseits aber die explizit anerkannte Erfüllung nicht schon selbst in sich enthalten kann, dann kann die Aufforderung zur Anerkennung ebenso wie die explizite Stellungnahme selbst nur eine vermittelte sein. Der Geltungsanspruch ist von dem handelnden Subjekt schon als vermittelter erhoben und verstanden, aber so, daß dabei das Vermittelnde als Erfüllendes implizit bleibt. Die Erhebung eines Geltungsanspruchs ist ihrem Sinn und ihrer Handlungsstruktur nach schon als eine noch nicht durch eine Stellungnahme ergänzte Handlung auf etwas Erfüllendes implizit bezogen und durch es vermittelt. Nur wenn diese Handlung selbst schon in dieser Weise intern und implizit vermittelt ist, enthält sie die Möglichkeit der Stellungnahme eines anderen und der gemeinsamen Anerkennung der Geltung.

Indem ein anderer zu dem Anspruch Stellung nimmt, bestätigt oder verneint er, daß das, worauf sich der Geltungsanspruch implizit stützt, tatsächlich die mit ihm verknüpften Geltungsbedingungen erfüllt. Während mit der Erhebung des Anspruchs auf das ihn Erfüllende lediglich implizit zu seiner Berechtigung verwiesen wird, setzt die explizite Stellungnahme eine ausdrückliche Konfrontation der Geltungsbedingungen mit dem voraus, auf das verwiesen wird, wenn die Bedingungen mit der Handlung der Anspruchserhebung als erfüllt hingestellt werden. Durch eine solche Konfrontation kann eine explizite und gemeinsam verfügbare Geltungsbasis in der Weise hergestellt werden, daß die Interagierenden eine Prozedur der Begründung der Geltung des als geltend Beanspruchten ausführen, wobei diese Begründungsprozedur durch formale Bedingungen für ein Argumentationsverfahren festgelegt ist.

Kann in einer Begründungsprozedur die Berechtigung eines Geltungsanspruchs intersubjektiv nachvollziehbar aufgewiesen werden, so ist der Anspruch eingelöst. Da die Möglichkeit der Einlösung wesentlich zum Sinn der Handlung, einen Geltungsanspruch zu erheben, gehört und gar kein Anspruch auf Geltung und intersubjektive Anerkennung sinnvoll erhoben wird, wo diese Möglichkeit *prinzipiell* nicht besteht, können die formalen Bedingungen der Argumentation, die die Einlösbarkeit des Anspruchs formalpragmatisch, also als Bedingungen der pragmatischen Wohlgeformtheit des Anspruchs, verbürgen, als Sinnbedingungen bezeichnet werden. Sie legen die Form des pragmatischen Sinns von symbolischen Handlungen, in denen ein Geltungsanspruch erhoben wird, fest, indem sie die formalen Bedingungen der Einlösbarkeit des Anspruchs durch Begründung spezifizieren.

Was in einem solchen Argumentationsverfahren für die Geltung des Beanspruchten in Argumenten vorgebracht wird, sind *Gründe* für diese Geltung; da mit ihrer Hilfe aufgezeigt werden soll, daß die in der Anspruchserhebung spezifizierten Geltungsbedingungen erfüllt sind, müssen sie unmittelbar auf das diese Bedingungen Erfüllende Bezug nehmen. Dieses Erfüllende kann seinerseits als Erfüllendes nicht völlig unabhängig von der Möglichkeit gedacht werden, in Gründen zur Stützung eines Anspruchs explizit angeführt zu werden. Denn was einen Anspruch erfüllen kann, wird durch die Geltungsbedingungen spezifiziert und dadurch allererst zu einem potentiell Erfüllenden gemacht: es wird zu einem potentiell Erfüllenden, weil es als solches und in dieser Funktion in den Geltungsbedingungen vorgesehen und durch sie spezifiziert ist. Während also von einem Erfüllenden nicht unabhängig von Geltungsbedingungen und Gründen die Rede sein kann, muß es dennoch etwas sein, das zu den Bedingungen noch hinzukommt. Da Geltungsbedingungen als handlungsleitende Regeln aufgefaßt werden können, die der Orientierung symbolischer Handlungen dienen, und Regeln jeweils nur unter bestimmten Umständen eine berechtigte Anwendung haben, liegt es nahe, solche Umstände als dasjenige aufzufassen, das die Rolle des Erfüllenden spielen kann: Umstände könnten Geltungsbedingungen dadurch erfüllen, daß sie zur Anwendung von Regeln, die symbolische Handlungen leiten, berechtigen; zum Nachweis der Erfüllung der Bedingungen könnten sie in Argumenten als Gründe für die Berechtigung des Anspruchs angeführt werden.

Die Frage, worin Gründe bestehen und ob Umstände diese Funktion erfüllen können, erfordert weiterführende Überlegungen zum Regelbegriff und zur Struktur von Argumenten. Für den pragmatischen Sinn symbolischer Handlungen hat sich bisher ergeben, daß die Kenntnis des Sinns einer solchen Handlung in dem praktischen Wissen von einem komplexen Handlungsschema besteht, dessen Komplexität durch Koordinationsbeziehungen dieses Handlungsschemas zu den Schemata von möglichen Handlungen mit einer anderen Handlungsbasis und möglichen Handlungen eines Interaktionspartners konstituiert ist. Der Erhebung eines Geltungsanspruchs in symbolischen Handlungen und dem Verständnis dieses Anspruchs liegt das Wissen von einem Gefüge von Handlungsschemata zugrunde, das sich durch Verschränkung und wechselseitige Verweisung von basisverschiedenen Handlungen verschiedener Subjekte aufeinander und ihrem Sinn nach ergibt. Das Handlungsgefüge, das einem Geltungsanspruch zugrunde liegt, ist genauer so zu verstehen, daß es die Möglichkeit der Begründung der Geltung dessen, für das der Anspruch erhoben wird, gewährleistet; dies entspricht der internen Vermittlung des Anspruchs durch Gründe. Verschiedene Arten von Geltungsansprüchen können dadurch formal voneinander unterschieden werden, daß die verschiedenen formalen Bedingungen ihrer argumentativen Einlösbarkeit spezifiziert werden. Durch Angabe von solchen formalen Sinnbedingungen wird der pragmatische Sinn von Handlungen, die verschiedenen, den unterschiedlichen Geltungsansprüchen entsprechenden Typen zugehören, formal gekennzeichnet.

5. *Der intersubjektivitätstheoretische Sinnbegriff*

Das bisher allgemein skizzierte Modell symbolischen Handelns, in dem ein Geltungsanspruch erhoben wird, soll im folgenden anhand von Meads Konzept symbolischer Interaktion und anhand von Wittgensteins Regelbegriff präzisiert und in seinen Voraussetzungen abgesichert werden. Dabei soll zunächst gezeigt werden, daß in der Struktur der Begründbarkeit und Vermittlung durch Gründe, die einen Geltungsanspruch kennzeichnet, die nach Mead für die Identität der Bedeutung vorauszusetzende und sie ermöglichende Interaktionsstruktur wiederkehrt. Meads Bedeutungskonzeption kann durch die anhand von Wittgensteins Regelbegriff zu entwickelnde Auffassung ergänzt werden, daß die Identität der Bedeutung auf der intersubjektiven Geltung einer Regel beruht. Ausgehend von Wittgensteins Regelbegriff soll sodann nachgewiesen werden, daß Geltungsbedingungen assertorischer Sätze als Kriterien aufzufassen sind, kraft deren Umstände zu Handlungen berechtigen.

Mead versteht Sprache als Teil eines kooperativen Prozesses und versucht, die Identität der Bedeutung oder des Sinns[54] von signifikanten Symbolen, deren Verwendung für Sprache im engeren Sinn kennzeichnend ist, aus einem Handlungszusammenhang konzeptuell zu erklären, der die Kooperation verschiedener Interaktanten erfordert. Er möchte diese Identität in der Weise verständlich machen, daß er das Hervorgehen der durch Symbole vermittelten Interaktion aus der vorsymbolischen, durch Gesten vermittelten Interaktion auf der Ebene der Gebärdensprache konzeptuell rekonstruiert. Gesten haben noch keine für die Interaktionsteilnehmer identische Bedeutung, sondern sind Reize, die bestimmte Reaktionen oder Dispositionen zu Reaktionen in einem vom gestensetzenden Individuum stimulativ beeinflußten Organismus auslösen. Eine Geste bildet insofern das Anfangselement einer gesellschaftlichen Handlung, dem sich das andere an dieser Handlung beteiligte Individuum in seiner Reaktion anpaßt, wobei dieses Verhalten seinerseits eine Reaktion des ersten Individuums veranlaßt; unter einer gesellschaftlichen Handlung ist dabei ein Handlungszusammenhang zu verstehen, der die Kooperation von verschiedenen Individuen voraussetzt, also eine Interaktion darstellt. Mead versucht nun, diejenigen Veränderungen und Erweiterungen in der Interaktion anzugeben und strukturell zu beschreiben, die aus Gesten signifikante Symbole machen.[55]

---

[54] Vgl. zu dieser Verwendung von ‚Bedeutung' und ‚Sinn' oben S. 221 f. H. Joas weist darauf hin, daß Bedeutung nach Meads Konzeption als Geltungsanspruch gedacht und handlungstheoretisch erfaßt werden muß; vgl. Joas 1980, 114 f.

[55] Im folgenden soll es einzig um die *konzeptuelle* Rekonstruktion dieser

Ein erster Vorschlag Meads für diese Transformation, der sich jedoch als defizitär erweist, besteht darin, daß die Stufe symbolisch vermittelter Interaktion dann erreicht ist, wenn das gestensetzende Individuum

> „die Einstellung des zweiten Individuums zu dieser Geste einnimmt und dazu tendiert, implizit ebenso zu reagieren, wie das zweite Individuum es explizit tut".[56]

Als Anfangselement einer gesellschaftlichen Handlung steht die Geste für eine solche in ihm implizit und im anderen Wesen explizit ausgelöste Reaktion, und

> „in dieser besonderen Handlung oder Reaktion, für die sie steht, liegt ihre Bedeutung als signifikantes Symbol".[57]

Die für die Interaktionsteilnehmer identische Bedeutung eines Symbols bestände demnach in der Disposition zu der vom Symbolbenutzer antizipierten und internalisierten Reaktion, die die Verwendung des Symbols bei anderen auslöst.
Daß dieses Bedeutungskonzept nicht zur Erklärung der Identität der Bedeutung ausreicht, zeigt sich darin, daß Bedeutung hier indirekt, nämlich vermittels des Dispositionsbegriffs, in der Gleichförmigkeit eines Verhaltens verankert und damit objektivistisch konzipiert wird. Eine so verstandene Bedeutung muß kei-

---

Veränderungen zur Klärung der intersubjektivitätstheoretischen Struktur der Sprache bzw. der Bedeutung sprachlicher Ausdrücke gehen, nicht aber um die empirisch zu ermittelnde Genese der Fähigkeit zur Symbolverwendung.

56 Mead 1973, 86.

57 Ebd. Vgl. hierzu und zu den diesem Bedeutungsbegriff noch vorausliegenden objektivistischen Bedeutungskonzeptionen: Mead 1980 a, 207 f., wo die Bedeutung als Reaktion eines anderen Individuums verstanden wird; Mead 1980 b: hier wird die Bedeutung als Reaktionsbereitschaft des Handelnden selbst aufgefaßt; Mead 1980 c, 227 ff., und Mead 1980 d, 294 f.: die Bedeutung wird nunmehr in das Bewußtsein der antizipierten Reaktion des anderen auf die eigene Gebärde verlegt. Vgl. zu dieser Entwicklung des Konzepts der Bedeutung Joas 1980, 98 ff.

neswegs auch schon für die Interaktionsteilnehmer selbst und aus ihrer Perspektive identisch sein:

> „Daraus, daß der eine dispositionell dasselbe tut wie das, wozu der andere stimuliert wird, ergibt sich nicht, daß es etwas Identisches gibt, zu dem sich beide verhalten."[58]

Wie Tugendhat weist auch Habermas darauf hin, daß noch nicht etwas von beiden identisch Verstandenes vorliegen muß, wenn sie in ähnlicher Weise stimuliert sind.[59]
Sowohl Tugendhat als auch Habermas versuchen, das defizitäre Bedeutungskonzept Meads im Sinne der Problemstellung zu vervollständigen: Tugendhat interpretiert die im einen Individuum explizit und im anderen implizit hervorgerufene Reaktion so, daß es sich dabei stets um eine selbst symbolische Reaktion, nämlich eine verbale Zustimmung oder Ablehnung mit „Ja" und „Nein", handeln muß. Habermas ergänzt dagegen die erste Einstellungsübernahme durch zwei weitere. In der zweiten wird eine adressierende Einstellung internalisiert, mit der die Erwartung verbunden ist, daß der andere die eigene Interpretation der Geste bestätigt; in der dritten Einstellungsübernahme wird die kritische Stellungnahme des anderen zu einer mißglückten Deutung und mißlungenen Kommunikation internalisiert. Erst unter diesen weiteren, von Mead nur angedeuteten Aspekten der Ja/Nein-Stellungnahme bzw. der adressierenden Einstellung und kritischen Stellungnahme soll sich nach Tugendhat bzw. Habermas eine identische Bedeutung in einem Handlungskontext konstituieren können. Mead selbst hat jedoch ein weiteres Bedeutungskonzept entwickelt, das auf andere Weise als die der vorgeschlagenen Ergänzungen die Identität der Bedeutung intersubjektivitätstheoretisch erklären soll.
Eine Vorstufe zur Erweiterung des ursprünglichen Konzepts symbolisch vermittelter Interaktion ist in Meads Bemerkung enthalten, daß die im ersten Individuum implizit ausgelöste Reaktion für dieses selbst zu einem Reiz für eine weitere Handlung

58 Tugendhat 1979, 255.
59 Vgl. Habermas 1981, Bd. II, 25.

oder für ein späteres Stadium der gesellschaftlichen Handlung wird:

> „Wenn ein Wesen auf diese Weise handeln kann, wenn die von ihm in sich selbst ausgelöste Haltung für es selbst zu einem Reiz für eine andere Handlung werden kann, haben wir sinnvolles Verhalten vor uns. Wo die Reaktion der anderen Person hervorgerufen wird und zu einem Reiz für die Kontrolle der eigenen Handlung wird, tritt der Sinn der Handlung der anderen Person in der eigenen Erfahrung auf."[60]

In dieser Konzeption liegt nicht mehr eine zweistellige Beziehung zwischen der Geste des einen Individuums und der Reaktion vor, die im zweiten Individuum explizit und im ersten implizit ausgelöst wurde, sondern eine dreistellige Relation zwischen der Geste des ersten Organismus, der anpassenden und vom gestensetzenden Individuum antizipierten Reaktion des zweiten Individuums und der folgenden, mit Geste und Reaktion verknüpften Handlung des ersten Individuums. Diese dreistellige Relation, die weder von Tugendhat noch von Habermas hinreichend berücksichtigt wird, und die Möglichkeit der Kontrolle des eigenen Handelns im Licht der Reaktion des anderen auf das Anfangselement der Handlung bilden die Grundlage für Meads endgültigen Sinnbegriff.

In dieser endgültigen, nicht mehr objektivistisch verkürzten Konzeption der Bedeutung eines signifikanten Symbols spielt das auf Geste und Reaktion des anderen folgende bzw. als folgend angedeutete Verhalten des ersten Individuums eine entscheidende Rolle. Sinn konstituiert sich durch die Verinnerlichung und Subjektivierung der in einem Handlungskontext eingelagerten Beziehung zwischen Geste und angedeuteter Folgehandlung des ersten Organismus, insofern diese Beziehung auch die Reaktion des zweiten Organismus bestimmt. Mead bezeichnet die drei wesentlichen Komponenten des für Sinn konstitutiven Handlungszusammenhangs, also die basisverschiedenen

[60] Mead 1973, 112 f.

Handlungen der Gestensetzung, der Reaktion und der angedeuteten Weiterführung der Interaktion, als die verschiedenen Phasen der gesellschaftlichen Handlung, die zeitlich aufeinander folgen. Die in der Geste angezeigte Folgehandlung des ersten Individuums nennt er Resultante, Vollendung oder Ergebnis der gesellschaftlichen Handlung. Gesten als Anfangselemente einer Interaktion werden dadurch zu Symbolen, daß bestimmte Beziehungen zwischen ihnen und den anderen Phasen der Handlung sowie zwischen diesen Phasen selbst bestehen, und zwar derart, daß diese Beziehungen für die Interaktionsteilnehmer selbst in ihren Handlungen leitend sind. Diese Beziehungen bilden die Form des pragmatischen Sinns von Handlungen, in denen ein Symbol mit identischer Bedeutung für die Interaktanten verwendet und in denen ein Geltungsanspruch erhoben wird. Sinn ist insofern durch einen Handlungskontext konstituiert, als er „in den Beziehungen zwischen den verschiedenen Phasen der gesellschaftlichen Handlung“ gegeben und zu verorten ist:

> „Sinn entwickelt sich und liegt innerhalb des Bereiches der Beziehung zwischen der Geste eines bestimmten menschlichen Organismus und dem folgenden Verhalten dieses Organismus, wie es anderen menschlichen Organismen durch diese Geste angezeigt wird. Wenn diese Geste einem anderen Organismus so das anschließende (oder daraus resultierende) Verhalten des jeweiligen Organismus anzeigt, hat sie einen Sinn ... Sinn ist ... die Entwicklung einer objektiv gegebenen Beziehung zwischen bestimmten Phasen der gesellschaftlichen Handlung.“[61]

Nachdem Mead die drei Komponenten des Interaktionsprozesses unterschieden hat, versucht er, die Art der für den Sinnbegriff entscheidenden Beziehungen zwischen diesen Einzelhandlungen anzugeben. Hier führt die frühere Bemerkung, für den ersten Organismus sei die implizite Reaktion selbst ein Reiz zur Vollendung der Handlung, nicht weiter. Entscheidend ist vielmehr

[61] Ebd. 115 f.

die Art der Reaktion des zweiten Organismus. Denn diese Reaktion ist nicht so zu verstehen, daß dieser Organismus geradehin auf die Geste als isolierte, für sich stehende Handlung reagiert; diese ist vielmehr insofern für seine Reaktion bestimmend, als sie auf ein weiteres Verhalten hinweist und das Anfangselement zu einer Handlungssequenz bildet: der zweite Organismus paßt sein Verhalten nicht einfach der Geste selbst an, sondern dem von dieser Geste angezeigten Folgeverhalten des ersten Organismus. Eine Drohgebärde etwa, die einer Angriffshandlung vorhergeht, wird vom zweiten Organismus mit einer Reaktion, die vor dem Angriff schützen soll, beantwortet. Worauf der zweite Organismus reagiert, ist nur indirekt, nämlich vermittelterweise, die Geste; seine Reaktion ist direkt eine Anpassung an die durch die Geste angedeutete Vollendung der Interaktion durch das Folgeverhalten des ersten Organismus. Die Reaktion des zweiten Organismus ist eine solche Reaktion auf die Geste, die durch die Beziehung der Geste zu der durch sie angezeigten Handlungsvollendung vermittelt ist. Es ist diese in der Reaktion enthaltene Vermittlungsbeziehung, durch die Mead zunächst jene „dreiseitige Beziehung zwischen den Phasen der gesellschaftlichen Handlung" näher spezifiziert: Sinn verweist auf

> „die Beziehung der Geste eines Organismus zur anpassenden Reaktion eines anderen Organismus ... und zur Vollendung der jeweiligen Handlung – eine Beziehung von der Art, daß der zweite Organismus auf die Geste des ersten als Hinweis oder Andeutung auf die Vollendung der jeweiligen Handlung reagiert".[62]

[62] Ebd. 116. Meads Beispiel der Reaktion des Kükens auf das Glucken der Henne zeigt, daß er der Meinung ist, er bewege sich mit dieser Kennzeichnung von Sinn noch innerhalb des Funktionskreises tierischen Verhaltens und der objektiven oder natürlichen Bedeutung, die von der symbolischen Bedeutung kategorial zu trennen ist. Da er aber das Glucken deutlich von der „Kommunikation im Sinne signifikanter Symbole" abhebt, ist jene Kennzeichnung als noch unvollständige aufzufassen (vgl. ebd. 180 f. und auch 233 ff.).

Mead pointiert gerade diese Vermittlung der Reaktion, wenn er explizit angibt, worauf die Reaktion des zweiten Organismus gerichtet ist:

> „Sinn hängt von der Tatsache ab, daß die anpassende Reaktion des zweiten Organismus auf die Resultante der jeweiligen gesellschaftlichen Handlung gerichtet ist, wie sie durch die Geste des ersten Organismus ausgelöst und aufgezeigt wurde."[63]

Ist der Reaktion auf eine Geste nicht zu entnehmen, worauf (als etwas anderes als die Geste selbst im Sinne eines Reizes) in ihr reagiert wird, so kann die Geste kein Symbol sein; die Geste ist dann vielmehr nicht-signifikant.[64] Weil die Beziehung zwischen der Geste und der Handlungsvollendung durch den ersten Organismus in gewisser Weise aus der Reaktion des zweiten Organismus abgeleitet und erst durch sie hervorgebracht wird, identifiziert Mead sogar den Sinn einer zum Symbol gewordenen Geste mit der vermittelten Reaktion:

> „Der Sinn der Geste eines Organismus liegt ... in der Reaktion des anderen Organismus auf die voraussichtliche Vollendung der Handlung des ersten Organismus, der diese Geste auslöst und aufzeigt."[65]

Die Reaktion des anderen wird insofern mit Sinn gleichgesetzt, als sie für den ersten Organismus die angedeutete Folgehandlung aufzeigt.

War die Formel, daß der Sinn eines Symbols in der internalisierten Reaktion eines anderen Organismus bestehe, zunächst Ausdruck einer objektivistisch verkürzten Bedeutungskonzeption, so erhält sie in der erweiterten Konzeption einen neuen Inhalt. Denn mit der Verinnerlichung einer vermittelten, eine Beziehung

---

[63] Ebd. 120.
[64] Vgl. ebd. 121.
[65] Ebd. 188, vgl. 120.

zur eigenen Folgehandlung enthaltenden Reaktion kann der gestensetzende Organismus der von ihm angezeigten Beziehung zwischen Geste und Folgehandlung eine neue Qualität geben, mit der das Reiz-Reaktions-Schema durchbrochen wird. Eine Geste *steht* als Anfangselement einer Interaktion *für* eine weitere Handlung als Ergebnis der Interaktion. Aber diese Beziehung zwischen andeutender Geste und angedeuteter Vollendung gewinnt unter dem veränderten Konzept der Reaktion für den ersten Organismus nun den Stellenwert einer Beziehung, die in einer Reaktion des zweiten Organismus enthalten sein kann, insofern dieser auf die angedeutete Vollendung reagiert. Die für den ersten Organismus bestehende Beziehung zwischen Geste und Vollendung wird damit zu etwas, auf das der zweite Organismus reagieren und das er in seiner Reaktion im Sinn einer Anpassung an die angedeutete Vollendung anzeigen kann. Diese von ihm selbst angezeigte und hergestellte Beziehung zwischen Anfangs- und Folgeelement der Interaktion gewinnt für den ersten Organismus dadurch eine neue Dimension, daß der zweite Organismus sie durch sein Verhalten, nämlich durch die Art seiner Anpassung an das Anfangselement, seinerseits herstellen und dem ersten Organismus anzeigen kann. Für den ersten Organismus ist damit zugleich ein neues, handlungsbestimmtes Selbstverhältnis gegeben: er begegnet seinen eigenen Handlungen und dem von ihm selbst angezeigten Handlungszusammenhang im Verhalten des anderen Organismus. Sowohl die Beziehung zwischen seinen Handlungen als auch sein Selbstverhältnis ist vermittelt durch die Handlung eines anderen; die Beziehung zwischen der Anfangshandlung und der Folgehandlung gewinnt die Qualität eines Sichzusichverhaltens, weil der Handelnde sein eigenes Handeln anhand der Handlungen eines anderen kontrollieren, korrigieren und verändern kann und sich daher zu seinen eigenen Handlungsmöglichkeiten verhalten kann.

Die Geste steht in einer bestimmten Weise für eine folgende Handlung, und es ist diese Art der Beziehung, die aus einer Geste ein Symbol macht. Eine Geste wird zum Symbol, wenn die Möglichkeit besteht, daß der zweite Organismus auf die angedeutete Vollendung reagiert, und wenn die Beziehung zwischen Geste und Vollendung für den ersten Organismus durch diese Möglichkeit vermittelt ist und erst als solche für seine Handlungen relevant wird. Eine Geste ist

> „ein Symbol für das Ergebnis der jeweiligen gesellschaftlichen Handlung eines Organismus ..., insoweit ein anderer Organismus ... darauf reagiert und somit auf das Ergebnis hinweist".[66]

Während die Beziehung zwischen Geste und Reaktion des zweiten Organismus durch das angedeutete Ergebnis vermittelt ist, ist die Beziehung zwischen Geste und Ergebnis durch die derart bestimmte Reaktion vermittelt:

> „Das Ergebnis der jeweiligen gesellschaftlichen Handlung ist von der darauf hinweisenden Geste eindeutig getrennt durch die Reaktion eines anderen Organismus auf sie, eine Reaktion, die auf das Ergebnis dieser Handlung hinweist, so wie es diese Geste anzeigt [a response which points to the result of that act as indicated by that gesture]."[67]

Der Formulierung, daß die Reaktion des zweiten Organismus auf das Ergebnis *so* hinweist, *wie* es die Geste des ersten Organismus anzeigt, ist zu entnehmen, daß sich beide nun zu einem Identischen verhalten: was der erste Organismus aus seiner Perspektive anzeigt, ist identisch mit dem, worauf der zweite Organismus aus dessen Perspektive reagiert. Denn beide verknüpfen mit dem Symbol dieselbe Folgehandlung oder Resultate der Interaktion, und diese Verknüpfung hat die Qualität, daß sie für den einen nur besteht, insofern sie für den anderen besteht und sich seinem Verhalten entnehmen läßt. Die Reaktion des anderen ist dasjenige, was dem Symbol für das erste Individuum *Sinn gibt*, weil die angedeutete Folgehandlung erst als Objekt der Reaktion eines anderen in intersubjektiv nachvollziehbarer Weise mit dem Symbol verknüpft werden kann. Weil die angezeigte

66 Ebd. 117.
67 Ebd. 119.

Folgehandlung vom ersten Organismus der auf diese Handlung gerichteten Reaktion des zweiten Organismus entnommen werden kann, entspricht sie der folgenden Bestimmung Meads:

> „Sinn ist das, was anderen aufgezeigt werden kann, während es durch den gleichen Prozeß auch dem aufzeigenden Individuum aufgezeigt wird."[68]

Wenn Mead den Sinn eines Symbols in die Reaktion auf seine Verwendung verlegt, so nimmt er damit nur scheinbar eine andere Bestimmung vor, weil diese Reaktion nur aufgrund ihres Bezugs zu einer Folgehandlung sinnbestimmend sein kann.
Auch in diesem auf einer dreistelligen Beziehung beruhenden Sinnbegriff kommt der Reaktion die einer Zustimmung oder Ablehnung analoge Funktion zu, die ihr Tugendhat und Habermas beilegen. Aber diese Funktion beruht weder darauf, daß die Reaktion schon als Ja/Nein-Stellungnahme zu verstehen ist, noch darauf, daß sie auf einen in adressierender Einstellung und kommunikativer Absicht vollzogenen Akt gerichtet ist. Eine Bestätigung oder Mißbilligung der Deutung der eigenen Geste kann der erste Organismus vielmehr aus der Reaktion insofern entnehmen, als diese auf die von ihm angezeigte bzw. auf eine andere Folgehandlung gerichtet ist. Hat der erste Organismus Reaktionen auf die von ihm angedeuteten Folgehandlungen verinnerlicht, so weiß er, wie der andere reagieren müßte, wenn er auf die in der eigenen Geste angezeigte Folgehandlung reagieren würde; die sinnkonstitutive Beziehung zwischen Geste, Reaktion und Folgehandlung ist damit abgelöst von der faktischen Abfolge von Einzelhandlungen und ist als eine allgemeine internalisierte Relation zwischen möglichen Handlungen kognitiv verfügbar, die auch erwartet werden können. Der Reaktion des anderen kommt unter diesen Voraussetzungen für den ersten Organismus die Funktion der Zustimmung oder der Ablehnung der angezeigten Beziehung zu, je nachdem, ob der andere Organismus in seinem Verhalten eine Beziehung zur selben oder zu einer anderen Folgehandlung als der in der Geste angezeigten zum Ausdruck bringt.

---

[68] Ebd. 129.

Diese Zustimmung oder Ablehnung ist aber nicht schon eine verbale, sondern eine handlungsbestimmte, in Handlungen eingelagerte: Zustimmung oder Ablehnung ergeben sich daraus, ob die angezeigte Beziehung zwischen Geste und Folgehandlung für den zweiten Organismus verhaltensbestimmend ist oder nicht; das entsprechende Verhalten des zweiten Organismus ist für den ersten äquivalent der Zustimmung bzw. der Ablehnung seiner Deutung der Geste.

Setzt man voraus, daß auch der zweite Organismus über dieselbe Fähigkeit wie der erste verfügt, so können beide jeweils kritisch zu einer vom anderen angezeigten Beziehung zwischen Geste und Folgehandlung Stellung nehmen. Haben beide Organismen sowohl Reaktionen, die auf Folgehandlungen gerichtet sind, als auch kritische Stellungnahmen zu einer nur einseitig hergestellten Beziehung zwischen Geste und Folgehandlung verinnerlicht, so können sich aus der Beziehung zwischen Symbolverwendung als Anfangselement und angezeigter Folgehandlung als Resultante einer Interaktion intersubjektiv gültige Regeln der Symbolverwendung herausbilden. Diese Regeln haben die von Peirce aufgrund der pragmatischen Maxime geforderten Eigenschaften von Regeln für Symbole im Sinn von Bedeutungskonventionen, da sie in allgemeiner Weise eine Verhaltensweise mit einem Symbol verknüpfen. In Meads voll entwickelter Bedeutungskonzeption sind ein intersubjektivitätstheoretischer und ein handlungstheoretischer Sinnbegriff ineinander integriert.

Mit dieser Konzeption wird Sprache von Mead sowohl konzeptuell als auch entwicklungsgeschichtlich an körperbezogene kooperative Handlungen und leibnahe Expressionen gebunden, wobei insbesondere vokale Gesten eine zentrale Funktion übernehmen. Aus diesen Gesten entwickeln sich zunächst einfache, ungegliederte Symbole. Aber die dem Sinnbegriff zugrundeliegende intersubjektivitätstheoretische Struktur wird von Mead als allgemeine Struktur von Sprache verstanden und daher auch auf Sätze und somit auf illokutiv und propositional gegliederte Sprechhandlungen übertragen. Das Äquivalent zur Reaktion auf die Verwendung eines einfachen signifikanten Symbols ist dabei die Ja/Nein-Stellungnahme eines Hörers. Wie jene Reaktion ist diese Stellungnahme in dem Sinn der Symbolverwendung intern als Möglichkeit vorgesehen: die Verwendung eines Satzes, mit der ein Geltungsanspruch erhoben wird, ist vom Sprecher so gemeint, daß der Hörer nicht nur durch nichtsprachliche Handlungen – etwa bei Befehlen, Aufforderungen etc. – und unspezifizierte sprachliche Handlungen reagieren kann, sondern stets auch zunächst mit Zustimmung oder Ablehnung, also mit „Ja“ oder „Nein“ antworten kann. Die Möglichkeit der Stellungnahme ist intern im Sinn einer Satzverwendung vorgesehen, weil die allgemeine Verknüpfung eines Symbols mit einer Handlungsweise keine Bedeutungskonvention oder sinnkonstitutive Regel sein kann, ohne daß sie für einen anderen handlungsleitend sein und von ihm als geltend anerkannt werden kann. Eine zunächst einseitig von einem Sprecher hergestellte Beziehung zwischen Symbol und Handlungsweise ist auch für ihn selbst allein unter der Bedingung sinnkonstitutiv, daß sie der Stellungnahme eines anderen ausgesetzt werden kann und zustimmungsfähig ist. Sinn liegt einzig dann vor, wenn die vom Sprecher aufgezeigte Beziehung prinzipiell derart ist, daß sie ihm selbst im Handeln eines anderen von diesem aufgezeigt werden kann.

Diese intersubjektive Struktur ist auch in der Bedeutung eines Satzes enthalten und hier auf der formalen, genauer der formalpragmatischen Ebene konstitutiv für diese Bedeutung. Der propositionale Sinn ist bei einer vollständig ausdifferenzierten Sprechhandlung ein Teil der Satzbedeutung, der für Sprecher und Hörer identisch ist. Da aber diese Identität zugleich eine Identität sein muß, die intersubjektiv und in kooperativem Handeln konstituiert ist, erfordert sie einen formalen und durch Bezug zu Handlungen festgelegten Rahmen, der diese Identität ermöglicht. Die durch die Proposition bestimmten Geltungsbedingungen können für Sprecher und Hörer dieselben sein, und dennoch kann ihre Erfüllung in einer bestimmten Behauptungssituation vom einen bejaht und vom anderen verneint werden. Die Identität der Geltungsbedingungen und die Möglichkeit der Stellungnahme verweisen wechselseitig aufeinander. Diese Identität besteht für Sprecher und Hörer nur dann, wenn sie ein gemeinsames, von einer einzelnen Behauptungssituation unabhängiges Wissen haben, was es heißt, daß diese Bedingungen erfüllt sind, was sie also erfüllen würde. Dies ist aber äquivalent dem Wissen, unter welchen möglichen Umständen mit „Ja“ zu dem Anspruch, daß die Geltungsbedingungen erfüllt sind, Stellung genommen werden kann. Das Wissen von identischen Geltungsbedingungen ist rückgebunden an die Möglichkeit einer gemeinsamen Zustimmung und Anerkennung eines Anspruchs unter denselben für seine Berechtigung relevanten möglichen Umständen und, da Zustimmung nur Zustimmung vor dem Hintergrund einer möglichen Ablehnung ist, auch an die Möglichkeit der Ablehnung. Andererseits gilt für eine spezielle Behauptungssituation: Erst wenn mit Geltungsbedingungen dasselbe allgemeine Wissen verbunden ist, unter welchen möglichen Umständen mit „Ja“ Stellung genommen werden kann, können Sprecher und Hörer in ihrer Beurteilung und ihren Sprechhandlungen darin differieren, daß ein und dieselben Geltungsbedingungen in einer bestimmten Behauptungssituation, d. i. unter *gegebenen* Umständen, erfüllt sind oder nicht. Einerseits setzt also die Wahrheit oder Falschheit eines Behaupteten unter den gegebenen Umständen der Behauptungssituation das Wissen von identischen Geltungsbedingungen voraus; dieses allgemeine Wissen sieht andererseits strukturell die Möglichkeit vor, daß es berechtigt oder nicht berechtigt verwendet und diese Verwendung entsprechend beurteilt werden kann.

Hat die Reaktion auf eine signifikante Geste auf der Ebene gegliederter Sprechhandlungen ihr handlungs- und intersubjektivitätstheoretisches Analogon in der Ja/Nein-Stellungnahme zu einer Anspruchserhebung, so entspricht der angezeigten Folgehandlung die mögliche Begründung der Berechtigung des Anspruchs. Erhebt der Sprecher einen Geltungsanspruch, so nimmt er damit implizit und antizipatorisch mit „Ja“ zu dem Anspruch Stellung, daß die entsprechenden Geltungsbedingungen unter den gegebenen Umständen und in der bestehenden Situation erfüllt sind. Diese implizite Stellungnahme soll jedoch eine solche sein, die von jedem, an den der Geltungsanspruch gerichtet werden kann, explizit nachvollziehbar ist. Von der Erfüllung von Geltungsbedingungen und der Berechtigung eines Anspruchs kann nur dort die Rede sein, wo die Möglichkeit der intersubjektiven Anerkennung gegeben ist. Erfüllung kann es nur unter der Bedingung der Möglichkeit ihrer intersubjektiven Anerkennung geben; denn Erfüllung muß, falls sie vorliegt, prinzipiell für unbegrenzt viele Subjekte erkennbar und als Erfüllung intersubjektiv beurteilbar sein. Sie kann nicht unabhängig von der Möglichkeit eines intersubjektiven Wissens von ihr bestehen. Dadurch, daß in der impliziten Stellungnahme des Sprechers die Möglichkeit enthalten ist, diese Stellungnahme intersubjektiv nachzuvollziehen, ist mit dieser Stellungnahme zugleich die Möglichkeit des Nachweises der Anerkennungswürdigkeit des Anspruchs verbunden. Die implizite Ja-Stellungnahme des Sprechers *stützt sich* auf den impliziten Vorgriff auf einen möglichen intersubjektiven Nachweis, und der Sprecher zeigt durch seine Handlung der Anspruchserhebung gleichsam diesen möglichen Nachweis an: die Anspruchserhebung ist als eine solche gemeint, deren intersubjektive Berechtigung nachgewiesen werden kann und zu der der Hörer auf der Grundlage dieses Nachweises mit „Ja" explizit Stellung nehmen kann. Versteht sie der Hörer in dieser Weise, so kann er nicht völlig willkürlich zustimmend oder ablehnend zu ihr Stellung nehmen; vielmehr nimmt er zu ihr als Anzeige einer Folgehandlung, nämlich des intersubjektiv nachvollziehbaren Nachweises der Berechtigung und Anerkennungswürdigkeit, Stellung. Seine Zustimmung ist auf diese Anerkennungswürdigkeit gerichtet und damit nur vermittelterweise auf die Handlung der Anspruchserhebung selbst, nämlich nur in ihrer Qualität, kraft des Anschlusses einer möglichen Folgehandlung anerkennungswürdig zu sein. Durch Zustimmung oder Ablehnung bringt der Hörer zum Ausdruck, ob er die vom Sprecher hergestellte Beziehung zu derselben Folgehandlung, nämlich dem möglichen Nachweis der Berechtigung dieses Anspruchs in der bestehenden Situation, ebenso herstellt oder nicht. Worauf die Handlungen beider im Fall der Zustimmung des Hörers gerichtet sind, ist die Handlung der Begründung als Nachweis der Berechtigung des erhobenen Anspruchs. Die Beziehung der Anspruchserhebung des Sprechers und der Stellungnahme des Hörers zu derselben Folgehandlung ist die gemeinsame Grundlage für die Anerkennung der Berechtigung des Anspruchs und damit für die implizite bzw. explizite Ja-Stellungnahme.

Im pragmatischen Sinn der Handlung, einen Geltungsanspruch zu erheben, ist somit nicht nur die Möglichkeit der Ja/Nein-Stellungnahme eines Hörers vorgesehen, sondern auch die Möglichkeit, eine Handlung der Begründung an die Erhebung des Anspruchs anzuschließen. Die Erhebung eines Geltungsanspruchs wird von Sprecher und Hörer nicht nur so verstanden, daß der Anspruch bejaht oder verneint werden kann, sondern auch so, daß er als begründet gerechtfertigt oder als unbegründet abgelehnt werden kann. Das erstere Charakteristikum beruht auf dem zweiten: die Möglichkeit der Ja/Nein-Stellungnahme zu einem Anspruch auf intersubjektive Geltung verweist auf die Möglichkeit der Begründung. Denn erst vermöge einer Begründung kann die Berechtigung eines Anspruchs intersubjektiv anerkannt werden. Insofern Ja/Nein-Stellungnahmen sich der Begründung verdanken, sind sie, wenn sie einzig Ausdruck der intersubjektiv und rational relevanten Qualifizierung eines Geltungsanspruchs sind,[69] selbst begründet. Sowohl für die Anspruchserhebung als auch für die Stellungnahme ist somit die Beziehung zur Begründung als möglicher Folgehandlung sinnkonstitutiv: Der pragmatische Sinn eines Geltungsanspruchs ist formalpragmatisch dadurch bestimmt, daß er formale Beziehungen der Handlung der Anspruchserhebung zu möglichen Folgehandlungen, in denen der Anspruch begründet wird, enthält. Wodurch auch immer ein Anspruch auf intersubjektive Geltung erfüllt werden kann – diese Erfüllung muß aufgrund der Struktur des Anspruchs stets unter der Bedingung der Möglichkeit stehen, daß sie sowohl intersubjektiv bejaht oder verneint als auch intersubjektiv begründet oder als unbegründet erwiesen werden kann.

Der mit der Verwendung eines vollständigen Satzes erhobene Geltungsanspruch ist nach der aufgezeigten Analogie in gewissen Grundzügen in derselben handlungs- und intersubjektivitätstheoretischen Weise strukturiert wie der Sinn signifikanter

[69] Freilich können wirklich vollzogene Stellungnahmen faktisch und empirisch gesehen auch auf ganz anderen Motiven und Ursachen beruhen. Hier geht es jedoch im Sinn einer formalen, nicht-empirischen Pragmatik nur um rational bestimmte Stellungnahmen, insofern sie zu den formalen Voraussetzungen der Verständlichkeit eines Anspruchs auf intersubjektive Geltung gehören.

Symbole. In beiden Fällen hat sich eine Koordinations- und Kooperationsbeziehung zwischen basisverschiedenen Handlungen verschiedener Akteure als grundlegend erwiesen. Durch diese Koordinationsbeziehung wird die Komplexität eines Handlungsschemas erhöht und dadurch eine neue Möglichkeit des Handelns oder eine neue Handlungsform konstituiert:[70] die Verwendung signifikanter Symbole bzw. die Erhebung eines intersubjektiven Geltungsanspruchs. Mit der Kenntnis der Schemata dieser Handlungen hat der Akteur ein Wissen von formalen Beziehungen seiner Handlungen zu möglichen Handlungen eines Interaktionsteilnehmers und zu möglichen Folgehandlungen. Die beiden durch die Kooperationsbeziehung ermöglichten, neuen und komplexeren Formen des Handelns sind durch diese formalen Beziehungen zwischen Handlungen charakterisierbar. Diese formalen Beziehungen sind auf der formalpragmatischen Ebene konstitutiv für den pragmatischen Sinn von symbolischen Handlungen, die einer diese Formen entsprechen.

6. *Regeln und Kriterien*

Habermas hat verdeutlicht, daß in Meads Konzept symbolisch vermittelter Interaktion Wittgensteins Begriff der Regel integriert werden kann und dieses Konzept sogar eine solche Ergänzung verlangt, wenn es zum Verständnis von Bedeutungskonventionen zureichen soll.[71] Nach Habermas kann die Identität der Bedeutung, die nicht objektivistisch und in der theoretischen Einstellung eines distanzierten Beobachters, sondern nur aus der Perspektive von Handelnden als Teilnehmern an einer Interaktion festgestellt werden kann, nur durch die intersubjektive Geltung einer Regel gesichert werden.

> „Insofern bedeutet der Übergang von der gestenvermittelten zur symbolisch vermittelten Interaktion zugleich die Konstituierung *regelgeleiteten Verhaltens*, eines Verhal-

[70] Vgl. dazu Shwayder 1965, 263 ff.
[71] Vgl. Habermas 1981, Bd. II, 30 ff.

> tens, das in Begriffen der Orientierung an Bedeutungskonventionen erklärt werden kann ... Im Begriff der Regel sind die beiden Momente vereinigt, die den Gebrauch einfacher Symbole kennzeichnen: identische Bedeutung und intersubjektive Geltung.«[72]

Durch die intersubjektive Geltung einer Regel wird die Bedeutung eines Zeichens als eine für Sprecher und Hörer identische und in Handlungsorientierungen eingelagerte Bedeutung festgelegt. Daß die Identität der Bedeutung auf der intersubjektiven Geltung einer Regel beruht, impliziert im Hinblick auf Sätze auch, daß der propositionale Sinn eines Satzes als abstrakter Gegenstand nur im Rekurs auf die Verwendungsweise von sprachlichen Ausdrücken, d.i. auf ihre Verwendungsregeln, identifiziert werden kann. Die intersubjektive Geltung von Regeln bildet die pragmatische Grundlage der Identifizierbarkeit von Propositionen.

Der intellektuelle Bedeutungsgehalt bzw. die identische Bedeutung eines Symbols sind nach Peirce bzw. Mead durch etwas Allgemeines festgelegt, das in einzelnen exemplarischen Handlungen als handlungsleitend fungieren kann. Da nach Wittgenstein die Bedeutung eines Ausdrucks durch die Regeln für den Gebrauch dieses Ausdrucks festgelegt ist, bemißt sich auch die Identität der Bedeutung nach der Identität dieser Regeln. Wittgenstein kann nun mit dem Begriff der Regelbefolgung verständlich machen, in welcher Weise einzelnen Handlungen der Symbolverwendung dieselbe Handlungsorientierung so zugrunde gelegt werden kann, daß die Identität dieser Handlungsorientierung intersubjektiv überprüfbar ist. Mit einem Verhalten einer Regel zu folgen, muß im minimalen Sinn so verstanden werden, daß diesem Verhalten etwas zugrunde liegt, das mehreren Handlungen zugrunde liegen und als dasselbe in diesen Handlungen aufgefaßt werden kann. Da ohne diese Minimalbedeutung nicht mehr von „Regel" bzw. „Regelbefolgung" die Rede wäre, sind ‚Regel' und ‚gleich' in ihrer Verwendung miteinander verwoben, ist einer Regel zu folgen eine Gepflogenheit und ist jede Regel all-

[72] Ebd. 31.

gemein. Dies bedeutet aber zugleich, daß in verschiedenen Situationen und unter wechselnden Bedingungen der Anwendung der Regel dieselbe Handlungsorientierung vorliegen kann. Eine solche Einheit in der Mannigfaltigkeit einzelner Handlungen bildet eine Regel insofern, als sie an beliebig vielen Beispielen exemplifiziert, erklärt und gelernt und in verschiedenen Fällen oder unter wechselnden Umständen angewendet werden kann. Die Identität einer Regel konstituiert sich in der numerischen Verschiedenheit der Beispiele, Umstände und Fälle ihrer Anwendung. Einerseits werden Beispiele erst durch die Regeln, die von ihnen gelten, zu Beispielen gemacht;[73] andererseits sind Regeln nur dadurch etwas Allgemeines und Identisches, das zur Handlungsorientierung dient, daß sie an Beispielen vorgeführt werden können und diese Beispiele etwas Gemeinsames, eine gemeinsame Verwendungsweise, erkennen lassen. Die Kenntnis einer Regel ist als praktisches Wissen ganz in der Fähigkeit zu ihrer Anwendung, ihrer vor dem Hintergrund der schon verfügbaren Sprache verstehbaren Erklärung durch Beispiele als paradigmatische Fälle ihres berechtigten Gebrauchs, enthalten.

Eine Regelbefolgung kann sich nicht schon in gleichförmigem oder regelmäßigem Verhalten erschöpfen, da einerseits nicht jede Ungleichförmigkeit im Verhalten eine Regelverletzung darstellt und andererseits auch Gleichförmigkeit des Verhaltens vorliegen kann, ohne daß dabei einer Regel gefolgt wurde. Zudem muß der Begriff der Regelbefolgung logisch die Möglichkeit enthalten, einen Fehler zu machen, d. h. die Regel inkorrekt oder unberechtigterweise anzuwenden. Wäre dies nicht der Fall, so könnte als Befolgung einer bestimmten Regel irgendein Verhalten und damit jedes Verhalten gelten:

> „Ist jede [Handlungsweise, W.B.] mit der Regel in Übereinstimmung zu bringen, dann auch zum Widerspruch. Daher gäbe es hier weder Übereinstimmung noch Widerspruch.“[74]

---

[73] Vgl. Wittgenstein 1969, 272.

[74] Wittgenstein 1960 c, § 201.

Der Begriff der Regelbefolgung setzt einen Kontrast zwischen einer korrekten und einer inkorrekten Anwendung der Regel voraus und wird ohne diesen Kontrast sinnlos: grundlegend für die Kenntnis einer Regel ist ein Wissen von dieser Regel, das „sich, von Fall zu Fall der Anwendung, in dem äußert, was wir ‚der Regel folgen', und was wir ‚ihr entgegenhandeln' nennen".[75] Die Identität einer Regel in der Mannigfaltigkeit ihrer Anwendungsfälle und der Kontrast zwischen korrekter und inkorrekter Anwendung beruhen auf der intersubjektiven Geltung oder der Berechtigung der Anwendung der Regel.[76] Denn daß ein bestimmtes Verhalten unter gegebenen Umständen als Befolgung einer bestimmten Regel gilt, setzt die Möglichkeit voraus, daß es von verschiedenen Subjekten als Befolgung dieser Regel anerkannt wird; ohne diese Möglichkeit wäre nicht gesichert, daß der Regel zu folgen glauben nicht dasselbe ist, wie der Regel folgen. Eine Befolgung derselben Regel in verschiedenen Fällen setzt die Möglichkeit der wechselseitigen Anerkennung und Kritik verschiedener Subjekte hinsichtlich der vom anderen vorgenommenen Zuordnung von Regel und Verhalten voraus. Dabei müssen beide Subjekte sowohl über die Fähigkeit zur Beurteilung, ob der andere mit seinem Verhalten unter diesen Umständen eine Regel korrekt anwendet, als auch über die Fähigkeit, die Regel selbst richtig zu befolgen, verfügen. Denn weil ein Regelverständnis ein praktisches Wissen ist, muß der eine dem anderen zur Kritik einer fehlerhaften Regelanwendung die richtige Anwendung vorführen können. Weil ein Regelverständnis in dem Kennen der Regel in der Anwendung besteht und man nicht privatim einer Regel folgen kann, ist die Identität einer Regel nur durch die Möglichkeit gesichert, daß verschiedene Subjekte Fälle der gleichen Art als paradigmatische Fälle der korrekten Anwendung dieser Regel anerkennen. Die Identität einer Regel in der Mannigfaltigkeit ihrer Anwendungsfälle beruht daher auf der intersubjektiven

[75] Ebd. Vgl. zur Regelbefolgung Winch 1974, 36 ff.
[76] Zum Zusammenhang von Identität der Bedeutung, Regelbefolgung und intersubjektiver Geltung vgl. Habermas 1971 b, 187 ff.; Habermas 1975, 323 ff.; Habermas 1981, Bd. II, 30 ff.

Geltung der Zuordnung von dieser Regel und einem Verhalten unter den Umständen einer bestimmten Art.

Da die Bedeutung eines Ausdrucks anzugeben heißt, die Regeln für seinen Gebrauch zu erklären, beruht auch die Identität der Bedeutung auf der intersubjektiven Geltung von Regeln. Dieser von Wittgenstein hergestellte Zusammenhang zwischen Identität der Bedeutung und Identität und Geltung von Regeln für den Gebrauch von Ausdrücken prägt insbesondere Wittgensteins Begriff des Kriteriums.[77] In diesem Begriff spiegelt sich Wittgensteins pragmatische Wende von der Erklärung des Sinns eines Satzes durch Angabe seiner Wahrheitsbedingungen zur Erklärung dieses Sinns durch Erläuterung der Regeln seines Gebrauchs wider. Grundlegend für beide Auffassungen ist Wittgensteins Annahme, daß der Sinn eines Satzes die Möglichkeit sowohl zu seiner Wahrheit als auch zu seiner Falschheit enthalten muß. In Wittgensteins Begriff des Kriteriums ist diese Forderung, die der frühe Wittgenstein als These von der Bipolarität des Satzes formuliert, berücksichtigt, weil ein Kriterium die Möglichkeit der Falschheit vorsieht, indem es grundsätzlich zwei Arten von Fällen voneinander abtrennt und unterscheidet: solche, die das Kriterium erfüllen oder ihm genügen, und solche, die es nicht erfüllen. Ohne daß es Fälle der letzteren Art gäbe, wäre der Begriff von einem Kriterium sinnlos, weil mit ihm keine Aussonderung vorgenommen werden könnte. Da Kriterien aber dazu dienen, über die korrekte oder inkorrekte Verwendung eines Satzes zu entscheiden und eine Verwendung als richtig zu rechtfertigen, wird zugleich berücksichtigt, daß die Bedeutung des Satzes durch seine Verbindungen mit regelgeleiteten Handlungen festgelegt ist. Konstitutiv für den Begriff des Kriteriums ist sowohl der Kontrast zwischen richtig und unrichtig als auch die Identität der Handlungsorientierung in verschiedenen Handlungen. Ein

[77] Im folgenden soll das Konzept des Kriteriums nur allgemein erörtert werden, wobei die Komplikationen, die im Fall indexikalischer Ausdrücke auftreten, nicht eigens berücksichtigt werden. Daher beziehen sich die folgenden Ausführungen unmittelbar nur auf nicht-indexikalische Ausdrücke und Symbolbedeutungen; für eine Erweiterung auf indexikalische Ausdrücke vgl. unten Anm. 82.

Kriterium dient als Mittel, die beim Lernen der Sprache ursprünglich festgelegten Verbindungen zwischen Sprache und Handlungen in späteren Handlungen wiederzuerkennen. Ein Kriterium ist ein „Maß des Wiedererkennens“ derselben Bedeutung eines Ausdrucks in verschiedenen Handlungen seiner Verwendung. So ist ein Kriterium dafür, wie eine Formel als Komplex von Ausdrücken gemeint ist, „die Art und Weise, wie wir sie ständig gebrauchen, wie uns gelehrt wurde, sie zu gebrauchen“.[78]

Weil die Identität der Bedeutung auf der intersubjektiven Geltung einer Regel beruht, kann aber ein Kriterium ein Mittel zur Reidentifikation der Bedeutung nur insofern sein, als es zu Handlungen berechtigen kann. Kriterien sind deshalb Gründe oder Prinzipien der Berechtigung zu Handlungen, in denen ein bestimmter Ausdruck mit einer identisch verstehbaren Bedeutung verwendet wird. Der Rekurs auf ein Kriterium und dessen Anwendung dient der Rechtfertigung der Verwendung von Ausdrücken, d.h. der Feststellung, ob ein Ausdruck in seiner konventionell und mit intersubjektiver Geltung festgelegten Bedeutung verwendet wurde. Die Bedeutung eines Ausdrucks oder Satzes ist somit insofern durch Kriterien bestimmt, als diese die Verwendung des Ausdrucks oder Satzes in einer bestimmten Situation, und d.h. unter bestimmten Umständen, intersubjektiv rechtfertigen können. Da Kriterien so geartet sein sollen, daß sie in vorliegenden Situationen zur Rechtfertigung benutzt und angewendet werden können und mit der Kenntnis von Kriterien die Fähigkeit zur Anwendung von Ausdrücken unter den richtigen Umständen gegeben sein soll, besteht eine enge Beziehung zwischen einem Kriterium für einen Ausdruck und den Umständen seiner Verwendung. Für Wittgenstein sind es gewisse Umstände, denen sich die Berechtigung zur Verwendung eines Ausdrucks oder zur Äußerung des Verständnisses eines verwendeten Ausdrucks verdankt. Die Frage nach einem Kriterium für einen Ausdruck ist daher zugleich die Frage danach, „unter was für Um-

[78] Wittgenstein 1960 c, § 190, vgl. ebd. § 146, 625; Wittgenstein 1970 a, 64, und Wittgenstein 1969, 62.

ständen" man eine bestimmte „Rechtfertigung gelten lassen"[79] würde. Gewisse Umstände der Verwendung sind dasjenige, was die Bedeutung eines Ausdrucks festlegt und das intersubjektive Verständnis der Bedeutung ermöglicht, weil nur unter bestimmten Umständen, in bestimmten Fällen, ein Sprecher berechtigt ist, einen Ausdruck, insofern er eine einheitliche Bedeutung haben soll, zu verwenden, und ein Hörer berechtigt ist zu sagen, er habe einen Ausdruck verstanden.[80]

Wittgenstein unterscheidet nicht systematisch zwischen Umständen und Kriterien, sondern verwendet den Begriff des Kriteriums sowohl für Umstände als auch für Regeln, die zur Verwendung eines Ausdrucks berechtigen. Aber es ist offensichtlich, daß Umstände nicht per se zu Handlungen berechtigen können; sie verdanken vielmehr diese Funktion der intersubjektiven Geltung von Regeln, in denen sie als berechtigende Umstände vorgesehen sind: unter welchen Umständen, in welchen Fällen diese Berechtigung vorliegt, wird durch eine intersubjektiv geltende Regel bestimmt, die diese Umstände, diese Fälle zu solchen macht, die zur Anwendung eines Ausdrucks berechtigen. Die Rede von Umständen darf dabei freilich nicht nach dem behavioristischen Reiz-Reaktions-Modell verstanden werden, nach dem ein auf Konditionierung beruhender Zusammenhang zwischen Umständen als Elementen der Wahrnehmungssituation des Sprechers und der Anwendung eines Ausdrucks bestände, so daß der Sprecher unter diesen Umständen sich in der Disposition zu dieser Verwendung befände.[81] Ein derart reduktives Verständnis würde die intersubjektive Geltung einer Regel als Grundlage der Identität der Bedeutung eliminieren und Meads Durchbrechung des Reiz-Reaktions-Schemas mit seinem Konzept der symbolisch vermittelten Interaktion rückgängig machen.

Ein intersubjektivitätstheoretisch fundierter Bedeutungsbegriff erfordert demgegenüber, daß Umstände Situationselemente

---

[79] Wittgenstein 1960 c, § 182.

[80] Vgl. Wittgenstein 1960 c, § 117, 154 ff., 557.

[81] Vgl. Wittgensteins Rede von Abrichtung in den „Philosophischen Untersuchungen"; im Sinn des behavioristischen Modells interpretiert Tugendhat Wittgensteins Rede von Umständen, vgl. Tugendhat 1976, 212 ff.

sind, die durch ihre Relevanz für die intersubjektive Berechtigung zu Handlungen geltungstheoretisch überformt sind. Umstände können nur insofern zu Handlungen berechtigen, als sie als Berechtigungsgrundlage von verschiedenen Subjekten aufgrund ihrer Regelkenntnis intersubjektiv anerkannt sind. Der Abhängigkeit berechtigender Umstände von einer Regel entspricht, daß umgekehrt Regeln zwar zu Handlungen berechtigen, diese Berechtigung aber von dem Bestehen gewisser Umstände abhängig machen. Sie stellen ein Bedingungsverhältnis zwischen Handlungen und Umständen her, durch das beide unter dem Aspekt der intersubjektiven Berechtigung verbunden sind. Nur in denjenigen Situationen kann eine bestimmte Regel angewendet werden, in denen der Regel entsprechende Umstände bestehen: die Umstände erfüllen die Anwendungsbedingungen der Regel. Welche Umstände zu welchen Handlungen berechtigen, wird durch ein gemeinsames Wissen von geltenden Regeln festgelegt. Da dieses Wissen ebenso wie ein Symbol und eine Regel den Charakter der Allgemeinheit hat und für jedes Subjekt, das die Regel kennt, verfügbar ist, ist es von einzelnen Situationen unabhängig und betrifft mögliche Umstände einer bestimmten Art, insofern sie, wenn sie bestehen, zu möglichen Handlungen einer bestimmten Art intersubjektiv berechtigen können.

Weil Umstände einer bestimmten Art aufgrund ihrer Verknüpfung mit der intersubjektiven Geltung einer Regel, wenn sie in einer gegebenen Situation bestehen, zu von dieser Regel geleiteten symbolischen Handlungen berechtigen können, können sie als Gründe dafür fungieren, daß die durch diese Regel geleitete Verwendung eines Symbols in dieser Situation als korrekt anerkannt werden kann: wird vorausgesetzt, daß verschiedene Subjekte über eine gemeinsame Kenntnis der Regel verfügen, so kann zum Nachweis der intersubjektiven Berechtigung der Verwendung des Symbols auf diese Umstände verwiesen werden. Daß die identisch verstehbare Bedeutung durch eine allgemeine Handlungsweise intersubjektiv festgelegt ist, bedeutet somit, daß Kriterien in zweifacher Weise als bedeutungsbestimmend fungieren: *Kriterielle Regeln* legen die möglichen Umstände fest, die als *kriterielle Gründe* für die berechtigte Verwendung des

Symbols in einer einheitlichen Bedeutung fungieren können. Kriterielle Regeln bilden Prinzipien für die Rechtfertigung, daß ihnen entsprechende Symbole unter gewissen Umständen intersubjektiv berechtigt verwendet werden können, während Umstände vermöge dessen, daß sie in diesen Regeln als zu Handlungen berechtigende Umstände vorgesehen sind, als kriterielle Gründe dafür angeführt werden können, daß die Anwendungsbedingungen der Regeln erfüllt sind. Die Rechtfertigung, daß eine Symbolverwendung in einer gegebenen Situation intersubjektiv berechtigt ist, erfordert den Hinweis sowohl auf Regeln, von deren intersubjektiver Geltung die Berechtigung zu solchen Handlungen in allgemeiner Weise abhängt, als auch auf Umstände, die aufgrund dieser Regeln in bestimmten Situationen zu diesen Handlungen berechtigen können. Die Beziehung von Regeln zu Umständen entspricht der Beschaffenheit einer Regel, die sowohl allgemein sein, also für unbegrenzt viele Subjekte und in beliebig vielen Anwendungsfällen gelten muß als auch auf bestimmte Situationen anwendbar sein muß. Aber erst dadurch, daß Regeln als Prinzipien und Umstände als Gründe der Rechtfertigung symbolischer Handlungen fungieren können, wird es möglich, mit solchen Handlungen einen intersubjektiven Geltungsanspruch zu verknüpfen. Denn erst dadurch werden die Erhebung eines Anspruchs und der Nachweis seiner Berechtigung so voneinander getrennt, daß der Anspruch von verschiedenen Subjekten aufgrund ihrer gemeinsamen Regelkenntnis identisch verstanden werden kann und er zugleich in intersubjektiver und für seine Anerkennung bzw. Nicht-Anerkennung verbindlicher Weise daraufhin überprüft werden kann, ob die Umstände der Berechtigung in der Situation der Anspruchserhebung bestehen oder nicht. Ein erhobener Anspruch kann nur durch Hinweis sowohl auf eine Regel als auch auf bestehende Umstände gerechtfertigt werden; beide Komponenten der Rechtfertigung sind voneinander zu unterscheiden, ergeben aber nur gemeinsam ein Kriterium für die berechtigte Symbolverwendung.

Hinsichtlich der (vollständigen) Bedeutung eines assertorischen Satzes ist das, wozu ein Kriterium berechtigt, die Verwendung des Satzes zur Behauptung einer bestimmten Proposition; für Sätze, die dieselbe Proposition ausdrücken, dienen dieselben Regeln für die behauptende Verwendung zusammen mit Umständen der gleichen Art als Kriterien, so daß jeder, der die Sätze versteht, unmittelbar weiß, daß mit ihnen unter genau denselben Bedingungen ein berechtigter Wahrheitsanspruch erhoben wird.[82] Was jeweils dazu dient, den Sinn von Sätzen festzulegen, läßt sich seinerseits nur durch Ausdrücke für Propositionen und damit nur durch Kohärenz des festzulegenden Satzsinns mit dem Sinn anderer, schon verstehbarer Sätze spezifizieren. Denn die möglichen Umstände der Berechtigung können nicht gewissermaßen etwas sprachfrei Vorgegebenes und gänzlich außerhalb der Sprache Liegendes sein, sondern müssen ihrerseits sprachlich repräsentierbar und in der Form symbolischer Strukturierung verfügbar sein; nur als solche können sie die Grundlage für die intersubjektive Rechtfertigung von Ansprüchen bilden.

Nach Wittgensteins Begriff des Kriteriums[83] besteht ein Krite-

---

[82] Bei indexikalischen Sätzen muß systematisch unterschieden werden zwischen Regeln, die die Verwendung eines Satzes zu einer Behauptung von berechtigenden Umständen abhängig machen, und Regeln, die die Verwendung des Satzes in einer einheitlichen linguistischen Bedeutung festlegen; dementsprechend fallen kriterielle Regeln, mit denen eine bestimmte Proposition verbunden ist, und konventionelle Regeln, mit denen eine bestimmte Symbolbedeutung verbunden ist, auseinander. Im Fall einer indexikalischen Äußerung ergeben sich die Regeln der behauptenden Verwendung aus den Regeln der bedeutungskonformen Verwendung des Satzes erst durch die zusätzliche Kenntnis von Äußerungsumständen; da aber bei ergänzender Kenntnis solcher Umstände eine systematische Beziehung besteht, die dem bedeutungskonform verwendeten Ausdruck eine Proposition eindeutig zuordnet, kann die Kenntnis von sinnbestimmenden Kriterien für indexikalische Äußerungen sprachtheoretisch dadurch erfaßt werden, daß das allgemeine Konzept kriterieller Regeln durch eine Theorie indexikalischer Ausdrücke erweitert und ergänzt wird. Diese Erweiterung entspricht der Bestimmung von indexikalischen Ausdrücken als Symbolen, deren Symbolbedeutung erst durch den Äußerungskontext zum vollständigen Ausdruck eines Fregeschen Sinns ergänzt wird. Da bereits betrachtet wurde, in welcher Weise mit einer indexikalischen Äußerung eine Proposition bestimmt werden kann (vgl. Kap. III, 7), wird hier nur das allgemeine Konzept des Kriteriums, das auch dem Sinn indexikalischer Sätze zugrunde liegt, erörtert und von dem komplexeren Fall solcher Sätze abgesehen.

[83] Vgl. dazu Shoemaker 1963, 3 f.; Kenny 1967; Hacker 1978, 377 ff.; Tugendhat 1979, 115 f.; Birnbacher 1974.

rium für die Verwendung des assertorischen Satzes, mit dem der Sachverhalt q behauptet wird, in dem bestehenden und empirisch vorgegebenen Sachverhalt p, der vermöge der durch Regeln festgelegten Bedeutung des verwendeten Satzes zu der Behauptung berechtigt, daß der Sachverhalt q besteht; in diesem Sinn ist p Evidenz für q und kann als Grund für dessen Behauptung angeführt werden. Während das Bestehen des Sachverhalts p in einer bestimmten Situation empirisch festzustellen ist, beruht die allgemeine Evidenzbeziehung zwischen p und q, also die Behauptung, daß p Evidenz für q ist, nicht auf einem empirisch feststellbaren Zusammenhang, sondern auf dem Verstehen der Bedeutung des Satzes, mit dem q behauptet wird. Der kriterielle Zusammenhang zwischen der möglichen Behauptung von Sätzen einerseits und Propositionen andererseits, die als mögliche rechtfertigende Gründe der Behauptung jener Sätze fungieren können, wird durch eine – für Wittgensteins Begriff des Kriteriums maßgebende – nicht-induktive, analytisch-apriorische Verknüpfung hergestellt. Ein Kriterium ist weder eine notwendige noch eine hinreichende Bedingung für die berechtigte Satzverwendung, und diese Verknüpfung stellt ebensowenig ein logisch-semantisches Verhältnis zwischen Sätzen dar, wie sie zur logisch-semantischen Definition der Bedeutung von Ausdrücken verwendet werden kann.[84] Weil der Begriff des Kriteriums ein genuin pragmatischer Begriff ist, überschreitet er die Ebene der logisch-semantischen Beziehungen zwischen Sätzen und betrifft die Festlegung der Bedeutung insofern, als diese durch die Verwendungsweise von Ausdrücken bestimmt ist. Der kriterielle Zu-

[84] Für einen Satz können einerseits verschiedene Kriterien berechtigend und bedeutungsfestlegend sein, andererseits kann eine von einem Kriterium festgelegte Bedingung erfüllt sein, ohne daß die von dem Satz ausgedrückte Proposition wahr ist; vgl. Wittgenstein 1970 b, 84 f. Im Gegensatz zu dieser Textstelle legt Wittgenstein in seiner Unterscheidung zwischen Kriterium und Symptom (vgl. ebd. 48) nahe, daß ein Kriterium eine notwendige und hinreichende Bedingung ist; dieser Begriff eines definierenden Kriteriums stimmt jedoch auch mit dem in den „Philosophischen Untersuchungen" gebrauchten Begriff nicht überein. Nach dem für Wittgenstein weitaus wichtigeren Begriff ist die kriterielle Relation verschieden von der logischen Implikation und der logischen Äquivalenz. Vgl. dazu Kenny 1967; Hacker 1978, 383 ff.; Birnbacher 1974, 22 ff.

sammenhang zwischen der Behauptung eines Satzes und einem rechtfertigenden Kriterium ist insofern für die Bedeutung des Satzes kennzeichnend, als diese Bedeutung durch den pragmatischen Zusammenhang zwischen einer Regel und den Umständen ihrer Verwendung bestimmt ist. Die Bedeutungskonventionen, die dem kriteriellen Zusammenhang zugrunde liegen, müssen im pragmatischen Sinn verstanden werden, und Kriterien sind im Sinn einer pragmatischen Bedeutungstheorie etwas, das nach Wittgenstein „zur Grammatik gehört". In einer gebrauchsorientierten Erklärung der Bedeutung eines Ausdrucks wird erläutert, unter welchen möglichen Umständen dieser Ausdruck berechtigterweise angewendet werden könnte; es wird expliziert, welche möglichen Umstände dadurch, daß sie in der Regel als berechtigende Umstände vorgesehen sind, die Verwendung des Ausdrucks rechtfertigen können. Eine Bedeutungsexplikation ist analytisch und apriorisch, weil in ihr lediglich erläutert wird, was in der Regelkenntnis enthalten ist, indem Kriterien der Verwendung angegeben werden und damit ein kriterieller Zusammenhang zwischen berechtigter Verwendung des Satzes und Umständen der Verwendung verdeutlicht wird.
Die Explikation der kriteriellen Evidenzrelation zwischen möglichen Handlungen der Behauptung von q und dem Kriterium p im Sinn eines möglichen Grundes stellt somit eine pragmatisch orientierte Explikation der Bedeutung des Satzes dar, mit dem q behauptet werden kann. Die kriterielle Festlegung der Bedeutung eines Satzes und insbesondere die Strukturierung von Kriterien durch Regeln und mögliche Gründe ermöglichen die Trennung von Bedeutungsangabe und Rechtfertigung der Behauptung eines Satzes unter bestimmten, vorgegebenen Umständen. Der Begriff eines Kriteriums verhindert sowohl, daß, wie beim logisch-semantischen Begriff der Satzbedeutung, eine letztlich unüberbrückbare Kluft zwischen Bedeutung bzw. Semantik und Verifikation bzw. Pragmatik entsteht, als auch, daß, wie beim verifikationistischen Bedeutungsbegriff, die Bedeutung zu eng an die Rechtfertigung der Satzverwendung unter den aktuell bestehenden Umständen gebunden wird. Mit seinem Begriff des Kriteriums wendet sich Wittgenstein gegen den Bedeutungsbegriff des Traktats, indem er den Bezug der Bedeutung zur An-

wendung von Sätzen und zu entsprechenden Handlungen als entscheidend herausstellt und die Umstände, unter denen ein Satz wahr ist, im Gegensatz zum Traktat von der intersubjektiven Geltung von Regeln und der Berechtigung zu Handlungen her versteht. Er wendet sich zugleich gegen eine von ihm selbst nach dem Traktat für kurze Zeit vertretene verifikationistische Bedeutungstheorie, indem der Begriff des Kriteriums – ähnlich wie die frühe These von der Bipolarität des Satzes – die für das Verständnis falscher Sätze notwendige Trennung erfordert zwischen dem, was einem Satz Bedeutung verleiht, und dem, was ihn in einem bestimmten Fall seiner Anwendung wahr macht; denn die Feststellung, ob die in diesem Fall gegebenen Umstände zur Behauptung des Satzes berechtigen, setzt schon ein Wissen davon logisch voraus, welche möglichen Umstände gemäß einer Regel dazu berechtigen können und welche nicht. Wittgensteins Begriff des Kriteriums begleitet daher nicht nur die Entwicklung der pragmatischen Begriffe von Bedeutung und Verstehen, sondern trägt auch unter Vermeidung der Engpässe eines Verifikationismus entscheidend zu der Ausbildung dieser Begriffe bei.

7. *Sprechhandlungen*

Die Zergliederung der Bedeutung eines Satzes in einen illokutiv zu verstehenden und einen propositional zu verstehenden Teil bildet die Grundlage des Versuchs, eine vollständige und in explizit performativer Form vollziehbare Sprechhandlung als eine Handlung verständlich zu machen, in der für eine Proposition ein Anspruch auf Geltung erhoben wird. Während das Verstehen einer Proposition in der Kenntnis von Geltungsbedingungen als einem Wissen von möglichen Umständen besteht, ist der performative Teil so zu verstehen, daß mit ihm der Schritt von den Geltungsbedingungen zu ihrer Erfüllung oder zur Geltung vollzogen wird – wobei jedoch diese Erfüllung oder Geltung durch die Handlung als solche nur beansprucht ist, aber aufgrund der internen Struktur des Geltungsanspruchs intersubjektiv aufgewiesen werden kann, wenn der Anspruch berechtigt ist. Wie die Geltungsbedingungen in formaler Hinsicht zu verstehen sind, hängt von dem formalpragmatisch bestimmten Modus des Satzes, also dem illokutiven Typ, ab, dem die Sprechhandlung zugehört. Für eine pragmatische Bedeutungstheorie spielt es eine zentrale Rolle, wie die illokutive Kraft von Sprechhandlungen handlungstheoretisch zu verstehen ist und welches Verhältnis zwischen pragmatischem und propositionalem Sinn sich daraus ergibt. Sprechhandlungen im Sinn illokutiver Akte sind Handlungen, die in einer Dadurch-daß-Relation zu anderen Handlungen stehen: sie können nur dadurch vollzogen werden, daß ein Äußerungsakt, oder allgemeiner, eine Handlung der Verwendung von Zeichen vollzogen wird, deren Basis eine Körperbewegung der Produktion von Lauten oder Schriftfiguren bildet.[85] Jemand hat von dem Schema von konkreten Sprechhandlungen eines bestimmten Typs und damit von der generischen Handlung, die mit diesen Handlungsereignissen aktualisiert wird, nur dann ein praktisches Wissen, wenn er weiß, welche Äußerung als Vollzug einer solchen Handlung gelten würde. Obwohl das Schema einer Sprechhandlung mit einem Schema von Äußerungsakten verknüpfbar sein muß, durch die die Sprechhandlung vollzogen werden kann, besteht keine Eins-zu-eins-Zuordnung zwischen Typen von Sprechhandlungen und Typen von Äußerungsakten. Man kann sowohl mit zwei Äußerungen gleicher Art bei verschiedenen Gelegenheiten Sprechhandlungen verschiedener Art als auch mit verschiedenartigen Äußerungen Sprechhandlungen, die dieselbe generische Handlung aktualisieren, vollziehen. Die Zuordnung zwischen einem Äußerungstyp bzw. einem Satz und einer generischen Sprechhandlung, die durch Äußerungen dieses Typs bzw. Verwendungen dieses Satzes aktualisiert werden kann, wird durch Konventionen hergestellt. Durch Konventionen kann mit ein und derselben Sprechhandlung ein Potential verschiedener Äußerungen im Sinn der Verwendung verschiedener einzelsprachlicher Ausdrücke, durch die die Sprechhandlung vollzogen werden kann, verbunden sein (wobei die Ausdrücke

[85] Vgl. zu dieser Dadurch-daß-Relation Austin 1972, 110 ff., 138 f.; Searle 1971, 40 f. Vgl. zu den handlungstheoretischen Merkmalen von Sprechhandlungen Wunderlich 1976, 30 ff.; ferner Harras 1983, 118 ff.

derselben Sprache oder verschiedenen Einzelsprachen angehören können); ebenso kann hinsichtlich ein und derselben Äußerung bzw. desselben Ausdrucks ein Potential verschiedener Sprechhandlungen konventionell festgelegt sein, zu deren Vollzug die Äußerung bzw. die Verwendung des Ausdrucks dienen könnte. Solchen Konventionen liegen nach Searle jedoch Regeln zugrunde, die einen Typ von Sprechakten als solchen kennzeichnen, wobei dieselben für einen Sprechakttyp konstitutiven Regeln durch etwa einzelsprachlich verschiedene Konventionen verschieden realisiert werden können. Solche für Sprechakttypen konstitutive Regeln müssen so verstanden werden, daß sie das Schema einer Sprechhandlung nur in allgemeiner Weise mit nicht weiter spezifizierten Äußerungsakten bzw. Ausdrücken verbinden und es ergänzenden Konventionen überlassen zu spezifizieren, durch welche einzelsprachliche Ausdrücke und entsprechende Äußerungsakte eine Sprechhandlung dieses Schemas vollzogen werden kann.[86]
Während Konventionen die Verwendungsweise eines einzelnen Ausdrucks regeln, sind die für einen Sprechakttyp kennzeichnenden Regeln in der Weise konstitutiv, daß sie eine neue Form des Verhaltens ermöglichen; sie konstituieren eine Handlungsform:

> „Konstitutive Regeln konstituieren (und regeln damit) eine Tätigkeit, deren Vorhandensein von den Regeln logisch abhängig ist.“[87]

Dieselbe Funktion wie konstitutive Regeln bei Searle haben Shwayders „enabling rules“:

---

[86] Vgl. dazu Searle 1971, 61 ff. Allerdings werden die Sprechaktregeln nicht nur konventionell realisiert; als Ausdrucksmittel können vielmehr auch Kontextelemente dienen, so daß eine pragmatische Differenz zwischen konventionell verwendeten Sätzen bzw. ihrer wörtlichen Bedeutung und Sprechakten bzw. ihrem situationsbezogenen kommunikativen Sinn bestehen kann. Vgl. zum Verhältnis von Konventionen und konstitutiven Regeln Apel 1976 a, 83 ff.; ferner Apel 1979 a, 122 ff.
[87] Searle 1971, 55.

„Conformity to enabling rules enables one to enter into new kinds of behaviour, and by coming to learn enabling rules in the first place one attains a somewhat higher level of behaviour than he previously occupied."[88]

Konstitutive Regeln bzw. *enabling rules* lassen sich handlungstheoretisch so verstehen, daß sie eine neue Stufe des Handlungsbaums über einer Äußerungshandlung „erzeugen" und somit durch Überlagerung bereits zur Verfügung stehender Handlungsschemata ein neues, komplexeres Schema konstituieren. Entscheidend ist dabei, daß die Orientierung an diesen Regeln, also ein praktisches Wissen des Handelnden von ihnen, für die Handlung nach diesem komplexeren Schema selbst konstitutiv ist und die Handlung logisch von diesem Wissen abhängig ist: wo in einem Verhalten keine Orientierung an diesen Regeln vorliegt, da läßt sich auch nicht vom Vollzug einer Handlung dieser Art reden. Eine Sprechhandlung ist also nur dann vollzogen, wenn der Handelnde zumindest im Sinn eines praktischen Wissens weiß, was er tut, d.h. daß er eine Handlung dieser Art vollzieht. Die der Handlung zugrundeliegenden konstitutiven Regeln sind Bedingungen der Möglichkeit einer Form des Handelns: komplexe Handlungen dieser Form können nicht vollzogen werden, wenn nicht diesen Regeln gefolgt wird und der Handelnde seine Handlung in diesem Sinn versteht.[89] Da eine Sprechhandlung etwas intersubjektiv identisch Verstehbares ist, ist dieses Wissen des Handelnden davon, was er tut, zugleich ein im Prinzip intersubjektiv verfügbares Wissen.

Der Handelnde kann dieses für seine Handlung konstitutive Wissen durch ein Handlungsprädikat eigens sprachlich artikulieren, indem er sagt, was er tut. Die Verwendung performativer Verben und explizit performativer Formulierungen dient dazu, eigens

[88] Shwayder 1965, 265.

[89] Dieser Status von konstitutiven Regeln bildet den Ansatzpunkt für Apels Versuch, in der Sprachpragmatik universale Regeln der Kommunikation als transzendentalpragmatische Grundlage der Geltung von Erkenntnis einerseits, von Normen andererseits zu erweisen; vgl. Apel 1976 a.

sprachlich anzuzeigen, welche Art von Sprechhandlung der Sprecher ausführt: „Jemand, der sagt, ‚Ich verspreche (hiermit)', verspricht nicht nur, sondern *sagt*, daß er es tut."[90] Explizit performative Formulierungen artikulieren nur ein Wissen, das für den Vollzug der Handlung vorausgesetzt werden muß und gewissermaßen in der Handlung selbst enthalten ist, weil die Handlung ohne den Gebrauch dieses Wissens gar nicht vollzogen werden kann; das konstitutiven Regeln folgende Verhalten könnte nicht in derselben Weise, d. h. mit demselben Handlungsprädikat oder demselben performativen Verb, charakterisiert werden, wenn ihm diese Regeln nicht zugrunde liegen würden.[91] Da das Wissen von konstitutiven Regeln Handlungen einer bestimmten Art erst logisch ermöglicht, unterscheiden sich konstitutive Regeln sowohl von Konventionen als auch von Regeln für beliebige, empirisch vorfindbare Institutionen:[92] die für einen illokutiven Typ wie Versprechen oder Behaupten konstitutiven Regeln können nicht geändert, ersetzt oder aufgehoben werden, ohne daß dadurch eine Handlungsform verlorenginge und Handlungen einer bestimmten komplexen Art nicht mehr vollziehbar wären. Im Gegensatz dazu regeln Konventionen eine Handlung in der Art, daß dieselbe Handlung in verschiedenen Fällen auch so vollzogen werden kann, daß dabei jeweils unterschiedlichen Konventionen gefolgt wird. Für eine Handlung, insofern sie konventionell geregelt ist, gilt: „the conventions might have been different and the behaviour remained the same".[93] Konventionen ruhen auf konsti-

---

[90] Searle 1971, 108.
[91] Vgl. ebd. 57.
[92] Vgl. Apel 1976 a, 97 ff. Apel weist unter diesem Aspekt auch auf die Grenze der Analogie des Sprachbegriffs zum Begriff des Spiels hin. Die Orientierung Austins an institutionell gebundenen Sprechhandlungen („taufen", „wetten" etc.) und Searles Auffassung von Sprechakten als institutionelle Tatsachen verleiten dazu, Sprache insgesamt verkürzend als „soziales Faktum" (vgl. Schwab 1980, 20) zu verstehen und tendenziell in vergegenständlichender Einstellung, sozusagen von außen, zu beschreiben. Dadurch wird jedoch die nur in strikter Reflexion erfaßbare Art der eigenen Gebundenheit an Sprache verdeckt. – Vgl. zur Unterscheidung zwischen institutionell gebundenen und institutionell ungebundenen Sprechhandlungen Habermas 1976, 220 f.
[93] Shwayder 1965, 281.

tutiven Regeln für Sprechhandlungen auf und ermöglichen nur in abhängiger Weise eine neue Verhaltensform, nämlich dadurch, daß sie konstitutive Regeln „realisieren" und ergänzen, indem sie durch Alternativen ersetzbare Typen von Äußerungsakten und Ausdrücke spezifizieren, deren Vollzug bzw. Verwendung als Vollzug einer Sprechhandlung gilt.
Searle analysiert die illokutive Kraft von Sprechhandlungen eines Typs zwar zum Teil durch Rekurs auf die Intention des Sprechers, vor allem aber durch Formulierung einer *essential rule*. Diese Analyse der illokutiven Kraft bleibt vor allem deshalb unzureichend, weil Searles *essential rules* nur eine sehr geringe Erläuterungskapazität haben und insbesondere unklar bleibt, wie die entscheidende Wendung ‚gilt als' in der Formulierung der Regeln zu verstehen ist.[94] Searles Begriffe ‚konstitutive Regel' bzw. ‚gilt als' lassen sich jedoch so rekonstruieren, daß der illokutive Typ bzw. die illokutive Kraft einer Sprechhandlung dadurch angegeben wird, daß Interaktionsbedingungen spezifiziert werden und die Einbettung einer Sprechhandlung in eine Interaktionssequenz charakterisiert wird.[95] Interaktionsbedingungen sind als projektive Beziehungen der Verbindlichkeit zu verstehen, die zwischen der Sprechhandlung und anderen möglichen sprachlichen oder nichtsprachlichen Handlungen bestehen. Diese Beziehungen müssen einerseits von Sprecher und Hörer anerkannt und unterstellt werden, damit eine Sprechhandlung vollzogen und als vollzogen vestanden werden kann, und der erfolgte Vollzug einer Sprechhandlung impliziert, daß der Sprecher diese Beziehungen als geltend anerkannt und ein Wissen von ihnen als handlungsleitend gebraucht hat. Andererseits ergeben sich aus ihnen Handlungsverpflichtungen für Sprecher oder Hörer oder für beide durch den Vollzug des Sprechakts bzw. die Ja-Stellungnahme zu ihm. Wer den illokutiven Typ einer Sprechhandlung

[94] Zur Kritik an Searle vgl. Tugendhat 1976, 240 f., 254, 273 f., und Wunderlich 1976, 91 f., 96 f.
[95] Vgl. Wunderlich 1976, 56 ff., 88 ff. Vom Interaktionszusammenhang her verstehen die illokutive Kraft auch Habermas (vgl. Habermas 1976, 246 ff.; Habermas 1981, Bd. I, 397 ff.) und Schwab (vgl. Schwab 1980, 19 ff., 110 ff.).

kennt, der kennt diese Interaktionsbeziehungen und weiß, zu welchen Handlungen sie verpflichten und welche Handlungen sie zulassen oder als nicht verträglich mit der Aufrechterhaltung des Anspruchs der Sprechhandlung ausschließen. Das Verstehen der illokutiven Kraft einer Sprechhandlung besteht in der Kenntnis des für den Typ der Sprechhandlung charakteristischen, durch die Interaktionsbedingungen gebildeten Handlungsgefüges und dem Wissen, daß mit Vollzug der Handlung bzw. Zustimmung die dem Handlungsgefüge entsprechenden Verpflichtungen in Kraft treten.

Mit dem Vollzug einer Sprechhandlung verändert der Sprecher zunächst im Sinne eines Anspruchs die zwischen Sprecher und Hörer bestehenden Anerkennungsverhältnisse und definiert die Anerkennungssituation in der Weise neu, daß er einerseits die Möglichkeit einer Ablehnung dieser Neubestimmung durch den Hörer offen läßt, andererseits aber auch für den Hörer die Möglichkeit einer expliziten Affirmation der veränderten Anerkennungsverhältnisse eröffnet. Die relevanten Anerkennungsverhältnisse müssen dabei nicht nur in Form eines intersubjektiv zugänglichen Wissens und aus der Perspektive der Interaktionsteilnehmer bestimmt werden, sondern auch als Wissensinhalt verstanden werden, der zur Grundlage und zur Orientierung von Handlungen dient und handlungsleitende Funktion hat. Die gemeinsame Anerkennung eines erhobenen Anspruchs bedeutet, daß Sprecher und Hörer ein Wissen von denselben Handlungsverpflichtungen als verbindlich für ihr eigenes weiteres Handeln und das weitere Handeln des anderen ansehen, sich also selbst dazu verpflichten und vom anderen aufgrund seiner Teilnahme an der erfolgten Interaktion erwarten, daß eine gemeinsame Orientierung dem weiteren Handeln, insofern es durch die vollzogene Sprechhandlung und die Stellungnahme zu ihr projektiv bestimmt und geregelt wird, zugrunde gelegt wird.

Das Verständnis des pragmatischen Sinns einer Sprechhandlung erfordert somit ein Wissen davon, welche möglichen Folgehandlungen gemäß dem illokutiven Typ der Handlung spezifiziert sind und daß der Sprecher durch Vollzug der Handlung beansprucht, entsprechende Handlungsverpflichtungen verbindlich zu machen. Aufgrund ihrer sinnkonstitutiven Funktion bilden

Interaktionsbedingungen, in deren Kenntnis das Verständnis des illokutiven Typs einer Sprechhandlung besteht, Sinnbedingungen dieser Handlung. Das Wissen vom Erfolg, den der Sprecher vermittels der illokutiven Kraft erzielen will, bemißt sich nicht nach der tatsächlichen Nachgeschichte der Handlung, den faktisch vollzogenen Folgehandlungen und faktisch eingetretenen Folgeereignissen oder -zuständen, sondern betrifft mögliche Folgehandlungen, die der Sprecher vermittels der Illokution projektiv entwirft und als verbindlich im Sinne eines Anspruchs hinstellt; worin der illokutive Erfolg einer Sprechhandlung besteht, ist der Handlung selbst zu entnehmen. Mit der Spezifizierung von möglichen Folgehandlungen erfolgt zugleich eine Abgrenzung von Handlungen, die, soll der Anspruch der vollzogenen Sprechhandlung aufrechterhalten werden, nicht sinnvoll an diese angeschlossen werden können, weil sie den illokutiven Effekt rückgängig machen und den Anspruch aufheben. Eine solche performative Aufhebung einer Handlung liegt etwa vor, wenn der Sprecher ein Versprechen gibt und zugleich ankündigt, daß er die versprochene Handlung nicht vollziehen wird, oder wenn ein Sprecher dieselbe Proposition zugleich bejaht und verneint; die zunächst vollzogene Handlung wird dabei durch die angeschlossene Handlung unmittelbar annulliert:

> „Wenn man etwas bejaht und verneint, ist das so, wie wenn man beim Schachspiel einen Zug macht und wieder zurücknimmt, oder wie wenn man etwas weggibt und es wieder zurücknimmt. Man hat dann jeweils in der gerade relevanten Handlungshinsicht nichts getan."[96]

Will ein Sprecher den erhobenen Anspruch aufrechterhalten, so kann er dies nur, wenn er die durch den Handlungsvollzug als verbindlich hingestellten Anerkennungsverhältnisse nicht selbst verletzt. Er entzieht seinem Anspruch den Boden, wenn er ein Wissen von möglichen Folgehandlungen zur Erhebung eines Anspruchs gebraucht und damit entsprechende Handlungsbeziehungen als verbindlich zur Handlungsorientierung anerkennt

[96] Tugendhat 1976, 58; vgl. dazu auch Strawson 1952, 2 f.

und ihre Geltung unterstellt, zugleich aber sein weiteres Handeln an der Ablehnung der Geltung dieser Beziehungen orientiert und sie als nicht verbindlich behandelt.

Weil der pragmatische Sinn von Sprechhandlungen die Spezifikation von Folgehandlungen involviert, ergibt sich die dem Schema einer Sprechhandlung inhärente Komplexität erst aus einer Koordinationsbeziehung dieses Handlungsschemas zu den Schemata der spezifizierten Folgehandlungen. Erst diese durch sinnkonstitutive Interaktionsbedingungen gebildete Koordinationsstruktur ermöglicht handlungstheoretisch gesehen eine neue Verhaltensform, dergemäß eine Äußerungshandlung als Vollzug einer Sprechhandlung gilt. Nun gehören zwar zu den in Koordinationsbeziehung zu einer Sprechhandlung stehenden Folgehandlungen bei vielen illokutiven Typen, wie etwa Versprechen, Auffordern, Bitten, Befehlen, vor allem nicht-sprachliche Handlungen; auch kann dadurch, daß ein illokutiver Akt vollzogen wird, ein weiterer Akt der Hörerbeeinflussung vollzogen werden, dessen Ziel über den illokutiven Effekt hinausgeht und der diesen nur als Mittel zu Zwecken einsetzt, die in strategischer Interaktion verfolgt werden.[97] Aber insofern in illokutiven Akten allgemeine Geltungsansprüche erhoben werden, ist mit ihnen nicht nur immer die Möglichkeit, mit der Äußerung von „Ja" oder „Nein" zu reagieren, sondern auch die Spezifikation von Begründungs-, Rechtfertigungs- oder Bewährungspflichten verbunden. Dies bedeutet, daß illokutive Typen aufgrund der mit ihnen verknüpften Geltungsansprüche immer auch solche möglichen Folgehandlungen spezifizieren, die in der Anführung von Gründen für die Geltung des Gesagten bestehen. Zu dem mit einem illokutiven Typ verbundenen Handlungspotential gehören deshalb immer auch Handlungen der Begründung.

---

[97] Vgl. Habermas' Unterscheidung zwischen erfolgsorientiertem und verständigungsorientiertem Handeln anhand der Distinktion von Perlokution und Illokution: Habermas 1981, Bd. I, 385 ff. Habermas' Konzept des kommunikativen Handelns bietet eine Ausgangsbasis für den Nachweis, daß Sprechhandlungen, mit denen ein kritisierbarer Geltungsanspruch erhoben wird, auch für das Verständnis anderer Sprechhandlungen sowie die indirekte Verständigung eine grundlegende Bedeutung zukommt.

Daß Begründungshandlungen formale Bedingungen der Verständlichkeit des pragmatischen Sinns vollständiger Sprechhandlungen sind, läßt sich anhand der Verschränkung von pragmatischem und propositionalem Sinn zeigen. Beide sind abstrakte, unselbständige Momente einer Sprechhandlung und lassen sich nur so klären, daß die Begrifflichkeit zur Analyse des einen Moments auf die Begrifflichkeit zur Analyse des anderen Moments verweist und beide voneinander abhängig sind.[98] Derselbe propositionale Gehalt kann in Sprechhandlungen von unterschiedlichen illokutiven Typen wiederkehren; der propositionale Gehalt kann aber nicht als Modus-neutral, sondern muß als Modus-variabel verstanden werden, weil der Modus der Sprechhandlung sinnbestimmend für den propositionalen Gehalt ist, indem er den sprechaktspezifischen Verwendungssinn der Proposition festlegt. Die Kenntnis einer Proposition ist eng mit der Kenntnis von Erfüllungsbedingungen für die Sprechhandlung verknüpft: wer die jeweils ausgedrückte Proposition versteht, der kennt bei dem assertorischen Satz „Sam raucht" das, was die Wahrheitsbedingungen erfüllen würde, bei dem Aufforderungssatz „Sam, rauche!" das, was die Bedingungen der Befolgung der Aufforderung erfüllen würde, bei dem Wunschsatz „Sam möge rauchen" das, was den Wunsch erfüllen würde. Die im propositionalen Sinn enthaltenen Bedingungen bestimmen jeweils mögliche Umstände, die sie erfüllen würden. Aber die bloße, illokutiv unspezifizierte Kenntnis der Erfüllungsbedingungen ist ohne die Kenntnis des Verwendungssinns der Proposition nicht handlungsrelevant und bedarf einer Ergänzung, um in Handlungszusammenhänge so eingebracht werden zu können, daß sie für diese bestimmend werden kann. Erst durch die Kenntnis von Interaktionsbedingungen, die mit einem bestimmten illokutiven Typ verbunden sind, wird festgelegt, für welche Arten von Hand-

[98] Vgl. Tugendhat 1976, 137, 506 ff. Searles Versuch, den Zusammenhang zwischen Modi und Prädikation so zu verstehen, daß in verschiedenen Modi die Frage des Zutreffens des Prädikatausdrucks auf einen Gegenstand, also die Frage der Wahrheit, jeweils in einer anderen Weise aufgeworfen wird (vgl. Searle 1971, 186 ff.), führt zu keiner befriedigenden Lösung. (Vgl. zur Diskussion auch Schneider 1979.)

lungen, d. h. im Sinn welcher Handlungstypen und Handlungszusammenhänge, die in Sprechhandlungen dieses illokutiven Typs eingehenden, propositional spezifizierten Bedingungen relevant sein können; mit dieser Handlungsrelevanz wird bestimmt, in welcher Weise das Wissen von propositional spezifizierten Bedingungen handlungsleitende und -orientierende Funktion übernehmen und handlungsverbindlich werden kann. Was Erfüllung heißt und worin sie besteht, wird bei verschiedenen illokutiven Typen unterschiedlich spezifiziert: etwa als Bestehen eines Sachverhalts bei Behauptungen, Ausführen einer Handlung durch den Angesprochenen bei Aufforderungen, Ausführen einer Handlung durch den Sprecher bei Versprechen. Entsprechend unterschiedlich sind die Verbindlichkeiten zu Handlungen, die Sprecher und Hörer bei einer Ja-Stellungnahme eingehen. Der illokutive Typ ist für die Proposition der Sprechhandlung dadurch sinnbestimmend, daß er das Handlungspotential festlegt, demgemäß die Kenntnis der Erfüllungsbedingungen im weiteren Handeln von Sprecher und Hörer in intersubjektiv verbindlicher Weise verwendet werden kann.

Die Kenntnis der Erfüllungsbedingungen und das Verstehen des propositionalen Sinns erfordern die Ergänzung durch die Kenntnis von Interaktionsbedingungen, das Verstehen des illokutiven Typs der Sprechhandlung, sollen sie in Handlungszusammenhänge eingebracht werden können. Die illokutive Kraft leistet jedoch mehr als die Spezifikation von illokutionsspezifischen Handlungszusammenhängen; denn vermöge dieser Kraft kann der Sprecher durch Vollzug der Handlung – zunächst einseitig und im Sinn eines Anspruchs – die Erfüllungsbedingungen als handlungsverbindlich einem Hörer gegenüber hinstellen. Durch Vollzug der Sprechhandlung und Erhebung des Anspruchs auf Geltung der Proposition verändert der Sprecher die Anerkennungssituation, indem er den Erfüllungsbedingungen im Sinn des durch den illokutiven Typ spezifizierten Handlungszusammenhangs handlungsleitende Funktion zuspricht. Mit der illokutiven Kraft ist der Anspruch verbunden, daß die Erfüllungsbedingungen handlungsleitend sind und als solche vom Hörer anerkannt und akzeptiert bzw. befolgt werden. Da jedoch dabei die Möglichkeit der Nein-Stellungnahme für den Hörer offen bleibt, reichen die Kenntnis der Erfüllungs- und der Interaktionsbedingungen sowie die Erhebung des Anspruchs als solche noch nicht hin, die beanspruchte Handlungsorientierung für den Hörer verbindlich und rational akzeptierbar zu machen. Der erhobene Anspruch auf intersubjektive Geltung muß sich auf eine Grundlage stützen, die ihn intersubjektiv akzeptabel macht. Unter dem Aspekt der intersubjektiven Zustimmungsfähigkeit und Akzeptabilität oder dem Wissen von der möglichen Geltung des Gesagten können die Erfüllungsbedingungen von ihrem Zusammenhang mit Geltungsbedingungen her verstanden werden, durch die sie vermittelt sind. Denn soll das Erfülltsein jener Bedingungen in einer Situation der Anspruchserhebung prinzipiell intersubjektiv zustimmungsfähig sein und sollen die Erfüllungsbedingungen in dieser Qualität handlungsbestimmend werden können, so stehen sie unter der Bedingung der Möglichkeit, daß ihre Erfüllung intersubjektiv nachgewiesen werden kann. Ein Nachweis, daß die Erfüllungsbedingungen zu Recht als handlungsverbindlich hingestellt sind, erfolgt dadurch, daß die Geltungsbedingungen als erfüllt erwiesen werden. Geltungsbedingungen werden durch hinreichende Gründe erfüllt, und durch die Kenntnis von Geltungsbedingungen wird ein Bereich möglicher Gründe bestimmt, die sie erfüllen könnten. Erfüllungsbedingungen einer Sprechhandlung können zwar insofern über die Geltungsbedingungen hinausreichen, als sie auf etwas Nicht-Kognitives als das sie Erfüllende verweisen können: etwa die wirkliche Ausführung einer Handlung bei der Aufforderung; diese Ausführung ist kein Grund der Geltung der Aufforderung, sondern ergibt sich aus der Nachweisbarkeit und der begründeten Anerkennung der Verbindlichkeit zu einer entsprechenden Handlungsorientierung und muß zur Geltung und Akzeptierbarkeit der Handlungsorientierung hinzukommen. Aber für ein Erfüllungsverhältnis zwischen Bedingungen und Erfüllendem muß es – soll dieses intersubjektiv relevant sein können – grundsätzlich möglich sein, dieses Verhältnis intersubjektiv erkennen, nachweisen und kognitiv erfassen zu können. Erfüllung ist nicht unabhängig von der Möglichkeit eines intersubjektiven Wissens von ihr sinnvoll denkbar, und sie muß aus der Perspektive der Interaktionsteilnehmer und in Begriffen ihres gemeinsamen Wissens bestimmbar sein.[99] Daher setzt ein Erfüllungsverhältnis insofern die Möglichkeit der Einlösung eines Geltungsanspruchs voraus, als seine Zustimmungsfähigkeit und Verbindlichkeit für die Handlungsorientierung intersubjektiv erweisbar sein müssen und eine Erfüllung sich in kognitiver Hinsicht erst aus diesem Nachweis ergibt und auf ihm beruht: die Einlösung impliziert gewissermaßen die Erfüllung und führt in Begriffen intersubjektiven Wissens zu ihr hin – sei es, daß durch sie Umstände als bestehende oder als herbeizuführende ausgezeichnet werden. Der Begriff der Einlösung kennzeichnet ein Erfüllungsverhältnis unter dem Aspekt, daß es formal unter der Bedingung intersubjektiver Erkennbarkeit steht.

Insofern die Verbindlichkeit zu einer Handlungsorientierung intersubjektiv zustimmungsfähig ist, *verdankt* sie sich dem Nachweis der Geltung des Gesagten. Die Verbindlichkeit zur Handlungsorientierung und die eventuell erfolgte Ausführung der Handlung ergeben sich aus und beruhen auf dem möglichen Nachweis dieser Geltung. Die Geltungsbedingungen sind als Bedingungen für die intersubjektive Berechtigung des für eine Proposition erhobenen Anspruchs zugleich Bedingungen dafür, daß die Erfüllungsbedingungen im Sinn des illokutiven Typs, dem der Anspruch entspricht, handlungsverbindlich werden. Gründe, die die Geltungsbedingungen erfüllen, verleihen dadurch den Erfüllungsbedingungen handlungsorientierende Verbindlichkeit. Gründe sind die kognitiven Mittel, die ein Erfüllungsverhältnis intersubjektiv erfaßbar, erkennbar und handlungsverbindlich machen. Sie ermöglichen den Schritt von dem Wissen, was die in einer Sprechhandlung spezifizierten Bedingungen erfüllen würde, zu dem Wissen, daß diese Bedingungen intersubjektiv handlungsverbindlich sind. Gründe bieten, wenn sie die Geltungsbedingungen erfüllen, eine hinreichende kognitive Grundlage dafür, daß die Erfüllungsbedingungen und die durch sie bestimmten Umstände in der durch den illokutiven Typ

---

[99] Die Beurteilung der Erfüllung ist in demselben Sinn intersubjektiv verfaßt wie die Verwendung sprachlicher Zeichen: „Bedarf ich einer Berechtigung dafür, ein Wort zu gebrauchen, dann muß es eine auch für den Andern sein." (Wittgenstein 1960 c, § 378)

bestimmten Weise als handlungsorientierend akzeptiert werden; sie etablieren damit das Erfüllungsverhältnis *im Bereich des intersubjektiven Wissens.*

Begründungshandlungen sind daher formale pragmatische Bedingungen der Erfüllung, die deren Intersubjektivitätsstruktur und intersubjektive Erkennbarkeit und Beurteilbarkeit gewährleisten. Als solche bilden sie eine allgemeine pragmatische Grundlage für die Bedeutung von Sätzen. In der Erhebung eines Anspruchs beruft sich der Sprecher implizit auf Gründe für die Berechtigung des Anspruchs und damit des Vollzugs der Sprechhandlung. Indem er einen Anspruch erhebt, übernimmt er die Garantie dafür, daß die Geltungsbedingungen der Sprechhandlung erfüllt sind und dies, falls erforderlich – bei Problematisierung der Berechtigung –, nachgewiesen werden kann. Sind die Geltungsbedingungen einer Sprechhandlung, die mit der Verwendung eines Satzes vollzogen wurde, erfüllt, so bedeutet dies, daß die Regel der Verwendung des Satzes in der Situation, in der der Anspruch erhoben wurde, berechtigterweise angewendet werden kann.[100] Durch die illokutive Kraft, die die Geltungsbedingungen als erfüllt und das Gesagte als handlungsverbindlich hinstellt, wird die Bedeutung des Satzes, die durch ein allgemeines Wissen von seiner Verwendung festgelegt ist, mit einer bestimmten Verwendung in einer gegebenen Situation verknüpft. Gründe vermitteln diese Anwendung, machen sie intersubjektiv überprüfbar und machen damit die Anspruchserhebung kritisierbar; denn sie ermöglichen den Interaktanten, daß sie, ausgehend von der geteilten Basis des gemeinsam zugrundegelegten Wissens von der Bedeutung des Satzes, prüfen, ob gemäß diesem Wissen die für Sprecher und Hörer bestehende Situation, in der die Anspruchserhebung erfolgte, eine solche Situation ist, in der dieser Anspruch zu Recht erhoben und die Regel der Verwendung des Satzes korrekt angewendet werden kann. Die Gemeinsamkeit

[100] Da die Erhebung eines Anspruchs nicht mit dem Äußerungsakt identifiziert werden darf, sondern derselbe Anspruch mit verschiedenen Äußerungen erhoben werden kann, ist die Situation der Anspruchserhebung von der Äußerungssituation zu unterscheiden; sie ist relativ zu der Situation, die dem Behaupteten entspricht, zu identifizieren.

des Wissens von der Bedeutung des Satzes erlaubt sowohl ein positives wie auch ein negatives Ergebnis der Prüfung. Das intersubjektiv geteilte und anerkannte Wissen bildet gleichsam einen gemeinsam anwendbaren Maßstab, auf den die Verbindlichkeit des Ergebnisses für die Beteiligten bezogen ist; hinreichende Gründe ermöglichen es, das positive Ergebnis für die bestimmte Situation der Anspruchserhebung an ein bereits anerkanntes Wissen anzubinden und dieses für die Verbindlichkeit des Ergebnisses für einen Fall der Regelanwendung zu benutzen.

Weil verschiedene illokutive Typen die Art der Geltungsbedingungen unterschiedlich bestimmen und den allgemeinen Geltungsbegriff im Sinn verschiedener Arten von Handlungsverpflichtungen pragmatisch spezifizieren, legen die Geltungsbedingungen für verschiedene illokutive Typen und Geltungsansprüche verschiedene Arten von möglichen Gründen fest. Dementsprechend spezifizieren verschiedene Illokutionstypen auch Begründungshandlungen unterschiedlicher Art. Dies bedeutet freilich nicht, daß jedem Illokutionstyp ein Begründungstyp zuzuordnen und mit zahlreichen Typen von Begründung zu rechnen ist. Illokutive Typen lassen sich auf verschiedenen Ebenen der Allgemeinheit bilden, und insofern sich die Illokutionen von Sprechhandlungen nach wenigen Grundtypen und entsprechend Sätze nach wenigen Grundmodi klassifizieren lassen, wobei jedem Grundtyp eine einheitliche Art des Anspruchs auf Geltung zugehört, ist anzunehmen, daß nur solchen illokutiven Grundtypen jeweils eigene Typen von Begründungen entsprechen.[101] Was es heißt, Geltungsansprüche einer bestimmten Art zu verstehen, läßt sich dann partiell dadurch explizieren, daß ein Typ möglicher Begründungshandlungen und eine Art möglicher Gründe spezifiziert werden: Wer einen illokutiven Grundtyp kennt, der kennt die zugehörige Art der Geltungsbedingungen von Sprechhandlungen dieses Typs, und dies bedeutet, daß er den Typ von Begründungshandlungen, durch die diese Bedingungen als erfüllt erwiesen werden können, und die Art möglicher Gründe kennt, die dafür angeführt werden können. Eine formale Charakterisierung von möglichen Begründungshand-

[101] Vgl. Habermas 1981, Bd. I, 64 ff.

lungen expliziert die Art des Anspruchs, der in Sprechhandlungen eines illokutiven Grundtyps für Propositionen erhoben wird, und verdeutlicht damit partiell und in formaler Hinsicht den Verwendungssinn, der mit diesen Propositionen verbunden wird. Handlungstheoretisch gesehen wird damit die Möglichkeit der Einbettung – des Verbindlichwerdens – von Propositionen in Handlungszusammenhänge insoweit verdeutlicht, als diese Einbettung im Sinn der Gewinnung von handlungsleitender Funktion und des Gebrauchs des propositionalen Wissens zur Handlungsorientierung von dem Wissen von der intersubjektiv nachprüfbaren Berechtigung, mit der dieser Gebrauch erfolgt, abhängig ist. Durch Einbettung von Propositionen in Zusammenhänge von Sprechhandlungen mit Begründungshandlungen wird die intersubjektive Berechtigung zum weiteren illokutionsspezifischen Gebrauch in anderen, nicht-argumentativen Handlungszusammenhängen geprüft.

8. *Die Reflexivität der natürlichen Sprache*

Gehören Begründungshandlungen formal zum Potential von Folgehandlungen von Sprechhandlungen, die einen Geltungsanspruch enthalten, so sind diese Sprechhandlungen durch ein bestimmtes praktisches Selbstverhältnis des Sprechers gekennzeichnet. Denn sie sind dann so strukturiert, daß sie in sich die Möglichkeit enthalten, daß der Sprecher sich in einer mit seiner Sprechhandlung koordinierten Folgehandlung auf diese Sprechhandlung zurückbeziehen kann und diese hinsichtlich der Berechtigung des in ihr erhobenen Anspruchs qualifizieren kann. Die Struktur der Sprechhandlung sieht die Möglichkeit vor, daß der Sprecher zur eigenen Handlung begründet Stellung nehmen und sie hinsichtlich der Geltung des Gesagten rechtfertigen kann. Wird durch den pragmatischen Sinn einer Sprechhandlung ein Potential von argumentativen Folgehandlungen bestimmt, so sind Folgehandlungen nicht nur in der Weise mit der Sprechhandlung koordiniert, daß Sprecher und Hörer ein gemeinsames Wissen von ihrer Anschlußfähigkeit haben; argumentative Folgehandlungen sind vielmehr darüber hinaus auch auf die Hand-

lung, mit der sie koordiniert sind, und zwar auf deren Anspruch, zurückgerichtet und bilden die Basis zur Qualifizierung dieser Handlung unter dem Geltungsaspekt.
Schon indem der Sprecher durch Vollzug einer Sprechhandlung von einem bestimmten Illokutionstyp mögliche Folgehandlungen bestimmt, verhält er sich implizit auch zu seinen eigenen Handlungsmöglichkeiten; denn er stellt durch den Handlungsvollzug im Sinn eines Anspruchs Anerkennungsverhältnisse her, die er in seinen weiteren Handlungen, will er den Anspruch aufrechterhalten, auch selbst berücksichtigen muß und die damit seine weiteren Handlungsmöglichkeiten einschränken und in gewisser Weise vorstrukturieren. Der Sprecher kann in seinem weiteren Handeln sich an diese Einschränkungen halten, es besteht aber auch die Möglichkeit, daß er die von ihm selbst hergestellten Anerkennungsverhältnisse verletzt. Insofern der Sprecher eine projektive und intersubjektiv relevante Regelung eigener Handlungsmöglichkeiten vornimmt und in dieser Weise sich zu seinem eigenen Handeln und seinen Möglichkeiten als Handelnder und damit zu sich selbst verhält, geht er ein implizites praktisches Selbstverhältnis ein, das im Sinne eines Sichzusichverhaltens zu verstehen und durch Handlungszusammenhänge bestimmt ist.[102] Da eine Sprechhandlung nur als vollzogen gilt, wenn der Sprecher im praktischen Sinn weiß, was er tut, muß er, insofern er eine Sprechhandlung sinnvoll vollzogen hat, auch ein praktisches Wissen von den sprechakttypischen projektiven Beziehungen zwischen seinen eigenen Handlungen haben; daher setzt die Fähigkeit zum Vollzug von Sprechhandlungen die Möglichkeit zu Selbstbewußtsein zumindest im Sinn eines praktischen und impliziten Wissens voraus.[103] Diese vom Sprecher projektierten Beziehungen zwischen seinen eigenen Handlungen sind aber zu-

---

[102] Vgl. zum Begriff des Sichzusichverhaltens Tugendhat 1979, 258 ff. Allerdings muß entgegen Tugendhats Auffassung ein solches Selbstverhältnis auch dem theoretischen inneren Dialog zugrunde liegen, wenn er so verstanden wird, daß er gemäß der Struktur sprachlicher Handlungen strukturiert ist.
[103] Vgl. Shwayder 1965, 265 f. und 293. – Zur Beziehung zwischen dem Selbstverhältnis, das sprachlichem Handeln zugrunde liegt, und der traditionellen Reflexionsproblematik vgl. Becker 1985 b.

gleich sowohl in einem intersubjektiven Wissen erfaßbar als auch intersubjektiv kontrollierbar und relativ zu einer intersubjektiv bestimmten Situation als verbindlich verstehbar: da sie zum pragmatischen Sinn einer symbolischen Handlung gehören, sind sie für den Sprecher nur insofern handlungsrelevant und gültig, als sie prinzipiell von einem Hörer als handlungsleitend und gültig anerkannt werden können. Was die Beziehungen zwischen seinen Handlungen für den Sprecher sind, das sind sie nur insofern, als sie es auch für einen Hörer sein können. Weil das Handeln auf der Komplexitätsstufe symbolischer Handlungen grundsätzlich nicht auf das Handeln eines einzelnen Subjekts reduziert werden kann, erfordert der pragmatische Sinn von Sprechhandlungen ein ihm zugeordnetes Selbstverhältnis des Handelnden, in dem die intersubjektivitätstheoretische Struktur symbolischen Handelns berücksichtigt ist.

Nun bestehen Anerkennungsverhältnisse und gültige Beziehungen zwischen möglichen Handlungen nicht an sich und sind den Beteiligten nicht vorgegeben, sondern müssen von ihnen hergestellt und als verbindlich anerkannt werden. Sind in dem Handlungspotential, das mit einer Sprechhandlung verbunden ist, argumentative Folgehandlungen enthalten, so versteht der Sprecher die von ihm vollzogene Sprechhandlung von vornherein so, daß sowohl die dabei gemachten Unterstellungen als auch die im Sinne eines Anspruchs hergestellten Anerkennungsverhältnisse prinzipiell intersubjektiv überprüft werden können; durch die formale Koordination von möglichen argumentativen Folgehandlungen mit der Sprechhandlung ist die Möglichkeit der Überprüfung im Selbstverständnis des Sprechers enthalten: der Sprecher versteht seine Handlung von vornherein als eine intersubjektiv überprüfbare und auf intersubjektive Zustimmung hin angelegte. Durch die Koordination von möglichen argumentativen Folgehandlungen mit seiner Handlung geht der Sprecher ein praktisches Selbstverhältnis ein, das dem Komplexitätsgrad symbolischen Handelns und der Intersubjektivität des Sinns und der Geltung von Sprechhandlungen entspricht.

Mit diesem impliziten Selbstverhältnis ist schon in den Handlungszusammenhängen, in die eine Sprechhandlung ihrem Sinn nach eingebettet ist, ein Bezug des Sprechers auf sich selbst als

Handelnder enthalten und im Handlungswissen des Sprechers kognitiv verfügbar. Mit sprachlichem Handeln im Sinn des Gebrauchs der natürlichen Sprache muß jedoch auch die stärkere Annahme der Reflexivität verbunden werden: es ist so strukturiert, daß es von vornherein die Möglichkeit enthält, daß der Sprecher, indem er seine Handlung vollzieht, diesen Vollzug zugleich sprachlich artikuliert und das zugrundeliegende Handlungswissen, wenn auch nur pauschal, formuliert und expliziert.[104] Mit dem Gebrauch einer explizit performativen Formulierung wie etwa ‚ich behaupte hiermit, daß p' schreibt der Sprecher sich selbst seine Handlung ausdrücklich zu und gibt zugleich den illokutiven Typ der Handlung eigens sprachlich an. Mit einer explizit performativen Formulierung artikuliert der Sprecher ein Handlungswissen, das auch ohne diese Artikulation der Handlung implizit zugrunde liegen muß, wenn sie in einem bestimmten pragmatischen Sinn illokutiv verstehbar sein soll; denn ein solches Handlungswissen ist konstitutiv für den Vollzug der Handlung. Durch die Bedeutung des in der performativen Formulierung verwendeten Handlungsprädikats wird das dem illokutiven Typ der Handlung entsprechende Handlungswissen in der Weise expliziert und artikuliert, daß mit ihm auf ein Handlungsmuster sozusagen pauschal verwiesen wird, das für die Handlung konstitutiv ist und das von größerem oder geringerem Allgemeinheitsgrad sein kann.

Im reflexiven Sprachgebrauch in der Form der Verwendung explizit performativer Formulierungen wird das für eine Sprechhandlung konstitutive Wissen verwendet und zugleich in gewissem Sinn expliziert. Die Reflexivität des Gebrauchs der natürlichen Sprache beschränkt sich jedoch nicht auf diese Form des Sprachgebrauchs. Denn einerseits können Gebrauch und Explikation des konstitutiven Handlungswissens entkoppelt werden, indem eine vollzogene Sprechhandlung und deren Illokutionstyp vergegenständlicht und zum Inhalt weiterer Sprechhandlungen gemacht und damit in Form von Propositionen sprachlich erfaßt werden können. Eine solche Entkoppelung von Gebrauch und

---

104 Vgl. Habermas 1976, 224 ff.; Schnädelbach 1977, 140 ff.; Apel 1980, 52 ff.

Thematisieren eines Handlungswissens ist analog zur Unterscheidung zwischen Gebrauch und thematisierender Erwähnung von Ausdrücken zu verstehen. In beiden Fällen müssen freilich die Thematisierung und Explikation eng an den Gebrauch gebunden bleiben.

Andererseits erstreckt sich die Reflexivität aber auch in einem allgemeineren Sinn auf die natürliche Sprache: die Fähigkeit zum Gebrauch der natürlichen Sprache schließt die Möglichkeit zur partiellen reflexiven Explikation und Rekonstruktion des im Gebrauch der Sprache leitenden Handlungswissens und damit der Bedeutung von Ausdrücken und der Geltung von Regeln ein. Wer die Sprache gebrauchen und verstehen kann, kann diesen Gebrauch und dieses Verständnis auch bis zu einem gewissen Grad der Explizitheit und Differenziertheit erläutern und sich über einen erfolgten Gebrauch der Sprache mit sich selbst oder mit anderen verständigen. Ein verstehbares Gebilde muß angesichts der nicht von vornherein ausschließbaren Möglichkeit des Mißverstehens etwas sein, das grundsätzlich der Erläuterung fähig ist und in Erklärungen als dasselbe wiedererkannt werden kann. Die Möglichkeit des von dem Gemeinten abweichenden Verständnisses, des Mißverstehens des Hörers und des Selbstmißverständnisses des Sprechers, erfordert, daß der Begriff der Bedeutung so konzipiert werden muß, daß er wesentlich auf die Erklärung der Bedeutung bezogen ist und deren Möglichkeit von vornherein miterfaßt. Wenn Wittgenstein die Frage nach der Bedeutung eines Ausdrucks als die Frage nach der Erklärung der Bedeutung aufgreift und sie damit zugleich am Gebrauch des Ausdrucks orientiert, so setzt er dadurch die ursprüngliche Reflexivität der Sprache und die Möglichkeit, Mißverständnisse und insbesondere Selbstmißverständnisse durch den Gebrauch der Sprache selbst auszuräumen, methodisch ein:

> „Die Bedeutung eines Wortes ist das, was die Erklärung der Bedeutung erklärt ... Die Bedeutung, in unserm Sinne, ist in der Erklärung der Bedeutung niedergelegt ... Die Erklärung der Bedeutung kann jede *Meinungsverschiedenheit* in bezug auf eine Bedeutung beseitigen. Sie kann Mißverständnisse aufklären. Das Verstehen, von

welchem hier die Rede ist, ist ein Korrelat der Erklärung.«[105]

Mit dem Ansatz bei der Erklärung der Bedeutung eines Ausdrucks faßt Wittgenstein die Bedeutung zugleich als etwas Identisches auf, das durch die Regeln für den Gebrauch des Ausdrucks in der Weise festgelegt ist, daß es in verschiedenen einzelnen sprachlichen Handlungen als dasselbe wiedererkannt werden kann:

> „Man sagt: Das Wesentliche am Wort ist seine *Bedeutung*. Man kann das Wort durch ein anderes ersetzen, das die gleiche Bedeutung hat. Damit ist ein Platz für das Wort fixiert, und man kann ein Wort für ein anderes setzen, wenn man es an den gleichen Platz setzt ... Ich will erklären: der Ort eines Wortes in der Grammatik ist seine Bedeutung.«[106]

Aber die Bedeutung ist als etwas, das durch die Regeln der Grammatik als Identisches fixiert ist, nicht etwas für Sprecher und Hörer Vorgegebenes:

> „Vergiß nicht, daß Wörter die Bedeutungen haben, die wir ihnen gegeben haben; und wir geben ihnen Bedeutung durch Erklärungen.«[107]

Der reflexive Sprachgebrauch ist nicht nur aufgrund der Mög-

---

[105] Wittgenstein 1969, 59 f.; vgl. Wittgenstein 1960 c, § 560.
[106] Wittgenstein 1969, 59, vgl. 99; Wittgenstein 1970 b, 21. Mißverständnisse entstehen, wenn über Identität und Verschiedenheit im Sprachgebrauch keine hinreichende Klarheit mehr herrscht. Mißverständnisse und Verwirrungen entstehen durch irreführende Analogien im Sprachgebrauch, durch die der Sprecher meint, bestimmte Ausdrücke auch dann noch in ihrer ursprünglichen Weise zu gebrauchen, wenn er sie auf einen anderen Anwendungsbereich übertragen hat und sie nun, ohne sich dieses Unterschieds hinreichend bewußt zu sein, in einer anderen Weise gebraucht. (Vgl. Wittgenstein 1970 b, 50 ff.; Wittgenstein 1970 c, 379.)
[107] Wittgenstein 1970 b, 51 f.

lichkeit von Mißverständnissen für die Fähigkeit zum nicht-reflexiven Sprachgebrauch erforderlich, sondern auch deshalb, weil die Identität der Bedeutung und des Verstehens eine hergestellte, zu sichernde und gegebenenfalls erneut herzustellende Identität ist. Die Identität des intersubjektiv gültigen handlungsleitenden Wissens der Interaktanten von der Verwendungsweise eines Ausdrucks setzt Anerkennungsverhältnisse voraus, die gemäß der Orientierung der Handlungen der Akteure an ihnen implizit zu unterstellen sind oder sprachlich explizit herbeigeführt werden müssen. Zwar verfügen Sprecher und Hörer über ein Handlungswissen und müssen in diesem Sinn wissen, was sie tun, wenn sie sprachlich handeln; aber damit ist nicht schon von vornherein auch eine vollständige Durchsichtigkeit des Handelns und Übersicht über das Handeln gegeben. Mißverständnisse und Verständigungsprobleme können zum Anlaß werden, daß sprachlich Handelnde ansatzweise eine partielle Rekonstruktion und Systematisierung ihres Handlungswissens vornehmen, um Anerkennungsverhältnisse explizit herzustellen oder überschaubar zu machen. Es entspricht dieser in der natürlichen Sprache bestehenden Möglichkeit der reflexiven Explikation sprachlichen Handelns, wenn Dummett darauf hinweist, daß die Praxis des Sprachgebrauchs und die Theorie der Bedeutung nicht völlig voneinander getrennt werden können und die Trennung von Objekt- und Metasprache nur ein Idealbild ist, das der natürlichen Sprache unangemessen ist:

> „The artificiality of the separation between object-language and metalanguage does not lie only in the impossibility of our constructing any language which could serve as metalanguage: it arises also out of the fact that theorizing about our language and its working, theorizing which is carried out within that language itself, ... is ... an activity in which all speakers of the language constantly engage, however inchoately or inexplicitly ... The practice of speaking a language and the theory of meaning which gives an account of that practice can thus not be separated, except in thought: they constantly interact with one another.“[108]

Eine partielle Rekonstruktion von Handlungswissen ist insbesondere auch dann erforderlich, wenn die Geltung von Aussagen problematisch ist und eine Rechtfertigung von Aussagen erfolgen soll. Die Reflexivität der natürlichen Sprache bezieht sich nicht nur auf die Explikation der Bedeutung von Ausdrücken und des Sinns von Sprechhandlungen, sondern auch auf die Geltung des Gesagten relativ zu einer Situation und die Berechtigung der Erhebung eines Geltungsanspruchs in dieser Situation. Sowohl in bezug auf die Bedeutung von Ausdrücken als auch in bezug auf die Geltung des Gesagten können Verständigungsprobleme auftreten, und diese können mit den Mitteln der natürlichen Sprache selbst thematisiert werden. Der Gebrauch der natürlichen Sprache muß daher von vornherein so konzeptualisiert werden, daß die explizite, methodisch ausweitungs- und absicherungsfähige Thematisierung von Bedeutung und Geltung nur die Aktualisierung einer ursprünglich in der natürlichen Sprache enthaltenen Möglichkeit ist; Verständigungsprozesse, die Aspekte des sprachlichen Handelns selbst thematisieren,

> „aktualisieren nur die in sprachlicher Kommunikation jeweils schon enthaltenen metakommunikativen Elemente und Möglichkeiten; sie heben sie hervor, isolieren sie, nutzen sie und wenden sie methodisch auf Probleme der Kommunikation an".[109]

[108] Dummett 1981 a, 107. Vgl. zur Gegenüberstellung von Objekt-/Metasprachen-Modell und ursprünglicher Reflexivität der natürlichen Sprache auch Schnädelbach 1977, 140 ff., und Apel 1979 b, 313 ff.

[109] Schnädelbach 1977, 143. Wie Schnädelbach zeigt, ist in diesem Verhältnis von Kommunikation und Metakommunikation eine Analogie zum Verhältnis von Bewußtsein und Selbstbewußtsein zu sehen, die es erlaubt, die Rede von einer ursprünglichen Reflexivität aus der Bewußtseinstheorie in die Sprachtheorie zu übernehmen. Die schon im primärkommunikativen Handeln angelegte, darin virtuell enthaltene Möglichkeit zur Selbstthematisierung hat, wie Schnädelbach zeigt, zur Konsequenz, daß sich Habermas' ursprüngliche Unterscheidung zwischen kommunikativem Handeln und Diskurs nicht aufrechterhalten läßt (vgl. ebd. 143 ff., 163 ff.).

Auch das Prädikat ‚wahr' gehört zu einem Sprachgebrauch, in dem die ursprüngliche Reflexivität der natürlichen Sprache aktualisiert wird. In der internen Struktur von Sprechhandlungen ist die Möglichkeit vorgesehen, den mit ihrem Vollzug relativ zu einer Situation erhobenen Geltungsanspruch hinsichtlich seiner Berechtigung sprachlich explizit zu qualifizieren. Diese Qualifikation ist das Resultat von Begründungshandlungen, deren Möglichkeit formal mit der Erhebung eines Geltungsanspruchs verknüpft ist und für dessen Verständnis vorausgesetzt werden muß. Wie diese Begründungshandlungen auf Sprechhandlungen, so ist auch der Gebrauch von ‚wahr' auf Behauptungen reaktiv zurückgerichtet und dient dazu, mit Bezug auf eine Situation Anerkennungsverhältnisse explizit herzustellen. Das Prädikat ‚wahr' gehört zu denjenigen Mitteln, die in der natürlichen Sprache bereitliegen, um mit ihrer Hilfe Geltungsprobleme aus der Perspektive eines intersubjektiven Wissens angehen zu können. Die Reflexivität ist ein Grundzug der natürlichen Sprache, dem sich diese Möglichkeit verdankt, weil durch sie schon mitgeprägt ist, wie Bedeutung und Geltung in sprachlichem Handeln zu verstehen sind.

V. Wahrheitsanspruch und Argumentation

Einer sprachpragmatischen Wahrheitstheorie liegt die Annahme zugrunde, daß eine kriteriologisch relevante Explikation der Bedeutung des Prädikats ‚wahr' die Aufklärung von Sprechhandlungen des illokutiven Typs Behaupten und den Rekurs auf den Wahrheitsanspruch erfordert, der mit der Verwendung eines assertorischen Satzes in solchen Handlungen erhoben wird. Eine Proposition ist dann wahr, wenn ein Wahrheitsanspruch für sie mit intersubjektiver Berechtigung erhoben werden kann. Diese Berechtigung kann für sprach- und handlungsfähige Subjekte als Handlungsgrundlage, die in Behauptungen beansprucht und im Gebrauch von ‚wahr' oder einer rationalen Ja-Stellungnahme explizit anerkannt werden kann, nur dann bestehen, wenn sie für diese Subjekte prinzipiell erkennbar und beurteilbar ist. Daß die Wahrheit einer Proposition beansprucht oder explizit anerkannt wird, bedeutet, daß beansprucht bzw. anerkannt wird, daß die Bedingungen der Wahrheit dieser Proposition erfüllt sind. Ergibt sich die Wahrheit einer Proposition aus der Berechtigung eines Anspruchs und bedeutet das Bestehen dieser Berechtigung, daß die Wahrheitsbedingungen der Proposition erfüllt sind, so verweist die Frage, wann ein Wahrheitsanspruch als intersubjektiv berechtigt beurteilbar und anerkennungswürdig ist, auf die Frage, worin der intersubjektive Nachweis, daß die Wahrheitsbedingungen erfüllt sind, besteht, worin also die Einlösung des Wahrheitsanspruchs für diese Proposition besteht.

Aus den Defiziten der älteren Wahrheitssemantik hatte sich ergeben, daß sich die Bedeutung von ‚wahr' nicht unabhängig von einem allgemeinen und formalen Kriterium explizieren läßt, das die Verwendung von ‚wahr' für verschiedene Propositionen einheitlich bestimmt.[1] Der pragmatische Ansatz zu einer sprach-

[1] Vgl. oben S. 82 ff. und 94.

philosophischen Wahrheitstheorie führt zu der Ausrichtung der Frage nach einem formalen Wahrheitskriterium auf formale Charakteristika des intersubjektiven Nachweises der Erfüllung von Wahrheitsbedingungen. Daß diese Merkmale der Einlösung von Wahrheitsansprüchen auf der formalen Ebene zu bestimmen sind, impliziert, daß sie zwar allgemeine Bedingungen der Möglichkeit, Wahrheitsansprüche einzulösen, sind, aber für die Einlösung bestimmter einzelner Propositionen eine für die jeweilige Proposition spezifische Ergänzung erfordern. Sie bleiben auf der formalen Ebene dessen, was einlösbare Wahrheitsansprüche für Propositionen gemeinsam haben und was ihre Einlösbarkeit ausmacht, und dies ist zugleich die Ebene, auf der sich der illokutive Typ von Behauptungshandlungen und die Bedingungen ihres pragmatischen Sinns als Handlungen dieser Art bestimmen lassen. Deshalb ist zunächst zu fragen, wie Behauptungshandlungen illokutiv verstanden werden. Eine formale Bestimmung der Einlösbarkeit von Wahrheitsansprüchen verlangt sodann insbesondere zu klären, wodurch Wahrheitsbedingungen als erfüllt bzw. Wahrheitsansprüche als berechtigt aufgezeigt werden können, wie die Beziehung zwischen diesem Einlösenden und einer Behauptung zu kennzeichnen ist und auf welchen Eigenschaften des Einlösenden seine Einlösungsfunktion beruht.

1. Die Handlung der Behauptung

Searle analysiert Sprechakte in der Weise, daß er für einen illokutiven Typ von Sprechhandlungen Gelingensbedingungen angibt, durch die eine Beziehung zwischen der Äußerung von Sätzen und dem Vollzug von Sprechakten dieses Typs festgelegt ist. Dafür, daß die Äußerung eines assertorischen Satzes als Vollzug einer Behauptung gilt, gibt Searle die folgenden Bedingungen an:

> „Bei Behauptungen gehört zu den Einleitungsbedingungen, daß der Sprecher irgendeinen Grund für die Annahme haben muß, daß der behauptete Satz wahr ist; die Aufrichtigkeitsbedingung besteht darin, daß er den Satz für wahr halten muß; und die wesentliche Bedingung ist in

> diesem Fall, daß der Satz als Wiedergabe einer bestehenden Sachlage gemeint ist [that the proposition is presented as representing an actual state of affairs]."[2]

Mit diesen Bedingungen überwindet Searle zwar im Ansatz die Analyse von Behauptungen nach dem Modell zweckrationalen Handelns, setzt sich aber von diesem Modell nicht hinreichend ab. Nach dem intentionalistischen Modell ist eine Behauptungshandlung durch die Intention des Sprechers gekennzeichnet, beim Hörer eine kognitive Reaktion zu bewirken, die entweder in der Überzeugung des Hörers besteht, daß das Behauptete zutrifft, oder zumindest in seiner Überzeugung, daß der Sprecher meint, daß das Behauptete zutrifft;[3] die Behauptungshandlung hat damit die Funktion einer Mitteilung und den Zweck der Übermittlung einer Information, und die Verwendungsregel eines assertorischen Satzes ist als instrumentelle Regel zu verstehen. Diese Auffassung der Handlung, einen assertorischen Satz zu verwenden, ist, wie Tugendhat zeigt,[4] vor allem deshalb unbefriedigend, weil sie der Möglichkeit der Nein-Stellungnahme des Hörers zu demjenigen, was der Sprecher behauptet hat, nicht gerecht wird. Nimmt man an, daß der Hörer mit „Nein" zum Ausdruck bringt, daß er das Gegenteil von dem meint, was der Sprecher meint, so würden sie sich nach jenem Verständnis der Behauptungshandlung gar nicht widersprechen; denn die beiden Sätze „A beabsichtigt zu bewirken, daß B meint, daß A meint, daß p" und „B beabsichtigt zu bewirken, daß A meint, daß B meint, daß nicht-p" widersprechen sich nicht. Tugendhat kommt deshalb zu dem Resultat:

> „Wenn das, was der Sprecher tut, so zu verstehen ist, daß er etwas zu bewirken versucht, bleibt unverständlich, was es ist, dem der Hörer widerspricht, bzw. was es ist, was vom Hörer verneint oder bejaht wird."[5]

---

[2] Searle 1971, 99.

[3] Vgl. Grice 1979 a, 9 f.; Grice 1979 b, 92, und mit gewissen Modifikationen Schiffer 1972, 49 ff.; vgl. dazu Schwab 1980, 36 ff.

[4] Vgl. Tugendhat 1976, 237 f.

[5] Ebd. 238. Unter bedeutungstheoretischem Aspekt ist der Ansatz bei

Searle setzt nun in seiner Analyse von Sprechakten nicht bei der Sprecherintention an, sondern bei der für Sprecher und Hörer gemeinsamen Kenntnis intersubjektiv gültiger Regeln. Dennoch scheint er sich nicht nur in der Aufrichtigkeitsbedingung, sondern auch in der wesentlichen Bedingung auf die Meinung des Sprechers zu beziehen, ohne den dabei verwendeten Intentionsbegriff hinreichend zu verdeutlichen. Die Aufrichtigkeitsbedingung läßt sich so interpretieren, daß eine Behauptung mit einer bestimmten Einstellung des Sprechers verbunden ist, nämlich seiner Überzeugung, daß das Behauptete wahr ist, und mit gewissen anderen Einstellungen – sofern sie für den Adressaten offenkundig sind – hinsichtlich ihrer Sinnhaftigkeit nicht verträglich ist. So ist es nicht sinnvoll möglich, daß der Sprecher behauptet, daß p, und zugleich kundgibt, daß er nicht glaubt, daß p.[6] Auch eine bestimmte Einstellung des Sprechers gehört daher zum pragmatischen Sinn einer Behauptung und ist durch sinnkonstitutive Bedingungen der Verträglichkeit mit dem Handlungsschema festgelegt.[7] Searles wesentliche Bedingung dagegen ist in ihrer ersten Formulierung nur dann mit seinem allgemeinen Ansatz verträglich, wenn die Sprecherintention so verstanden wird, daß sie nicht auf das Bewirken einer Überzeugung beim Hörer gerichtet ist, sondern sich darin erschöpft, daß der Hörer die Äußerung verstehen soll: die Intention ist nicht auf das Bewirken eines perlokutiven Effekts, sondern auf das Erzielen eines illokutiven Effekts gerichtet. In diesem Sinn revidiert Searle Grices Intentionsbegriff. Der daraus resultierende Begriff der Intention setzt aber das intersubjektive Wissen von den für den angezielten illokutiven Effekt konstitutiven Regeln voraus und rekurriert auf dieses Wissen, da die Intention dann selbst durch dieses

der Intention des Sprechers für die Analyse von Behauptungen auch deshalb inadäquat, weil eine intentionalistische Erklärung der Bedeutung des assertorischen Satzes ‚p' zirkulär ausfällt und nur eine metasprachliche Bedeutungsangabe darstellt. Denn die Bedeutung von ‚p' so zu erklären, daß der Sprecher meint, daß p, setzt schon ein Verständnis von ‚p' voraus (vgl. ebd. 234 f.; vgl. auch Habermas 1984, 339).

[6] Vgl. dazu schon Moore 1959 c, 175 f.; Moore 1968, 541 ff.; vgl. Searle 1979, 163 f.

[7] Vgl. dazu Wunderlich 1976, 96 ff.

Wissen strukturiert ist und der Sprecher in seiner Intention dieses Wissen zur Kommunikation benutzt; dieser Intentionsbegriff ist daher zur Explikation dieses Wissens unbrauchbar.[8]
Auch Searles weitere Formulierung der wesentlichen Bedingung bleibt zwar bei weitem unzulänglich, entspricht aber viel besser seinem methodischen Konzept und weist in die entscheidende Richtung. Nach dieser Formulierung wird mit der Äußerung eines Satzes eine Behauptung mit dem propositionalen Gehalt p vollzogen, wenn sie „als eine Versicherung des Inhalts [gilt] [counts as an undertaking to the effect], daß p eine wirkliche Sachlage darstellt".[9] Wie Tugendhat feststellt,[10] bleibt Searles Analyse unzulänglich, weil sie gerade unaufgeklärt läßt, was es heißt, daß eine Proposition eine wirkliche Sachlage darstellt, also wahr ist. Searle gibt zwar als Abgrenzungskriterium für den illokutiven Typ einer assertiven Äußerung die Möglichkeit der Wahrheit oder Falschheit an[11] und betont den Zusammenhang zwischen Behauptung und Wahrheit: „eine Behauptung ist eine ... Anerkennung der Wahrheit einer Proposition";[12] aber solange nicht geklärt ist, was damit gemeint ist, daß der Sprecher die Wahrheit der ausgedrückten Proposition anerkennt oder sich auf die Wahrheit festlegt,[13] bleibt die Erklärung in gewissem Sinn

---

[8] Vgl. zu diesem Intentionsbegriff und Searles Kritik an Grice Searle 1971, 68 ff. Eine Bestimmung der Behauptungshandlung, die ganz aus seinem Ansatz herausfällt und der intentionalistischen Semantik entspricht, nimmt Searle vor, wenn er als wesentliche Bedingung angibt, „daß die Äußerung ein Versuch ist, den Hörer zu informieren und ihn von ihrer Wahrheit zu überzeugen" (Searle 1974, 52). Auch in seiner Analyse der Aufforderung (vgl. Searle 1971, 99 ff.) nähert sich Searle der intentionalistischen Semantik; vgl. dazu Schwab 1980, 66. In seiner neueren Untersuchung über Intentionalität vertritt Searle in vollem Umfang eine Fundierung der Bedeutung in der Intention, wobei er allerdings einen anderen Intentionsbegriff verwendet als Grice (vgl. Searle 1987, 203 ff.). Er revidiert damit auch den Ansatz der Sprechakttheorie und verlegt ihn aus der Intersubjektivitätstheorie in die Intentionalitätstheorie.

[9] Searle 1971, 100.

[10] Vgl. Tugendhat 1979, 240 f.

[11] Vgl. Searle 1982, 31 f.

[12] Searle 1971, 48.

[13] Vgl. Searle 1982, 84.

leer. In dieser Anerkennung besteht in Freges Begriffen gerade der Schritt vom Sinn zur Bedeutung eines Satzes; bei der Klärung der Behauptungshandlung und der Verwendung eines assertorischen Satzes kommt es gerade auf das Verständnis dieses Schrittes an, der im Sinn eines Anspruchs vollzogen wird, wenn der Satz mit behauptender Kraft ausgesprochen wird, und der dem Satz einen Wert für die Erkenntnis beilegt, wenn er als berechtigt erwiesen werden kann.

Searle zeigt jedoch zugleich die Richtung für ein handlungstheoretisches Verständnis der Behauptung an, wenn er diese so erklärt, daß der Sprecher mit ihrem Vollzug die Wahrheit der Proposition versichert und sich auf diese Wahrheit festlegt. Searles wesentliche Bedingung für die Behauptungshandlung läßt sich so verstehen, daß der Sprecher, indem er einen assertorischen Satz verwendet und damit eine Proposition behauptet, die Gewähr oder Garantie dafür übernimmt, daß das Behauptete wahr ist. Die Rede von der Übernahme einer Garantie, die allerdings unscharf ist und ihrerseits der Präzisierung bedarf, findet sich in ähnlicher Form schon bei Peirce: „Einen Satz behaupten heißt ... die Verantwortung für ihn übernehmen", und zwar derart, daß hinsichtlich der Behauptung über ein Ereignis „dieses Ereignis, wenn in der Zukunft die Wahrheit ermittelt wird, als genau dieses ermittelt werden wird".[14] Stellt sich angesichts dieser Erklärung die Frage, was mit der Rede von Garantie oder Verantwortung für das Verständnis der Behauptungshandlung gewonnen ist, so kann auf die Verdeutlichung des Handlungscharakters der Behauptung hingewiesen werden. Die Rede von einer Garantieübernahme verweist darauf, daß mit einer Behauptung eine Handlung der Regelbefolgung vollzogen wurde, die nach in ihr selbst enthaltenen Kriterien und in intersubjektiver Weise auf Korrektheit und Inkorrektheit beurteilbar ist und die projektiv und antizipatorisch mit bestimmten Konsequenzen verbunden ist. Dies heißt zugleich, die Behauptungshandlung dadurch zu

[14] Peirce 1976, 330 f. – Der Gesichtspunkt, daß der Sprecher durch Vollzug einer sprachlichen Handlung die Verantwortung für die Erfüllung bestimmter Bedingungen übernimmt, wird von Alston hervorgehoben; vgl. Alston 1974.

kennzeichnen, daß der Sprecher das intersubjektive Wissen von bestimmten Interaktionsbedingungen unterstellt und zur Veränderung der Anerkennungssituation gebraucht.
Die Übernahme einer Garantie ist nur verständlich vor dem Hintergrund des Kontrastes zwischen den beiden Fällen, daß die Garantie eingehalten werden kann und daß sie nicht eingehalten werden kann. Ein Verständnis der Behauptung setzt die Fähigkeit voraus, diese beiden Fälle und damit die Wahrheit und die Falschheit des Behaupteten unterscheiden zu können. Dies bedeutet zugleich, daß die Begriffe der Wahrheit und Falschheit Spezifikationen der Begriffe der korrekten und der inkorrekten Regelbefolgung sind:

> „To say something true is to say something correct, to say something false is to say something incorrect. Any workable account of assertion must recognize that an assertion is judged by objective standards of correctness, and that, in making an assertion, a speaker lays claim, rightly or wrongly, to have satisfied those standards. It is from these primitive conceptions of the correctness or incorrectness of an assertion that the notions of truth and falsity take their origin."[15]

Der Maßstab für die Beurteilung der Korrektheit oder Nicht-Korrektheit einer Behauptung ist in den Wahrheitsbedingungen gegeben, die ihrerseits die Umstände ihrer Erfüllung festlegen:

> „In order to grasp the content of an assertion, we have to know in what circumstances the assertion is to be judged correct and in what incorrect."[16]

---

[15] Dummett 1976, 83.
[16] Dummett 1981 a, 417. – Die Regelbefolgung im Sinne der Übernahme der Gewähr für die Wahrheit ist allerdings zu unterscheiden von der Regelbefolgung im Sinn der Verwendung eines Ausdrucks in einer einheitlichen Bedeutung. Die letztere wird auf Korrektheit überprüft, indem Sprecher und Hörer feststellen, ob sie einen Ausdruck in Situationen und für Fälle derselben Art verwenden; die Wahrheit eines Behaupteten wird dagegen überprüft, indem festgestellt wird, ob die Behauptung in

Die Behauptung läßt sich als Garantiehandlung nur derart verstehen, daß ein enger Zusammenhang zwischen der Kenntnis des propositionalen Sinns und der Kenntnis des pragmatischen Sinns hergestellt wird. Vollzieht der Sprecher die Garantiehandlung der Behauptung, so garantiert er damit dafür, daß diese Handlung unter solchen Umständen vollzogen wurde, die gemäß den Bedingungen der Korrektheit und Inkorrektheit, die der propositionale Sinn bestimmt, als Umstände zählen, die die Behauptung als korrekt rechtfertigen. Dies bedeutet, daß der Sprecher dafür garantiert, daß die Wahrheitsbedingungen der Behauptung durch die Umstände, unter denen die Handlung vollzogen wurde, erfüllt sind. Da eine Garantie abgeben oder übernehmen zwar projektiv auf ihre Einhaltung bezogen ist, aber nicht mit ihr zusammenfällt und insofern die Möglichkeit, daß sie nicht eingehalten wird, bestehen bleibt, ist das Verständnis der Behauptung mit der Möglichkeit verbunden, daß die Behauptung unter Umständen vollzogen wurde, die nach den behauptungsimmanenten Standards der Korrektheit die Behauptung als inkorrekt ausweisen, daß der Sprecher also seine Garantie nicht einhalten kann. Relevant für die Berechtigung der Behauptung ist dabei nicht das Verhältnis zwischen den Umständen einer einzelnen Äußerungssituation und einem Behauptungsereignis, sondern das Verhältnis zwischen Umständen als Elementen einer von einer einzelnen Äußerung unabhängigen, reidentifizierbaren Situationsbestimmung und einer Behauptung im Sinn einer generischen Handlung. Die Berechtigung zu einem einzelnen Handlungsvollzug kann sich nur aus diesem allgemeinen Verhältnis ergeben.

---

der für Sprecher und Hörer bestehenden Situation und angesichts der gegebenen Umstände der Anspruchserhebung berechtigt ist. Eine Überprüfung der Regelbefolgung im letzteren Sinn ist nur sinnvoll unter der Voraussetzung, daß Konformität in der Regelbefolgung im ersteren Sinn unterstellt wird. – Eine starke Tendenz zur Verwechslung dieser *Voraussetzung* der Wahrheit mit der *Grundlage* eines wahren Satzes liegt dem dialogischen Wahrheitsbegriff von K. Lorenz (vgl. Lorenz 1972, 118 ff.) und dem von R. C. S. Walker hergestellten Zusammenhang von Regelbefolgung und Kohärenztheorie der Wahrheit bei Wittgenstein (vgl. Walker 1985, 36 ff.) zugrunde.

2. *Behauptungshandlung und Verifikationsregel*

Nach Tugendhat beruht die Möglichkeit, daß der Hörer mit „Nein" zu demjenigen Stellung nimmt, das der Sprecher behauptet, darauf, daß das Verstehen der Behauptung sich aus zwei Teilen zusammensetzt: der Kenntnis der Wahrheitsbedingungen und dem Wissen, daß der Sprecher für ihr Erfülltsein garantiert. Weil der Hörer beides – den propositionalen und den pragmatischen Sinn – auseinanderhalten muß, will er die Garantie *als Garantie* verstehen, kann er mit „Nein" zu dem Behaupteten Stellung nehmen, d. h. dieselben Wahrheitsbedingungen als nicht erfüllt qualifizieren. Für das Verstehen einer Behauptung bedeutet dies, daß sie nur als eine offene und anschlußfähige Handlung verstanden werden kann und nur als solche intendiert werden kann, weil es intersubjektiv gesehen noch offen ist, ob die Wahrheitsbedingungen tatsächlich erfüllt sind. Versteht der Hörer eine Behauptung, so weiß er, daß die Wahrheitsbedingungen als erfüllt hingestellt werden, aber:

> „Was er nicht weiß, was für ihn offen ist, ist, ob die Bedingungen tatsächlich erfüllt sind, m. a. W. ob die Behauptung wahr ist. Dies, daß es für den, der die Behauptung *versteht*, *offen* ist, ob sie wahr ist, gehört zu seinem Verstehen ebenso konstitutiv, wie daß er weiß, daß der, der die Behauptung *macht*, behauptet, *daß* sie wahr ist."[17]

Nur unter dieser Voraussetzung kann in der intersubjektivitätstheoretischen Erklärung des Wahrheitsbegriffs – wie Russell und Wittgenstein zu Recht für jede Erklärung von Wahrheit fordern – die Möglichkeit der Falschheit angemessen berücksichtigt werden.

Angesichts dieser prinzipiellen intersubjektiven Offenheit der Behauptung stellt sich die Frage, was vom Vollzug und Verständnis der Behauptung zur intersubjektiv nachvollziehbaren Anerkennung der Wahrheit ihrer Proposition führen kann. Tugendhat erklärt die Möglichkeit dieses Übergangs in der Weise, daß er

[17] Tugendhat 1976, 256.

erstens die Wahrheitsbedingungen der Behauptung als Verifikationsregel auffaßt und zweitens die Behauptungshandlung als Eröffnungszug eines Spiels im Sinn eines Regel- und Handlungszusammenhangs für Sprecher und Hörer definiert, in dem die Verifikationsregel befolgt wird und dessen Spielausgang so definiert wird, daß er eine Übereinstimmung zwischen Sprecher und Hörer zur Konsequenz hat – sei es in der gemeinsamen Zustimmung zur Wahrheit der ursprünglichen Behauptung oder in ihrer Ablehnung. Zu einer Garantie gehören nach Tugendhat Entscheidungskriterien ihrer Erfüllung, und dies bedeutet, daß die Kenntnis der Wahrheitsbedingung und das Verständnis der Behauptung in dem Wissen besteht, wie festzustellen ist, ob die Behauptung wahr ist, und das heißt, wie sie zu verifizieren ist.[18] Da die Angabe der Wahrheitsbedingung nicht metasprachlich und in Form einer interpretativen Semantik erfolgen, sondern im Sinn einer grundlagentheoretischen Semantik aufgefaßt werden soll, besteht sie für eine Behauptung „in der Vorführung ihrer Verifikationsregel, oder einfacher formuliert: darin, daß gezeigt wird, wie sie verifiziert wird“.[19] Enthält ein assertorischer Satz keine deiktischen Ausdrücke, so wird seine Bedeutung erklärt, d.h. seine Verwendungsregel angegeben, indem seine Verifikationsregel vorgeführt wird.[20] Indem der Sprecher einen assertorischen Satz verwendet und damit die Garantie für die Erfüllung der Wahrheitsbedingungen des Satzes übernimmt, garantiert er nach Tugendhat für die Verifizierbarkeit der Behauptung in einem Ausweisungsspiel, dessen Eröffnungszug durch die Verifikationsregel mit der Konsequenz des Spielausgangs verbunden ist.

---

[18] Vgl. ebd. 258 ff.

[19] Ebd. 259.

[20] Bei indexikalischen Sätzen fällt die Bedeutung oder Verwendungsregel eines Satzes nicht mit seiner Verifikationsregel zusammen, da der Satz bei verschiedenen Gelegenheiten der Verwendung dieselbe Bedeutung, aber verschiedene Wahrheitsbedingungen haben kann (vgl. ebd. 282, 290). Unterscheidet man hier – anders als Tugendhat – zwischen linguistischer Bedeutung und propositionalem Sinn (vgl. oben Kap. III, 2), so umfaßt die verifikationistische Auffassung indexikalische Sätze insofern, als nach ihr zwar nicht die linguistische Bedeutung, wohl aber der propositionale Sinn eines solchen Satzes, das Behauptete, als Teil der ganzen Bedeutung des Satzes durch Angabe der Verifikationsregel erklärt wird.

Die Konsequenz, die sich durch Befolgen der Spielregeln hinsichtlich des Spielausgangs ergibt, hat den Charakter einer argumentativ ermittelten Folgerung, die von den Spielpartnern gemäß den Spielregeln und aufgrund des Spielverlaufs gezogen wird.[21] Daher läßt sich das von Tugendhat skizzierte Ausweisungsspiel in einem wesentlichen Teil als Argumentationsprozedur interpretieren.

Die Befolgung der Verifikationsregel ist bei singulären prädikativen Sätzen aufgrund ihrer internen Struktur auf die Verwendungsregeln für singuläre Termini, mit deren Verwendung ein Gegenstand identifiziert wird, und für Prädikate, mit denen ein Gegenstand klassifiziert und charakterisiert wird, bezogen; denn die Verifikationsregel des Satzes ist fundiert in den Verwendungsregeln der Satzglieder. Gemäß der Wahrheitsdefinition, die von Tugendhat für prädikative Behauptungen gegeben wird, ist eine Behauptung genau dann wahr, wenn das in ihr verwendete Prädikat auf den Gegenstand zutrifft, für den der singuläre Terminus des verwendeten Satzes steht.[22] Die Feststellung der Wahrheit einer Behauptung über einen Wahrnehmungsgegenstand besteht unter der Voraussetzung, daß der Gegenstand identifiziert ist, in der Feststellung, daß das Prädikat auf den Gegenstand zutrifft. Dies bedeutet für die in der Verwendung eines prädikativen Satzes übernommene Garantie:

---

[21] Vgl. Tugendhat 1976, 259 f. Da das Spiel nur durch einen Regelzusammenhang und gemeinsam zu ermittelnde Folgen festgelegt ist, unterscheidet es sich grundlegend von einer wechselseitigen Einflußnahme der Spielpartner aufeinander im Sinn der Hervorrufung einer intendierten Wirkung beim anderen (vgl. ebd. 253 f.). – H. Ineichen versucht zu zeigen, daß die verifikationistische Bedeutungstheorie Dummetts und Tugendhats nicht von den Schwierigkeiten betroffen ist, in die der Verifikationismus des Wiener Kreises und die Angabe eines empiristischen Sinnkriteriums führten, weil mit Verifikation nicht mehr die empirische Deutung von Sätzen, sondern ein zwar empirisch gestütztes, aber sehr viel allgemeiner konzipiertes Beweisverfahren gemeint ist (vgl. Ineichen 1983). Gegen eine solche Entlastung spricht jedoch die entscheidend bleibende Rolle der Wahrnehmung bei Tugendhat wie auch und vor allem im Zusammenhang mit seiner Auffassung des Spracherwerbs bei Dummett; vgl. zum letzteren McGinn 1980, 28 f.

[22] Vgl. Tugendhat 1976, 321.

> „Es wird dafür garantiert, daß, wenn man den Gegenstand und d. h. letztlich die *Verifikationssituation* gemäß der Verwendungsregel des singulären Terminus *identifiziert* hat, das Prädikat gemäß seiner Verwendungsregel in dieser Situation richtig anwendbar ist.“[23]

Die Angabe der Wahrheitsbedingung einer prädikativen Behauptung über einen Wahrnehmungsgegenstand durch Vorführung ihrer Verifikationsregel erfordert somit nach Tugendhat sowohl, daß das Ausweisungsspiel der Behauptung vorgeführt wird, als auch, daß dabei letztlich auf Wahrnehmungssituationen und Beispiele für das Zutreffen des Prädikats auf sprachlich identifizierte Gegenstände rekurriert wird. Das Ausweisungsspiel für eine prädikative Behauptung besteht daher in einem weiteren Teil im Rekurs auf die Wahrnehmungssituation qua Verifikationssituation.

Für Tugendhats verifikationistische Wahrheitstheorie ist die Auffassung von Behauptungen grundlegend, nach der das Verständnis der mit einer Behauptung übernommenen Garantie für die Erfülltheit der Wahrheitsbedingungen in der Kenntnis von Entscheidungskriterien und damit von einer Prozedur der Feststellung, ob die Behauptung wahr oder falsch ist, besteht. Diese Auffassung berücksichtigt ebenso wie schon der Verifikationismus Dummetts die sinnkritische Einsicht, daß eine Behauptung nur sinnvoll ist, wenn in ihr zugleich die prinzipielle Möglichkeit, ihre Wahrheit oder Falschheit zu erkennen, vorausgesetzt wird. Ist aus prinzipiellen Gründen – worin auch immer diese bestehen mögen – ausgeschlossen, daß die Wahrheit oder Falschheit der Behauptung von Sprecher und Hörer erkannt werden kann, so ist die Übernahme der Wahrheitsgarantie schon aus internen Gründen, nämlich schon als eine Anspruchserhebung, die als solche verständlich sein soll, sinnlos und muß vom Hörer schon aus Gründen der Verstehbarkeit als nicht sinnvoll zurückgewiesen werden. Denn die Übernahme der Garantie für die Erfülltheit der Wahrheitsbedingungen würde bei Voraussetzung der prinzipiellen Unerkennbarkeit dieser Erfülltheit sozusagen

[23] Ebd. 486.

durch denselben – eben pragmatisch inkonsistenten – Akt wieder rückgängig gemacht. Der Sprecher hätte sich im Grunde zu nichts verpflichtet, weil die Einhaltung der Garantie prinzipiell nicht feststellbar wäre. Die Handlung bliebe als Behauptung folgenlos, und das verwendete Symbol hätte gemäß Peirces pragmatischer Maxime der Sinnkritik in denkbarer Weise keine praktische Relevanz: die angeblich übernommene Garantie bliebe leer, und die Handlung würde gar keine Interaktionsbedingungen für Sprecher und Hörer in Kraft setzen. Wie bei Kant der Begriff von einem realen Gegenstand nur mit Bezug auf die Bedingungen der Möglichkeit einer Erkenntnis dieses Gegenstands sinnvoll ist, so gilt auch für den Begriff der Wahrheit, was Peirce eigens von der Falschheit hervorhebt:

> „Nun enthält ein Satz, dessen Falschheit niemals entdeckt werden kann und dessen Irrtum daher absolut unerkennbar ist, aufgrund unseres Prinzips absolut keinen Irrtum."[24]

Damit wird ein transzendent-metaphysisches Konzept der Wahrheit und Falschheit sowie der Realität sinnkritisch zurückgewiesen. Der Verifikationismus berücksichtigt dieses Argument, indem er die Wahrheitsbedingungen mit der prinzipiellen Möglichkeit der Erkenntnis, ob sie erfüllt sind oder nicht, in grundlegender Weise verbindet.

Ergibt sich aus der Zurückweisung einer prinzipiell erkenntnistranszendenten Auffassung von Wahrheit und Realität eine minimale Bestimmung dessen, was das Wissen, was es heißt, für die Erfüllung von Wahrheitsbedingungen zu garantieren, enthalten muß, so fällt der Verifikationismus in das jener Auffassung gegenüberliegende Extrem, dieses Wissen so aufzufassen, daß es zur aktuellen Wahrheitsfindung hinreichend ist. Indem Tugendhat die Kenntnis der Verifikationsregel einer Behauptung als Fähigkeit auffaßt, an Beispielen vorzuführen, wie die Wahrheit oder Falschheit der Behauptung festgestellt wird, bindet er das Verständnis der Behauptung an die Verfügbarkeit und effektive

[24] Peirce 1976, 76 f.

Durchführbarkeit einer Entscheidungsprozedur, die in allgemeiner Weise festgelegt ist und für die tatsächliche Wahrheitsfindung in Fällen der Verwendung des assertorischen Satzes zureicht; denn die Regel kann nur insofern vorgeführt und an einem Beispiel demonstriert worden sein, als man an diesem Beispiel die Wahrheit tatsächlich festgestellt hat. Schon aus der Erörterung von Dummetts Verifikationismus hat sich aber ergeben, daß die These, das Verständnis eines assertorischen Satzes erfordere die aktuelle Verfügbarkeit einer zur Wahrheitsfindung hinreichenden Entscheidungsprozedur, sowohl aus bedeutungs- wie auch aus erkenntnistheoretischen Gründen viel zu stark ist.[25] Diese These scheitert auch an unserer Praxis des Gebrauchs der natürlichen Sprache. Wir verstehen nicht nur viele aktuell unentscheidbare Behauptungen, in denen etwa unbegrenzte Allsätze oder Sätze über mentale Zustände anderer Personen verwendet werden. Mit unserem Verständnis vieler entscheidbarer Behauptungen können auch ganz unterschiedliche Prozeduren der Wahrheitsfeststellung verträglich sein. Wenn etwa behauptet wird, es sei eine Tatsache, daß A von B ermordet wurde, so sind sehr verschiedene Methoden des Nachweises der Wahrheit denkbar. Gegen den Verifikationismus in extremer Form spricht schon der Umstand, daß das Verständnis eines Satzes in den meisten Fällen nicht – und oft bei weitem nicht – hinreichend spezifisch und inhaltsreich ist, um eine vollständige Methode der Wahrheitsfindung eindeutig festzulegen;[26] der Verifikationismus legt zu viel in dieses Verständnis hinein. Wir können einen Behauptungssatz auch dann verstehen, wenn wir nicht über ein allgemeines Wissen von einer Prozedur der Wahrheitsfindung verfügen. Die Behauptung: „Der von der Erde am weitesten entfernte Himmelskörper ist ein weißer Zwerg" hat sicher auch für denjenigen einen Sinn, der über kein Wissen von einer möglichen hinreichenden Verifikationsprozedur verfügt.[27] Die These, daß zum Verständnis einer

[25] Vgl. oben S. 97 ff. und 106 f.
[26] Vgl. Hacker 1978, 152 f., ferner 218 f.
[27] Nach Frege hat die in dieser Behauptung enthaltene Kennzeichnung einen Sinn, obwohl es fraglich ist, ob sie eine Bedeutung hat (vgl. Frege 1980, 42).

Behauptung ein allgemeines Wissen von einer solchen Verifikationsprozedur gehört, ist angesichts des gewöhnlichen Sprachgebrauchs unplausibel.

Dennoch zeigt Tugendhat mit der Richtung, in der er über Searles Analyse der Behauptung hinausgeht, wesentliche Momente für ein Verständnis der Behauptung als Garantiehandlung an. Denn indem er die Behauptung als Eröffnungszug in einem Ausweisungsspiel versteht und diese Prozedur der Ausweisung sich partiell als Argumentationsverfahren verstehen läßt, verweist die Frage, was es heißt, für die Erfüllung der Wahrheitsbedingungen zu garantieren, auch auf die Frage, wie diese Erfüllung argumentativ nachgewiesen werden kann. Dies entspricht dem projektiven Charakter der Verwendungsregeln für assertorische Sätze, nach dem deren Verwendung in einer Behauptung auf die Ja/Nein-Stellungnahme zu einem Wahrheitsanspruch sowie auf deren intersubjektiv teilbare Grundlage antizipatorisch bezogen ist. Für die Erfüllung der Wahrheitsbedingungen zu garantieren, heißt, sich antizipatorisch für die Möglichkeit eines intersubjektiv nachvollziehbaren Nachweises für die Berechtigung einer Ja-Stellungnahme zu verbürgen. Diese Garantie zu übernehmen, heißt zugleich, sich implizit auf Gründe zu berufen, die die Rechtmäßigkeit des Anspruchs erweisen können. Die implizite Berufung auf Gründe gehört zum Sinn der Anspruchserhebung, weil nur durch sie derart für die Erfüllung der Wahrheitsbedingungen garantiert wird, daß dieses Erfüllungsverhältnis ein intersubjektiv beurteilbares und nachprüfbares ist. Das Argumentationsverfahren, durch das der Nachweis für die Berechtigung des Anspruchs erbracht wird, läßt sich dann aber nicht mehr als Verfahren der Wahrheitsfindung oder Prozedur der Wahrheitsfeststellung verstehen, sondern bildet ein Verfahren zur Beurteilung von Wahrheit oder Falschheit anhand von Gründen, die in Argumenten präsentiert werden.

Setzt das Verständnis einer Behauptung die antizipatorische Bezugnahme auf ein mögliches Argumentationsverfahren voraus, so ist eine Behauptung nicht abgelöst von der prinzipiellen Möglichkeit verstehbar, die Erfülltheit der Wahrheitsbedingungen zu erkennen. Denn dieses Verständnis ist dann an Bedingungen der Argumentation gebunden, mit deren Angabe Bedingungen der

Möglichkeit einer intersubjektiv gültigen Erkenntnis oder Beurteilung der Wahrheit spezifiziert werden. Wer versteht, daß mit einer Behauptung die Garantie für die Erfüllung von Wahrheitsbedingungen übernommen wird, muß zwar nicht schon eine vollständige Verifikationsprozedur kennen, wohl aber wissen, was es heißen würde, diese Erfüllung argumentativ nachzuweisen, und er muß die Kriterien kennen, die eine intersubjektive Beurteilung der Erfüllung anhand von Gründen erlauben. Indem der Sprecher einen Wahrheitsanspruch für eine Proposition erhebt, unterstellt er Bedingungen der Einlösung des Anspruchs. Die Kenntnis der Kriterien, nach denen die Einlösung beurteilt wird, steht als ein Wissen, über das Sprecher und Hörer gemeinsam verfügen und das sie als verbindlich für eine Prüfung der Wahrheit anerkennen, am Ausgangspunkt einer Argumentation; als deren Endpunkt ergibt sich die gemeinsame Anerkennung oder Ablehnung der Berechtigung des für die Proposition der Behauptung erhobenen Anspruchs. Die Erhebung eines Wahrheitsanspruchs ist nur dann als solche verständlich, wenn mit ihr zugleich von Sprecher und Hörer ein gemeinsam anerkanntes Wissen von Kriterien unterstellt wird, anhand deren die Erfülltheit der Wahrheitsbedingungen argumentativ überprüft und nach dieser Prüfung beurteilt werden kann. Ein Sprecher kann eine Behauptungshandlung nur insofern sinnvoll vollziehen und ein Hörer kann sie nur insofern als sinnvoll vollzogene verstehen, als beide ein Wissen von solchen Kriterien als verbindlich anerkennen, und d. h. bestimmte Bedingungen der Einlösbarkeit des erhobenen Anspruchs unterstellen. Der Sprecher macht von dem gemeinsam verfügbaren Wissen von Bedingungen der Einlösbarkeit in seiner Behauptungshandlung Gebrauch und stützt zugleich seinen Anspruch implizit auf Gründe, die in einer Argumentation nach den Kriterien der Einlösung als hinreichend oder unzureichend für die Berechtigung des Anspruchs beurteilt werden können.

Die Sprechhandlung der Behauptung ist somit durch einen Handlungszusammenhang bestimmt, der eine intersubjektive Beurteilung, ob die Wahrheitsbedingungen erfüllt sind oder nicht, ermöglicht. Entsprechend läßt sich der illokutive Typ der Behauptung durch die Art der Argumentation und die formalen argumentationslogischen Bedingungen charakterisieren, denen jeder Nachweis der Berechtigung des Anspruchs einer Behauptung entsprechen muß. Diese Bedingungen bilden den formalen Rahmen des Handlungswissens für Behauptungen, und sie charakerisieren zugleich den pragmatischen Gehalt des Wahrheitsbegriffs. Sie machen denjenigen Teil des Handlungswissens aus, der der übertragenen Rede von der Übernahme einer Wahrheitsgarantie entspricht; die nur heuristisch verwendbare Rede von einer Wahrheitsgarantie muß durch eine argumentationstheoretische Explikation des pragmatischen Sinns von Behauptungen ersetzt werden. Indem der Sprecher einen Wahrheitsanspruch erhebt und Bedingungen der Einlösung unterstellt, bezieht er sich antizipatorisch auf einen formalen Zusammenhang seiner Handlung mit möglichen Folgehandlungen, die eine Einlösung des Anspruchs dadurch herbeiführen können, daß sie eine Grundlage für die rationale Anerkennung seiner Berechtigung liefern. Dieser Zusammenhang der Sprechhandlung mit einer formal bestimmbaren Argumentationsprozedur ist kennzeichnend für den pragmatischen Sinn einer Behauptung.

3. *Die reflexive Letztbegründung der Argumentationsregeln*

Bevor die formalen Bedingungen der Argumentation näher betrachtet werden, auf die der pragmatische Sinn von Behauptungen verweist, soll zunächst der Status geklärt werden, der den formalen Bedingungen zukommt, die für das Handlungswissen, das im Vollzug von Behauptungen gebraucht wird, konstitutiv sind. Der Status dieser Bedingungen ist nicht angemessen erfaßt, wenn sie einzig in Analogie zu Spielregeln aufgefaßt werden. Denn dadurch werden Merkmale wie Konventionalität in der Wahl der Regeln und ihrer Rechtfertigung, strategische Orientierung der Handlungen von Sprecher und Hörer und Adäquatheit spieltheoretischer Termini zur Charakterisierung von Argumentationsregeln nahegelegt, die die Pragmatik von Behauptungen weit eher verdecken als explizieren.[28]

[28] Dies zeigt etwa die Kritik von F. Kambartel und C. F. Gethmann (vgl.

Ein anderer pragmatischer Status kommt den Argumentationsregeln als Sinnbedingungen von Behauptungen zu, wenn diese Regeln, die Situation der Argumentation und die für sie kennzeichnenden Anerkennungsverhältnisse, wie K.-O. Apel und W. Kuhlmann zu zeigen versuchten,[29] nicht durch Bestreiten oder deduktives Begründen hintergehbar sind und die Gültigkeit der Argumentationsregeln in einer Letztbegründung nachgewiesen werden kann. Eine Letztbegründung der pragmatischen Voraussetzungen der Argumentation liegt nach Apel dann vor, wenn man diese Voraussetzungen „nicht ohne aktuellen Selbstwiderspruch bestreiten und zugleich nicht ohne formallogische petitio principii deduktiv begründen kann".[30] Eine solche Letztbegründung erfordert zunächst eine Verständigung über ihre Eigenheiten und ihre logische Struktur.[31]

Im Gedanken der Letztbegründung ist ein Argument für die Geltung eines zu Begründenden konzipiert, das zwar aufgrund seiner internen Struktur jede weitere Begründung als nicht sinnvoll ausschließt, selbst aber durchaus noch den Charakter einer Begründung hat. Daher ist bei dem Konzept der Letztbegründung von vornherein und in bloß formaler Hinsicht festzustellen, daß Begründung hier nicht als ein logisch-semantisches Verhältnis zwischen Sätzen oder Aussagen und damit auch nicht als Deduktion im Sinn einer formallogischen Ableitung verstanden werden kann. Denn unter der Voraussetzung, daß das Begründende ebenso wie das Begründete eine Aussage ist, ist nicht einzusehen, daß für diese Aussage nicht ihrerseits sinnvoll eine Begründung gefordert werden kann. Des weiteren darf Begründung nicht so verstanden werden, daß sie den Rückgang auf einen Grund verlangt, der gänzlich außerhalb oder jenseits des zu Begründenden liegt; auch dann könnte schon aus formalen Gründen nicht von

---

Kambartel 1979; Kambartel 1982, und Gethmann 1979, 44 ff.) an der dialogischen Logik von P. Lorenzen und K. Lorenz (vgl. Lorenzen u. Lorenz 1978, sowie die Erwiderung von Lorenz in Lorenz 1982).

[29] Vgl. v. a. Apel 1976 b; Kuhlmann 1981, und Kuhlmann 1985.

[30] Apel 1976 b, 72; vgl. auch Apel 1984, 24.

[31] Zum Verhältnis zwischen Letztbegründung und der Struktur transzendentaler Argumentation vgl. Becker 1985 a. – Zur Selbstbezüglichkeit transzendentaler Argumente vgl. Bubner 1982 b.

einer letzten Begründung die Rede sein. Sollen diese Voraussetzungen vermieden werden, so ergibt sich, daß eine Letztbegründung sowohl ein pragmatisches Verhältnis zwischen Aspekten einer Sprechhandlung involviert als auch durch Selbstbezüglichkeit gekennzeichnet ist.

Selbstbezüglichkeit ist in zweifacher Weise für die Struktur einer Letztbegründung charakteristisch. Eine Letztbegründung dient wie jede Begründung dazu, eine rationale Beurteilung der Geltung des zu Begründenden, das in Form einer Proposition sprachlich identifiziert ist, zu ermöglichen; sie setzt daher voraus, daß die Geltung nicht schon explizit anerkannt ist und feststeht, und thematisiert das zu Begründende im Sinn einer Prüfung, ob es gültig ist oder nicht. Dieses zu Begründende, dessen Geltung geprüft werden soll, besteht in der Proposition, daß die Regeln sinnvoller Argumentation von jedem schon anerkannt sind und für jeden gelten, der sie zu bestreiten oder weiter deduktiv zu begründen beansprucht. Daß ein Bestreiten nicht ohne Selbstwiderspruch und ein weiteres deduktives Begründen nicht ohne petitio principii, beide also nicht sinnvoll möglich sind, bedeutet, daß die Situation der Argumentation für jeden die Geltung jener Regeln Thematisierenden und Prüfenden unhintergehbar ist.[32] Eine Letztbegründung der Argumentationsregeln ist nun zunächst insofern selbstbezüglich, als sie die Voraussetzungen jeder sinnvollen Argumentation in einer entsprechenden Proposition hinsichtlich ihrer Geltung thematisiert, diese Thematisierung aber selbst in Form einer Begründung erfolgen soll. Als eine Form der Begründung schließt eine Letztbegründung Voraussetzungen, denen sie selbst unterliegt, nämlich Regeln, die in der Handlung der Begründung in Anspruch genommen werden, in die thematisierte Proposition mit ein; daraus ergibt sich für den Fall, daß die Letztbegründung gelingt, daß für die Geltung dieser Voraussetzungen der Begründung *nicht* wiederum *eine weitere Begründung sinnvoll gefordert* werden kann.

[32] Vgl. dazu Kuhlmann 1985, 82. Kuhlmann schließt allerdings in den Nachweis der Unhintergehbarkeit der Argumentationssituation auch die Aussage ein: Wir können uns nicht sinnvoll, d.h. ohne jene Regeln zumindest implizit anzuerkennen, gegen ihre Anerkennung entscheiden.

Nur dann, wenn eine Letztbegründung diese Voraussetzungen ihrer eigenen Geltung mit in die Begründung einbezieht, kann sie eine *letzte* Begründung sein.

Andererseits muß sie auch insofern selbstbezüglich sein, als eine Thematisierung im Sinne einer Prüfung und Beurteilung der Proposition auf Gültigkeit oder Ungültigkeit schon ihrerseits einen Grund für die Gültigkeit dieser Proposition liefert. Diese Geltung kann *nicht sinnvoll bestritten* werden, wenn die Thematisierung der Geltung im Sinn ihrer Prüfung – die als solche sowohl einer Ja- als auch einer Nein-Stellungnahme vorhergehen muß – nur unter Voraussetzungen möglich ist, die schon einen Grund für die Geltung enthalten. Eine Begründung ist auch nur dann eine letzte Begründung, wenn sie den Grund für die zu begründende Proposition zwar freilich nicht in dieser Proposition selbst, wohl aber in einem Merkmal enthält, das sie selbst und zugleich die Prüfung der Geltung als solche kennzeichnet. Nach dieser Struktur der Selbstbezüglichkeit verweist somit eine Letztbegründung sowohl in dem, was begründet werden soll, als auch in dem, wodurch es begründet werden soll, auf sich selbst. Aus dieser Struktur ergibt sich, daß eine Letztbegründung der Argumentationsregeln dann gelungen ist, wenn gezeigt werden kann, daß die Thematisierung der Argumentationsregeln in Form der Prüfung ihrer Geltung ihrerseits bereits an die Gültigkeit dieser Regeln gebunden ist. Beginnt die Thematisierung der Geltung der Argumentationsregeln damit, daß kein explizites Wissen von ihrer Gültigkeit oder Ungültigkeit vorliegt und eine Grundlage für eine rationale Zustimmung oder Ablehnung ihrer Geltung gesucht wird, so soll eine Letztbegründung zeigen, daß eine solche Verständigung über diese Regeln ihrerseits schon an die Gültigkeit der Regeln gebunden ist und diese Regeln auch auf der Ebene der Verständigung über sie hinsichtlich ihrer Geltung den Rahmen für die Sinnhaftigkeit dieser Verständigung bilden. Sie soll in diesem Sinn eine rationale Grundlage für die *explizite* Anerkennung der Gültigkeit dieser Regeln liefern.

Eine solche Struktur der Selbstbezüglichkeit liegt nun in einer Handlung der Behauptung, die die Geltung der Argumentationsregeln betrifft, vor, wenn der Sprecher das, was er sagt und thematisiert, mit dem konfrontiert, was er in diesem Thematisieren tut. Vollzieht der Sprecher eine – propositional ausdifferenzierte – Sprechhandlung, so muß er nicht nur über ein propositionales Wissen von dem Thematisierten verfügen, sondern auch wissen, was er tut: der Handelnde muß ein praktisches Wissen von seiner Handlung haben; kann ihm ein solches Wissen, das die Handlung zumindest implizit begleitet, aber auch expliziert werden kann, nicht zugeschrieben werden, so gilt eine Äußerung nicht als Vollzug dieser Handlung. Da das begleitende praktische Wissen konstitutiv zur Sprechhandlung gehört und Teil dieser Handlung ist, kann der Sprecher sich seine Handlung in der Weise vergegenwärtigen, daß er das propositionale Wissen vom Thematisierten mit dem begleitenden Wissen vom Charakter der Handlung des Thematisierens in einen einheitlichen Sinnzusammenhang bringt. Eine solche Vergegenwärtigung der eigenen Handlung bezeichnet Kuhlmann als strikte Reflexion und unterscheidet diese Art der Reflexion von einer theoretischen Reflexion, in der die als schon vollzogen vorliegende Sprechhandlung nachträglich aus der Perspektive des distanzierten Betrachters wie der Gegenstand einer Theorie vergegenwärtigt wird.[33] Auch die theoretischen und als solche falliblen Annahmen einer Sprechhandlungstheorie setzen eine solche Vergegenständlichung von Sprechhandlungen voraus. Von dem strikt reflexiven Wissen des Handelnden von seiner Handlung unterscheidet sich das theoretische Wissen von Sprechhandlungen dadurch, daß diese Handlungen unabhängig von diesem Wissen vorliegen und kein Konstitutionsverhältnis zwischen Wissen und Handlung besteht. In einer strikten Reflexion ist dem Handelnden dagegen seine Handlung durch ein Wissen zugänglich, über das er selbst verfügen muß, damit die Handlung überhaupt vollzogen und als solche verständlich ist, und das Teil der Handlung selbst ist; ihm ist die Handlung nicht als einem Betrachter, sondern als einem Handelnden kognitiv zugänglich, dessen Wissen Voraussetzung für die Möglichkeit des Vollzugs der Handlung ist.

Der Inhalt des für Behauptungen konstitutiven Handlungswissens, vermöge dessen der Handelnde in strikter Reflexion Zugang zu seiner Handlung hat, besteht nun in genau denjenigen

---

[33] Vgl. ebd. 76 ff.

Unterstellungen und Voraussetzungen, die der Handelnde machen und implizit anerkennen muß, um die Handlung vollziehen zu können.[34] Kuhlmann bezieht sich zwar auf das Handlungswissen in erster Linie als ein Wissen, über das der Sprecher verfügen muß; seine weitere Argumentation zeigt aber, daß dieses Wissen als ein intersubjektiv verfügbares Wissen konzipiert werden muß, das die Handlung des Sprechers als verstehbare konstituiert. Wie eine Behauptungshandlung des Sprechers nur vollzogen werden kann, wenn entsprechende Unterstellungen vom Sprecher gemacht werden, so ist sie auch nur unter der Voraussetzung der Geltung dieser Unterstellungen von seiten des Hörers als diese intendierte Handlung verstehbar. Als intersubjektiv verfügbares Wissen hat das Handlungswissen Anerkennungsverhältnisse zu seinem Inhalt, die für Sprecher und Hörer insofern bestehen müssen, als eine Handlung als verstehbare vollzogen sein soll. Eine Behauptungshandlung ist nur dann in verständlicher Weise vollzogen, wenn für Sprecher und Hörer eine Situation hergestellt ist, in der sie aufgrund gemeinsam anerkannter Unterstellungen diese Handlung als vollzogen anerkennen; die Handlung kann nicht unabhängig von dem Bestehen der für sie kennzeichnenden Anerkennungsverhältnisse und der Herstellung der entsprechenden Anerkennungssituation in gelungener Weise vollzogen werden.

Für die für eine Letztbegründung der Argumentationsregeln maßgebliche Ausgangssituation bedeutet dies zunächst nur, daß diejenigen Unterstellungen von Sprecher und Hörer gemeinsam anerkannt sind, die den Inhalt des Handlungswissens ausmachen, das zur Thematisierung und Prüfung der Geltung der Argumentationsregeln in Anspruch genommen wird. Die Geltung der Proposition ist hingegen insoweit offen, als noch nicht explizit mit „Ja“ oder „Nein“ zu ihr Stellung genommen wurde. Nun setzen aber sowohl das Bestreiten der Geltung durch eine Nein-Stellungnahme als auch das Begründen durch einen in der Anerkennungssituation noch nicht enthaltenen Grund den Vollzug einer Behauptung voraus. Der Vollzug einer Nein-Stellungnahme ist in expliziter Formulierung offensichtlich so zu verste-

[34] Vgl. ebd. 73, 77 f.

hen, daß der Sprecher behauptet: „Es ist falsch, daß die Argumentationsregeln für mich gelten" oder „Die Regeln der Argumentation gelten für mich nicht".[35] Ebenso ist eine Begründung der Geltung der Proposition nur dann sinnvoll, wenn der Sprecher seine Handlung so versteht, daß er diese Begründung *für* den Inhalt einer Behauptung, für ein Behauptetes, anführt und vorbringt. Eine Begründung ist eine Handlung, die nicht für sich allein und ohne Bezug auf eine andere Handlung vollzogen werden kann, sondern ihrem Sinn nach auf eine andere Handlung gerichtet ist. Eine Begründung für die Geltung der Argumentationsregeln muß ihrem Sinn nach auf die Behauptung, daß sie gelten, gerichtet sein und setzt somit das Verständnis der Behauptung als vollzogener voraus.

Für beide Möglichkeiten, die in der Ausgangssituation einer Letztbegründung zunächst offen zu sein scheinen, ergibt sich somit, daß sie beide den Gebrauch des Handlungswissens für Behauptungen und das Verständnis der dadurch hergestellten Anerkennungssituation involvieren. Nun werden aber mit dem Gebrauch dieses Handlungswissens und seinem Verständnis Anerkennungsverhältnisse hergestellt, die mit der expliziten Ablehnung der Argumentationsregeln pragmatisch unverträglich sind. Diese pragmatische Unverträglichkeit wird deutlich, wenn in strikter Reflexion für beide Möglichkeiten jeweils das propositionale Wissen mit dem Handlungswissen konfrontiert wird. In beiden Fällen ergibt sich, daß gerade diejenige Anerkennungssituation, die durch den Gebrauch des Handlungswissens und die damit gemachten und implizit als gültig anerkannten Unterstellungen hergestellt wurde, durch das propositionale Wissen zerstört und wieder aufgehoben wird. Im Fall des Bestreitens wird die Geltung der Argumentationsregeln in der Proposition negiert, im Handlungswissen aber implizit unterstellt, da gar kein Bestreiten erfolgt wäre, wenn nicht eine Behauptungshandlung vollzogen und als solche verstanden worden wäre.[36] Im Fall der Begründung durch etwas außerhalb der Ausgangssituation Lie-

[35] Vgl. ebd. 82; Kuhlmann beschränkt sich auf die explizite Durchführung der Letztbegründung für diesen Fall.

[36] Vgl. hierzu ebd. 83 ff.

gendes werden die Argumentationsregeln in der Proposition zwar als geltend charakterisiert, zugleich aber als einer solchen weiteren Begründung bedürftig aufgefaßt und behandelt, die den Rekurs auf etwas erfordert, das außerhalb der durch den Gebrauch des Handlungswissens hergestellten Anerkennungssituation liegt; damit wird die Anerkennungssituation so bestimmt, als stände aufgrund des Gebrauchs des Handlungswissens und durch die dabei implizit anerkannten Unterstellungen nicht schon die Geltung dieser Regeln fest, sondern sei gerade noch einer weiteren Begründung bedürftig.

Für die Situation der Thematisierung der Argumentationsregeln ergibt sich, daß eine Sprechhandlung, in der die Geltung dieser Regeln als Sinnbedingungen von Behauptungen bestritten werden bzw. durch etwas anderes weiter begründet werden soll – oder in der eine weitere Begründung gefordert wird –, schon aus internen Gründen, die nur die vollzogene Sprechhandlung als solche, ihre Verständlichkeit und die für ihren Vollzug relevanten Anerkennungsverhältnisse betreffen, als nicht sinnvoll charakterisiert werden muß. Denn mit einer solchen sprachlichen Handlung wird im Grunde gar nichts getan, was in pragmatischer Hinsicht verständlich wäre. Aufgrund der pragmatischen Unverträglichkeit von Handlungswissen und propositionalem Wissen werden mit der Handlung zugleich Anerkennungsverhältnisse hergestellt und wieder aufgehoben. In der für die pragmatische Verständlichkeit der Handlung relevanten Hinsicht ist mit dem Vollzug der Handlung gar nichts getan worden, so daß die Handlung als ganze sich auf eine pragmatisch nicht sinnvolle und letztlich unverständliche Handlung reduziert. Ein sprachliches Handeln, das in einem bestimmten Handlungssinn und als Handeln von einer gewissen Form illokutiv verstanden werden soll, hebt sich selbst, und zwar hinsichtlich dieses Sinns und dieser Form, auf und nimmt sich unmittelbar selbst zurück, wenn es pragmatisch inkonsistent ist. Die Selbstaufhebung sprachlichen Handelns durch pragmatische Inkonsistenz verweist darauf, daß sprachliches Handeln auf Regeln beruht, die eine neue und komplexere Form des Verhaltens konstituieren: wird nicht in Übereinstimmung mit ihnen gehandelt, so kommt eine Handlung der neuen Form gar nicht zustande. Bei pragmatisch inkonsistentem Handeln werden zwar gemäß dem pragmatischen Sinn der Handlung die Regeln, die die komplexere Form des Handelns – also etwa die Form des Behauptens – ermöglichen, befolgt, zugleich wird aber durch den propositionalen Sinn, in dem die Geltung dieser Regeln negiert bzw. als noch nicht feststehend behandelt wird, die Handlung der Regelbefolgung aufgehoben und rückgängig gemacht. Pragmatisch inkonsistente Handlungen entziehen sich selbst den Boden, auf dem sie beruhen, weil sie die Regeln, durch deren Geltung sie als Handlungen erst möglich werden, in ihrem propositionalen Sinn verletzten.

Solche Handlungen werden durch diese Inkonsistenz pragmatisch unverständlich. Der Nachweis dieser Unverständlichkeit besteht in einer Erinnerung daran, was mit dem Gebrauch des Handlungswissens und dem Verständnis des Handlungssinns schon implizit anerkannt ist; es wird daran erinnert, daß die Handlung nur vollzogen und als solche verstanden werden kann aufgrund und vermöge der Geltung und impliziten Anerkennung von Regeln. In einer Letztbegründung wird diese *implizite Anerkennung* von notwendigen Bedingungen des Handlungsvollzugs und seines Verständnisses als *Grund für eine explizite Ja-Stellungnahme* zu der in Form einer Proposition thematisierten Geltung dieser Bedingungen angeführt. Mit einer Letztbegründung wird somit über die Situation der Thematisierung dieser Geltung und die in dieser Situation zunächst offenstehenden Möglichkeiten, Stellung zu nehmen, gar nicht hinausgegangen.[37] Diese Situation enthält schon die Grundlage für eine explizite Zustimmung, weil auch die beiden hierzu alternativen Möglichkeiten des Bestreitens und der Forderung einer weiteren Begründung eine implizite Anerkennung dieser Grundlage insofern voraussetzen, als sie den Gebrauch eines bestimmten Handlungswissens und dessen Verständnis erfordern. Das die explizite Ja-Stellungnahme zur Geltung der Argumentationsregeln Begründende besteht im gemeinsamen Wissen und Verständnis von Sprecher und Hörer als derjenigen, die die Geltung thematisieren und prüfen, von einem Handlungsvollzug als Gebrauch eines Handlungswissens.

[37] Vgl. dazu ebd. 85 f.

Indem in der Letztbegründung der Sinnbedingungen von Behauptungen auf etwas rekurriert wird, das Sprecher und Hörer schon verstanden und implizit anerkannt haben, wenn sie von dem entsprechenden Handlungswissen Gebrauch gemacht bzw. diesen Gebrauch verstanden haben, erfolgt nicht nur eine Begründung der expliziten Zustimmung zu ihrer Geltung, sondern auch eine sinnkritische Explikation des Handlungswissens und der durch seinen Gebrauch hergestellten Anerkennungsverhältnisse. Denn es werden solche *expliziten* Stellungnahmen, die mit der durch Gebrauch dieses Wissens für Sprecher und Hörer herbeigeführten Situation nicht verträglich sind, sinnkritisch zurückgewiesen und zugleich Stellungnahmen bestimmt, die eine dem Handlungswissen angemessene explizite Deutung der Anerkennungssituation liefern. Dadurch werden Selbstmißverständnisse von Sprecher und Hörer hinsichtlich eines erfolgten Sprachgebrauchs ausgeräumt. Denn durch eine sinnkritische Explikation der Anerkennungsverhältnisse wird verhindert, daß Sprecher und Hörer eine Anerkennungssituation, die von ihnen selbst durch ein sprachliches Handeln und das Verständnis eines Handlungsvollzugs hergestellt wurde und die für sie im Sinn eines impliziten praktischen Wissens kognitiv verfügbar ist, in einer Weise explizit deuten, die mit diesem impliziten Wissen nicht verträglich ist und daher bereits bestehende Anerkennungsverhältnisse verletzt.

Der sinnkritische Rückbezug der expliziten Situationsdeutung auf die handelnd hergestellte Situation erfolgt im Fall der Letztbegründung unter dem Aspekt der zu prüfenden Geltung einer Proposition. Ein solcher Rückbezug ist aber nur ein Spezialfall der allgemeinen, in der natürlichen Sprache enthaltenen Möglichkeit für den sprachlich Handelnden, seinen Sprachgebrauch eigens zu erläutern. Nicht nur für die Erläuterung des pragmatischen Sinns einer Sprechhandlung, sondern auch für die Erklärung der Bedeutung von Satzkomponenten und des propositionalen Sinns von Sätzen ist letztlich eine strikt reflexive Einstellung maßgebend. Denn wenn die Bedeutung eines Ausdrucks eng an seinen Gebrauch in der Sprache gebunden ist, dann kommt es auch bei einer solchen Bedeutungserklärung wie bei der Explikation eines Handlungssinns darauf an, daß es dem

Sprecher gleichsam gelingt, sich „während des Gehens umzusehen".[38] Um nicht in Verwirrung hinsichtlich des eigenen Sprachgebrauchs zu geraten, muß der sprachlich Handelnde darauf achten, daß er nicht meint, die Sprache in einer bestimmten Weise zu gebrauchen, während er tatsächlich in einer anderen Weise sprachlich handelt.

Wird mit der Letztbegründung der Behauptungsbedingungen die Möglichkeit zur Selbstexplikation eines Handlungswissens aktualisiert, so schließt sich das philosophische Konzept der Letztbegründung an denjenigen Teil des der natürlichen Sprache zugrundeliegenden Handlungswissens von Sprecher und Hörer an, durch den diese selbst ihr sprachliches Handeln bzw. dessen Verständnis explizieren können. In einer im Konzept der Letztbegründung fundierten philosophischen Analyse des Sprachgebrauchs wird dieser reflexive Teil des Handlungswissens gegenüber dem natürlichen Sprachgebrauch in gewisser Weise verselbständigt, methodisch stilisiert und in den Bereich des inhaltlich differenzierten Wissens hinein verlängert. Trotz der veränderten Form ist auch ein durch solche Analyse gewonnenes Wissen als Explikation dessen zu verstehen, was wir als sprachlich Handelnde immer schon verstanden haben; auch dieses Wissen dient der Selbstverständigung des sprachlich Handelnden über einen erfolgten Sprachgebrauch und damit der Beseitigung von Selbstmißverständnissen über diesen Gebrauch. (Freilich entfernt sich dieses Wissen im Grad der Allgemeinheit, der inhaltlichen Differenziertheit und methodischen Durchgeformtheit sehr weit von dem selbstexplikativen Wissen desjenigen, der die natürliche Sprache in gewöhnlicher Weise gebraucht.)

Knüpft das Konzept der Letztbegründung der Argumentationsregeln an den selbstexplikativen Teil des Handlungswissens an, so steht ihm damit schon ein relativ gehaltreiches Wissen vom Argumentieren, das bei Sprecher und Hörer als Teil des konstitutiven Handlungswissens für Behauptungen unterstellt werden muß, zur Verfügung. In einer strikten Reflexion auf den pragmatischen Sinn einer Behauptungshandlung wird das Handlungswissen in pauschaler Weise vom Handelnden expliziert, wenn er

[38] Vgl. Wittgenstein 1970 b, 105.

die Handlung mit Hilfe eines explizit performativen Ausdrucks nicht nur vollzieht, sondern diesen Vollzug auch sprachlich artikuliert und charakterisiert. Die Möglichkeit der Selbstexplikation des Handlungswissens kann sich für den Handelnden jedoch nicht auf diese pauschale Charakterisierung der Handlung beschränken, da diese Charakterisierung nur von dem komplexen und gehaltreichen Wissen her verständlich wird, was es heißt, eine Behauptung zu vollziehen. Dieses Wissen wiederum kann sich nicht auf eine isolierte Sprechhandlung beschränken, sondern muß in gewisser Weise geordnete Folgen von Sprechhandlungen umfassen. Dies zeigt sich nicht nur daran, daß eine Behauptung als etwas verstanden wird, das bezweifelt, bestritten, bestätigt oder begründet werden kann; vielmehr stellt eine vollzogene Behauptungshandlung, insofern sie verstanden wurde, intersubjektiv verfügbare Anerkennungsverhältnisse her, die von Sprecher und Hörer in weiteren sinnhaft angeschlossenen Sprechhandlungen nicht beliebig verletzt werden oder unbeachtet bleiben können. Soll die Möglichkeit für Sprecher und Hörer bestehen, solche Mißverständnisse und Fehler in intersubjektiv verbindlicher Weise auszuräumen und zu korrigieren, die die Zusammenhänge zwischen mehreren Sprechhandlungen und die dabei relevanten Anerkennungsverhältnisse betreffen, so müssen Sprecher und Hörer in der Lage sein, sich auch über diese von ihnen selbst hergestellten Zusammenhänge explizit verständigen zu können. Daher müssen sie auch dazu fähig sein, das eigene Handlungswissen vom Argumentieren – zumindest bis zu einem gewissen Grad der Deutlichkeit und Differenziertheit – zu artikulieren, zu thematisieren und zu rekonstruieren. Ist bei Sprecher und Hörer eine solche Fähigkeit zur Thematisierung und Rekonstruktion des Handlungswissens vom Argumentieren zu unterstellen, so verfügen sie auch über eine – gemessen an den Ansprüchen einer philosophischen Argumentationstheorie freilich rudimentäre, fragmentarische und inhaltlich weiter zu differenzierende – Theorie der Argumentation.[39] Mit einem solchen

[39] Kuhlmann zeigt, daß das Handlungswissen von den Argumentationsregeln, auf das sich das Konzept der Letztbegründung stützt, als komplex und in sich gestuft aufgefaßt werden muß. Neben einem in perfor-

metakommunikativen Wissen können die Argumentierenden ihre Handlungen nach sprachlich artikulierbaren Kriterien kontrollieren und einander gemäß diesen Kriterien wechselseitig etwa auf eingegangene Verpflichtungen oder bestehende Anerkennungsverhältnisse hinweisen.

Dieses explizite Wissen vom Argumentieren bleibt jedoch für die Handelnden sehr eng an das im Argumentieren gebrauchte und handlungsleitend eingesetzte Wissen gebunden. Denn auch sie müssen ihre Selbstexplikation strikt reflexiv an dem orientieren, was sie tun – wobei dieses Tun in Begriffen intersubjektiv verfügbaren Wissens erfaßt wird. Auch dieses selbstexplikative Wissen des Handelnden, in dem ein know how in ein know that überführt wird, ist handlungskonstitutiv, da es explizit angibt, als welche Handlung seine Äußerung verstanden werden soll und welche Anerkennungsverhältnisse mit ihr hergestellt sein sollen. Aber es konstituiert eine Handlung nur in der Weise, daß es mit dem impliziten praktischen Wissen von dieser Handlung in Übereinstimmung ist. Ist dies nicht der Fall, so zerstört eine Explikation die durch Gebrauch des praktischen Wissens hergestellte Anerkennungssituation, weil sie diese Situation explizit als

mativen Sätzen artikulierbaren, direkt konstitutiven Teil enthält das Handlungswissen auch ein gehaltreiches, inhaltlich differenziertes und schon relativ distanziertes Wissen von Sinnzusammenhängen zwischen verschiedenen Sprechakten und größeren Rede- und Handlungszusammenhängen, das in einem weniger direkten Sinn als jenes andere Handlungswissen konstitutiv für das Argumentieren ist. Aufgrund seiner Komplexität, materialen Fülle und Differenziertheit sowie seiner relativen Distanziertheit bezeichnet Kuhlmann dieses Wissen, das eigens metakommunikativ thematisiert und selbst zum Gegenstand des Argumentierens gemacht werden kann, als theoretisches Handlungswissen, das allerdings aufgrund seiner handlungskonstitutiven und -begleitenden Funktion vom nicht-konstitutiven theoretischen Wissen eines distanzierten Betrachters unterschieden bleibt. Bei den Argumentierenden ist daher im Sinne eines solchen komplexen Handlungswissens eine Theorie der Argumentation vorauszusetzen. Auf dieses Wissen stützt sich eine letztbegründete philosophische Theorie der Argumentation. Vgl. dazu Kuhlmann 1985, Kap. 3. Kuhlmann begegnet damit den Einwänden, das durch Letztbegründung gewonnene Wissen bleibe vage und inhaltlich unergiebig und die Letztbegründung setze selbst schon eine philosophische Theorie der Argumentation voraus (vgl. dazu Berlich 1982, 270 ff.).

eine andere deutet als die, die durch das praktische Wissen hergestellt wurde. Eine explizite Deutung der Handlung kann als pragmatisch inkonsistent mit dem impliziten Handlungswissen aufgezeigt werden, wobei auf dieses implizite Wissen rekurriert wird. Dieses Handlungswissen muß als Grundlage auch für die Selbstexplikation und Selbstkorrektur in Anspruch genommen werden.

Das Handlungswissen von Behauptungen muß, wie sich bisher ergeben hat, als in sich unterteiltes Wissen aufgefaßt werden, das zum einen Teil aus einem impliziten praktischen Wissen besteht, aber auch als einen anderen Teil ein Wissen enthält, das hinsichtlich des ganzen Handlungswissens selbstbezüglich und selbstexplikativ und somit reflexiv ist. Zu diesem reflexiven Wissen gehört auch die Kenntnis der Bedeutung des Prädikats ‚wahr', insofern dieses Prädikat Propositionen als solche qualifiziert, für die ein Wahrheitsanspruch, wie sich in einem argumentativen Nachweis zeigen läßt, berechtigterweise erhoben werden kann. Seine Verwendung expliziert Behauptungen unter dem Aspekt des Status der Berechtigung und Anerkennung, der dem in ihnen erhobenen Anspruch aufgrund einer argumentativ abgesicherten Beurteilung zukommt. In einer philosophischen Theorie der Argumentation werden die argumentationslogischen Bedingungen der Einlösung eines solchen Anspruchs untersucht. Damit werden Sinnbedingungen expliziert, die im Handlungswissen von Behauptungen enthalten sind und als solche, wie sich aus dem Konzept der Letztbegründung ergeben hat, nicht argumentativ hintergehbar sind, sondern auch in einer Thematisierung und Prüfung ihrer Geltung als schon verstanden unterstellt und in Anspruch genommen werden müssen. Das Konzept der Letztbegründung verdeutlicht und begründet diesen sprachpragmatischen Status der Sinnbedingungen von Behauptungen und muß einer philosophischen Theorie der Argumentation zugrunde gelegt werden.

4. Die Konsensustheorie der Wahrheit

Einen inzwischen viel diskutierten und sehr bedeutsamen Versuch, die argumentationslogischen Bedingungen der Einlösung eines Wahrheitsanspruchs anzugeben und damit die Bedeutung des Wahrheitsbegriffs zu erklären, hat Habermas mit seiner Ausarbeitung der Konsensustheorie der Wahrheit in der Abhandlung „Wahrheitstheorien" unternommen. Nach Habermas ist eine Aussage genau dann wahr oder ihre Wahrheitsbedingungen sind genau dann erfüllt, wenn der Wahrheitsanspruch, der in einer Behauptungshandlung für diese Aussage erhoben wird, berechtigt ist, und das heißt, wenn er diskursiv eingelöst werden kann, also in einem Diskurs als einer „durch Argumentation gekennzeichnete[n] Form der Kommunikation ..., in der problematisch gewordene Geltungsansprüche zum Thema gemacht und auf ihre Berechtigung hin untersucht werden",[40] als berechtigt erwiesen werden kann.

Habermas faßt nun einerseits die Antwort auf die Frage, „was ‚diskursive Einlösung' von erfahrungsfundierten Geltungsansprüchen bedeutet",[41] als Klärung des Sinns von Wahrheit auf, versucht andererseits aber, diese Frage durch Angabe eines Wahrheitskriteriums zu beantworten. Deshalb ist zunächst zu klären, worin die Konsensus- oder Diskurstheorie der Wahrheit ihre Aufgabe sieht. Habermas hat zwar nachträglich die Rede von einem Wahrheitskriterium als irreführend bezeichnet und der Konsensustheorie nur die Aufgabe einer Bedeutungsexplikation zugewiesen, hält aber dennoch daran fest, daß eine Explikation der Bedeutung des Wahrheitsbegriffs auf eine Prozedur der Einlösung von Wahrheitsansprüchen Bezug nehmen muß.[42] Geht man davon aus, daß die Unterscheidung von Bedeutungsexplikation und Angabe eines Kriteriums in einer sprachpragmatischen Wahrheitstheorie ohnehin zu relativieren ist, so kann der Begriff

---

[40] Habermas 1984, 130.
[41] Ebd. 136.
[42] Vgl. ebd. 160 Anm., 554, und Habermas 1985, 228. Vgl. allerdings für eine Annäherung von Habermas an die (gemäßigt verifikationistische) Position von Dummett Habermas 1981, Bd. I, 424 ff.

des Wahrheitskriteriums jedoch beibehalten werden, wenn dieser Begriff in einem weiteren Sinn verstanden wird, der kein operationalisierbares Verfahren zur Wahrheitsfeststellung oder -findung einschließt. Im Rahmen der Diskurstheorie der Wahrheit in ihrer ursprünglichen Formulierung *muß* darüber hinaus dieser Begriff festgehalten werden, da es hier um die von Habermas wiederholt paraphrasierte Leitfrage geht, wodurch der Ausgang eines Diskurses entschieden wird, wodurch also eine positive Entscheidung über die Berechtigung des problematisierten Geltungsanspruchs herbeigeführt wird, bzw. was wahre von falschen Aussagen unterscheidbar macht oder was die Wahrheit verbürgt und zu ihrer Ausweisung oder Überprüfung zureicht.[43] Für eine Wahrheitstheorie, in der „der Sinn der Erfüllung von Geltungsbedingungen anhand des Verfahrens für die Einlösung entsprechender Geltungsansprüche erläutert werden"[44] soll, ist die Annahme unerläßlich, daß die Diskursteilnehmer im Prinzip über einen Maßstab kognitiv verfügen können, nach dem sich bestimmen läßt, welches Ergebnis hinsichtlich der Zustimmung oder Ablehnung der Wahrheit am Ausgang eines Diskurses als Prozedur der Geltungsprüfung steht. Ohne einen solchen Beurteilungsmaßstab dafür anzugeben, daß ein Anspruch eingelöst ist, läßt sich nicht prozedural erklären, was es heißt, einen Geltungsanspruch einzulösen. Ohne das Ziel der Angabe eines Wahrheitskriteriums im weiten Sinn, durch das einlösbare von nicht einlösbaren Ansprüchen unterschieden werden können, hat der Ansatz bei dem „prozeduralen Sinn einer diskursiven Einlösung"[45] seine grundlegende Ausrichtung verloren.

Ein solches Kriterium entwickelt Habermas in „Wahrheitstheorien" nun in mehreren Schritten. Leitend ist dabei der Gedanke, daß „die potentielle Zustimmung aller anderen", die an einem Diskurs teilnehmen könnten, „die Bedingung für die Wahrheit von Aussagen"[46] ist. Habermas spricht hier nur von einer *Bedin-*

[43] Vgl. die Formulierungen in Habermas 1984, 160 f., 136, 177, und Habermas 1971 a, 122 f. Vgl. dazu McCarthy 1980, 344 f.
[44] Habermas 1985, 228.
[45] Habermas 1984, 554.
[46] Ebd. 137.

gung für Wahrheit, denn es ist klar, daß ein Konsens einer weiteren Qualifikation bedarf, wenn er Wahrheit verbürgen soll. Habermas geht nun so vor, daß er sich an dem vernünftigen oder begründeten Konsens als dem Ergebnis eines Diskurses, der zur Wahrheit führt, orientiert und von diesem letzten, resultativen Orientierungspunkt aus das erschließt oder auf das gleichsam zurückschließt, was – in Begriffen der Erkennbarkeit der Wahrheit – vorliegen muß, damit ein wahrheitsverbürgender Konsens zustande kommen kann, welchen Eigenschaften also sich ein solcher Konsens, und zwar qua Konsens, verdankt.[47] Der rationale Konsens ist also nur unter dem Vorbehalt, daß er von sich aus einer Ergänzung durch weitere Qualifikationen und Bedingungen seines Zustandekommens bedürftig ist, und nur unter dem Vorgriff und der entsprechenden Beweislast, daß er einer hinreichenden Integration von Eigenschaften, die ihn zu einem wahrheitsverbürgenden Konsens machen und ihn als solchen ausweisen, auch tatsächlich fähig ist, ein „zureichendes Wahrheitskriterium". Eine Minimalforderung für diese ergänzenden Eigenschaften oder Bedingungen besteht, wenn Zirkularität vermieden werden soll, darin, daß sie nicht ihrerseits von einem Konsens abhängig sein dürfen. Da Habermas die Diskurstheorie in genuiner Form vertritt, darf diese in der Integration weiterer Eigenschaften und Bedingungen des Konsenses nicht auf solche Charakteristika oder Kriterien zurückgreifen, die in anderen Wahrheitstheorien als bestimmend für den Wahrheitsbegriff bzw. das Wahrheitskriterium entwickelt werden.

Ein Konsens wird nun nach Habermas dadurch als begründet ausgewiesen, daß er unter Bedingungen erzielt werden kann, die durch formale Eigenschaften des Diskurses festgelegt sind. Diese

---

[47] Nicht nur im Rekurs auf den Begriff des Konsenses und auf Schlußverfahren, sondern auch in dieser Art des Problemansatzes entspricht Habermas' Theorie der Wahrheit der pragmatischen Wahrheitstheorie von Peirce; vgl. dazu Peirce 1976, 166 ff., 205. Zur Wahrheitstheorie von Peirce vgl. Apel 1975, 118 ff., insb. 126, 131 f., 323 ff., und Apel 1983. Im Gegensatz zu Habermas macht aber Apel im detaillierten Rückgriff auf Peirce deutlich, daß das Kriterium des Konsenses die Funktion eines regulativen Prinzips hat, das verschiedene andere Wahrheitskriterien integriert und nicht ausschließt (vgl. Apel 1983).

Eigenschaften weisen einen Konsens deshalb als begründet aus, weil sie sicherstellen, daß der Ausgang des Diskurses durch die „Kraft des besseren Argumentes“ entschieden wird. Die Frage danach, was in das Kriterium des rationalen Konsenses integriert werden muß, nimmt damit die Form der Frage an, worin die konsenserzielende Kraft des Arguments besteht oder worauf die rationale Motivation zur Zustimmung beruht;[48] diese Grundlage ist dasjenige, was zum Konsens hinführt. Es ist dabei festzuhalten, daß sich diese Kraft und Motivation für die Diskursteilnehmer selbst und aus ihrer Perspektive erschließen bzw. ergeben muß. Genausowenig wie sich der Ausgang eines Diskurses (über die nicht-analytische Wahrheit) einem logischen oder bloß einem empirischen Zwang verdanken darf,[49] kann das Ergebnis von außen imputiert werden. Das Ergebnis kann den Teilnehmern nicht auferlegt werden, vielmehr müssen sie es selbst im Sinn des Ziehens einer Konsequenz ermitteln. Dies bedeutet, daß dasjenige, worauf die konsenserzielende Kraft beruht, zugleich die formal hinreichende Grundlage für die rationale Zustimmung oder Ja-Stellungnahme und damit eine Basis der Beurteilung sein muß, über die jeder der Diskursteilnehmer für sein Urteil kognitiv verfügen können muß. Diese Grundlage ist formal hinreichend, wenn sie nicht nur für alle wahren Propositionen gleichermaßen erforderlich ist, sondern auch den spezifischen Charakter der Wahrheit und diese als etwas, was gerade diesen Propositionen zukommt, einsichtig macht. Als entscheidend für Habermas' Diskurstheorie ergibt sich somit die Frage, ob das Kriterium des Konsenses in der Weise sowohl ergänzungsbedürftig als auch integrationsfähig ist, daß es genau dasjenige von sich aus erfordert und ohne Rekurs auf substantiell andere Wahrheitskriterien integriert, was eine formal hinreichende Grundlage für jeden Diskursteilnehmer zu einer Ja-Stellungnahme zur Berechtigung des geprüften Anspruchs bereitstellt. Nur wenn das der Fall ist,

[48] Vgl. Habermas 1984, 161.

[49] Im letzteren Fall wäre es einfach ein Kategorienfehler, würde man ein solches in keinerlei substantiellem Bezug zu irgendeiner Einsicht zustandegekommenes Ergebnis als „Wahrheit“ klassifizieren.

ist das Kriterium des Konsenses aller Argumentierenden ein zureichendes und genuines Wahrheitskriterium.
Habermas erklärt die konsenserzielende Kraft zunächst durch die Angemessenheit der in der Argumentation verwendeten Sprache an den durch Erfahrungen vermittelten Gegenstandsbereich.[50] Dabei rekurriert er sowohl in hohem Maß auf Elemente der Kohärenztheorie als auch implizit auf solche der Korrespondenztheorie der Wahrheit.[51] Weitgehende Anleihen bei der Kohärenztheorie ergeben sich daraus, daß eine Argumentation aus einer Kette von Sprechakten besteht und Begründungen „mit der Kohärenz von Sätzen innerhalb eines Sprachsystems"[52] zu tun haben. Nach der von St. Toulmin entwickelten Struktur von Argumenten besteht ein Argument aus einer problematisierten Behauptung, den für ihre Geltung angeführten Gründen, der allgemeinen Schlußregel, die den Übergang von den Gründen zur Behauptung rechtfertigt, sowie der Stützung für diese Regel. Die Wahl eines Sprachsystems entscheidet nach Habermas schon darüber, welche Arten von Gründen, von allgemeinen Schlußregeln und von Stützungen in der Argumentation zugelassen sind.[53] Dieser Auffassung von der entscheidenden Rolle des Sprachsystems liegt eine bedeutungstheoretische Konzeption zugrunde, die von Habermas im Aufsatz über Wahrheitstheorien nur angedeutet, in der Theorie des kommunikativen Handelns aber als solche entwickelt wird. Danach sind die in der Sprache möglichen argumentativen Beziehungen durch die Bedeutungen der verwendeten Ausdrücke schon vorgeformt, und diese Bedeutungen sind ihrerseits so strukturiert, daß sie implizit schon argumentative Beziehungen enthalten.

> „Die Argumentation dient der Entfaltung von Implikationen, die in der Beschreibung des Phänomens dank des zu-

---

[50] Vgl. Habermas 1984, 165 ff.
[51] Vgl. zur Rolle der Kohärenz bzw. zu Habermas' Behandlung des Gegenstandsbezugs die kritischen Stellungnahmen in Beckermann 1972; Höffe 1979; Puntel 1978, 144 ff.
[52] Habermas 1984, 166.
[53] Vgl. ebd. 165 f.

> gehörigen Sprach- und Begriffsystems enthalten sind. Nur als Elemente ihres Sprachsystems sind Behauptungen und Empfehlungen begründungsfähig."[54]

Einen assertorischen Satz zu verstehen, heißt, schon zu wissen, wodurch die Behauptung des Satzes begründet werden könnte. Diese enge Beziehung zwischen Bedeutung bzw. Verständnis eines Satzes und Begründung oder möglicher argumentativer Verflechtung des Satzes mit anderen Sätzen ergibt sich auch in der pragmatischen Bedeutungstheorie Habermas'; sie spielt eine fundamentale Rolle für die Konzeption dieser Bedeutungstheorie und insbesondere für die Theorie der Bedeutung assertorischer Sätze, die an die Weiterführung der Wahrheitssemantik durch Dummett anknüpft:

> „Zum Verständnis eines Satzes gehört die Fähigkeit, *Gründe*, mit denen der *Anspruch*, daß seine Wahrheitsbedingungen erfüllt sind, *eingelöst werden könnte*, zu erkennen. Diese Theorie [d.i. die Bedeutungstheorie Dummetts, W.B.] erklärt also die Bedeutung eines Satzes nur noch mittelbar mit der Kenntnis der Bedingungen für seine Gültigkeit, unmittelbar aber mit der Kenntnis von Gründen, die einem Sprecher objektiv zur Verfügung stehen, um einen Wahrheitsanspruch einzulösen ... Eine Behauptung zu verstehen, heißt zu wissen, wann ein Sprecher gute Gründe hat, die Gewähr dafür zu übernehmen, daß die Bedingungen für die Wahrheit der behaupteten Aussage erfüllt sind."[55]

Aus der argumentativen und damit spezifisch rationalen Struktur von Satzbedeutungen folgt für die konsenserzielende Kraft, daß sie sich dann ergibt, wenn die problematisierte Aussage über die allgemeine Schlußregel und die für ihre Stützung angeführte kasuistische Evidenz in eine Kohärenzbeziehung mit anderen Aussagen innerhalb desselben Sprachsystems gebracht werden kann.

[54] Ebd. 166.
[55] Habermas 1981, Bd. I, 425 f., vgl. auch 67 und 400 ff.

Entscheidend hierfür ist der durch Induktion vermittelte Übergang von der Stützung zur Schlußregel, da er die argumentative Rückbindung der Aussage an das Sprachsystem in Form der Kohärenz letztlich verbürgt. Die Geltung der Aussage wird damit durch kohärenzverbürgende Induktion an das verwendete und akzeptierte Sprachsystem rückgebunden; dessen Angemessenheit an den für die zu prüfende Aussage relevanten Objektbereich kann selbst wiederum in einer substantiellen Sprachkritik argumentativ überprüft werden. Da die konsenserzielende Kraft auf der argumentationsinternen Beziehung zwischen Sätzen beruht, nimmt Habermas in die Diskurstheorie in hohem Maß Elemente eines kohärenztheoretischen Kriteriums der Wahrheit auf. Ein Konsens aller Argumentierenden kann sich nur dann ergeben, wenn sich die Kohärenz der zu prüfenden Aussage mit anderen Aussagen durch den Prozeß der Argumentation herausgestellt hat.

Die Angemessenheit der Begründungssprache an den Objektbereich ist jedoch nicht ausschließlich eine Sache der Argumentation, sondern hat die vor einer Argumentation liegende – wenngleich im Medium der Argumentation bewußt nachvollziehbare – Einregulierung des Verhältnisses von kognitiven Schemata und durch Erfahrungen vermittelter Realität zur Grundlage, die Ergebnis einer präreflexiven kognitiven Entwicklung ist und sich im Bereich handlungsbezogener Erfahrung einstellt.[56] Wird die Angemessenheit von Begründungssprache und Realität argumentativ überprüft und derart die kognitive Entwicklung in einem bewußten Lernprozeß fortgesetzt, so wird dabei das Sprachsystem insgesamt mit der Realität konfrontiert und das „Verhältnis von Sprachsystem und Wirklichkeit“ in einem Wechsel der Diskursebenen zum Gegenstand einer „substantiellen Sprachkritik“ gemacht, so daß „die reflexive Erfahrung mit der Unangemessenheit der Interpretationen unserer Erfahrungen“[57] berücksichtigt und entsprechend eine Revision der benutzten Begründungssprache vorgenommen werden kann. Der Angemessenheit von Begründungssprache und Realität entsprechend muß

[56] Vgl. Habermas 1984, 167 ff.
[57] Ebd. 171 f.

Habermas das kohärenztheoretische Element in einem Wahrheitskriterium unausgesprochen durch ein korrespondenztheoretisches Element ergänzen.

Eine solche Ergänzung steht jedoch in starker Spannung mit der strengen Unterscheidung zwischen dem durch ein Argumentationsapriori konstituierten Bereich des Diskurses, der von Handlungen entlastet und von Erfahrungen frei ist, und dem durch ein Erfahrungsapriori erschlossenen Bereich objektiver Gegenstände, in dem handlungsbezogene Erfahrungen gemacht und Informationen gewonnen und ausgetauscht, aber keine Geltungsansprüche thematisiert und geprüft werden. Gerade zu dieser strikten Trennung der Bereiche der Wahrheit von Aussagen und der Objektivität von Erfahrungen – und entsprechend von Diskurs und Lebenspraxis – verschärft Habermas die Unterscheidung Strawsons zwischen Sachverhalten und Tatsachen als abstrakten Gegenständen einerseits und Dingen und Ereignissen als konkreten Gegenständen andererseits – eine Unterscheidung, auf die Habermas das entscheidende Argument gegen die Korrespondenztheorie stützt.[58] Können wir aber „dem Terminus ‚Wirklichkeit' keinen anderen Sinn beilegen ..., als den, den wir mit Aussagen über Tatsachen verbinden"[59], und ist der Bereich

[58] Vgl. ebd. 132 ff. Vgl. zur Unterscheidung zwischen Wahrheit von Aussagen und Objektivität der Erfahrung ebd. 151 ff., und v. a. Habermas 1973, 382 ff. Apel hat darauf hingewiesen, daß Habermas' Wahrheitskonzeption eine Zweideutigkeit enthält, insofern einerseits Wahrheitsansprüche nur mit Rücksicht auf Erfahrung und konkrete Gegenstände eingelöst werden können, Habermas andererseits eine strenge Unterscheidung zwischen Wahrheitsfragen, die Tatsachen betreffen, und Fragen der Evidenz hinsichtlich Erfahrungsgegenständen vornimmt (vgl. Apel 1983, 208 f.). Habermas' eigentümliche Unterscheidung von Wahrheit und Objektivität sowie das entsprechende Verhältnis von Diskurs und kommunikativem Handeln gehören sicher zu den am stärksten revisionsbedürftigen Annahmen der Wahrheitstheorie Habermas'. (Wird der Begriff des kommunikativen Handelns an die Handlungskoordinierung auf der Grundlage eines kommunikativ erzielten Einverständnisses und damit der Einsicht in Gründe für Geltungsansprüche gebunden [vgl. Habermas 1981, Bd. I, 148 ff., 397 ff., 410; Habermas 1984, 588], so stellt sich das Verhältnis zwischen Argumentation und kommunikativem Handeln anders dar.)

[59] Habermas 1984, 133.

der Tatsachen und der Geltungsprüfung von dem Bereich der konkreten Gegenstände und der Erfahrungen von ihnen strikt zu trennen, so daß der Übertritt in den einen den Austritt aus dem anderen impliziert, so wird schwer verständlich, was es heißen soll, die Angemessenheit eines Sprachsystems an die Realität argumentativ zu überprüfen. Die Integration eines korrespondenztheoretischen Elements, das das Verhältnis von Sprache und erfahrungsvermittelter Wirklichkeit als unabhängigem Bezugspunkt für die Beurteilung der Angemessenheit eines Sprachsystems betrifft, ist mit diesen anderen Annahmen der Diskurstheorie unverträglich.

Nach Habermas' letztem und entscheidendem Argumentationsschritt, der den rationalen Konsens als das eigentliche und primäre Wahrheitskriterium zum Tragen bringen soll, ist die Möglichkeit des wiederholbaren Wechsels der Diskursebenen, die für die Angemessenheit der Begründungssprache gewährleistet sein muß, dann und nur dann gesichert, wenn die formalen Eigenschaften des Diskurses die Eigenschaften einer idealen Sprechsituation sind und für alle Diskursteilnehmer symmetrisch verteilte Chancen, Sprechhandlungen zu vollziehen, gegeben sind. Argumente haben letztlich vermöge der Eigenschaften einer idealen Sprechsituation konsenserzielende Kraft, so daß „jeder Konsensus, der argumentativ unter Bedingungen einer idealen Sprechsituation erzeugt worden ist, als Kriterium für die Einlösung des jeweils thematisierten Geltungsanspruchs angesehen werden [darf]".[60]

Hat sich nun mit den Bedingungen der idealen Sprechsituation eine formal hinreichende Grundlage für die rationale Zustimmung jedes Diskursteilnehmers und damit ein zureichendes, wahrheitsverbürgendes Kriterium ergeben? Zunächst ist deutlich, daß sich ein Diskursteilnehmer weder auf die argumentativ erzielte Zustimmung aller noch auf das Bestehen von Symmetrieverhältnissen als solches *berufen* kann, um seine Zustimmung in formaler Hinsicht einsichtig zu machen. Bei der Berufung auf den Konsens wäre sogleich weiter zu fragen, worauf die Zustimmung aller anderen ihrerseits beruht, bei der Anführung von

[60] Ebd. 179.

Symmetriebedingungen müßte etwas angeführt werden, aufgrund dessen Symmetriebedingungen als strukturelle Merkmale einer Situation überhaupt zur Zustimmung zur Berechtigung einer Behauptung beitragen. In beiden Fällen müßte auf etwas anderes rekurriert werden, das von einem Konsens oder den Bedingungen seines Zustandekommens substantiell verschieden ist. Die Berufung auf Strukturmerkmale der idealen Sprechsituation als Garant der Angemessenheit der Begründungssprache an den Objektbereich würde eine zu Habermas' Diskurstheorie heterogene und mit ihr unverträgliche Ergänzung erfordern. Entscheidend ist freilich nicht, daß im Wahrheitskriterium „rationaler Konsens“ überhaupt auf weitere Eigenschaften rekurriert werden muß, sondern daß aus der Perspektive jedes Diskursteilnehmers eine Grundlage der Zustimmung erforderlich ist, die sich nicht *aus konsensspezifischen Gründen* hinreichend bestimmen läßt, die sich also nicht aus dem Merkmal des Konsenses qua Konsens ergibt. Daher muß die Integrationsfähigkeit des für eine Konsensustheorie spezifischen Wahrheitskriteriums überschritten werden, um eine Grundlage der rationalen Zustimmung jedes Argumentierenden zu bestimmen: das Kriterium der Konsensustheorie erfordert für das Vorliegen des Konsenses qua Konsens nicht genau dasjenige, was zugleich für einen Diskursteilnehmer eine formal hinreichende Grundlage für die rationale Ja-Stellungnahme zur Berechtigung einer Behauptung bereitstellt. Dies wird intuitiv dadurch deutlich, daß ein Sprecher sich nicht auf die Merkmale der idealen Sprechsituation *berufen* kann, um seine Zustimmung in formaler Hinsicht einsichtig zu machen, und daß diese Situationsmerkmale für eine Grundlage der Berechtigung von Behauptungen zu unspezifisch sind.

Die Bedingungen der idealen Sprechsituation liefern keine in formaler Hinsicht zureichende Grundlage für die Beurteilung der Berechtigung einer Behauptung: diese ist für einen Diskursteilnehmer nicht *deshalb* formal berechtigt, *weil* sie von allen in einer idealen Sprechsituation als berechtigt beurteilt werden würde; die mögliche Zustimmung aller anderen ist nicht die *bestimmende* formale Grundlage für seine Ja-Stellungnahme. Die Bedingungen der idealen Sprechsituation reichen für einen Diskursteilnehmer nicht zur Beurteilung hin, ob ein formal bestimmtes Verhältnis vorliegt, das dafür kennzeichnend ist, daß die Wahrheitsbedingungen einer Aussage erfüllt und der für sie erhobene Anspruch berechtigt ist; ein unter ihnen zustandegekommener Konsens kann deshalb in Hinsicht auf dieses allgemeine Verhältnis kein positives Kriterium oder kein „Bestimmungsgrund" der Wahrheit sein. Obwohl die Verallgemeinerungsfähigkeit der Berechtigung und die Möglichkeit, daß alle anderen eine entsprechende Beurteilung rational nachvollziehen können, eine *notwendige* Bedingung für das Bestehen der Berechtigung ist, ergibt diese sich doch nicht – formal gesehen – aus dieser Verallgemeinerungsfähigkeit. Es ist diese notwendige Bedingung der Wahrheit, daß für alle Argumentierenden die Möglichkeit besteht, die Beurteilung der Aussage mitzuvollziehen und intersubjektiv zu teilen, die durch formale Eigenschaften des Diskurses im Sinn von strukturellen Situationsmerkmalen gewährleistet ist; aber dieser Bedingung *verdankt sich* die zustimmende Beurteilung aus der Sicht eines Teilnehmers an der Argumentation in formaler Hinsicht *nicht*. Der begründete Konsens, die mögliche, rational fundierte Zustimmung aller, bleibt somit die Form, in der allein das Ergebnis einer Argumentation und die rationale Beurteilung der Berechtigung eines Wahrheitsanspruchs vorliegen können; aber er ist nicht selbst und nicht aufgrund der Merkmale der idealen Sprechsituation die formal hinreichende Grundlage einer Ja-Stellungnahme, nach der sich der Ausgang eines Diskurses bemißt oder die für den Diskursausgang entscheidend ist; er ist kein zureichendes Wahrheitskriterium.[61]

---

[61] R. Alexy beurteilt den Status der Forderungen nach Gleichberechtigung, Universalität und Zwanglosigkeit, die den Bedingungen der idealen Sprechsituation entsprechen, folgendermaßen: „Sie definieren (1) ein Ideal, das annäherungsweise erfüllt werden kann, sind (2) ein Instrument der Kritik von nicht zu rechtfertigenden Einschränkungen der Rechte und Möglichkeiten der Diskurspartner und damit (3) zumindest ein hypothetisches und negatives Kriterium für Richtigkeit oder Wahrheit und bieten (4) eine Explikation des Anspruchs auf Richtigkeit oder Wahrheit." (Alexy 1983, 170, vgl. 240 ff.) Die Rolle dieser Regeln als positives Kriterium beurteilt Alexy skeptisch; vgl. ebd. 177, 240 f. – G. Skirbekk wendet gegen die Bedingungen der idealen Sprechsituation als Geltungs-

Habermas hat deshalb mit der Diskurstheorie eher allgemeine Voraussetzungen der Argumentation oder notwendige Teilnahmebedingungen[62] entwickelt, wobei dem Begriff des rationalen Konsenses mit Bezug auf Argumentationsprozesse und ihre Ergebnisse die Funktion eines letzten Orientierungspunktes oder regulativen Prinzips zukommt, das gleichwohl für die Bedeutung des Begriffs der Wahrheit als intersubjektiver Gültigkeit konstitutiv ist.[63] Dieses Prinzip muß für das Ergebnis eines Argumentationsprozesses unterstellt werden, insofern dieses in einer als wahr qualifizierbaren Aussage bestehen soll. Habermas hat mit der Konsensustheorie jedoch nicht ein formal zureichendes Wahrheitskriterium entwickelt, das hinreichend explizieren könnte, was mit „argumentativer Einlösung eines Wahrheitsanspruchs" gemeint ist. In einer solchen Explikation muß auf etwas rekurriert werden, das der Berechtigung von Behauptungshandlungen zugrunde liegen kann und aus dem diese Berechtigung formal verständlich gemacht werden kann. Hierzu muß geklärt werden, was die Wahrheitsbedingungen von Aussagen erfüllen, was zum Vollzug von Behauptungshandlungen berechtigen und was daher einen Wahrheitsanspruch einlösen kann. Es ist dieses Erfüllungs- bzw. Berechtigungsverhältnis zwischen Wahr-

---

grund ein, daß das bessere Argument etwa vom nächstbesten nur durch etwas „im Argument" unterschieden werden kann und auf diesem, nicht aber auf jenen Bedingungen, die für beide Argumente gleichermaßen unterstellt sein können, die Geltung beruht (vgl. Skirbekk 1982, 63). – Zur Kritik an der Auffassung, die Bedingungen der idealen Sprechsituation fungierten als hinreichendes Wahrheitskriterium, vgl. auch Höffe 1979, 270 ff.; ferner Ilting 1975, 34.

[62] Habermas qualifiziert zwar die Bedingungen der idealen Sprechsituation selbst in diesem Sinn (vgl. Habermas 1981, Bd. I, 47 f., und Habermas 1985, 229); werden in der Diskurstheorie aber die „*Idee* der Einlösung von Geltungsansprüchen" (Habermas 1984, 554) und damit der „Sinn der Erfüllung von Geltungsbedingungen" (Habermas 1985, 228) erklärt und wird in dieser Erklärung primär auf jene Bedingungen rekurriert, so muß für diese ein Stellenwert beansprucht werden, der über denjenigen von Bedingungen hinausgeht, die für die Einlösung bloß notwendig, aber für deren Verständnis nicht hinreichend spezifisch sind.

[63] Vgl. dazu Apels Bestimmung der Bedeutung des rationalen Konsenses für den Wahrheitsbegriff: Apel 1983.

heitsbedingungen bzw. Behauptungshandlungen und einer Erfüllungs- oder Berechtigungsgrundlage, auf dem eine Ja-Stellungnahme formal gesehen beruhen muß. Dieses Verhältnis wird jedoch bei Habermas nicht geklärt. Habermas setzt insofern an einer zu peripheren Stelle in der internen Struktur von Behauptungen an. Unterscheidet man strukturelle Situationsmerkmale, formal bestimmte Verfahrensweisen und formale Strukturen symbolischer Gebilde[64] als drei unterschiedliche, wenngleich nicht voneinander isolierbare Ansatzpunkte zur Klärung von „argumentativer Einlösung", so hat Habermas den ersten dieser Aspekte zu sehr in den Vordergrund gerückt[65] und den letzteren zu weitgehend diesem Aspekt untergeordnet. Zwar muß in einer Argumentationstheorie jeder dieser Aspekte von Argumentationen berücksichtigt werden. Aber gerade eine pragmatische Bedeutungstheorie, die das Verständnis von Behauptungen an die Kenntnis von Gründen, die die mit ihnen erhobenen Ansprüche stützen können, bindet und damit eine enge Verbindung von Bedeutungs- und Argumentationstheorie herstellt, legt eine besondere Relevanz der Struktur von Argumenten als symbolischen Gebilden nahe.

5. *Die argumentative Einlösung von Wahrheitsansprüchen*

In einer sprachpragmatischen Wahrheitstheorie kann zwar an die sprachpragmatische Weiterführung der Wahrheitssemantik angeknüpft werden; eine pragmatische Bedeutungstheorie muß dabei aber eng an eine Handlungstheorie und insbesondere an eine Argumentationstheorie gebunden werden. Um zu klären, worin eine argumentative Einlösung von Wahrheitsansprüchen besteht, muß eine sprachpragmatische Wahrheitstheorie verdeutlichen,

---

[64] Vgl. Habermas' Unterscheidung zwischen Prozeß, Prozeduren und Produkten der Argumentation in Habermas 1981, Bd. I, 47 ff.

[65] Dieser Ausgangspunkt wird besonders deutlich in „Vorbereitende Bemerkungen zu einer Theorie der kommunikativen Kompetenz", vgl. Habermas 1971 a, 138 f.

wie die Erfülltheit der Wahrheitsbedingungen einer Proposition und die Berechtigung des für sie erhobenen Anspruchs intersubjektiv nachgewiesen werden können. Ein Argument, mit dem dieser Nachweis geführt werden kann, bildet die Grundlage für einen Argumentationsteilnehmer zur rationalen Ja-Stellungnahme, die potentiell von allen Argumentationsteilnehmern mit Blick auf diese Grundlage nachvollzogen werden kann.

Für die Einlösung eines Wahrheitsanspruchs ist die Unterstellung von Regeln, die die Symmetrie der Argumentationssituation hinsichtlich der möglichen Handlungsvollzüge von Sprecher und Hörer gewährleisten, zwar notwendig, aber nicht hinreichend, da diese Regeln keine formal zureichende Grundlage der Ja-Stellungnahme bereitstellen. Darüber hinausgehende Argumentationsregeln können nun in allgemeiner und indirekter Weise dadurch umgrenzt werden, daß die allgemeine Struktur der theoretischen Argumentation als eines Handlungszusammenhangs verdeutlicht wird, den diese Regeln konstituieren. Formale Bedingungen dieses Handlungszusammenhangs sind allgemeine argumentationstheoretische Bedingungen der Einlösbarkeit eines Wahrheitsanspruchs und damit Sinnbedingungen der Erhebung eines solchen Anspruchs in einer Behauptung. Nur indirekt werden diese Regeln durch Angabe eines Handlungszusammenhangs umgrenzt, weil damit nicht schon eine vollständige und hinreichend explikative Angabe von einzelnen Argumentationsregeln intendiert ist. Im folgenden soll vielmehr für diese Regeln nur ein ergänzungsbedürftiger Umriß einer Handlungsstruktur entwickelt werden, dessen Spezifizierung in der weiteren Ausarbeitung einer Argumentationstheorie zu leisten wäre. Erst dadurch könnten einzelne Argumentationsregeln spezifiziert und expliziert werden.

Eine theoretische Argumentation besteht in einer geordneten und systematisch geregelten Folge von Behauptungshandlungen, die diese Folge hinsichtlich der vollständigen, den pragmatischen und propositionalen Sinn umfassenden Bedeutung der verwendeten Sätze und aufgrund einer allgemeinen Argumentationsstruktur bilden.[66] Diese Handlungsfolge und ihre Struktur konstitu-

---

[66] Zum Begriff der Argumentation vgl. Toulmin 1975, 14 f.; Toulmin,

ieren handlungstheoretisch gesehen ein Argumentationsverfahren als Schema für komplexe Handlungen, deren Komplexität sich aus Koordinationsbeziehungen zwischen den Schemata von verschiedenen und immer auch in ihrer Basis unterschiedlichen Behauptungshandlungen ergibt. Ein Argument, das als komplexes symbolisches Gebilde durch diese Folge produziert wird, kann weder auf der Ebene der Beziehungen zwischen konkreten Äußerungen noch auf der Ebene einer logisch-semantischen Beziehung zwischen Sätzen angemessen identifiziert bzw. auf Einheiten dieser Ebenen reduziert werden, wenn es unter dem Aspekt seines Beitrags zur Wahrheit einer Proposition betrachtet werden soll.[67] Da ein Argument oder eine Begründung zur Stützung einer behaupteten Proposition vorgebracht wird, erfolgt seine Identifizierung auf derselben Ebene wie die Identifizierung einer Proposition bzw. die der Erhebung eines Wahrheitsanspruchs für diese, und diese Ebene verläuft gleichsam quer zu den Ebenen, auf denen Sprechereignisse und ihre Produkte bzw. Sätze oder ihre linguistische Bedeutung identifiziert werden, so daß mit verschiedenen Äußerungen und verschiedenen Sätzen dasselbe Argument ausgedrückt werden kann, wie auch dieselben Sätze bei unterschiedlichen Gelegenheiten ihrer Verwendung verschiedene Argumente ausdrücken können. Die Identifikation von Argumenten verweist insofern zurück auf die Identifikation von Propositionen und Behauptungen.

Die allgemeine Struktur einer Argumentation im Sinn eines Verfahrens, in dem ein Argument für eine Behauptung angeführt wird, ist durch die unterschiedlichen logischen Funktionen, die

---

Rieke u. Janik 1979, 13 f.; Habermas 1984, 162; Kambartel 1979, 221; Kambartel 1982, 41; Kopperschmidt 1980, 85 ff.

[67] In anderer Hinsicht und auf der empirischen Ebene thematisiert die linguistische Pragmatik Argumentationen; vgl. etwa Klein 1980 a. Vgl. zu linguistischen und zu interdisziplinären Beiträgen zur Argumentationstheorie Schecker 1977; Klein 1980 b; Kopperschmidt u. Schanze 1985. – Zur pragmatischen und argumentationstheoretischen Fundierung der Logik vgl. u. a. Lorenzen u. Lorenz 1978; Gethmann 1979; Berk 1979, 83 ff., sowie die Diskussionsbände Gethmann 1980; Gethmann 1982; Barth u. Martens 1982. – Zur Darstellung und Erörterung verschiedener Ansätze in der Argumentationstheorie vgl. Berk 1979, 190 ff.; Völzing 1980.

den verschiedenen Behauptungen der Folge zukommen, und durch die Beziehungen zwischen diesen Funktionen bestimmt. Unterschiedliche Funktionen in der Argumentation haben nach Toulmin die zu stützende Behauptung, die für sie angeführten Gründe, die Regel für den Übergang von den Gründen zur Behauptung und die Stützung der Übergangsregel; die Beziehungen zwischen diesen Elementen der Argumentation als in diesem Zusammenhang verwendeten symbolischen Gebilden und damit die Struktur einer Argumentation lassen sich in dem von Toulmin entwickelten Schema darstellen.[68] Da die Behauptungshandlungen in dieser Funktion durch die Argumentationsstruktur sinnhaft miteinander verbunden sind, können sie als Argumentationshandlungen verstanden werden. Daß eine Argumentation nicht auf ihre Produkte reduziert werden kann, sondern wesentlich Prozeßcharakter besitzt, zeigt sich schon in dem Doppelstatus der Behauptung, für die argumentiert wird (Toulmins *claim* bzw. *conclusion*):[69] diese bildet sowohl den Ausgangs- als auch den Zielpunkt der Argumentation, da der Wahrheitsanspruch mit dem Vollzug der Behauptung zunächst nur erhoben und somit noch offen ist, nach Durchlaufen des Arguments aber – wenn dieses korrekt und zureichend ist – als berechtigt erwiesen und intersubjektiv zustimmungsfähig ist. Für die argumentationstheoretische Rolle der Behauptung, für die argumentiert wird, ist also gerade die Differenz zwischen Erhebung und Einlösung eines Wahrheitsanspruchs konstitutiv, die nur durch die sprachpragmatische Wahrheitstheorie angemessen erfaßt werden kann, nicht aber durch die Redundanztheorie oder die Wahrheitssemantik.

Der prozedurale Übergang von der Erhebung des Anspruchs zu seiner Einlösung ist durch das ganze Argument und durch die auf

---

[68] Vgl. Toulmin 1975, 88 ff.; Toulmin, Rieke u. Janik 1979, 21 ff. Zum funktionalen Charakter der Unterscheidung zwischen den Elementen der Argumentation bzw. den Rollen der Sprechhandlungen vgl. Toulmin 1975, 90, 96; Kopperschmidt 1980, 87 ff. – Unter einem Argument verstehe ich im folgenden die zur Stützung der zu begründenden Behauptung in weiteren Behauptungen angeführten Propositionen, die die logischen Funktionen des Argumentationsschemas übernommen haben.

[69] Vgl. Toulmin, Rieke u. Janik 1979, 29 f.

die Anspruchserhebung sinnhaft bezogenen Behauptungshandlungen vermittelt. Ob dieser Übergang intersubjektiv berechtigt ist und daher eine Ja-Stellungnahme zu der Behauptung möglich ist, bemißt sich an der Beziehung zwischen diesen Behauptungen. Dies bedeutet zunächst für das Verstehen einer Behauptung, daß der Sprecher mit der Garantie dafür, daß die Wahrheitsbedingungen erfüllt sind, die Gewähr dafür übernimmt, daß hinreichende Gründe angeführt werden können, um gemäß einer Übergangsregel den Anspruch der Behauptung als berechtigt zu beurteilen. Für die Wahrheit einer Proposition zu garantieren, heißt demnach, daß Gründe für Sprecher und Hörer prinzipiell verfügbar sind und eine bestimmte Beziehung zwischen Gründen und Übergangsregel hergestellt werden kann. Wer einen Wahrheitsanspruch erhebt, der beruft sich implizit auf Gründe für dessen Berechtigung und unterstellt Bedingungen seiner Einlösung, die in einer Argumentation expliziert werden können. Der pragmatische Sinn einer Behauptung bindet diese in Folgehandlungen oder in einen Handlungszusammenhang von dieser Art ein. Daß die Berechtigung einer Behauptung von deren Beziehung zu anderen Behauptungen abhängt, bedeutet des weiteren, daß ein Wahrheitskriterium ein *kohärenztheoretisches* Moment[70] enthält. Denn die Beurteilbarkeit der Wahrheit einer behaupteten Proposition schließt dann ein, daß die behauptete Proposition in einer bestimmten Weise mit anderen behaupteten Propositionen, und zwar mit solchen, die als Gründe angeführt werden können, kohäriert.

Eine Behauptung zu verstehen, setzt nicht nur voraus, zu wissen, daß der Sprecher für die Erfüllung der Wahrheitsbedingungen garantiert, sondern erfordert auch zu wissen, welche Wahrheitsbedingungen es sind, für deren Erfüllung der Sprecher garantiert. Eine Bedingung zu kennen, impliziert nun aber zu wissen, was sie erfüllen würde oder könnte, in welchen möglichen Fällen sie erfüllt wäre und in welchen sie nicht erfüllt wäre: die Kenntnis einer Bedingung umgrenzt einen Bereich dessen, was zu ihrer Erfüllung erforderlich wäre. Die Erfüllung von Wahrheitsbedin-

---

[70] Zum Ansatz der Kohärenztheorie und zum Begriff der Kohärenz vgl. Rescher 1973, 23 ff.

gungen ist, wenn eine transzendent-metaphysische Konzeption von Wahrheit und Realität nicht sinnvoll ist, nur so zu denken, daß sie prinzipiell für sprachfähige Subjekte beurteilbar und erkennbar ist. Ist aber eine Beurteilung der Erfüllung nur so möglich, daß dabei auf Argumente und Gründe rekurriert wird, so muß auch in der Kenntnis der Wahrheitsbedingungen schon ein Wissen davon enthalten sein, welche Gründe im Prinzip dazu hinreichen würden, ihre Erfüllung nachzuweisen. Die Wahrheitsbedingungen einer Behauptung zu kennen, impliziert zu wissen, vermöge welcher Gründe sie als erfüllt beurteilt werden können. Die Kenntnis der Wahrheitsbedingungen ist somit so aufzufassen, daß sie einen Bereich möglicher Gründe spezifiziert, durch die die Erfüllung dieser Bedingungen aufgezeigt werden kann. Damit kommt den Wahrheitsbedingungen aber argumentationstheoretisch die Funktion einer Übergangsregel zu, die zu dem Schritt von den in einem Argument angeführten Gründen zu der durch sie gestützten Behauptung berechtigt. Eine solche als ein Bedingungsverhältnis formulierte Regel gibt in allgemeiner Weise und im Sinn eines Bedingungszusammenhangs an, daß Gründe von einer bestimmten Art, wenn sie verfügbar sind, einen Anspruch, der für eine entsprechende Proposition erhoben werden kann, hinreichend stützen können.
Die Kenntnis der Regel ist als Kenntnis eines allgemeinen Bedingungsverhältnisses insofern aus einem bestimmten Argumentationszusammenhang herauslösbar, als sie unabhängig davon ist, *daß* ein Anspruch erhoben ist und *daß* Gründe verfügbar sind. Innerhalb eines Argumentationszusammenhangs aber hat sie die Funktion zwischen *angeführten* Gründen und *erhobenem* Anspruch zu vermitteln. Da die Geltung der Regel in der Argumentation beansprucht und der entsprechende Bedingungszusammenhang als gültig behauptet wird, kann die Regel selbst wiederum an einzelnen paradigmatischen Fällen sowohl exemplarisch demonstriert als auch als gültig belegt werden; für diese Aufgabe ist im Argumentationsschema das Element der Stützung vorgesehen.[71] Der Stützung der Übergangsregel kommt damit

[71] Zu dieser Doppelfunktion der Stützung vgl. Toulmin, Rieke u. Janik 1979, 58.

die Funktion eines exemplarischen Belegs für die Korrektheit der Regelanwendung zu; dieser Beleg wird nicht *speziell* für die vorliegende Argumentationssituation angeführt, sondern dient dazu, die Regelgeltung in ähnlichen Fällen und vergleichbaren Situationen zu demonstrieren. Da sie nicht speziell auf den erhobenen Anspruch und die Situation der Argumentation für ihn gerichtet ist, ist die Stützung nur mittelbar für die Einlösung dieses Anspruchs relevant und bildet nicht die die Einlösung unmittelbar tragende und sie verständlich machende Grundlage der Geltung.

Entscheidend für die Einlösung ist vielmehr das Verhältnis zwischen den angeführten Gründen, der Übergangsregel und der Behauptung, und zwar so, wie es sich für die Situation der Erhebung eines Anspruchs für die Proposition durch die Argumentation ergibt. Da mit dem Verstehen der Proposition die Wahrheitsbedingungen erfaßt werden, ist durch die Proposition schon festgelegt, welche Übergangsregel für die Beurteilung des Anspruchs heranzuziehen ist und welche möglichen Gründe für die Stützung des Anspruchs relevant sein können. Wer den propositionalen Sinn der Behauptung erfaßt hat, der weiß somit, durch welche Gründe sie als berechtigt erwiesen werden könnte (freilich ohne hierzu schon im Sinn des Verifikationismus mit der Fähigkeit ausgestattet sein zu müssen, über zu einer Entscheidungsprozedur zureichende Gründe aktuell verfügen zu können). Dieser Bereich von Gründen ist nur regelintern, allgemein und unabhängig von dem erhobenen Anspruch festgelegt, so daß das Verstehen der Proposition als Erfassen des Bereichs möglicher Gründe auch unabhängig von der Anspruchserhebung möglich ist und Freges Einsicht in die Unabhängigkeit des Sinns eines Satzes von der assertorischen Kraft gewahrt bleibt. Dadurch wird deutlich, daß eine Argumentation hinsichtlich des problematischen Wahrheitsanspruchs, der für den Hörer noch offen, für den Sprecher aber vermöge der ihm verfügbaren Gründe schon – wenn auch möglicherweise nur vermeintlich – eingelöst ist, eine Differenz im Wissen der Beteiligten zum Ausgangspunkt haben kann, während sie zugleich auch eine Gemeinsamkeit im Wissen der Beteiligten voraussetzt, die ungeachtet der resultierenden Stellungnahme mit „Ja“ oder „Nein“ erhalten bleibt. Das gemeinsam anerkannte, allgemeine Wissen von möglichen Gründen wird in der Argumentationssituation auf bestimmte angeführte Gründe angewendet. Die in der Argumentation angeführten Gründe müssen zumindest die Bedingung erfüllen, gemäß der Übergangsregel überhaupt mögliche Gründe zu sein, also zu dem von dieser Regel festgelegten Bereich möglicher Gründe zu gehören; angeführte Gründe, die nicht einmal diese Bedingung erfüllen, sind gar nicht relevant für die Stützung der Behauptung.

Bei Argumentationen, in denen es nicht um analytische Wahrheit und deduktives Schließen geht, bleibt nun auch dann, wenn triftige und hinreichende Gründe in der Argumentationssituation verfügbar sind und die – selbst hinreichend gestützte – Übergangsregel zum Schritt von den Gründen zur Behauptung berechtigt, *in logisch-semantischer Hinsicht* eine Kluft zwischen dem ganzen Argument und der Behauptung bestehen: Gründe und Regel liefern keine *logisch zwingende* Basis für den Übergang und stellen keine notwendigen und hinreichenden Bedingungen dar, die die Berechtigung *logisch implizieren* würden.[72] Die Kohärenz zwischen Behauptung und Gründen, die für die Wahrheit der Proposition erforderlich ist, kann sich somit nicht in einer bloßen Konsistenz erschöpfen, sondern muß darüber hinausgehen. Der enge Zusammenhang zwischen Gründen und Bedeutung des Behauptungssatzes erfordert andererseits eine nicht-induktive, nicht-kontingente Basis für die Beziehung zwischen Argument und Behauptung. Beide Aspekte sind berücksichtigt, wenn dieser Zusammenhang als kriterielle Relation und die Übergangsregel als Kriterium für den berechtigten Übergang von den Gründen zur Behauptung gedeutet werden. Ein Kriterium – als kriterielle Regel verstanden – legt den Sinn eines Satzes

[72] Vgl. zu „substantiellen Argumenten“ und einer entsprechenden logischen Kluft Toulmin 1975, 111 ff., 195 ff. Diese logische Kluft zwischen Argument und Behauptung wirft die Frage eines *Kriteriums* der Wahrheit allererst auf; vgl. Rescher 1973, 16 ff. – Aus demselben Grund ergibt sich diese Frage für Kants synthetische Urteile a priori. Zur These, daß auch Kants Urteilsbegriff auf Argumentationshandlungen verweist und Synthesishandlungen nach Regeln vollzogene Übergänge darstellen, vgl. Becker 1988 c.

fest, indem es bestimmt, was seine Verwendung rechtfertigt; es macht die Berechtigung zum Vollzug einer Behauptung von der Erfüllung einer Bedingung durch berechtigende Umstände abhängig.[73] Diese berechtigenden Umstände sind selbst Sachverhalte, deren Bestehen behauptet werden kann und die als bestehende zur Rechtfertigung der Behauptung eigens angeführt werden können. Werden sie als bestehende und berechtigende Sachverhalte zur Stützung einer Behauptung vorgebracht, so kommt ihnen die Funktion von Gründen zu, die gemäß einer Regel den Schritt zur Berechtigung der Behauptung ermöglichen: ein solcher Sachverhalt liefert eine Rechtfertigung oder „Evidenz" dafür, daß die Behauptung berechtigt und damit die behauptete Proposition wahr ist. Die Proposition wird *als wahr erwiesen*, indem sie über eine kriterielle Regel mit anderen Propositionen verbunden wird, durch die bestehende und berechtigende Umstände als Gründe für die Behauptung der Proposition einer rationalen Beurteilung des Wahrheitsanspruchs zugrunde gelegt werden.
Mit hinreichenden Gründen verfügen Sprecher und Hörer über eine Grundlage ihrer rationalen Ja-Stellungnahme. Nicht nur ergibt sich diese Grundlage aus der Perspektive der Beteiligten, vielmehr können Gründe auch einzig aus dieser Perspektive identifiziert werden. Als Gründe für die intersubjektive Berechtigung von Handlungen können sie nicht aus der ‚er'-Perspektive und in der vergegenständlichenden Einstellung des unbeteiligten Beobachters identifiziert werden, da in dieser Einstellung ihre intersubjektive Relevanz für Behauptungshandlungen und ihr Sinnzusammenhang mit diesen nicht angemessen erfaßt werden können. Gründe sind nur in Hinsicht auf die mögliche Übernahme der Behauptung durch den Adressaten und die entsprechende Einbindung der Behauptung in die Handlungsorientierung des Adressaten angemessen zu erfassen; denn sie sollen eine Basis bilden, die gerade zu dieser Übernahme für jeden, der die Behauptung argumentativ überprüft, hinreicht. Bei der ‚er'-Perspektive ist hingegen gerade die Dimension der möglichen Übernahme der Behauptung durch den Prüfenden selbst eliminiert: der intersubjektive, an andere zur Übernahme adressierte An-spruch, der

[73] Vgl. oben Kap. IV, 6.

mit der Behauptung des Sprechers an den Prüfenden ergeht, bleibt für den Beobachter etwas bloß Gegenständliches, Distanziertes, das zwar vom Beobachter als de facto handlungsleitend *für andere* erkannt werden kann, bei dem sich aber nicht *für den Beobachter selbst* die Alternative stellt, ob er selbst seine Handlungen daran binden soll oder nicht; als bloßer Beobachter versteht er sich gerade nicht *als angesprochen* in diesem Sinn. Was aus der für den Anspruch als An-spruch konstitutiven ‚ich'- bzw. ‚du'-Perspektive Gründe für die intersubjektive Berechtigung von Handlungen einer bestimmten Art sind, das kann aus der ‚er'-Perspektive und für einen Beobachter durch Ursachen, Motive oder Anlässe für Handlungen als singuläre Ereignisse[74] ersetzt werden, die zwar zur Erklärung dieser Handlungen von außen herangezogen werden können, bei denen sich aber für den Beobachter gar nicht die Frage stellt, ob er sie als leitend für seine eigenen Handlungen übernehmen, mit anderen teilen und gemeinsam haben kann. Gründe können daher aus der ‚er'-Perspektive nicht als Grundlage des eigenen Handelns und damit auch nicht als Basis der eigenen, gleichwohl intersubjektiv mitvollziehbaren Ja-Stellungnahme zu einem Wahrheitsanspruch aufgefaßt werden.

Der Gebundenheit von Gründen an die performative Einstellung entspricht der Rekurs auf die für die Anspruchserhebung intersubjektiv relevante Situation, der in der Anführung von Gründen in einer Argumentation erfolgt. Denn werden bestehende Umstände als Gründe für die Berechtigung des Anspruchs angeführt, so wird in der Begründung auf die bestehende Situation hingewiesen: durch die Begründung soll die für Sprecher und Hörer bestehende Situation als solche intersubjektiv ausgewiesen werden, die zu der Erhebung des Anspruchs berechtigt. Ebenso wie der für eine Proposition erhobene Anspruch ist die

[74] Unter Gründen ist somit auch etwas anderes zu verstehen als das, was in der – wenn auch konventionalistisch abgemilderten – intentionalistischen Semantik nach dem Modell zweckrationalen Handelns und unter der Perspektive der Erklärung eines Handlungsereignisses darunter verstanden wird, nämlich Zwecke, Absichten, Überzeugungen, also Intentionen oder propositionale Einstellungen eines einzelnen Sprechers (so Vossenkuhl 1982, 13 ff., 128 ff.).

für Sprecher und Hörer bestehende Situation unabhängig von einer einzelnen Äußerungssituation bestimmbar; die Begründung erfordert vielmehr den Rekurs auf die – aus ganz verschiedenen Äußerungssituationen heraus identifizierbare – Situation, wie sie von Sprecher und Hörer als bestehend schon anerkannt ist.[75] In der Begründung werden Elemente aus der für Sprecher und Hörer bereits bestehenden Anerkennungssituation als Umstände, die zu dem problematisierten Anspruch berechtigen, angeführt. Die als Gründe angeführten Situationselemente können nur dann Begründungsfunktion übernehmen, wenn sie tatsächlich bestehende Umstände sind; aber um auf sie in einer Begründung rekurrieren zu können, müssen sie nicht ihrerseits in einer Argumentation explizit als bestehend nachgewiesen sein – obwohl freilich auch in einem weiteren Argument die Behauptung, daß die Umstände bestehen, ihrerseits problematisiert werden kann. Die Begründung erfordert nicht selbst Propositionen, die schon als wahr explizit ausgewiesen sind. Als Grundlage der Argumentation und der Ja-Stellungnahme müssen die angeführten Umstände aber die (schwächere) Bedingung erfüllen, daß sie von Sprecher und Hörer als bestehend anerkannt sind.[76] Denn in einer Argumentation wird der für Sprecher und Hörer zunächst problematische und einer gemeinsamen Zustimmung nicht fähige Anspruch in der Weise als anerkennungswürdig für die Beteiligten nachgewiesen, daß er an ein schon gemeinsam Anerkanntes und eine schon gemeinsam verfügbare Situationsdeutung rückgebunden wird. Nur wenn ein schon gemeinsam Aner-

[75] Vgl. zum Status von Gründen als etwas, worüber Sprecher und Hörer schon übereinstimmen, Toulmin, Rieke und Janik 1979, 33.

[76] Rescher zeigt, daß es für eine Kohärenztheorie der Wahrheit von grundlegender Bedeutung ist, daß sie einerseits mehr fordern muß, als nur Kohärenz einer als wahr zu qualifizierenden Proposition mit *irgendwelchen* anderen Propositionen – in diesem Sinn könnte auch jede fiktive Erzählung wahr sein –, andererseits aber nicht Kohärenz mit anderen *Wahrheiten* im Sinne von bereits unabhängig als wahr ausgewiesenen Propositionen fordern darf, soll das Kriterium der Kohärenz nicht bloß eine sekundäre Rolle für Wahrheit spielen (vgl. Rescher 1973, 49 f.). Rescher fordert daher Kohärenz mit Daten (ebd. 65); sein Begriff eines Datums bleibt jedoch mit schwerwiegenden Problemen behaftet; vgl. dazu Coomann 1983, 230 ff.

kanntes vorliegt, ist eine argumentative Herbeiführung der gemeinsamen Zustimmung zu einem problematisierten Anspruch möglich. Eine Begründung verläuft innerhalb des intersubjektiven, gemeinsamen Wissens der Beteiligten und kann dieses Wissen nicht verlassen.

Das Wissen von dem *Bestehen* von Umständen, die in Gründen als berechtigend angeführt werden, erfordert, wie noch näher zu zeigen sein wird, für die einen Realitätsbezug umgreifende Wahrheit von Propositionen letztlich einen Rekurs auf Wahrnehmungen; diesem Rekurs entsprechend können die Art der Gründe sowie die Art der Übergangsregeln, die in Argumente für die Berechtigung von Behauptungen über Gegenstände im Sinn raumzeitlich bestimmbarer Einzeldinge eingehen können, durch transzendentale Prinzipien erkenntnistheoretisch näher bestimmt werden. Geht man davon aus, daß ein möglicher Bezug von Erkenntnis zu einem Gegenstand immer schon sprachvermittelt ist, und zwar derart, daß er auch die Möglichkeit des Zutreffens eines Prädikats auf den Gegenstand – d. i. die Möglichkeit einer wahren Proposition – enthält, so grenzt ein formales Wahrheitskriterium auch den Bereich möglichen Gegenstandsbezugs ein. Ein sprachpragmatisches Wahrheitskriterium muß zwar erkenntnistheoretisch ergänzt werden; es bildet aber auch umgekehrt eine notwendige Ergänzung eines erkenntnistheoretischen Wahrheitsbegriffs. Eine vollständige Explikation des Wahrheitsbegriffs muß mehrere Komponenten oder Momente und damit auch verschiedene Wahrheitskriterien integrieren, die jeweils für sich den Orientierungspunkt unterschiedlicher Wahrheitstheorien bilden.[77]

Für eine sprachpragmatische Wahrheitstheorie hat sich gezeigt, daß dem Moment des Konsenses, insbesondere aber dem der Kohärenz einer Behauptung mit Gründen eine zentrale Rolle für ein formales Wahrheitskriterium zukommt. Denn was den Wahrheitsanspruch einer Behauptung für alle möglichen Teilnehmer an der Argumentation einlösen und seine Anerkennung in intersubjektiv nachvollziehbarer Weise herbeiführen kann, sind hinreichende Gründe, mit denen die Behauptung in einer Kohärenz-

[77] Vgl. dazu Puntel 1978, 212 ff.; Apel 1983.

beziehung im Sinn der Argumentationsstruktur steht und in denen bestehende und gemäß der Übergangsregel zur Anspruchserhebung berechtigende Umstände angeführt werden. Da das Verständnis einer Behauptung in einer pragmatischen Bedeutungstheorie unmittelbar an die Kenntnis von Gründen für ihre Berechtigung gebunden ist, integriert der sprachpragmatische Wahrheitsbegriff auch eine Komponente, die sich aus der sprachpragmatischen Erweiterung der Wahrheitssemantik ergibt. Argumente und speziell Gründe können jedoch nur insofern Wahrheitsansprüche elementarer Behauptungen einlösen, als sie sich letztlich auf Wahrnehmungen beziehen können. Durch den Bezug zu Wahrnehmungen kann erkenntnistheoretisch die Beziehung von wahren Propositionen zur Realität und zu Gegenständen gesichert werden; dementsprechend kann auch eine korrespondenztheoretische Komponente in den Wahrheitsbegriff integriert werden, allerdings nur im schwachen, am Common-sense orientierten Sinn von ‚Korrespondenztheorie'.[78] Im Sinne einer kriterienrelevanten Explikation des Wahrheitsbegriffs bleibt aber die intersubjektiv nachvollziehbare Kohärenzbeziehung zwischen elementaren Behauptungen und Gründen auch für die gegenstandstheoretische Komponente des Wahrheitsbegriffs von zentraler Bedeutung. Aufgrund des erforderlichen, durch Wahrnehmungen vermittelten Realitätsbezugs wären die Art der Gründe für diese Behauptungen und die Art der Kohärenzbeziehung zwischen den Gründen und den Behauptungen in einer epistemologischen Wahrheitstheorie näher zu spezifizieren. Was argumentative Einlösung eines Wahrheitsanspruchs heißt, muß daher sowohl durch sprachtheoretische als auch durch erkenntnistheoretische Momente erläutert werden, und erst eine solche Erläuterung könnte einen integrativen Wahrheitsbegriff zum Resultat haben.

Daß Wahrheitsansprüche letztlich nur durch Gründe mit Bezug auf Wahrnehmungen einlösbar sind – d.h. im Sinne einer transzendentalen Erkenntnistheorie: daß Erkenntnis von Gegenständen letztlich nur durch Bezug zu möglicher Erfahrung wahrheitsfähig ist –, bedeutet freilich keineswegs, daß in der Ein-

---

[78] Vgl. dazu oben S. 105 f.

lösung jeglichen Wahrheitsanspruchs Gründe direkt auf Wahrnehmungen bezogen sein müssen. Von der empirischen Wahrheit ist nicht nur die Wahrheit analytischer Sätze, sondern auch die Wahrheit philosophischer Aussagen zu unterscheiden. Ansprüche von Aussagen etwa, in denen Bedingungen der Möglichkeit von Behauptungshandlungen expliziert werden, können – wie sich aus dem Konzept der reflexiven Letztbegründung ergeben hat – nur durch Gründe eingelöst werden, die sich auf das Handlungswissen und das intersubjektive Verständnis von Sprecher und Hörer beziehen. Bei einer solchen Einlösung wird auf Gründe zurückgegangen, die schon im intersubjektiven Verstehen der Anspruchserhebung liegen. Dem Doppelstatus der Behauptung, für die argumentiert wird, entspricht hier die Differenz zwischen der Anspruchserhebung als solcher und der expliziten Stellungnahme zu ihr, die durch Gründe vermittelt ist, die sich auf ein durch die Anspruchserhebung als solche schon Anerkanntes beziehen. Da die Geltung der Behauptung durch Begründung und gemäß der allgemeinen Argumentationsstruktur nachgewiesen wird, zugleich aber auch das in der Anspruchserhebung implizit Unterstellte in seiner Geltung expliziert wird, erfolgt damit eine *argumentative Selbstexplikation* sprachlichen Handelns. In dieser argumentativen Verständigung des Behauptenden über sich selbst wird in den angeführten Gründen auf Bestandteile der bereits hergestellten Anerkennungssituation zurückgegangen.

Der Geltungsnachweis für reflexive Behauptungen und ihre Wahrheit bleiben jedoch in gewisser Weise an die empirische Wahrheit elementarer Aussagen rückgebunden. Denn diese reflexiven Behauptungen haben für sich selbst und direkt keinen Bezug zur Realität und zu wirklichen Gegenständen, über die etwas behauptet wird. Sie können sich nur indirekt auf Gegenstände beziehen, nämlich vermittels elementarer Behauptungen, also singulärer prädikativer Sätze über Gegenstände. In den reflexiven Behauptungen werden formale sprachtheoretische Bedingungen der Wahrheitsfähigkeit dieser elementaren Behauptungen und damit auch Bedingungen der Möglichkeit ihres Gegenstandsbezugs erläutert. Muß der sowohl sprach- als auch erkenntnistheoretisch explizierte Wahrheitsbegriff einen Gegenstandsbezug enthalten und kann dieser letztlich nur durch Wahrnehmungen zustande kommen, so läßt sich reflexiven Aussagen Wahrheit nur insofern zusprechen, als sie notwendige Bedingungen der Möglichkeit eines solchen Gegenstandsbezugs formulieren. Sprachtheoretische Bedingungen dieser Möglichkeit können ebenso wie erkenntnistheoretische Bedingungen möglichen Gegenstandsbezugs nur in dieser für transzendentale Sätze spezifischen Weise der Rückbindung an die unmittelbare Erkenntnis von Gegenständen und damit an die empirische Wahrheit ihrerseits wahr sein.[79] Zwar wird in der reflexiven Letztbegründung von formalen Bedingungen möglicher Behauptungshandlungen die erkenntnistheoretische Problemstellung der Transzendentalphilosophie sprach- und intersubjektivitätstheoretisch erweitert. Entsprechende sprach- und intersubjektivitätstheoretische Bedingungen haben aber ebenso wie jene im engeren Sinn erkenntnistheoretischen oder bewußtseinsphilosophischen Bedingungen transzendentale Funktion, weil sie als Bedingungen der Möglichkeit von intersubjektiver Gültigkeit begründet werden, auf die in jeder immer auch sprachvermittelten Erkenntnis von Gegenständen ein Anspruch erhoben wird. Sie können daher auch nur gelten, insofern ihnen eine solche erkenntnisermöglichende und -begründende Funktion zukommt. Sie sind in dieser Weise an die empirische Wahrheit von Erkenntnissen über Gegenstände rückgebunden und haben nur unter der Voraussetzung der Möglichkeit dieser Wahrheit selbst Geltung im Sinne einer transzendentalen Wahrheit.

6. *Wahrheit und Objektivität der Erfahrung*

Der Rekurs auf berechtigende Umstände als Gründe dient zwar dazu, mit Hilfe eines kohärenztheoretischen Moments einer Wahrheitstheorie und im Sinn einer pragmatischen Bedeutungstheorie zu verdeutlichen, was für eine argumentative Einlösung

---

[79] Zu dem für transzendentale Sätze und transzendentale Argumentation spezifischen Verhältnis von transzendentaler und empirischer Wahrheit vgl. Becker 1985 a.

eines Wahrheitsanspruchs und damit für einen begründeten Konsens sprachtheoretisch erforderlich ist. Dieser Rekurs ist jedoch selbst nicht ausschließlich sprachtheoretisch erfaßbar, sondern muß komplementär zu einer solchen Explikation auch durch eine erkenntnistheoretische Komponente im Sinn einer epistemologischen Wahrheitstheorie erklärt werden. Denn die Umstände der Situation, in der der Anspruch einer sich direkt auf die Realität beziehenden, elementaren Behauptung berechtigt sein soll, sind für Sprecher und Hörer nur durch Wahrnehmung zugänglich. Schon aus semiotischen Gründen müssen Wahrnehmungen und Wahrnehmungsurteile eine zentrale Rolle für die Wahrheit von Propositionen spielen, weil nur durch sie die Symbolfunktion sprachlicher Zeichen mit der Index- und Ikonfunktion von Sprache vermittelt werden kann. Nur durch Wahrnehmung ist die für die Zeicheninterpretation erforderliche Integration von allgemeiner Bedeutung, Situationsbezug und Präsentation sinnlicher Qualitäten möglich.[80] Eine sprachpragmatische Wahrheitstheorie erfordert daher von sich aus eine erkenntnistheoretische Ergänzung in der Erklärung, wie sich für Sprecher und Hörer *durch Vermittlung von Wahrnehmungen* das Wissen von dem Bestehen von Umständen ergeben kann. Darüber hinaus macht auch der enge Bezug einer Wahrheitstheorie zur Theorie der Realität und der Objektivität der Erfahrung eine solche Ergänzung erforderlich.

Das Bestehen von Umständen muß nicht nur gemeinsam anerkannt sein, sondern sich auch aus möglichen Wahrnehmungen ergeben können, wenn diese Umstände in Gründen zur Berechtigung des erhobenen Anspruchs anführbar sein sollen; Gründe bilden ihrerseits letztlich nur dann die für Sprecher und Hörer verfügbare Basis für eine Ja-Stellungnahme zu einem Wahrheitsanspruch, wenn sie auf Umstände hinweisen, deren Bestehen sich aus Wahrnehmungen ergeben kann. Hängen Gründe derart eng

[80] Vgl. zur Rolle der Zeicheninterpretation und der Peirceschen Kategorien „Erstheit", „Zweitheit" und „Drittheit" in einer Wahrheitstheorie Apel 1983, 199 ff., 209 ff. – Nach P. Rohs muß der erforderliche Rekurs auf Wahrnehmungen zu einer transzendentalphilosophischen Behandlung des Bedeutungsproblems führen; vgl. Rohs 1979 b, 31 ff.

mit der Möglichkeit von Wahrnehmung zusammen, so muß auch das Verständnis einer Übergangsregel erkenntnistheoretisch erweitert und ergänzt werden. Nun sind nach Toulmin sowohl die Art von Übergangsregeln, die in bestimmten Argumentationen anwendbar sind, als auch die Art von Gründen, die für diese Argumentationen vorgebracht werden können, von verschiedenen Feldern oder Bereichen der Argumentation abhängig. Diese Felder werden von Toulmin nach verschiedenen, faktisch vorfindbaren und sich historisch wandelnden rationalen Unternehmen, also in institutioneller Hinsicht, voneinander differenziert.[81] Abgesehen von den Schwierigkeiten, die mit dieser Differenzierung verbunden sind,[82] kann sie in einer Wahrheitstheorie schon deshalb nicht übernommen werden, weil diese die Ausgrenzung eines für Wahrheit spezifischen Argumentationsfeldes erfordert. Als ein solches, jedenfalls hierfür zentrales Feld kann allgemein der Bereich von Aussagen über die Realität oder über reale Gegenstände aufgefaßt werden[83] – sei es, daß diese Aussagen in den Kontext einer wissenschaftlichen Theorie[84] oder in den des Alltagswissens eingebunden sind. Dann verweist aber die Klärung des für Wahrheit spezifischen Argumentationsfeldes auf die Aufgabe, zu erklären, wie Ansprüche von Erkenntnissen auf Geltung von Gegenständen durch Rekurs auf Wahrnehmungen gerechtfertigt und unter welchen Bedingungen Ansprüche auf Gegenstandserkenntnis sinnvoll, d. i. als im Prinzip einlösbare Ansprüche, erhoben werden können.

Eine Antwort auf diese Frage versucht die transzendentale Erkenntnistheorie dadurch zu geben, daß sie die Bedingungen

---

[81] Vgl. Toulmin, Rieke u. Janik 1979, 14 ff., 27 f., 193 ff. Zur entsprechenden Orientierung in der Wissenschaftstheorie, nach der Wissenschaften als rationale Unternehmungen durch praktizierte Methoden und Verfahren, vor allem aber durch Institutionen und Professionen festgelegt sind, vgl. Toulmin 1978, 159 ff.

[82] Vgl. Habermas 1981, Bd. I, 56 ff.

[83] Zum Rückverweis von solchen Sätzen und ihrer Wahrheit, die wahrheitsfunktional von anderen Sätzen abhängig sind, auf singuläre prädikative Sätze und damit auf den Wirklichkeitsbezug dieser elementaren Sätze vgl. die Hinweise oben Kap. I Anm. 40.

[84] Zur Ausrichtung von Wissenschaft auf Wahrheit vgl. Tugendhat 1966, und Patzig 1980, 79 f.

möglichen Gegenstandsbezugs von Erkenntnis mit Hilfe von transzendentalen Grundsätzen expliziert. Durch diese Bedingungen werden allgemeine Verhältnisse zwischen Wahrnehmungen bestimmt, in denen diese stehen müssen, wenn durch sie Ansprüche auf Gegenstandserkenntnisse überhaupt einlösbar und empirische Urteile wahrheitsfähig sein sollen, für letztere also die Möglichkeit, wahr oder falsch zu sein, in erkenntnistheoretischer Hinsicht bestehen soll.[85] Transzendentalen Prinzipien kommt somit die Funktion von formalen Übergangsregeln zu, die in allgemeiner Weise für alle Urteile, und zwar nur insofern, als diese sich auf Gegenstände beziehen können, eine formale Basis für die Einlösung von empirischen Wahrheitsansprüchen durch Wahrnehmungen bereitstellen. Für die Einlösung des Wahrheitsanspruchs eines einzelnen empirischen Urteils muß diese formale Basis durch die für dieses Urteil spezifischen Wahrheitsbedingungen und eine entsprechende materiale Übergangsregel ergänzt werden, wobei diese Übergangsregel dem formalen Rahmen der transzendentalen Prinzipien entsprechen muß. Da transzendentale Prinzipien für den ganzen Bereich der Realität konstitutiv sind, bestimmen sie damit in allgemeiner und formaler Weise, von welcher Art einzelne Übergangsregeln insofern sein müssen, als durch sie Übergänge von Wahrnehmungen zu Erkenntnissen realer Gegenstände möglich sein sollen. Insofern transzendentale Prinzipien die Art festlegen, von der die Übergangsregeln für einzelne Urteile sein müssen, ergänzen und spezifizieren sie die sprachpragmatisch bestimmten Kriterien für die Berechtigung von Behauptungen in erkenntnistheoretischer Hinsicht. Indem sie die Art dieser Kriterien bestimmen, grenzen sie erkenntnistheoretisch ein Argumentationsfeld ab, das für die Begriffe Wahrheit und Realität spezifisch ist. Sie geben damit zugleich die allgemeine Art von möglichen Gründen an, die in diesem Bereich der Argumentation für die Geltung von Propositionen angeführt werden können. Denn sie gewährleisten, daß diese Gründe so beschaffen sind, daß sie letztlich – d. i. direkt oder indirekt – einen Bezug zu Wahrnehmungen zulassen, der dem

[85] Zur Einlösbarkeit des Anspruchs empirischer Urteile auf objektive Gültigkeit vgl. Becker 1988 a.

sprachpragmatisch erforderlichen Bezug auf bestehende Umstände der Behauptungssituation korrespondiert. Transzendentale Prinzipien gewährleisten diesen Bezug von Gründen zu möglichen Wahrnehmungen, indem durch sie gezeigt werden kann, wie Gründe gerade *vermöge* ihres Bezugs zu Wahrnehmungen Ansprüche von Erkenntnissen von Gegenständen einlösen können und daß *nur* Gründe mit Bezug zu Wahrnehmungen letztlich solche Ansprüche einlösen können. Denn nach ihnen sind Erkenntnisse von möglichen Gegenständen letztlich nur als Erkenntnisse von Gegenständen der Erfahrung möglich.

Durch transzendentale Prinzipien wird die zwischen Gründen und Behauptungen über Gegenstände bestehende Kluft zwar freilich nicht in logisch-semantischer, wohl aber in erkenntnistheoretischer Hinsicht geschlossen und die Möglichkeit des Übergangs von einem zum anderen in der hier einzig möglichen Weise, nämlich erkenntnistheoretisch gerechtfertigt.[86] Transzendentale Prinzipien bilden somit Brückenprinzipien, die im Bereich von Argumentationen, in denen das Zutreffen von Prädikaten auf sprachlich identifizierbare und raumzeitlich bestimmbare Gegenstände geprüft und beurteilt wird, den Übergang von Gründen zu Behauptungen über diese Gegenstände formal gesehen ermöglichen. Für die Möglichkeit von Behauptungen über reale Gegenstände sind in sprach- und bedeutungtheoretischer Hinsicht Bedingungen der Argumentation und in erkenntnistheoretischer Hinsicht Bedingungen der Objektivität der Erfahrung konstitutiv. Beide Arten von Bedingungen können nicht voneinander getrennt werden, sondern sind miteinander verschränkt und ergänzen einander. Der sinnvolle Vollzug einer Behauptung muß als sprachliches Handeln von vornherein so aufgefaßt werden, daß er den Bedingungen dieser beiden Arten entspricht. Denn ebenso, wie der sinnvolle Bezug auf einen Gegenstand nur so gedacht werden kann, daß dabei zugleich die Mög-

[86] Der Möglichkeit eines solchen Übergangs und seiner Vermittlung durch Gründe entspricht Kants Handlungsbegriff, wie er ihn in der Erkenntnistheorie und speziell in den Begriffen ‚Urteil' und ‚Synthesis' verwendet; vgl. dazu Becker 1987.

lichkeit besteht, diesem Gegenstand ein auf ihn zutreffendes Prädikat zuzusprechen und damit etwas Wahres über ihn zu behaupten, muß auch die sinnvolle Behauptung der Wahrheit einer Proposition so verstanden werden, daß sie die Möglichkeit des Bezugs auf einen Gegenstand voraussetzt. Wer eine Behauptung sinnvoll vollzieht und etwas als wahr hinstellt, unterstellt und beansprucht zugleich, daß diese Behauptung den Bedingungen der Möglichkeit des Gegenstandsbezugs und der Wahrheit entspricht. Die Bedingungen der erfahrungsbezogenen Konstitution von Gegenständen sind zwar nicht identisch mit den Bedingungen der argumentativen Einlösbarkeit des Wahrheitsanspruchs von Behauptungen, deren Propositionen sich auf diese Gegenstände beziehen; aber die Verschränkung beider Arten von Bedingungen miteinander, dergemäß die argumentative Einlösung eines Wahrheitsanspruchs unter Vermittlung von Wahrnehmungen nur durch Bedingungen sowohl der einen als auch der anderen Art möglich ist, läßt ihre Trennung im Sinne der Unterscheidung zwischen einem Erfahrungsapriori und einem Argumentationsapriori nicht zu.

Literaturverzeichnis

Alexy, R. (1983): Theorie der juristischen Argumentation. Die Theorie des rationalen Diskurses als Theorie der juristischen Begründung, Frankfurt a. M.

Alston, W. P. (1964): Philosophy of Language, Englewood Cliffs, N. J.

– (1974): Sprachliche Akte, in: Schirn 1974, 54–73.

Anscombe, G. E. M. (1981): Collected Philosophical Papers, Vol. I–III, Oxford.

– (1986): Absicht, Freiburg/München.

Apel, K.-O. (1973): Transformation der Philosophie, 2 Bde., Frankfurt a. M.

– (1974 a): Zur Idee einer transzendentalen Sprach-Pragmatik, in: J. Simon (Hrsg.): Aspekte und Probleme der Sprachphilosophie, Freiburg/München, 283–326.

– (1974b): Einführende Bemerkungen zur Idee einer „transzendentalen Sprachpragmatik", in: C. H. Heidrich (ed.): Semantics and Communication, Amsterdam, London, New York, 81–108.

– (1975): Der Denkweg von Charles S. Peirce. Eine Einführung in den amerikanischen Pragmatismus, Frankfurt a. M.

– (1976a): Sprechakttheorie und transzendentale Sprachpragmatik zur Frage ethischer Normen, in: Apel 1976c, 10–173.

– (1976b): Das Problem der philosophischen Letztbegründung im Lichte einer transzendentalen Sprachpragmatik. Versuch einer Metakritik des „kritischen Rationalismus", in: B. Kanitscheider (Hrsg.): Sprache und Erkenntnis, Innsbruck, 55–82.

– (1976c) (Hrsg.): Sprachpragmatik und Philosophie, Frankfurt a. M.

– (1979a): Die Erklären:Verstehen-Kontroverse in transzendental-pragmatischer Sicht, Frankfurt a. M.

– (1979b): Types of Rationality Today: the Continuum of Reason between Science and Ethics, in: Th. F. Geraets (ed.): Rationality To-day, Ottawa, 307–340.

– (1980): Zwei paradigmatische Antworten auf die Frage nach der Logos-Auszeichnung der menschlichen Sprache, in: H. Lützeler (Hrsg.): Kulturwissenschaften, Bonn, 13–68.

– (1981): Intentions, Conventions, and Reference to Things: Dimensions of Understanding Meaning in Hermeneutics and in Analytic Philosophy of Language, in: H. Parret und J. Bouveresse (eds.): Meaning and Understanding, Berlin, New York, 79–111.

– (1983): C. S. Peirce and the Post-Tarskian Problem of an Adequate Explication of the Meaning of Truth: Towards a Transcendental-Pragmatic Theory of Truth, in: E. Freeman (ed.): The Relevance of Charles Peirce, La Salle, Ill., 189–223.
– (1984): Das Problem einer philosophischen Theorie der Rationalitätstypen, in: H. Schnädelbach (Hrsg.): Rationalität. Philosophische Beiträge, Frankfurt a. M., 15–31.
Armstrong, D. M. (1973): Belief, Truth and Knowledge, Cambridge.
Ashby, R. W. (1967): Verifiability Principle, in: P. Edwards (ed.): The Encyclopedia of Philosophy, Vol. 8, London, New York, 240–247.
Austin, J. L. (1972): Zur Theorie der Sprechakte (How to do Things with Words), Stuttgart.
– (1975a): Ungerecht gegenüber den Tatsachen, in: Austin 1975c, 152–176.
– (1975b): Fremdseelisches, in: Austin 1975c, 55–102.
– (1975c): Wort und Bedeutung. Philosophische Aufsätze, München.
– (1977a): Wahrheit, in: Skirbekk 1977, 226–245.
– (1977b): Ein Plädoyer für Entschuldigungen, in: Meggle 1977, 8–42.
Ayer, A. J. (1970): Sprache, Wahrheit und Logik, Stuttgart.
– (1977): Wahrheit, in: Skirbekk 1977, 276–299.
Bar-Hillel, Y. (1970): Aspects of Language, Amsterdam.
– (1973): Primary Truth Bearers, in: Dialectica 27, 303–312.
Barth, E. M. und Martens, J. L. (1982) (eds.): Argumentation. Approaches to Theory Formation, Amsterdam.
Becker, W. (1984): Selbstbewußtsein und Erfahrung. Zu Kants transzendentaler Deduktion und ihrer argumentativen Rekonstruktion, Freiburg/München.
– (1985a): Kritik und Begründung in transzendentaler Argumentation, in: Kant-Studien 76, 170–195.
– (1985b): Das Selbstverhältnis des sprachlich Handelnden. Sprachpragmatische Überlegungen zum Handlungsbegriff bei Fichte, in: Zeitschrift für philosophische Forschung 39, 35–59.
– (1987): Zum Handlungsbegriff in Kants theoretischer Philosophie, in: Allgemeine Zeitschrift für Philosophie 12, H. 3, 41–59.
– (1988a): Über den Objektivitätsanspruch empirischer Urteile und seine transzendentale Begründung, in: Forum für Philosophie Bad Homburg (Hrsg.): Kants transzendentale Deduktion und die Möglichkeit von Transzendentalphilosophie, Frankfurt a. M., 70–90.
– (1988b): Die Mitteilbarkeit von Gedanken. Zu Selbstbewußtsein und Intersubjektivität bei Frege, in: Zeitschrift für philosophische Forschung 42, 274–286.
– (1988c): Urteil und Synthesis als Bestandteile von Argumentationshandlungen, in: G. Funke und Th. M. Seebohm (eds.): Proceedings of the Sixth International Kant Congress 1985, Washington, 157–167.
– Indexikalische Ausdrücke und Propositionen, erscheint in: Grazer philosophische Studien.

Beckermann, A. (1972): Die realistischen Voraussetzungen der Konsenstheorie von J. Habermas, in: Zeitschrift für allgemeine Wissenschaftstheorie 3, 63–80.
– (1977) (Hrsg.): Analytische Handlungstheorie, Bd. 2: Handlungserklärungen, Frankfurt a. M.
Bell, D. (1979): Frege's Theory of Judgement, Oxford.
Berk, U. (1979): Konstruktive Argumentationstheorie, Stuttgart-Bad Cannstatt.
Berlich, A. (1982): Elenktik des Diskurses. Karl-Otto Apels Ansatz einer transzendentalpragmatischen Letztbegründung, in: Kuhlmann u. Böhler 1982, 251–287.
Birnbacher, D. (1974): Die Logik der Kriterien. Analysen zur Spätphilosophie Wittgensteins, Hamburg.
Böhler, D. (1985): Rekonstruktive Pragmatik, Frankfurt a. M.
Bubner, R. (1982a): Handlung, Sprache und Vernunft. Grundbegriffe praktischer Philosophie, (Neuausg.) Frankfurt a. M.
– (1982b): Selbstbezüglichkeit als Struktur transzendentaler Argumente, in: Kuhlmann u. Böhler 1982, 304–332.
Bühler, K. (1982): Sprachtheorie. Die Darstellungsfunktion der Sprache, (Neudr. d. Ausg. von 1934) Stuttgart, New York.
Burge, T. (1979): Sinning against Frege, in: The Philosophical Review 88, 398–432.
Burks, A. W. (1948/1949): Icon, Index, and Symbol, in: Philosophy and Phenomenological Research 9, 673–689.
Carl, W. (1982): Sinn und Bedeutung. Studien zu Frege und Wittgenstein, Königstein, Ts.
Carnap, R. (1931): Überwindung der Metaphysik durch logische Analyse der Sprache, in: Erkenntnis 2, 219–241.
– (1936/1937): Testability and Meaning, in: Philosophy of Science 3, 419–471 und 4, 1–40.
– (1966): Scheinprobleme in der Philosophie. Das Fremdpsychische und der Realismusstreit, Frankfurt a. M.
– (1968a): Logische Syntax der Sprache, 2. Aufl. Wien, New York.
– (1968b): Introduction to Semantics, in: R. Carnap: Introduction to Semantics and Formalization of Logic, Cambridge, Mass.
– (1972): Bedeutung und Notwendigkeit. Eine Studie zur Semantik und modalen Logik, Wien, New York.
– (1977): Wahrheit und Bewährung, in: Skirbekk 1977, 89–95.
Cartwright, R. (1962): Propositions, in: R. J. Butler (ed.): Analytical Philosophy. First Series, Oxford, 81–103.
– (1968): Propositions Again, in: Noûs 2, 229–246.
Castañeda, H.-N. (1979): Intensionality and Identity in Human Action and Philosophical Method, in: Noûs 13, 235–260.
Chisholm, R. M. (1971): Problems of Identity, in: M. K. Munitz (ed.): Identity and Individuation, New York, 3–30.
– (1977): Freiheit und Handeln, in: Meggle 1977, 354–387.

– (1979): Erkenntnistheorie, München.
Church, A. (1943): Carnap's Introduction to Semantics, in: The Philosophical Review 52, 298–305.
– (1978 a): Propositionen und Sätze, in: Stegmüller 1978, 188–198.
– (1978 b): Intensionale Semantik, in: Stegmüller 1978, 209–225.
Coomann, H. (1983): Die Kohärenztheorie der Wahrheit, Frankfurt a. M.

Danto, A. C. (1977): Basis-Handlungen, in: Meggle 1977, 89–110.
– (1978): Basishandlungen und Basisbegriffe, in: Lenk 1978 a, 373–389.
– (1979): Analytische Handlungsphilosophie, Königstein, Ts.
Davidson, D. (1976): Wahrheit und Bedeutung, in: Sukale 1976, 104–122.
– (1977): Handeln, in: Meggle 1977, 282–307.
– (1983): A Coherence Theory of Truth and Knowledge, in: D. Henrich (Hrsg.): Kant oder Hegel?, Stuttgart, 423–438.
– (1985): Handlung und Ereignis, Frankfurt a. M.
– (1986): Wahrheit und Interpretation, Frankfurt a. M.
Donnellan, K. S. (1985): Reden über nichts, in: Wolf 1985, 274–308.
Dummett, M. (1976): What is a Theory of Meaning? (II), in: G. Evans und J. McDowell (eds.): Truth and Meaning. Essays in Semantics, Oxford, 67–137.
– (1978): The Reality of the Past, in: M. Dummett: Truth and other Enigmas, London, 358–374.
– (1981 a): Frege. Philosophy of Language, 2. Aufl. London.
– (1981 b): The Interpretation of Frege's Philosophy, London.
– (1982 a): Wahrheit, in: Dummett 1982 c, 7–46.
– (1982 b): Was ist eine Bedeutungstheorie?, in: Dummett 1982 c, 94–155.
– (1982 c): Wahrheit. Fünf philosophische Aufsätze, Stuttgart.

Feinberg, J. (1977): Handlung und Verantwortung, in: Meggle 1977, 186–225.
Franzen, W. (1978/1979): Zur Redundanztheorie der Wahrheit. Ein historischer und systematischer Überblick, in: Conceptus 12, 54–69 und 13, 47–62.
– (1981): Zur neueren Wahrheitsdiskussion: Redundanztheorie versus Korrespondenztheorie der Wahrheit, in: Zeitschrift für philosophische Forschung 35, 73–90.
– (1982 a): Die Bedeutung von ‚wahr' und ‚Wahrheit'. Analysen zum Wahrheitsbegriff und zu einigen neueren Wahrheitstheorien, Freiburg/München.
– (1982 b): Ist die semantische Wahrheitstheorie eine Wahrheitstheorie?, in: Philosophisches Jahrbuch 89, 291–308.
Frege, G. (1962): Grundgesetze der Arithmetik, 2 Bde., (Nachdruck) Hildesheim.
– (1976 a): Logische Untersuchungen, hrsg. von G. Patzig, 2. Aufl. Göttingen.
– (1976 b): Wissenschaftlicher Briefwechsel, hrsg. von G. Gabriel, H. Hermes, F. Kambartel, Ch. Thiel und A. Veraart, Hamburg.

– (1977 a): Begriffsschrift und andere Aufsätze, hrsg. von I. Angelelli, 3. Aufl. Darmstadt.
– (1977 b): Die Grundlagen der Arithmetik. Eine logisch-mathematische Untersuchung über den Begriff der Zahl, (Nachdruck) Hildesheim, New York.
– (1980): Funktion, Begriff, Bedeutung. Fünf logische Studien, hrsg. von G. Patzig, 5. Aufl. Göttingen.
– (1983): Nachgelassene Schriften, hrsg. von H. Hermes, F. Kambartel und F. Kaulbach, 2. Aufl. Hamburg.
Geach, P. T. (1962): Reference and Generality. An Examination of some Medieval and Modern Theories, Ithaca, London.
– (1972): Logic Matters, Oxford.
Gethmann, C. F. (1979): Protologik. Untersuchungen zur formalen Pragmatik von Begründungsdiskursen, Frankfurt a. M.
– (1980) (Hrsg.): Theorie des wissenschaftlichen Argumentierens, Frankfurt a. M.
– (1982) (Hrsg.): Logik und Pragmatik. Zum Rechtfertigungsproblem logischer Sprachregeln, Frankfurt a. M.
Goldman, A. I. (1970): A Theory of Human Action, Englewood Cliff, N. J.
– (1977): Die Identität von Handlungen, in: Meggle 1977, 332–353.
Grice, H. P. (1979 a): Intendieren, Meinen, Bedeuten, in: Meggle 1979, 2–15.
– (1979 b): Sprecher-Bedeutung, Satz-Bedeutung und Wort-Bedeutung, in: Meggle 1979, 85–111.
Grover, D. L. (1976): ‚This is false' on the Prosentential Theory, in: Analysis 36, 80–83.
Grover, D. L., Camp Jr., J. L. und Belnap Jr., N. D. (1975): A Prosentential Theory of Truth, in: Philosophical Studies 27, 73–125.
Habermas, J. (1971 a): Vorbereitende Bemerkungen zu einer Theorie der kommunikativen Kompetenz, in: Habermas u. Luhmann 1971, 101–141.
– (1971 b): Theorie der Gesellschaft oder Sozialtechnologie? Eine Auseinandersetzung mit Niklas Luhmann, in: Habermas u. Luhmann 1971, 142–290.
– (1973): Erkenntnis und Interesse, 2. Aufl. Frankfurt a. M.
– (1975): Sprachspiel, Intention und Bedeutung. Zu Motiven bei Sellars und Wittgenstein, in: R. Wiggershaus (Hrsg.): Sprachanalyse und Soziologie, Frankfurt a. M., 319–340.
– (1976): Was heißt Universalpragmatik?, in: Apel 1976 c, 174–272.
– (1981): Theorie des kommunikativen Handelns, 2 Bde., Frankfurt a. M.
– (1984): Vorstudien und Ergänzungen zur Theorie des kommunikativen Handelns, Frankfurt a. M.
– (1985): Die Neue Unübersichtlichkeit. Kleine Politische Schriften V, Frankfurt a. M.
Habermas, J. und Luhmann, N. (1971): Theorie der Gesellschaft oder Sozialtechnologie – Was leistet die Systemforschung?, Frankfurt a. M.

Hacker, P. M. S. (1978): Einsicht und Täuschung. Wittgenstein über Philosophie und die Metaphysik der Erfahrung, Frankfurt a. M.
Hacking, I. (1984): Die Bedeutung der Sprache für die Philosophie, Königstein, Ts.
Harman, G. (1976): Bedeutungstheorien und Wahrheitstheorien, in: Sukale 1976, 161–174.
Harras, G. (1983): Handlungssprache und Sprechhandlung, Berlin, New York.
Heckmann, H.-D. (1981): Was ist Wahrheit? Eine systematisch-kritische Untersuchung philosophischer Wahrheitsmodelle, Heidelberg.
Henrich, D. (1976): Identität und Objektivität. Eine Untersuchung über Kants transzendentale Deduktion, Heidelberg.
Heringer, H. J. (1974 a): Praktische Semantik, Stuttgart.
– (1974 b): Eine Regel beschreiben, in: H. J. Heringer (Hrsg.): Der Regelbegriff in der praktischen Semantik, Frankfurt a. M., 48–87.
Höffe, O. (1979): Kritische Überlegungen zur Konsensustheorie der Wahrheit (Habermas), in: O. Höffe: Ethik und Politik, Frankfurt a. M., 251–277.
Husserl, E. (1972): Erfahrung und Urteil. Untersuchungen zur Genealogie der Logik, 4. Aufl. Hamburg.
– (1980 a): Logische Untersuchungen, 2 Bde., 6. Aufl. Tübingen.
– (1980 b): Ideen zu einer reinen Phänomenologie und phänomenologischen Philosophie, 4. Aufl. Tübingen.

Ilting, K.-H. (1975): Geltung als Konsens, in: Neue Hefte für Philosophie 10, 20–50.
– (1979): Wahrheit und Verbindlichkeit, in: Lorenz 1979, Bd. II, 115–145.
Ineichen, H. (1983): Bedeutung und Verifikation. Über die Möglichkeit einer verifikationistischen Bedeutungstheorie, in: Zeitschrift für philosophische Forschung 37, 227–240.

Joas, H. (1980): Praktische Intersubjektivität. Die Entwicklung des Werkes von G. H. Mead, Frankfurt a. M.

Kambartel, F. (1978): Symbolische Handlungen. Überlegungen zu den Grundlagen einer pragmatischen Theorie der Sprache, in: J. Mittelstraß und M. Riedel (Hrsg.): Vernünftiges Denken, Berlin, New York, 3–22.
– (1979): Überlegungen zum pragmatischen und zum argumentativen Fundament der Logik, in: Lorenz 1979, Bd. I, 216–228.
– (1980): Pragmatische Grundlagen der Semantik, in: Gethmann 1980, 95–114.
– (1982): Formalistische und sophistische Elemente in der „dialogischen Logik", in: Gethmann 1982, 41–52.
– (1984): Analysen zur Komplexität und Ordnung unserer Handlungen, in: P. Janich (Hrsg.): Methodische Philosophie, Mannheim, Wien Zürich, 36–41.
Kant, I. (1956): Kritik der reinen Vernunft, Hamburg.
Kaplan, D. (1979): Dthat, in: P. A. French, Th. E. Uehling und

H. K. Wettstein (eds.): Contemporary Perspectives in the Philosophy of Language, Minneapolis, 383–400.
Kenny, A. (1967): Criterion, in: P. Edwards (ed.): The Encyclopedia of Philosophy, Vol. 2, London, New York, 258–261.
– (1974): Wittgenstein, Frankfurt a. M.
Klein, W. (1980 a): Argumentation und Argument, in: Klein 1980 b, 9–57.
– (1980 b) (Hrsg.): Argumentation. Zeitschrift für Literatur und Linguistik 38/39, Göttingen.
Kneale, W. (1972): Propositions and Truth in Natural Languages, in: Mind 81, 225–243.
Kneale, W. und Kneale M. (1962): The Development of Logic, Oxford.
– (1970): Propositions and Time, in: A. Ambrose und H. Lazerowitz (eds.): G. E. Moore: Essays in Retrospect, London.
Kopperschmidt, J. (1980): Argumentation. Sprache und Vernunft, Teil II, Stuttgart.
Kopperschmidt, J. und Schanze H. (1985) (Hrsg.): Argumente – Argumentation. Interdisziplinäre Problemzugänge, München.
Kretzmann, N. (1970): Medieval Logicians on the Meaning of the ‚propositio‘, in: The Journal of Philosophy 67, 767–787.
Kripke, S. A. (1981): Name und Notwendigkeit, Frankfurt a. M.
Künne, W. (1981): Verstehen und Sinn. Eine sprachanalytische Betrachtung, in: Allgemeine Zeitschrift für Philosophie 6, 1–16.
– (1982 a): Indexikalität, Sinn und propositionaler Gehalt, in: Grazer philosophische Studien 18, 41–74.
– (1982 b): Criteria of Abstractness. The Ontologies of Husserl, Frege and Strawson against the Background of Classical Metaphysics, in: B. Smith (ed.): Parts and Moments – Studies in Logic and Formal Ontology, München, Wien, 401–437.
– (1983): Abstrakte Gegenstände. Semantik u. Ontologie, Frankfurt a. M.
Kuhlmann, W. (1975): Reflexion und kommunikative Erfahrung. Untersuchungen zur Stellung philosophischer Reflexion zwischen Theorie und Kritik, Frankfurt a. M.
– (1981): Reflexive Letztbegründung. Zur These von der Unhintergehbarkeit der Argumentationssituation, in: Zeitschrift für philosophische Forschung 35, 3–26.
– (1985): Reflexive Letztbegründung. Untersuchungen zur Transzendentalpragmatik, Freiburg/München.
Kuhlmann, W. und Böhler, D. (1982) (Hrsg.): Kommunikation und Reflexion. Zur Diskussion der Transzendentalpragmatik. Antworten auf Karl-Otto Apel, Frankfurt a. M.
Kulenkampff, A. (1973): Evidenz, in: H. Krings, H. M. Baumgartner und Ch. Wild (Hrsg.): Handbuch philosophischer Grundbegriffe, Bd. I, München, 425–436.
v. Kutschera, F. (1975): Sprachphilosophie, 2. Aufl. München.
– (1976): Einführung in die intensionale Semantik, Berlin, New York.
Lemmon, E. J. (1966): Sentences, Statements and Propositions, in:

J. Montefiori und B. Williams (eds.): British Analytical Philosophy, London, 87–101.
Lenk, H. (1978a) (Hrsg.): Handlungstheorien – interdisziplinär, Bd. 2, München.
– (1978b): Handlung als Interpretationskonstrukt. Entwurf einer konstituenten- und beschreibungstheoretischen Handlungsphilosophie, in: Lenk 1978a, 279–350.
– (1980a) (Hrsg.): Handlungstheorien – interdisziplinär, Bd. 1, München.
– (1980b): Graphen- und Verbandsstrukturen in formalen Handlungstheorien, in: Lenk 1980a, 137–165.
Lorenz, K. (1970): Elemente der Sprachkritik. Eine Alternative zum Dogmatismus und Skeptizismus in der Analytischen Philosophie, Frankfurt a. M.
– (1972): Der dialogische Wahrheitsbegriff, in: Neue Hefte für Philosophie 2/3, Göttingen, 111–123.
– (1979) (Hrsg.): Konstruktionen versus Positionen, 2 Bde., Berlin, New York.
– (1982): Die irreführende Gleichsetzung von Begründungen und Argumentationen. Bemerkungen zu einem monologischen Mißverständnis in der dialogischen Logik, in: Gethmann 1982, 78–91.
Lorenzen, P. und Lorenz, K. (1978): Dialogische Logik, Darmstadt.
Lyons, J. (1975): Einführung in die moderne Linguistik, 4. Aufl. München.
– (1980): Semantik, Bd. 1, München.
Mackie, J. L. (1970): Simple Truth, in: The Philosophical Quarterly 20, 321–333.
– (1973): Truth, Probability and Paradox. Studies in Philosophical Logic, Oxford.
Mans, D. (1974): Intersubjektivitätstheorien der Wahrheit. Eine Studie zur Definition des Prädikats ‚wahre philosophische Aussage', Diss. Frankfurt a. M.
Marten, R. (1972): Existieren, Wahrsein und Verstehen. Untersuchungen zur ontologischen Basis sprachlicher Verständigung, Berlin, New York.
McCarthy, T. (1980): Kritik der Verständigungsverhältnisse. Zur Theorie von Jürgen Habermas, Frankfurt a. M.
McGinn, C. (1980): Truth and Use, in: Platts 1980, 19–40.
Mead, G. H. (1973): Geist, Identität und Gesellschaft, Frankfurt a. M.
– (1980a): Sozialpsychologie als Gegenstück der physiologischen Psychologie, in: Mead 1980e, 199–209.
– (1980b): Soziales Bewußtsein und das Bewußtsein von Bedeutungen, in: Mead 1980e, 210–221.
– (1980c): Welche sozialen Objekte muß die Psychologie voraussetzen?, in: Mead 1980e, 222–231.
– (1980d): Eine behavioristische Erklärung des signifikanten Symbols, in: Mead 1980e, 290–298.

– (1980e): Gesammelte Aufsätze, Bd. 1, hrsg. von H. Joas, Frankfurt a. M.
Meggle, G. (1977) (Hrsg.): Analytische Handlungstheorie, Bd. 1: Handlungsbeschreibungen, Frankfurt a. M.
– (1979) (Hrsg.): Handlung, Kommunikation, Bedeutung, Frankfurt a. M.
Melden, A. I. (1977): Freie Handlungen, in: Beckermann 1977, 120–167.
Moore, G. E. (1953): Some Main Problems of Philosophy, London, New York.
– (1959a): Facts and Propositions, in: Moore 1959c, 60–88.
– (1959b): Wittgenstein's Lectures in 1930–33, in: Moore 1959c, 252–324.
– (1959c): Philosophical Papers, London, New York.
– (1968): A Reply to my Critics, in: P. A. Schilpp (ed.): The Philosophy of G. E. Moore, 3. Aufl. La Salle, 533–677.
Morris, Ch. W. (1979): Grundlagen der Zeichentheorie, in: Ch. W. Morris: Grundlagen der Zeichentheorie/Ästhetik und Zeichentheorie, Frankfurt a. M., 15–88.
Mulligan, K., Simons, P. und Smith, B. (1984): Truth-Makers, in: Philosophy and Phenomenological Research 44, 287–321.
Nuchelmans, G. (1973): Theories of the Proposition. Ancient and medieval conceptions of the bearers of truth and falsity, Amsterdam, London.
O'Connor, D. J. (1975): The Correspondence Theory of Truth, London.
Pap, A. (1955): Analytische Erkenntnistheorie, Wien.
Patzig, G. (1980): Das Problem der Objektivität und der Tatsachenbegriff, in: G. Patzig: Tatsachen, Normen, Sätze. Aufsätze und Vorträge, Stuttgart, 76–97.
– (1981): Satz und Tatsache, in: G. Patzig: Sprache und Logik, 2. Aufl. Göttingen, 39–76.
Peirce, Ch. S. (1931 ff.): Collected Papers, Vol. I–VI, ed. by Ch. Hartshorne und P. Weiss, Cambridge, Mass.
– (1973): Lectures on Pragmatism/Vorlesungen über Pragmatismus, hrsg. von E. Walther, Hamburg.
– (1976): Schriften zum Pragmatismus und Pragmatizismus, hrsg. von K.-O. Apel, 2. Aufl. Frankfurt a. M.
– (1983): Phänomen und Logik der Zeichen, hrsg. von H. Pape, Frankfurt a. M.
Perry, J. (1977): Frege on Demonstratives, in: The Philosophical Review 86, 474–497.
– (1979): The Problem of the Essential Indexical, in: Noûs 13, 3–21.
Pitcher, G. (1964a) (ed.): Truth, Englewood Cliffs, N. J.
– (1964b): Introduction, in: Pitcher 1964a, 1–15.
Platon (1900ff.): Opera, hrsg. von J. Burnet, Oxford.
Platts, M. (1980) (ed.): Reference, Truth and Reality. Essays on the Philosophy of Language, London, Boston, Henley.

Popper, K. R. (1984): Objektive Erkenntnis. Ein evolutionärer Entwurf, 4. Aufl. Hamburg.
Prauss, G. (1980): Einführung in die Erkenntnistheorie, Darmstadt.
Puntel, L. B. (1974): Wahrheit, in: H. Krings, H. M. Baumgartner und Ch. Wild (Hrsg.): Handbuch philosophischer Grundbegriffe, Bd. 3, München, 1649–1668.
– (1978): Wahrheitstheorien in der neueren Philosophie. Eine kritisch-systematische Darstellung, Darmstadt.
– (1984): Wahrheitstheorie, Wahrheitsprädikat und Wahrheitsontologie, in: Philosophische Rundschau 31, 95–107.
– (1987) (Hrsg.): Der Wahrheitsbegriff. Neue Erklärungsversuche, Darmstadt.
Quine, W. v. O. (1951): Mathematical Logic, Cambridge, Mass.
– (1973): Philosophie der Logik, Stuttgart.
– (1974): Grundzüge der Logik, Frankfurt a. M.
– (1975): Ontologische Relativität und andere Schriften, Stuttgart.
– (1976): Die Wurzeln der Referenz, Frankfurt a. M.
– (1979): Von einem logischen Standpunkt. Neun logisch-philosophische Essays, Frankfurt a. M., Berlin, Wien.
– (1980): Wort und Gegenstand, Stuttgart.
Ramsey, F. P. (1977): Tatsachen und Propositionen, in: Skirbekk 1977, 224–225.
Rescher, N. (1973): The Coherence Theory of Truth, Oxford.
– (1987): Wahrheit als ideale Kohärenz, in: Puntel 1987, 284–297.
Rohs, P. (1979a): Die Vernunft der Erfahrung. Eine Alternative zum Anarchismus der Wissenschaftstheorie, Königstein, Ts.
– (1979b): Transzendentalphilosophie oder sprachanalytische Bedeutungstheorie?, in: Philosophisches Jahrbuch 86, 16–41.
– (1980): Die Zeit des Handelns. Eine Untersuchung zur Handlungs- und Normentheorie, Königstein, Ts.
– (1985): Was sind Bedeutungen?, in: Allgemeine Zeitschrift für Philosophie 10, H. 3, 1–26.
Rorty, R. (1981): Der Spiegel der Natur. Eine Kritik der Philosophie, Frankfurt a. M.
Russell, B. (1971 a): Über das Kennzeichnen, in: Russell 1971 c, 3–22.
– (1971 b): Über die Natur von Wahrheit und Falschheit, in: Russell 1971 c, 99–113.
– (1971 c): Philosophische und politische Aufsätze, Stuttgart.
– (1976): Die Philosophie des Logischen Atomismus. Aufsätze zur Logik und Erkenntnistheorie 1908–1918, München.
– (1977): Wahrheit und Falschheit, in: Skirbekk 1977, 63–72.
– (1980): An Inquiry into Meaning and Truth, London.
Ryle, G. (1969): Der Begriff des Geistes, Stuttgart.
Schecker, M. (1977) (Hrsg.): Theorie der Argumentation, Tübingen.
Schiffer, St. R. (1972): Meaning, Oxford.
Schirn, M. (1974) (Hrsg.): Sprachhandlung – Existenz – Wahrheit.

Hauptthemen der sprachanalytischen Philosophie, Stuttgart-Bad Cannstatt.
– (1975): Identität und Synonymie. Logisch-semantische Untersuchungen unter Berücksichtigung der sprachlichen Verständigungspraxis, Stuttgart-Bad Cannstatt.
– (1976) (Hrsg.): Studien zu Frege, 3 Bde., Stuttgart-Bad Cannstatt.
– (1982): Wahrheitsbedingungen und Verifikation, in: Zeitschrift für philosophische Forschung 36, 378–391.
Schnädelbach, H. (1977): Reflexion und Diskurs. Fragen einer Logik der Philosophie, Frankfurt a. M.
Schneider, H. J. (1975): Pragmatik als Basis von Semantik und Syntax, Frankfurt a. M.
– (1979): Ist die Prädikation eine Sprechhandlung? Zum Zusammenhang zwischen pragmatischen und syntaktischen Funktionsbestimmungen, in: Lorenz 1979, Bd. II, 23–36.
Schnelle, H. (1973): Sprachphilosophie und Linguistik. Prinzipien der Sprachanalyse a priori und a posteriori, Reinbek.
Schwab, M. (1980): Redehandeln. Eine institutionelle Sprechakttheorie, Königstein, Ts.
Scruton, R. (1976): Truth Conditions and Criteria, in: The Aristotelian Society, Supplementary Vol. 50, 193–216.
Searle, J. R. (1968): Austin on Locutionary and Illocutionary Acts, in: The Philosophical Review 77, 405–424.
– (1969): Eigennamen, in: E. v. Savigny (Hrsg.): Philosophie und normale Sprache. Texte der Ordinary-Language-Philosophie, Freiburg/München, 180–190.
– (1971): Sprechakte. Ein philosophischer Essay. Frankfurt a. M.
– (1974): Was ist ein Sprechakt?, in: Schirn 1974, 33–53.
– (1979): Intentionalität und der Gebrauch der Sprache, in: G. Grewendorf (Hrsg.): Sprechakttheorie und Semantik, Frankfurt a. M. 149–171.
– (1982): Ausdruck und Bedeutung. Untersuchungen zur Sprechakttheorie, Frankfurt a. M.
– (1987): Intentionalität. Eine Abhandlung zur Philosophie des Geistes, Frankfurt a. M.
Seebohm, Th. M. (1984): Philosophie der Logik, Freiburg/München.
Sellars, W. (1977): Wahrheit und „Korrespondenz“, in: Skirbekk 1977, 300–336.
Shoemaker, S. (1963): Self-Knowledge and Self-Identity, Ithaca, London.
Shwayder, D. S. (1965): The Stratification of Behaviour, London, New York.
– (1976): On the Determination of Reference by Sense, in: Schirn 1976, Bd. 3, 85–95.
Simon, J. (1981): Sprachphilosophie, Freiburg/München.

Skirbekk, G. (1977) (Hrsg.): Wahrheitstheorien. Eine Auswahl aus den Diskussionen über Wahrheit im 20. Jahrhundert, Frankfurt a. M.
– (1982): Rationaler Konsens und ideale Sprechsituation als Geltungsgrund? Über Recht und Grenze eines transzendental-pragmatischen Geltungskonzepts, in: Kuhlmann u. Böhler 1982, 54–82.
Sluga, H. D. (1975): Frege and the Rise of Analytic Philosophy, in: Inquiry 18, 471–487.
– (1976): Frege as a Rationalist, in: Schirn 1976, Bd. 1, 27–47.
– (1977): Frege's Alleged Realism, in: Inquiry 20, 227–242.
– (1980): Gottlob Frege, London, Boston, Henley.
Specht, E. K. (1963): Die sprachphilosophischen und ontologischen Grundlagen im Spätwerk Ludwig Wittgensteins, Köln.
– (1967): Sprache und Sein, Berlin.
Stalnaker, R. (1976): Propositions, in: A. F. MacKay und D. D. Merrill (eds.): Issues in the Philosophy of Language, New Haven, London, 79–91.
Stegmüller, W. (1972): Das Wahrheitsproblem und die Idee der Semantik. Eine Einführung in die Theorien von A. Tarski und R. Carnap, (Nachdr. d. 2. Aufl.) Wien, New York.
– (1978) (Hrsg.): Das Universalienproblem, Darmstadt.
Stenius, E. (1967): Mood and Language-Game, in: Synthese 17, 254–274.
– (1969): Wittgensteins Traktat. Eine kritische Darlegung seiner Hauptgedanken, Frankfurt a. M.
Strawson, P. F. (1952): Introduction to Logical Theory, London.
– (1957): Construction and Analysis, in: A. J. Ayer u. a.: The Revolution in Philosophy, London, 97–110.
– (1964): A Problem about Truth – A Reply to Mr. Warnock, in: Pitcher 1964 a, 68–84.
– (1968): Wahrheit, in: R. Bubner (Hrsg.): Sprache und Analysis, Göttingen, 96–116.
– (1970): Analysis, Science, and Metaphysics, in: R. Rorty (ed.): The Linguistic Turn. Recent Essays in Philosophical Method, Chicago, London, 312–320.
– (1971): Logico-Linguistic Papers, London.
– (1972): Einzelding und logisches Subjekt (Individuals), Stuttgart.
– (1974): Logik und Linguistik. Aufsätze zur Sprachphilosophie, München (Teilübers. von Strawson 1971).
– (1976/1977): Scruton and Wright on Anti-Realism, in: Proceedings of the Aristotelian Society (New Series) 77, 15–21.
– (1977): Wahrheit, in: Skirbekk 1977, 246–275.
– (1979): Universals, in: Midwest Studies in Philosophy 4, 3–10.
– (1981): Die Grenzen des Sinns. Ein Kommentar zu Kants „Kritik der reinen Vernunft“, Königstein, Ts.
Stroll, A. (1967): Statements, in: A. Stroll (ed.): Epistemology. New Essays in the Theory of Knowledge, New York, 179–203.

– (1968): Two Sources of the Problem of Statements, in: Filosofia 29, 747–759.
– (1976): Truth-Bearers, Propositions and the Problem of Universals, in: Dialectica 30, 17–34.
Stroll, A. und Alexander, H. (1975): ‚True' and Truth, in: Philosophy of Science 42, 384–410.
Sukale, M. (1976) (Hrsg.): Moderne Sprachphilosophie, Hamburg.
Tarski, A. (1973): Der Wahrheitsbegriff in den formalisierten Sprachen, in: K. Berka und L. Kreiser: Logik-Texte. Kommentierte Auswahl zur Geschichte der modernen Logik, 2. Aufl. Berlin, 447–559.
– (1977): Die semantische Konzeption der Wahrheit und die Grundlagen der Semantik, in: Skirbekk 1977, 140–188.
Taylor, B. (1980): Truth-Theory for Indexical Languages, in: Platts 1980, 182–198.
Thiel, Ch. (1965): Sinn und Bedeutung in der Logik Gottlob Freges, Meisenheim a. G.
– (1976): Gottlob Frege: Die Abstraktion, in: Schirn 1976, Bd. 1, 243–265.
Tichy, M. (1985): Handlungsidentität. Ein Problem der Analytischen Handlungstheorie, in: Allgemeine Zeitschrift für Philosophie 10, H. 1, 49–72.
Toulmin, S. (1975): Der Gebrauch von Argumenten, Kronberg.
– (1978): Kritik der kollektiven Vernunft, Frankfurt a. M.
Toulmin, S., Rieke, R. und Janik, A. (1979): An Introduction to Reasoning, New York.
Tugendhat, E. (1966): Zum Verhältnis von Wissenschaft und Wahrheit, in: E.-W. Böckenförde u. a.: Collegium Philosophicum, Basel, Stuttgart, 389–402.
– (1970): Der Wahrheitsbegriff bei Husserl und Heidegger, 2. Aufl. Berlin.
– (1976): Vorlesungen zur Einführung in die sprachanalytische Philosophie, Frankfurt a. M.
– (1977): Tarskis semantische Definition der Wahrheit und ihre Stellung innerhalb der Geschichte des Wahrheitsproblems im logischen Positivismus, in: Skirbekk 1977, 189–223.
– (1979): Selbstbewußtsein und Selbstbestimmung. Sprachanalytische Interpretationen, Frankfurt a. M.
Tugendhat, E. und Wolf, U. (1983): Logisch-semantische Propädeutik, Stuttgart.
Urmson, J. O. (1958): Philosophical Analysis. Its Development between the Two World Wars, Oxford.
Völzing, P.-L. (1980): Argumentation. Ein Forschungsbericht, in: Klein 1980b, 204–235.
Vossenkuhl, W. (1982): Anatomie des Sprachgebrauchs. Über die Regeln, Intentionen und Konventionen menschlicher Verständigung, Stuttgart.

Walker, R. C. S. (1985): Regelbefolgen und die Kohärenztheorie der Wahrheit, in: D. Birnbacher und A. Burkhardt (Hrsg.): Sprachspiel und Methode. Zum Stand der Wittgenstein-Diskussion, Berlin, New York, 27–46.
Warnock, G. J. (1964): A Problem about Truth, in: Pitcher 1964 a, 54–67.
– (1973): Truth: or Bristol Revisited, in: Proceedings of the Aristotelian Society, Supplementary Vol. 47, 135–145.
Weingartner, P. (1971/1972): Urteile, Propositionen, Sätze, in: Salzburger Jahrbuch für Philosophie 15/16, 121–160.
White, A. R. (1970): Truth, London.
Wieland, W. (1982): Platon und die Formen des Wissens, Göttingen.
Wiggins, D. (1971): On Sentence-Sense, Word-Sense and Difference of Word-Sense. Towards a Philosophical Theory of Dictionaries, in: D. D. Steinberg und L. A. Jakobovits (eds.): Semantics, Cambridge, 14–34.
Williams, C. J. F. (1973): Truth: or Bristol Revisited, in: Proceedings of the Aristotelian Society, Supplementary Vol. 47, 121–133.
– (1976): What is Truth?, Cambridge.
Wilson, N. L. (1959): Substances without Substrata, in: Review of Metaphysics 12, 521–539.
Winch, P. (1974): Die Idee der Sozialwissenschaft und ihr Verhältnis zur Philosophie, Frankfurt a. M.
Wittgenstein, L. (1960 a): Tractatus logico-philosophicus, in: L. Wittgenstein: Schriften 1, Frankfurt a. M., 7–83.
– (1960 b): Tagebücher 1914–1916, in: L. Wittgenstein: Schriften 1, Frankfurt a. M., 85–278.
– (1960 c): Philosophische Untersuchungen, in: L. Wittgenstein: Schriften 1, Frankfurt a. M., 279–544.
– (1967): Wittgenstein und der Wiener Kreis. Gespräche, aufgezeichnet von F. Waismann, in: L. Wittgenstein: Schriften 3, Frankfurt a. M.
– (1969): Philosophische Grammatik, in: L. Wittgenstein: Schriften 4, Frankfurt a. M.
– (1970 a): Philosophische Bemerkungen, in: L. Wittgenstein: Schriften 2, Frankfurt a. M.
– (1970 b): Das Blaue Buch, in: L. Wittgenstein: Schriften 5, Frankfurt a. M., 15–116.
– (1970 c): Zettel, in: L. Wittgenstein: Schriften 5, Frankfurt a. M., 283–429.
– (1970 d): Über Gewißheit, Frankfurt a. M.
– (1974): Bemerkungen über die Grundlagen der Mathematik, in: L. Wittgenstein: Schriften 6, Frankfurt a. M.
Wolf, U. (1985) (Hrsg.): Eigennamen. Dokumentation einer Kontroverse, Frankfurt a. M.
Wright, C. (1976): Truth Conditions and Criteria, in: The Aristotelian Society, Supplementary Vol. 50, 217–245.
– (1979): Strawson on Anti-Realism, in: Synthese 40, 283–299.
v. Wright, G. H. (1974): Erklären und Verstehen, Frankfurt a. M.

Wunderlich, D. (1974): Grundlagen der Linguistik, Reinbek.
– (1976): Studien zur Sprechakttheorie, Frankfurt a. M.
– (1980): Aspekte einer Theorie der Sprechhandlungen, in: Lenk 1980a, 381–401.
Ziff, P. (1972): What is said, in: D. Davidson und G. Harman (eds.): Semantics of Natural Language, Dortrecht, 709–721.

Personenregister

Sachregister

Wolfgang Becker

Selbstbewußtsein und Erfahrung

Zu Kants transzendentaler Deduktion und ihrer argumentativen Rekonstruktion

1984. 296 Seiten. Band 73 der Reihe »Symposion«
ISBN 3-495-47561-3

Das Buch entwickelt Kants Argumente für eine Begründung der Objektivität empirischer Erkenntnisse durch eine Analyse von Selbstbewußtsein. Für Kants Deduktion als exemplarische Form transzendentaler Argumente ist das Problem der Einlösbarkeit des Wahrheitsanspruchs von Erkenntnis zentral. In Auseinandersetzung mit den Rekonstruktionsversuchen von Strawson und Henrich wird gezeigt, daß die Wahrheitsfähigkeit möglicher Erkenntnis auf Bedingungen beruht, die aus der Identität des Selbstbewußtseins abgeleitet werden können. Daß dabei nicht, wie es zunächst scheint, das Bewußtsein bloß subjektiver Vorstellungen eliminiert wird, zeigt eine Erörterung des Begriffs ‚Wahrnehmungsurteil' und des Gebrauchs von ‚ich' als Ausdruck für empirisches Selbstbewußtsein. Erst durch Kants ‚Widerlegung des Idealismus' wird die transzendentale Deduktion derart ergänzt, daß die empirische Selbstzuschreibung von Bewußtseinszuständen mit Fremdzuschreibung dieser Zustände einerseits und mit Selbsterkenntnis des Subjekts als Objekt andererseits verträglich gemacht werden kann.

Verlag Karl Alber, Freiburg/München